"十二五"职业教育国家规划教材
经全国职业教育教材审定委员会审定

工业和信息化人才培养规划教材 | 高职高专计算机系列

管理信息系统实用教程（第3版）

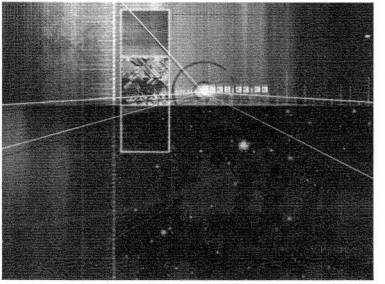

Management Information Systems

王若宾 王恩波 ◎ 主编

人民邮电出版社
北京

图书在版编目（CIP）数据

管理信息系统实用教程 / 王若宾，王恩波主编. -- 3版. -- 北京：人民邮电出版社，2015.2（2021.6重印）
工业和信息化人才培养规划教材. 高职高专计算机系列
ISBN 978-7-115-35684-0

Ⅰ. ①管… Ⅱ. ①王… ②王… Ⅲ. ①管理信息系统－高等职业教育－教材 Ⅳ. ①C931.6

中国版本图书馆CIP数据核字(2014)第105225号

内 容 提 要

本书以课程管理和图书馆管理两个实例贯穿管理信息系统建设的全过程，内容包括管理信息系统概述、管理信息系统开发综述、系统规划与可行性分析、系统需求建模、结构化系统分析、面向对象的系统分析、系统设计、数据库设计、系统实施与测试、系统运维与管理、课程设计实习。

本书着重体现管理信息系统领域的新理论和新技术，除了传统的结构化方法外，还通过完整实例介绍面向对象方法，在体例设计上充分考虑教师组织教学对实用性和便利性的需求，扩展了实验用CASE工具，教师可根据教学需要，结合机房实际加以选用，通过强化实验环节培养学生的应用能力。通过学习本书，读者能够理解管理信息系统开发的完整流程并掌握相应的系统分析设计方法和技术。

本书可作为高等职业院校相关专业的教材，也适合自学使用。

◆ 主　　编　王若宾　王恩波
　　责任编辑　桑　珊
　　责任印制　杨林杰

◆ 人民邮电出版社出版发行　北京市丰台区成寿寺路11号
　　邮编　100164　电子邮件　315@ptpress.com.cn
　　网址　http://www.ptpress.com.cn
　　固安县铭成印刷有限公司印刷

◆ 开本：787×1092　1/16
　　印张：19　　　　　　　　　2015年2月第3版
　　字数：499千字　　　　　　2021年6月河北第8次印刷

定价：45.00元

读者服务热线：(010)81055256　印装质量热线：(010)81055316
反盗版热线：(010)81055315

第3版前言

进入 21 世纪后，信息技术已经广泛地应用到社会生活的各个方面，计算机技术支撑管理过程已经成为一种必然趋势，而管理信息系统就是一座应用信息技术解决管理问题的桥梁。

管理信息系统的技术和应用发展迅速，面向对象方法及 CASE 工具已在实际工作中得到了广泛应用，本书在讲述传统的结构化方法的同时，尝试用较大篇幅讲述面向对象的方法及 CASE 工具。

本书在编写过程中特别注意"宽浅新用"和"精讲多练"。本书的特色是以实例讲解配合实验操作，结合实例分别介绍了系统分析、系统设计和数据库设计相关 CASE 工具的应用。教材实验的软硬件环境适用于普通的校园网环境，便于组织实验教学；教材内容深入浅出、通俗易懂，有助于培养学生的学习兴趣，便于自学。

本书以提取事件/事物→系统分析→系统设计→系统实施与测试为主线展开，其中系统分析与系统设计是本书的重点，分别结合课程管理系统和图书馆管理系统两个实例介绍结构化方法和面向对象方法，通过两种方法的学习，读者能够对二者的建模过程有全貌性的把握。

本书自第一版问世迄今已有 7 年时间，受到许多高职高专院校师生的欢迎。为此我们结合近几年的课程教学改革实践和广大读者的反馈意见，在保留原书特色的基础上，对教材进行了全面的修订。本次修订既保留了全书的特色，又增加了中职与高职课程、高职与本科课程的衔接内容。本次修订的主要内容如下：

①补充了 Visio 实现面向对象系统分析设计的实验，以方便教师根据各自实验室条件有选择地组织实验教学；②合并了部分章节，删减了部分较为陈旧的内容，缩减后全书共 11 章；③完善了数据库设计方法和数据库设计练习，并提供参考设计；④提供了各章的建议学时安排，以方便教师组织教学；⑤修正了上一版中存在的少量错误。

本书由王若宾、王恩波担任主编，对全书及修订内容进行构思与编写，丁瑜完成了 Visio 面向对象的课程实验以及移动应用的课题设计方案，吕中楠、曲卫华、王岸飞、刘宇调试实现了部分课程实验，胡健、马国际、胡伟、喻银根等参与了课程设计实习的选题及规划。在此对他们的辛勤劳动表示感谢。本书的编写得到了北方工业大学优秀青年教师培养计划 2014 年重点项目的支持，在此一并致谢。

在本书的编写过程中，作者参阅了大量管理信息系统相关的书籍、文献和网络资料，并与系统设计开发的从业人员进行了深入的交流探讨，从中汲取了部分有益经验，相关文献在参考文献中列出，在此对这些文章和资料的编著者表示感谢。

由于编者水平有限，书中可能仍有错漏之处，敬请广大读者批评指正。

编　者
2015 年 1 月

目录 CONTENTS

第1章 管理信息系统概述 1

- 1.1 管理 ... 1
- 1.2 信息与信息技术 ... 5
- 1.3 系统和系统工程 ... 11
- 1.4. 管理信息系统 ... 13
- 本章小结 ... 18
- 习题 ... 18

第2章 管理信息系统开发综述 20

- 2.1 软件工程 ... 20
- 2.2 系统开发生命周期和项目管理 ... 21
  - 2.2.1 系统开发生命周期 ... 21
  - 2.2.2 项目管理 ... 24
- 2.3 管理信息系统的开发模式 ... 24
  - 2.3.1 C/S 模式 ... 24
  - 2.3.2 B/S 模式 ... 25
  - 2.3.3 B/S 与 C/S 的混合模式 ... 26
- 2.4 管理信息系统的开发方法 ... 26
  - 2.4.1 模型、工具、技术和方法 ... 26
  - 2.4.2 结构化方法 ... 28
  - 2.4.3 面向对象方法 ... 29
  - 2.4.4 原型法 ... 30
  - 2.4.5 CASE（计算机辅助软件工程）方法 ... 30
  - 2.4.6 几种开发方法的比较 ... 31
- 2.5 管理信息系统的开发工具 ... 31
  - 2.5.1 建模工具 ... 32
  - 2.5.2 设计工具 ... 33
  - 2.5.3 编程工具 ... 34
  - 2.5.4 测试工具 ... 34
  - 2.5.5 项目管理工具 ... 34
- 2.6 管理信息系统的开发方式 ... 35
  - 2.6.1 委托开发 ... 35
  - 2.6.2 自主开发 ... 35
  - 2.6.3 联合开发 ... 35
  - 2.6.4 购买软件包与二次开发 ... 36
- 本章小结 ... 36
- 习题 ... 36
- 实验一 安装 Rational Rose ... 37
- 实验二 安装 Microsoft Office Visio ... 42
- 实验三 安装 ERwin ... 45
- 实验四 安装 Power Designer ... 51

第3章 系统规划与可行性分析 57

- 3.1 系统规划概述 ... 57
  - 3.1.1 系统总体规划的目标和任务 ... 57
  - 3.1.2 影响系统总体规划的关键因素 ... 58
  - 3.1.3 制定总体规划的方法 ... 58
  - 3.1.4 系统规划报告 ... 61
- 3.2 可行性分析 ... 62
  - 3.2.1 可行性分析的主要内容 ... 62
  - 3.2.2 可行性分析的主要步骤 ... 64
  - 3.2.3 可行性分析的评价原则 ... 64
- 3.3 可行性分析报告 ... 65
  - 3.3.1 可行性分析报告的一般格式 ... 65
  - 3.3.2 可行性分析报告案例——图书馆管理系统 ... 67
  - 3.3.3 可行性分析报告案例——校园一卡通管理系统 ... 70
- 本章小结 ... 73
- 习题 ... 73
- 实验一 图书馆管理系统的可行性分析报告 ... 73
- 实验二 校园一卡通管理系统的可行性分析报告 ... 74

第 4 章　系统需求建模　75

- 4.1 调查系统需求　75
  - 4.1.1 功能需求和技术需求　75
  - 4.1.2 系统相关者　75
  - 4.1.3 建立系统需求原型　76
  - 4.1.4 结构化遍历　77
  - 4.1.5 业务流程重组　77
- 4.2 模型　78
  - 4.2.1 模型的作用及类型　78
  - 4.2.2 逻辑模型和物理模型　78
- 4.3 事件　79
  - 4.3.1 事件的概念和类型　79
  - 4.3.2 定义事件　80
  - 4.3.3 图书馆管理系统中的事件　81
- 4.4 事物　82
  - 4.4.1 事物的概念和类型　82
  - 4.4.2 事物间的关系　83
  - 4.4.3 事物的属性　84
  - 4.4.4 数据实体和对象　84
- 4.5 实体-联系图　86
- 4.6 类图　87
  - 4.6.1 用面向对象的视角看待事物　88
  - 4.6.2 类图的符号　89
- 4.7 建模的目标　91
- 4.8 需求分析说明书编写提纲　92
- 本章小结　92
- 习题　93
  - 实验一　Microsoft Office Visio 2007 的基础操作　93
  - 实验二　Rational Rose 2007 的基础操作　95

第 5 章　结构化系统分析　99

- 5.1 两种方法看待系统响应事件的区别　99
- 5.2 数据流程图　100
  - 5.2.1 数据流程图的构成　100
  - 5.2.2 数据流程图和抽象水平　101
  - 5.2.3 关联图　102
  - 5.2.4 数据流程图片段　102
  - 5.2.5 系统划分和过程分解　103
  - 5.2.6 正确提炼构建数据流程图的逻辑　106
  - 5.2.7 数据流程图的平衡　108
  - 5.2.8 构建数据流程图模型的基本规则　109
- 5.3 描述过程的工具　110
  - 5.3.1 决策树和决策表　110
  - 5.3.2 结构化英语　111
- 5.4 数据字典　112
  - 5.4.1 数据字典的内容　112
  - 5.4.2 实用数据字典　112
- 本章小结　114
- 习题　114
  - 实验　使用 Visio 2007 绘制 DFD　115

第 6 章　面向对象的系统分析　125

- 6.1 UML 概览　125
  - 6.1.1 UML 的基本构成　125
  - 6.1.2 UML 视图　127
  - 6.1.3 UML 的常用图　128
- 6.2 Rational 统一过程——Rational Unified Process　128
  - 6.2.1 RUP 的二维开发模型　129
  - 6.2.2 RUP 的核心工作流　131
- 6.3 系统行为：面向对象的用例图　132
  - 6.3.1 用例、参与者以及场景　132
  - 6.3.2 用例和参与者以及用例之间的关系　132
  - 6.3.3 图书馆管理系统的用例图　134
- 6.4 对象交互：顺序图与协作图　137
  - 6.4.1 顺序图的基本构成　137
  - 6.4.2 如何开发顺序图　138
  - 6.4.3 图书馆管理系统中的顺序图　139
  - 6.4.4 协作图的基本构成　141
  - 6.4.5 图书馆管理系统中的协作图　141

6.5 对象行为：状态、状态转换和
状态图 142
 6.5.1 对象状态和状态转换 142
 6.5.2 如何开发状态图 144
 6.5.3 图书馆管理系统的状态图 145
本章小结 146
习题 146
 实验一 使用 Rational Rose 绘制图书馆管理系统的用例图 146
 实验二 使用 Rational Rose 绘制图书馆管理系统的顺序图 150
 实验三 使用 Rational Rose 绘制图书馆管理系统的协作图 153
 实验四 使用 Rational Rose 绘制图书馆管理系统的状态图 157
 实验五 生成框架代码 160
 实验六 使用 Visio 2007 绘制图书馆管理系统的用例图 161
 实验七 使用 Visio 2007 绘制图书馆管理系统的顺序图 164
 实验八 使用 Visio 2007 绘制图书馆管理系统的协作图 166
 实验九 使用 Visio 2007 绘制图书馆管理系统的状态图 169

第 7 章 系统设计 172

7.1 设计要素 172
 7.1.1 系统设计的输入 172
 7.1.2 系统设计的主要组成部分和层次 173
 7.1.3 系统设计的输出 174
7.2 用结构化方法设计应用程序结构 176
 7.2.1 结构化设计方法概述 176
 7.2.2 确定系统的自动化边界 177
 7.2.3 设计系统流程图 178
 7.2.4 使用伪代码设计模块算法 179
 7.2.5 结构化应用程序与用户界面、数据库和网络设计的集成 179
7.3 用面向对象方法设计应用程序结构 180
 7.3.1 面向对象设计方法概述 180
 7.3.2 系统包图 183
 7.3.3 类的类型以及类之间的关系 183
 7.3.4 图书馆管理系统的类图 184
 7.3.5 设计类图的开发 185
 7.3.6 面向对象的开发方法 186
 7.3.7 面向对象应用程序与用户界面、数据库和网络设计的集成 186
7.4 项目协调 187
7.5 系统设计说明书 187
本章小结 189
习题 189
 实验一 使用 Visio 2007 绘制系统流程图 190
 实验二 使用 Rational Rose 绘制图书馆管理系统的类图 195
 实验三 使用 Visio 2007 绘制图书馆管理系统的类图 199

第 8 章 数据库设计 203

8.1 数据库及数据库管理系统 203
8.2 设计关系数据库 205
 8.2.1 表、主键和实体关系图 205
 8.2.2 从实体关系图到数据库 207
 8.2.3 为实体建立表 211
 8.2.4 建立表间的关系 212
 8.2.5 执行参照完整性 213
 8.2.6 设计基于类图的关系数据库模型 213
8.3 评价模型质量 214
 8.3.1 确保行和主键值的唯一性 214
 8.3.2 数据库规范化 215
 8.3.3 编码管理 220
8.4 数据库新技术 221
 8.4.1 面向对象数据库 221
 8.4.2 分布式数据库 221
本章小结 222
习题 222

实验一	使用 ERwin 设计数据库逻辑模型	223	实验四	使用 Power Designer 设计数据库逻辑模型	241
实验二	使用 ERwin 导出为可实现的数据库模型（Access2003）	233	实验五	使用 PowerDesigner 导出为可实现的数据库模型（Access2003）	248
实验三	将数据库（Access2003）表结构导入到 ERwin 中	237	实验六	将数据库（Access2003）表结构导入 PowerDesigner 中	253

第 9 章 系统实施与测试 258

9.1 阶段目标与任务	258	
9.2 前期准备	258	
9.2.1 建立开发与运行环境	258	
9.2.2 基础数据的整理与录入	259	
9.3 程序设计	259	
9.3.1 质量要求	260	
9.3.2 程序设计风格	260	
9.4 系统测试	260	
9.4.1 系统测试方法	260	
9.4.2 单元测试（unit testing）	261	
9.4.3 组装测试（integration testing）	262	
9.4.4 确认测试（validation testing）	263	
9.4.5 系统测试（system testing）	264	
9.5 系统调试	265	
9.5.1 系统调试的过程	265	
9.5.2 系统调试的方法	265	
本章小结	266	
习题	266	
实验 用 Access 实现学生课程管理信息系统	267	

第 10 章 管理信息系统的运维与管理 271

10.1 系统运维的目标与作用	271
10.2 系统运维的内容	272
10.2.1 系统切换与系统运行	272
10.2.2 系统运维的任务	273
10.2.3 系统运维的要求与内容	273
10.2.4 系统运维工作的类型	273
10.2.5 如何搞好系统运维	274
10.3 管理信息系统的管理	274
10.3.1 诺兰的发展阶段理论	274
10.3.2 管理信息系统失败的原因	275
10.3.3 管理信息系统获得成功的要素	276
10.3.4 选择合适的管理信息系统建设之路	276
10.3.5 信息标准	277
10.3.6 管理制度	277
本章小结	277
习题	278

第 11 章 课程设计实习 279

11.1 课程设计要求	279
11.1.1 组织与选题	279
11.1.2 提取系统需求	280
11.1.3 系统分析与系统设计	280
11.1.4 形成整体规划和文档	280
11.1.5 中期检查	280
11.1.6 上机验收	280
11.1.7 评分	280
11.2 课程设计选题参考	281
11.2.1 教学管理信息系统	281
11.2.2 图书馆管理信息系统	281
11.2.3 图书馆管理信息系统 App	282
11.2.4 餐饮管理 App 系统	283
11.2.5 医院管理系统	283
11.2.6 B2B 模式的药品购销系统	284
11.2.7 B2C 模式的网上书城系统	285
11.2.8 B2C 模式的网上订餐系统	285
11.2.9 C2C 模式的校园跳蚤市场管理系统	286
11.2.10 快递管理系统	286

| 11.2.11 航空订票系统 | 287 | 本章小结 | 287 |

附录Ⅰ 实验报告模板 288

附录Ⅱ 课程实习报告模板 290

附录Ⅲ 建议学时分配表 292

参考文献 296

第1章 管理信息系统概述

本章导读

管理信息系统是一门融管理科学、信息科学、系统工程学、现代通信技术和计算机技术等多门学科和技术为一体的综合性科学。本章将对管理信息系统进行概要介绍。

1.1 管理

管理信息系统与企业的运作与管理密切相关。在管理信息系统的建设与运行、维护过程中，为了充分发挥管理信息系统的作用，要求系统建设者和参与者能够从整体上对企业的管理运作过程有一个清晰的认识。因此我们首先来学习管理的相关知识。

1. 管理的概念

对于管理，管理学专家给出了不同的定义，其中法国实业家亨利·法约尔在其著作《一般工业管理》中指出：管理是通过其他人完成事情，管理的职能是计划、组织、指挥、协调和控制。被称为"科学管理之父"的泰勒第一次把科学原理应用于管理领域，他特别强调使用科学的管理方法来提高生产效率。随着计算机技术的发展和普及，企业在会计、库存、计划等方面越来越多地使用计算机技术，管理学原理和思想也获得了长足的发展。

针对企业组织而言，管理是通过对企业资源进行有效的计划、组织、领导和控制以实现企业目标的全部过程。

这一概念包含着以下几个方面的含义。

（1）管理的目的，即管理工作应达到一定目标。对企业的管理是为了有效地实现企业的目标，明确地设定企业目标是进行管理的起点。一般来说，企业的总目标是利益最大化，包括经济利益和社会利益。在企业总目标确定后，对企业内部每一层次、每一工作岗位、每一工作职能再确定其各自目标，把总目标逐层分解，形成目标树，随后将进一步阐述管理职能。

（2）管理的职能，即管理工作包含的基本活动。管理是由计划、组织、领导和控制这样一系列相互关联、连续进行的活动所构成的。管理的职能也就是计划、组织、领导和控制这些活动。

（3）管理的效率，即管理活动应首先达到目的，其次是效率。管理的效率是指管理活动的输入和输出的关系。如果对于给定的输入能够获得更多的输出，或者对于较少的输入可以获得同样的输出，都意味着管理效率的提高。信息技术可提高企业的管理效率和水平，而且是整体性、大幅度的提高，可以为企业带来革命性的变化。

2. 管理的职能

如前所述，管理活动是由计划、组织、领导和控制这四大基本职能所构成的。

（1）计划。管理首先制定工作计划，在此计划指导下开展其他活动。计划活动就是要设定或明确企业的目标，制定实现目标的途径方案。计划是管理的起点，确定目标和途径是计划职能所要完成的两大任务。目标是管理活动的未来终点，而途径则是连接当前与未来的桥梁，说明如何才能到达目的。

（2）组织。为了实现计划活动所确定的目标，实施计划活动所制定的行动方案，管理者必须分析整个工作包含哪些必要的活动，可以分解成哪些基本活动，对这些活动如何进行优化组合，如何设置工作岗位，进行组织的设计。如何为各种不同的职位配备适当的人员，工作流程是怎样的，谁向谁汇报工作，如何在组织的不同层次上分配决策权限。资金、原料、信息等各种资源如何分配等等，这些活动便构成了管理组织职能的内容。

（3）领导。有了目标和方案，规定了任务和分工，还不能保证有效地实现目标。每一个企业都是由人和其他各种资源有机结合而成的，人是企业运作中唯一具有自觉能动性的关键因素。为了正确地最大限度发挥这种能动性的作用，管理者就必须运用各种适当的理论、方法，对企业中的成员进行鼓励，施加影响，努力营造起一种使企业中的成员能够全心全意、士气高昂地为实现企业目标而努力奋斗的气势，这便是管理的领导职能所要完成的任务。

（4）控制。企业所处的环境是复杂多变的，每时每刻都会遇到各种意想不到的障碍和困难，企业要生存和发展，必须应对各种各样的新问题和新情况。为了确保企业目标顺利实现，管理者必须对企业各项活动的进展情况进行自始至终的检查，发现或预见到偏差后及时采取纠正措施，保证企业活动按计划进行，这便是管理的控制职能。

尽管各项管理职能之间在理论上存在着逻辑上的先后顺序关系，但实际的企业运营管理中各项管理活动在时间上彼此重叠，在空间组织上相互交融交织在一起。管理者在一个给定的时间段内，只从事某一特定的管理职能的情况很少，往往同时进行着若干种不同的管理活动，担任多种角色。

3. 管理的层次

管理是分层次的，人的能力、时间都是有限的，管理者不能事必躬亲，而应当根据实际需要，进行适当授权，把部分工作分给下属去做。管理的层次是指企业中职位等级的数目。管理者把部分工作分给下属去做，下属也把部分工作分给其下属去做，这样形成分层结构。

管理层次的多少在于受管辖人数的限制。在组织规模给定的条件下，管理层次与管理幅度成反比，即每个主管所能直接控制的下属数目越多，所需的管理层次就越少。管理层次过多，会造成机构效率的低下，采用信息技术，建立管理信息系统会使管理层次数目减少，管理幅度增加。

4. 典型的企业组织结构类型

任何一个企业组织都有其特定的结构形式，通过对不同的结构加以分析并取其共性，可以把现代企业组织总结为以下几种典型结构。

（1）简单式结构。简单式结构也称为直线式结构。采用简单式结构的企业组织，一般只有两三个纵向层次，企业决策权集中在所有人或经理手中。这类组织结构的规模一般较小，经营业务单一，职能简单，没有进行业务活动分类和职能划分的必要。简单结构的特点是反应快速、灵活、运营成本低、职责明确，适用于业务稳定的小型企业组织。但当组织长大之后，这种结构会变得日益不合适其经营规模，必须及时做出相应的结构调整。

（2）职能式结构。职能式结构如图 1.1 所示，主要是根据经营活动的性质去划分部门。这类企业组织的划分依靠员工的专业素质，注重组织内部的运行效率。职能式结构的优势是在部门内部实现了规模经济，提高生产经营效率，大幅度降低成本。职能式结构可以促使员工发展更高层次的技能。同类人员集中安排，有利于培训，避免重复浪费。员工在自己的部门里有进行各种职能活动的交流机会。部门主管易于规划、管理和控制。职能结构的主要缺点是容易出现各自为政的情况。当环境变化时，部门之间需要充分协调，反应时间较慢。如果环境是多变的，技术是非规范的，部门之间的依赖程度将提高。这种结构导致决策较慢，高层管理者无法及时做出反应。员工的专业化部门所有制会使他们视野较窄保守，缺乏打破常规的创新精神。如果环境相对稳定，技术相对规范，部门之间的依赖程度将较低。对于中小型的企业来说，这一结构最为有效。在组织内部，员工的主要任务是实现各自部门的作业目标，更大的权力集中在职能部门的高层管理者手中。

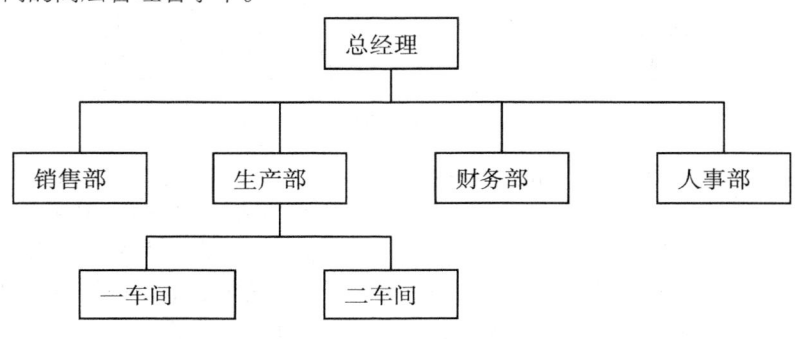

图 1.1　职能式结构

（3）事业部式结构。根据企业产出的产品或服务、业务活动的过程或地域分布等来划分部门。这些部门往往设计成相对独立的核算中心。这类企业组织注重各种不同职能部门的紧密合作，各个产品或地区的运营业绩。事业部式结构如图 1.2 所示，它的优点是可以较好地适应快速多变的外部环境。每一个产品、服务是一个独立的事业部，顾客可以直接同特定的部门建立联系。采用这种组织结构的企业，其决策权下放到了企业的底层。由于每个事业部门相对较小，可以迅速对变化的市场做出反应。同时各部门职能健全，部门内部易于协调。事业部式结构的不足之处在于分散了企业的整体决策权，权力集中于部门内部，缺乏职能式结构的规模效益，不同分部门之间可能存在重复设置。另外，不同分部门之间的协调有时也可能出现问题，甚至出现无效的内部竞争。当环境多变时，组织规模较大，部门内部的依赖程度较高时，采用事业部式结构是合适的。

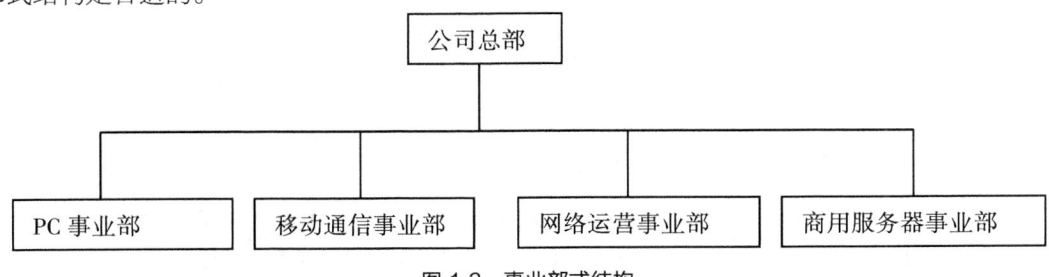

图 1.2　事业部式结构

（4）混合式结构。混合式结构如图 1.3 所示，它结合了职能式结构和事业部式结构的优点，以一些职能部门为基础，同时按产品或地区来划分部门。这样既发挥了职能式结构和事业部式结构的优点，又克服了它们的缺点。混合式结构的主要问题在于运行成本高，而且部门之间的矛盾也经常会出现，协调困难。在企业发展壮大之后，通常具有若干种产品、服务以及分布于不同区域的市场，企业由多个单元部门组成。对于产品或市场很重要的职能，一般下放到了单元部门。但是也有一些职能集中在总部，如人事和财务。总部的职能一般需要经济规模和深层的专业化，要相对稳定。

混合式结构的主要优势在于企业可以在产品事业部内部追求适应性和效率，同时可以追求职能内部的效率。这样，可以在多个方面达到最优。这种结构使得产品事业部的目标和企业总体目标相一致。产品划分可以在事业部之间实现有效协调，中心职能部则可以在事业部之间有效协调。

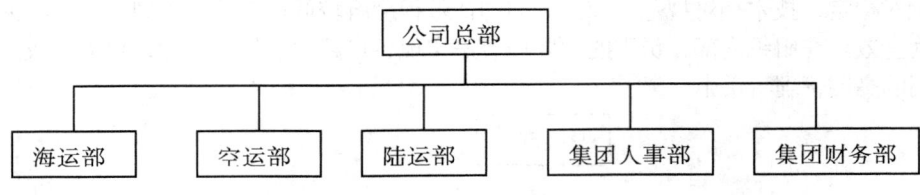

图 1.3　混合式结构

混合式结构的缺点是行政管理机构庞大。有的企业必须在海外聘用员工，有的企业事业部内部重复。假如不加以控制，总部的办公人员增多之后，行政机构也将增多。集权化程度提高，产品事业部失去了对市场快速反应的能力。企业内各部门之间可能发生冲突。总部的职能部门对事业部的活动并没有直接的指导权力。事业部的管理者可能藐视总部，对总部的指示不屑一顾，总部的管理者也可能毫不理会事业部的要求，都造成指挥不当的现象。

混合式结构一般在环境不确定、技术可能是常规和非常规的情况下使用。

（5）矩阵式结构。与混合式结构类似，矩阵式结构的组织形式如图 1.4 所示，其中也同时存在职能和产品服务两种部门，但是两者是纵横交错的结构，每一个员工同时隶属于两个性质不同的部门。

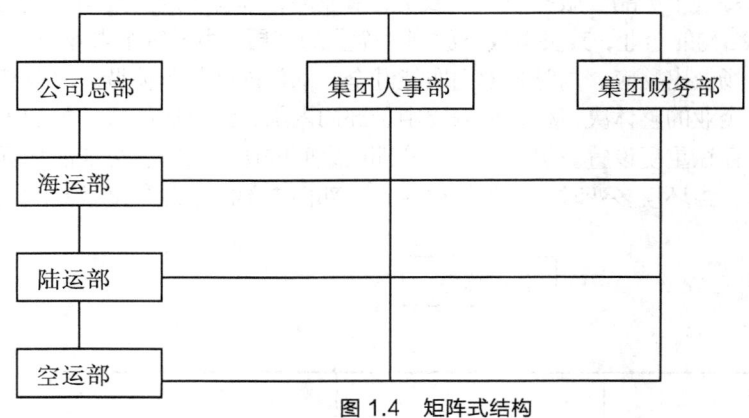

图 1.4　矩阵式结构

矩阵式结构的优势是企业组织可以满足环境的多重要求。资源可以在不同的产品服务之间分配，具有良好的内部沟通，信息传递快，组织可以及时地对外部需求的变化做出反应。员工可以依个人的兴趣，获得专业或一般的管理技能。

矩阵式结构的不足之处是有些员工接受双头命令，而且有时这些命令经常矛盾和冲突，需要良好的调解和解决冲突的技能，需要经过人际关系方面特殊的训练。矩阵式结构使管理者花费大量的时间用于开会协调。假如管理者不适应矩阵式结构共享信息和资源，系统将无法正常运转。

矩阵式结构最适应于环境高度不确定，有多重需求（如产品和职能目标）的情况。该结构使得交流和协调可以随环境变化而迅速地变化，可以在产品和职能之间实现平衡。矩阵式结构是一个有机的结构，可以及时讨论以解决不可预料的问题，在中等规模和少量产品服务的组织中最有效。

以上介绍了几种典型的企业组织结构类型。不同的企业根据各自的业务规模、业务范围、业务特点选择合适的企业组织结构类型，而管理信息系统的结构是与企业的组织结构高度相关的。下面通过图示来列举一个典型的企业组织的机构设置。图 1.5 显示的是某股份公司的组织机构设置。

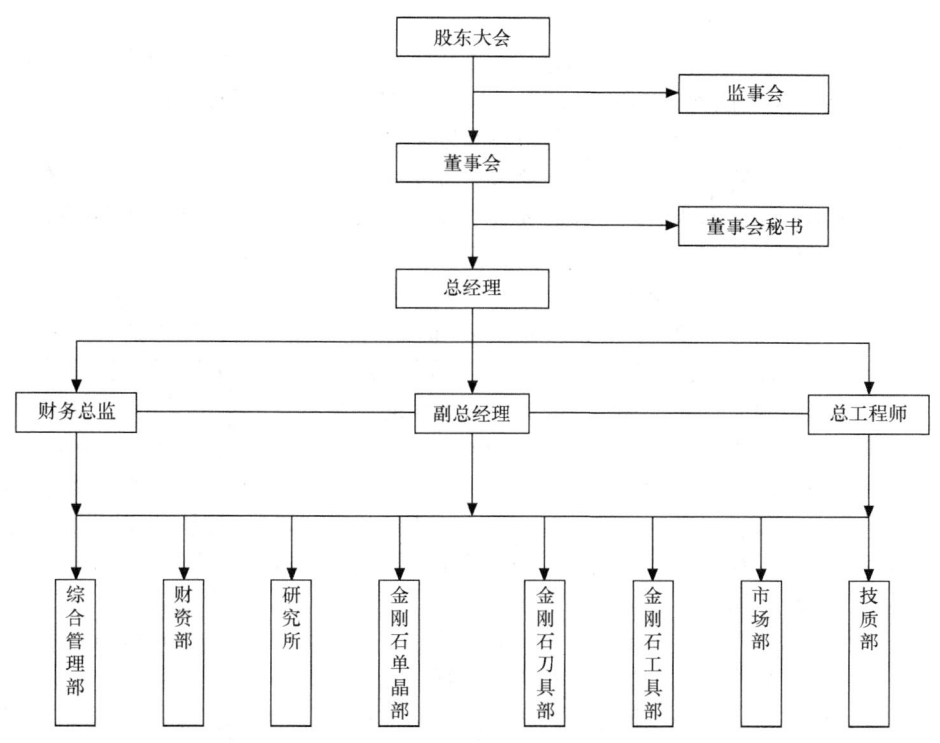

图 1.5 某股份公司的组织机构设置

1.2 信息与信息技术

信息技术（IT，Information Technology）的迅速发展和深入应用使得整个社会的信息化、网络化进程不断加速，组织的管理活动也越来越离不开管理信息系统的支持。当今，一个国家、一个地区信息化水平的高低已经成为衡量其现代化水平和综合国力的重要标志。如何有效地管理信息以及相关活动，如何有效地开发利用信息资源都是当前人们重点关注的问题。本节将简要介绍信息、信息技术的相关概念和特性，此外还将介绍计算机网络对信息处理及管理信息系统的作用和影响。

1. 信息及其特性

现代社会中，信息的内涵在不断变化和发展，已超出了"解释、陈述"的简单概念。信息作为一个科学概念的出现，最早可以追溯到 1928 年哈特莱（R. V. Hartley）发表的一篇名为《信息传输》的论文中。20世纪40年代信息论的奠基人香农（C. E. Shannon）给出了信息的明确定义。香农认为：信息是人们对事物了解的不确定性的减少或消除。该定义被认为是经典定义而加以引用，它强调了信息的客观机制与效果。

根据信息的定义，可以概括出信息3方面的内容。

- 信息是客观世界各种事物特征的反映，它是"经过加工的"，因而凝聚着人类的劳动。
- 信息是可记录、可通信的。
- 信息可以形成知识，因而有着"现实或潜在的价值"，可以被看作一种产品，一种人类生产活动的结晶。

因此，信息是客观存在的一切事物通过物质载体所发生的消息、情报、指令、数据和信号等所包含的可传递、可交换的有用知识。

信息作为一个社会概念，可以认为是一切知识、学问以及从客观现象中提炼出来的各种消息的总和。为了更好地利用和管理信息，有必要认识和掌握信息的重要特性。所谓信息的特征，就是区别于其他事物的本质特征。通常信息具有以下重要特性。

（1）真实性。信息的真实性是指信息必须是真实的、正确的和准确的。真实的信息对决策者才有价值，而错误的、虚假的、不符合实际的信息不仅不能帮助决策者正确决策，反而会造成严重的后果。在使用管理信息系统时，尤其应注意这一点。错误的信息有可能给接收者的决策活动带来不利影响，这充分说明了信息真实性的重要。

（2）时效性。信息的时效性是指信息是有寿命时效的，即信息从发生源到用于决策的时间。该时间越短，信息的使用价值就越高，时效性就越好；反之，信息的使用价值就越小，时效性就越差。人们必须重视信息的时效性，及时发挥信息的作用。

（3）扩充性。信息的扩充性是指随着时间的变化推移，信息是随着它的使用而扩充的。为了某个目的而采集的信息，时过境迁，该信息可能逐渐失去意义，但对于整个社会的发展而言，又可以认为是有用的信息。信息的可扩充性显示了事物的发展过程。近年来基于数据库技术的数据挖掘技术和方法，在一定程度上就是利用信息的扩充性结合先进的信息技术区"挖掘"海量信息背后的关联和实质。

（4）替代性。信息的替代性是指在一定的条件下，信息可替代其他物质而独立成为可供开发的资源。信息可以替代资本、劳动力和物资消耗，发展或延伸各种资源。确切地说，信息的替代性具有两方面的含义：一是指信息的物质载体形态可以互相交换，如语言信息，经过记录可变为文字信息，从而为信息的传递和广泛利用创造了有利条件；二是指信息的利用可以变成资本、劳动力和物质材料，实现生产力的飞跃与社会的发展，这是因为获得信息将减少资本、劳动力和物资的消耗，实际上就替代了资本、劳动力和物资材料，进而产生显著的经济效益和社会效益。

（5）压缩性。信息的压缩性是指对信息进行加工、整理、概括、归纳，可以使信息精练、浓缩。可以通过对信息的压缩，使那些无用的、不重要的信息去掉，这样可以提高信息在传输、存储、加工、输出等过程中的使用效率，同时，也使决策者在检索和使用信息时更为方便。例如，可以从大量的数据分析中引出公式，或把很多经验提炼总结，方便人们使用。

（6）扩散性。信息的扩散性是指信息可以通过多样化的传输渠道向各个方面自然扩散传播的特性。信息的扩散性存在着正反两方面的情况。正的方面，信息的扩散有利于知识、经验、消息等方面的传播；反的方面，信息的扩散又会使一些信息贬值，从而对社会造成不利的影响。

（7）价值性。信息与其他商品一样，是价值与使用价值的统一。信息的价值性表现在两个方面。一方面表现在获得某信息资料所付出的代价，其价值是按照社会必要劳动时间来计算的；

另一方面表现在通过信息在决策中的影响程度来转换得到效益，其价值是通过使用信息的最优方案与其他方案的效益比较后得到的。信息的使用价值是指信息对人们的有用性，即特定的信息能够满足人们的特定需要的属性，如满足人们的研究、学习、购物等。

（8）目的性。信息的目的性是指任何信息的收集和整理工作都是为了某个具体工作服务的，具有明确的目的性。信息的最终目的是帮助人们认识和了解生产经营过程中出现的问题，为决策提供各种科学准确的信息依据。

（9）等级性。信息的等级性是同管理决策活动的层次性相对应的，一般分为高层次战略性信息、中层次战术性信息、低层次日常性信息 3 个等级。战略性信息是指高层管理者需要的关系到全局和长远利益的信息，战术性信息是指中层管理者需要的关系到局部和中期利益的信息。

（10）共享性。信息的共享性是指在一定时间内可以多次被不同的用户所使用而本身并不被消耗。这也是信息的一个最基本的属性，是信息不同于其他物质的一个显著特征。例如，出售一条信息，买者得到了，卖者仍然据有，买卖双方共同享有信息。这一点与实物是不同的。也正是因为信息具有共享性，才使得信息成为现代社会与人、财、物并列的重要资源。当然信息被分享后，既可能引起信息价值的增加，也可能引起信息价值的降低。

当然，信息也具有一定的局限性，主要表现在以下两个方面。

（1）滞后性。任何信息总是产生、传输在事实之后，也就是说是先有事实，而后才能有信息，即使信息再快也会有滞后性。

（2）不完全性。任何关于客观事实的知识都是不完全的，因此凡是信息必有所取舍，只有进行正确的取舍，才可能正确地使用信息。

2. 信息技术

构建管理信息系统离不开信息技术，本节将计算机硬件和软件的角度进行介绍。简单来说，硬件是组成计算机的物理设备，软件是计算机的一系列指令，用来完成某个特定的任务。硬件只有通过软件才能发挥作用，而软件的功能最终必须由硬件来实现。

（1）计算机硬件

现代计算机系统的硬件由中央处理器、主存储器、辅助存储器、I/O 设备、通信设备以及通信线路组成，如图 1.6 所示。它们共同协作完成数据处理，这种结构也被称为冯·诺依曼结构。冯氏结构是计算机体系的基础，目前飞速发展的计算机技术都是建立在该体系基础之上的。

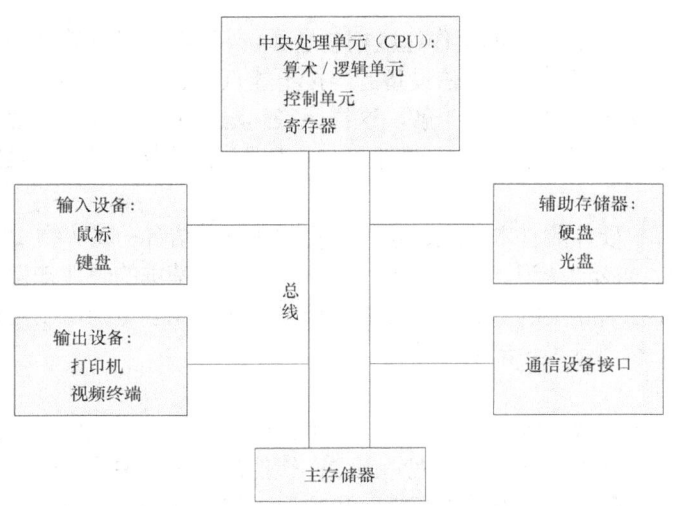

图 1.6　计算机系统的硬件组成

● 中央处理器（CPU）

中央处理器即是通常所说的 CPU（Central Processing Unit），它是计算机系统的核心，由运算器、控制器和一些寄存器组成。CPU 在很大程度上决定了计算机的系统性能。CPU 负责解释并执行指令，协调系统中其他硬件共同工作。CPU 的作用是高速、准确地执行预先安排好的指令，每一条指令完成一次基本的算术运算或逻辑判断。

● 存储器

计算机系统中存储器按用途和特性分为 3 类：主存储器、辅助存储器和高速缓存。

主存储器即内存。它通常由半导体电路组成，通过总线与 CPU 相连，用于临时保存信息。主存储器一般分为只读存储器(ROM)和随机存储器(RAM)，前者的数据只能被读取，通常存储计算机系统的启动和操作程序，如汇编、基本的 I/O 程序；后者的数据一般可被读取和重写，用于存放用户装入的程序、数据及部分系统信息。

辅助存储器也叫外存，是挂接在计算机上的外部存储设备，通过总线接口与主板相连。其特点是容量大，价格低，速度慢，可以长期保存，但数据的读写速度要比主存储器慢得多。常见的外存设备有硬盘存储器、光盘存储器、U 盘存储器。

高速缓存主要是为了解决 CPU 与主存之间的速度差异引起的数据传输拥堵问题而设置的缓冲设备。通过在 CPU 与主存储器之间插入高速缓冲存储器，可以利用 Cache 技术将部分数据暂存在缓冲存储器中，以提高 CPU 的利用率。

● I/O 设备

I/O 设备通常称为外围设备。用户和计算机的交互任务大部分是通过它们来实现的，是管理信息系统人机交互的重要组成部分。计算机系统的性能不仅依赖于 CPU、内存等器件的性能，同时也与输入、输出设备的速度、容量和设计直接相关。

输入设备是用来获取信息和命令的工具，它的功能是将数据信息以计算机可以接受的形式输入到计算机。现代计算机系统使用的输入设备越来越多样化，常见的输入设备有键盘、鼠标、触摸屏、扫描仪等。

输出设备的作用是将计算机系统处理后的二进制代码信息转换成管理者能够直接理解和使用的形式。通过输出设备，管理决策者将信息提取，或者将它们输出到其他的业务过程。常用的输出设备有显示屏、打印机、绘图仪和扬声器等。

● 通信设备接口

与 CPU 相比，外围通信设备的工作速度相差悬殊，处理的信息从数据格式到逻辑时序一般不可直接兼容，因此计算机与外围通信设备的连接不能直接进行，而必须设计一个接口电路作为两者之间的桥梁。这种接口主要用于解决这样一些问题：主机与外设装置之间的速度匹配问题；反映外设的工作状态，以备 CPU 需要时查询；实现数据的格式转换；提供适当的定时信号以满足数据的传输需要。

以上介绍了计算机硬件的基本构成，感兴趣的读者可以结合一款实物 PC 来对应各个硬件部件，以加强对硬件的感性认识。值得一提的是，掌握一些基本的硬件知识和使用技能对于理解和使用信息技术是很有帮助的。另外，目前平板电脑和智能手机的使用量在大幅增加，但它们的硬件体系结构仍然遵从冯·诺依曼结构。

（2）计算机软件

软件包括计算机硬件执行的一系列指令，用来完成某个信息处理任务。软件的作用在于确定计算机做什么以及如何做。从用户的视角来看，软件是用户与硬件之间的使用界面或接口，而硬件需要在软件的支配下才能有效地工作。用户通过编制软件或程序来指定计算机应采取的动作或算法，不再直接面对硬件物理设备，从而更加方便、有效地使用计算机。事实上，没有软件支持的裸机是无法使用的。

通常，计算机软件分为系统软件和应用软件。在一个计算机系统中，硬件、系统软件、应用软件和用户之间的关系如图 1.7 所示。

● 系统软件

系统软件是直接控制和协调计算机、通信设备及其他外部设备的软件。这类软件一般与硬件有直接联系，是用户与计算机之间的第一个交互接口。它们与具体应用不直接相关，只是在系统一级提供服务。系统软件包括 4 种基本类型：操作系统、数据库管理系统、工具软件、程序设计语言。

● 应用软件

应用软件以操作系统为基础，用程序设计语言编写，运行在操作系统之上，完成用户指定的特定任务。

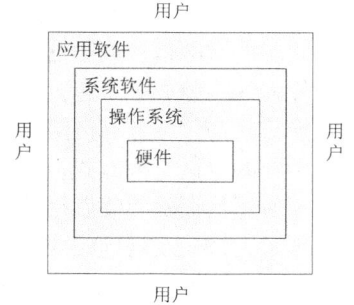

图 1.7 计算机软件的层次结构

不同操作系统下的应用软件结构往往不同，如一个 Linux 系统下的应用程序在 Windows 系统下往往是不能运行的。

应用软件通常分为两大类，通用应用软件和专用应用软件。

通用应用软件是指提供某些通用信息处理功能的商品化软件。这种软件对某类应用具有通用性，因此可以被许多具有此类应用需求的用户所使用。例如文字处理软件、表格处理软件、数值统计分析软件等。

专用应用软件，有时也被称为用户定制软件。在许多应用场合中，用户对数据处理的功能需求具有很大特殊性，通用软件不能满足。在这种情况下，就要由专业人员采取管理信息系统开发的方法与技术，为用户单独开发具有特定功能的专用应用软件。针对某个组织的运行流程而设计实施的管理信息系统就是一种典型的专用应用软件。

3．计算机网络及互联网技术

计算机科学技术的迅猛发展使得信息处理的需求不断增加，单个计算机很难适应日益复杂的计算需求。就目前计算机科学及技术领域的研究和应用而言，两个方向反映了这个学科的趋势，一个是大型化、巨型化的发展，研制具有更高计算性能的大型机、巨型机；另一个方向是网络化、分布式处理，而计算机网络及互联网技术就是充分发挥计算机资源利用率和实现大范围资源共享的有效途径。同时由于企业或组织中的信息处理往往也是分散的，需要通过计算机网络技术将这些信息集中起来，这也是目前管理信息系统的主要运行方式。因此，可以认为计算机网络及互联网技术构成了管理信息系统的基本实施技术。

下面简单介绍计算机网络的基础知识。

（1）计算机网络的组成

从系统功能的角度看，计算机网络主要由资源子网和通信子网组成。资源子网包括提供资源的主机（Host）和请求资源的终端机（Terminal），根据通信场合的不同，它们都可以是信息传输的来源和终点。通信子网由网络节点和通信链路组成，网络节点的作用是控制信息的传输以及信息在端节点之间的转发；通信链路是传输信息的通道，它们可以是双绞线、同轴电缆或光纤，也可以是无线电、卫星或微波通信。

从网络的硬件构成来看，局域网通常由服务器、客户机、网卡、中继器、集线器以及传输介质等基本部件组成。扩展到网间互联以及广域网后，还可能用到网桥、交换机、路由器等硬件设备。一般来说，异种网络之间互联与多个子网互联应采用路由器来完成。

（2）计算机网络的分类

按照不同的方法可以对计算机网络进行如下分类。

按照网络的分布范围来分，计算机可以分为局域网和广域网两类。局域网是指地理分布范围较小的计算机网络，一般用于短距离的网络通信，如一个大楼内或者一个办公室内部计算机网络的互联。广域网是使用通信专线或公共通信线路在长距离的传输线路上传送信号，用计算机将一组传输线路组成一个有机的系统。

按交换方式来分，计算机网络可分为电路交换网、报文交换网和分组交换网3种。电路交换类似于传统的电话交换方式，用户在开始通信前，必须申请建立一条发送端到接收端的物理通道，在双方通信期间始终占用信道。报文交换方式的数据单元是要发送的一个完整的报文，报文可以理解为按一定规则组成的数据单元，报文含有目的地址，以便最终达到目的端。分组交换也称为包交换方式，此种方式中发送端先将数据划分为一个等长的单位，即分组，然后用中间节点以存储转发的方式传输这些分组，最终达到目的端。

按照拓扑结构来分，计算机网络可分为总线型、星型、环型等。通过拓扑结构可以清楚表示网络的结构。

（3）TCP/IP

协议，可以理解为计算机网络中不同节点之间用于交流的一组规则，包含语义、语法和时序。其中 TCP/IP 是互联网的重要协议，被广泛应用而成为事实上的工业标准。由于 TCP/IP 屏蔽了具体的网络底层的结构，只要在网络层及传输层运行 TCP/IP，各种异质网络均可互联。互联网的中文译名在一定程度上体现了这种开放性，正因为它的开放性，使得互联网具有了极大的包容性，并获得了迅速的发展。

（4）网络体系结构和 OSI 参考模型

计算机网络的体系结构是建立在层的结构之上的，按层的方式组织，除最底层外，每一层都建立在它的下层之上。不同的网络，其各层的数量、各层的名字和功能是不尽相同的。但是在所有的网络中，每一层的目的都是向它的上一层提供一定的服务。在网络体系结构方面，有两个重要的参考模型，即 OSI 参考模型和 TCP/IP 参考模型。OSI 参考模型即开放系统互联参考模型，它提供了一组描述网络的详细标准。它将网络从下往上分为7层，最底层(第1层)到最高层（第7层)分别是：物理层（Physical）、数据链路层（Data Link）、网络层（Network）、传输层（Transport）、会话层（Session）、表示层（Presentation）、应用层（Application）。TCP/IP 参考模型将网络分为4层，即应用层、传输层、Internet 层、网络接入层，与 OSI 参考模型的对应如图1.8所示。事实上，计算机网络的理论和技术就是建立在这样的层结构之上的。限于篇幅，每层的功能和作用此处不再详述，感兴趣的读者请自行参考计算机网络方面的书籍。

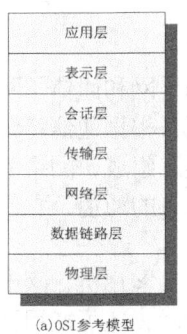
(a) OSI 参考模型

(b) TCP/IP 参考模型

图1.8　网络体系结构

1.3 系统和系统工程

系统是管理信息系统最重要的基础概念之一。系统工程理论体系的建立使得系统工程广泛融合了多门学科的知识内容。建立系统的观点，掌握系统工程的基本理论和方法是信息工作者必备的素质。本节将介绍系统的概念、特性以及系统工程的相关内容。

1．系统的概念

系统这一概念来源于人类长期的社会实践。人类认识现实世界的过程，是一个不断深化的过程。将系统作为一个重要的科学概念来研究的是美籍奥地利生物学家贝塔郎菲。贝塔郎菲于 1937 年第一次提出了系统的概念，他认为系统是相互作用的诸要素的综合体。系统确切的定义依照学科不同、使用方法不同和解决的问题不同而有所区别。

系统是具有特定功能的、相互间具有有机联系的许多要素所构成的整体。任何系统的存在，都有如下 3 个必要条件。

（1）系统必须由两个或两个以上的要素(元素、部分)所组成，要素是构成系统的最基本单位，因而也是系统存在的基础和实际载体。

（2）系统的要素与要素之间，存在着一定的有机联系，从而在系统的内部和外部形成一定的结构或秩序，任何一个系统又是它所从属的一个更大系统的组成部分(要素)；这样，系统整体与要素、要素与要素、整体与环境之间就存在着相互作用和相互联系的机制。

（3）任何系统都有特定的功能，这是整体所具有的不同于各个组成要素的新功能，这种新功能是由系统内部的有机联系和结构所决定的。

2．组成系统的基本要素

系统由输入、处理、输出、反馈和控制 5 个基本要素组成，它们之间的关系如图 1.9 所示。

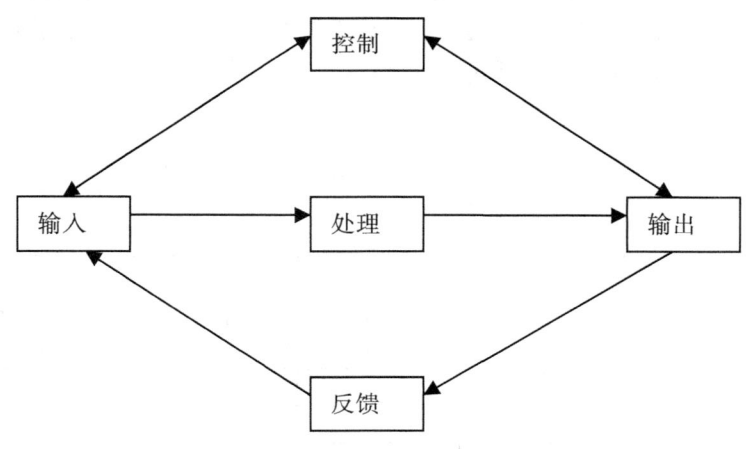

图 1.9 系统组成的 5 个基本要素

输入：给出处理所需要的内容和条件，受输出的制约。
处理：根据条件对输入的内容进行加工和转换。
输出：处理后得到的结果。
反馈：将输出结果的一部分内容再返回到输入，以供控制使用。
控制：指挥和监督系统的其他 4 个基本要素的正常工作。

3. 系统的特性

系统具有以下特性。

（1）集合性。系统是由许多要素或单元构成的集合体，这个集合体作为整体完成某种功能。而整体的功能要比组成它的所有要素的总和还要大。即"整体大于部分之和"。但要注意的是"整体大于部分之和"取决于系统的管理水平。管理水平越高，放大的倍数就越大；反之，管理水平越低，放大的倍数就越小，甚至可能出现各要素组成系统后效率反而降低的情况。

（2）关联性。系统的各要素或单元是按一定方式相互联系、相互制约的，整个系统的目标是通过各要素或单元的功能及它们之间的合理协调来实现的。

（3）目的性。任何系统都有一定的功能、目的，系统的各个要素或单元也是为了完成某一任务或达到某个目的而组合在一起的，形成一个有机整体。系统的目的一般用更具体的目标来体现，比较复杂的社会经济系统都具有不止一个目的，需要一个指标体系来描述系统的目的。

（4）边界性。由系统的组成要素确定了系统的边界，边界之内称系统，边界之外称环境。系统与环境之间有信息和物质的交流，从环境中得到某些信息或物质称系统的输入，向环境中输送某些信息或物质称系统的输出。系统的界限是根据不同条件和具体需要来确定的。

（5）环境适应性。系统总是要在一定的环境中存在和发展的，系统必须适应外部环境的变化，不能适应外部环境变化的系统是没有生命力的，而能够经常与外部环境保持最优适应状态的系统才是理想的系统。例如，企业可以看作是系统，那么市场就是环境，企业必须适应市场。

（6）整体性。对任何一个要素的研究都不能脱离整体，各要素间的联系和作用也不能脱离整体的协调去考虑。系统不是各个要素的简单集合，否则它就不会具有作为整体的特定功能。

（7）层次性。一个复杂的系统都是由若干个子系统组成的，子系统包含若干个更小的系统；反过来说，当一个系统作为独立要素来看时，它是一个完整的系统；但对于更大范围或更高层次来说，它本身又是更大的系统的一个组成要素，这就是系统的层次性。从较高层次进行分析，可以了解一个系统的全貌，从较低层次进行分析，则可以了解一个系统各组成要素的细节。图 1.10 所示为系统的层次性。

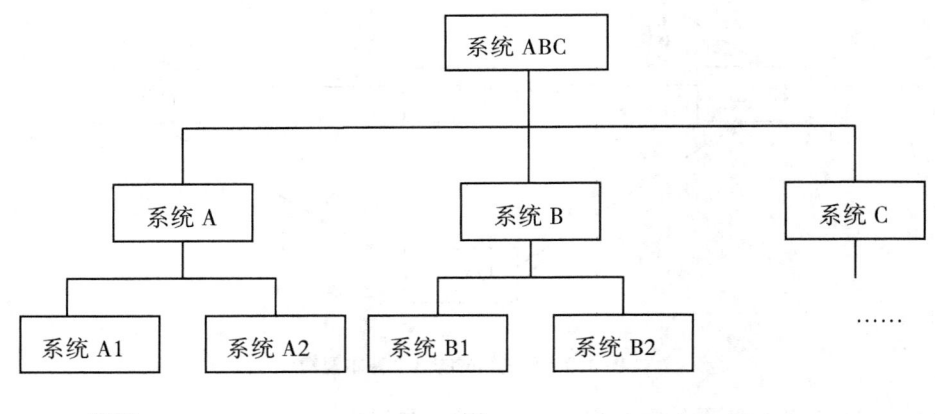

图 1.10　系统的层次性

（8）动态性。任何系统内都有物质、能量和信息的流通，一般表现为人员、资金、物质以及机器的有组织的运动，这种流通和运动便是系统的动态性。没有运动，系统便没有生命。

4. 系统工程

系统工程（Systems Engineering）是一门不断发展的综合性学科，而且涉及的领域又非常广泛，所以，由于领域、观点不同，系统工程的定义也不尽相同。

我国著名科学家钱学森认为，系统工程是组织管理系统的规划、研究、设计、制造、试验和使用的科学方法，是一种对所有系统都具有普遍意义的科学方法。系统工程是一门组织管理的技术。

美国著名学者切斯纳认为，虽然每个系统都是由许多不同的特殊功能部分所组成的，而这些功能部分之间又存在着相互关系，但是每一个系统都是完整的整体，每一个系统都要求有一个或若干个目标，系统工程则是按照各个目标进行权衡，全面求得最优解，并使各组成部分(要素)能够最大限度地互相适应的方法。

系统工程具有以下特点。

（1）研究思想的整体化。系统工程研究思想的整体化是指既要将所要研究的对象看作一个整体，又要将研究对象的过程看作一个整体。这就是说，一方面，对于任何一个研究对象，即使它是由各个不相同的结构和功能部分所组成的，都要把它看作是一个为完成特定目标而由若干个要素有机结合成的整体来处理，并且还应把这个整体看作是它所从属的更大系统的组成部分来考察和研究；另一方面，对于研究对象的研制过程也作为一个整体来对待，即以系统的规划、研究、设计、制造、试验和使用作为整个过程，分析这些工作环节的组成和联系，从整体出发来掌握各个工作环节之间的信息以及信息传递路线，分析它们的控制、反馈关系，从而建立系统研制全过程的模型，全面地考虑和改善整个工作过程，以实现整体最优化。

（2）应用方法的综合化。系统工程强调综合运用各学科和各技术领域内所获得的成就和方法，使得各种方法相互配合达到系统整体最优化。系统工程对各种方法的综合应用，并不是将各种方法进行简单的堆砌叠加，而是从系统的总目标出发，将各种相关的方法协调配合、互相渗透、互相融合，进而综合运用。

（3）组织管理的科学化、现代化。系统工程研究思想的整体化要求管理的科学化，其应用方法综合化要求管理的现代化。由于系统工程研究的对象在规模、结构、层次、相互关系等方面高度复杂，综合应用日益广泛，这就使得那种单凭经验的作坊式的经营管理已经不能适应客观需要。因此，没有管理的科学化和现代化，就难以实现研究思想的整体化和应用方法的综合化，也就不能充分发挥出系统的效能。

1.4. 管理信息系统

管理信息系统是一种复杂的人-机交互系统，本节将介绍信息系统的概念和管理信息系统的概念、功能和结构。

1. 信息系统和管理信息系统

信息系统是指对信息进行收集、处理、存储、管理、检索和传输并能向人们提供有用信息的系统。信息系统主要是指以计算机进行信息处理为基础的人-机系统。通常，信息系统根据系统目标的需要，对输入的大量数据进行加工处理，代替人工完成烦琐、重复的劳动，同时为决策提供及时、准确的信息。

信息系统首先是一个系统，具有输入、处理、反馈、输出和控制这 5 个一般系统所共同具有的基本组成部分；其次，信息系统又是一个由人-机共同组成的系统，其中人是系统的核心，人既可以是系统的管理者、操作者，又可以是系统的服务对象，为人提供服务是构建各种信息系统的意义所在；而机的含义较为广泛，它包括在信息的收集、存储、检索、加工和传递过程中所采用的一切物理设备，例如电子装置、机械装置、计算机及外围、网络通信设备等。一般信息系统的模式如图 1.11 所示。

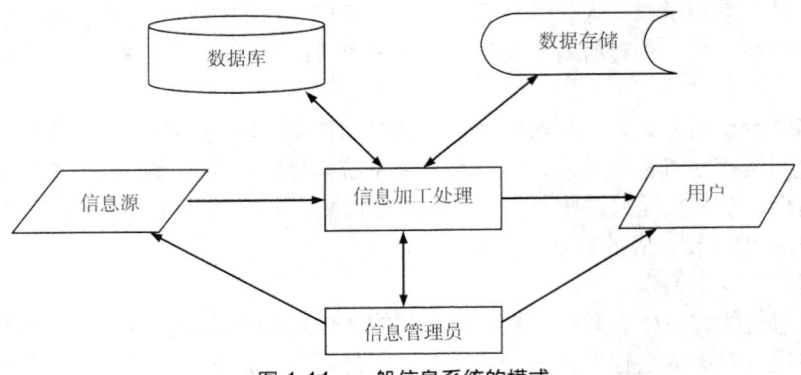

图 1.11　一般信息系统的模式

而管理信息系统和信息系统一定程度上表示同一个概念，相对而言，国际上使用信息系统这个概念更多一点。就管理信息系统作为一个概念来说，它强调管理在信息系统中的融合，它是一个不断发展的概念。1985 年，管理信息系统的创始人——美国明尼苏达大学卡尔森管理学院的著名教授 Gordon B. Davis 给管理信息系统下了一个定义："管理信息系统是一个利用计算机硬件和软件，手工作业，分析、计划、控制和决策模型，以及数据库的用户–机器系统。它能提供信息支持企业或组织的运行、管理和决策功能。"国内学者对管理信息系统的定义是：管理信息系统（Management Information System，MIS）是以现代管理理论为指导、以计算机和网络通信设施等现代信息技术为基础、以系统思想为主导、建立起来的能进行信息的收集、传输、加工、储存，并为管理人员提供决策信息的人机信息系统。

从定义中看到，管理信息系统的目标是为管理人员在管理工作中提供所需要的信息。管理人员包括各类、各层的管理人员。管理信息系统是为管理工作服务而不是代替管理人员的工作。管理信息系统在高、中、低三个管理层次上支持管理活动。管理信息系统功能是对信息进行收集、传输、加工、储存，并输出信息。另外，管理信息系统不仅仅是一个技术系统，同时也是一个把人包括在内的人机交互系统，是一个社会系统。

从历史上看，管理信息系统发展经历了以下 3 个阶段。

（1）单项处理阶段（20 世纪 50 年代中期到 60 年代中期）。这一阶段也称为电子数据处理阶段（Electronic Data Processing, EDP）。这一阶段人们用计算机处理的业务问题主要是单项的工资计算或数据统计，用来进行工资、会计、统计等方面的计算工作，部分代替人工劳动。这一阶段的特点是：业务在计算机上是按项目分别进行的，不同项目之间在计算机上没有联系，各自为政。

（2）综合数据处理阶段（20 世纪 60 年代中期到 70 年代初期）。随着计算机数据处理能力的提高，出现了从企业的整体目标出发，系统地、综合地处理各项管理信息，为管理决策者提供准确、及时的信息，有效地驾驭整个企业的生产经营活动的信息系统。管理信息系统强调信息处理的系统性、综合性，不但要求在事务处理上的高效率，而且更强调对各级管理的全面有效支持。

（3）支持决策阶段。人们从 20 世纪 70 年代开始，研究如何利用计算机支持决策问题，具有决策支持、智能专家功能的管理信息系统出现了，称为决策支持系统（Decision Support Systems，DSS）。DSS 是管理信息系统发展的新阶段，DSS 是把经济管理数学模型的优化计算结合起来，具有管理、辅助决策和预测功能。目前，DSS 仍处于发展之中，还不成熟，DSS 理论和实用技术在今后将更加成熟，能够综合利用各种信息和数据、辅助高级管理决策技术的实用系统将投入使用。

随着信息技术和管理科学的飞速发展，管理信息系统概念的内涵也在不断发展。DSS 与人工智能、计算机网络技术等结合形成了智能决策支持系统和群体决策支持系统。EDP、MIS、EDI（电子数据交换）和 WEB 技术结合应用已发展成为电子商务系统，实现了订货、发货、运输、报关、保险、商检和银行结算为一体的新型商贸业务类型。此外还出现了不少新的概念，如 ERP（企业资源计划）、CRM（客户关系管理）以及 SCM（供应链管理）等新型管理信息系统。

2. 管理信息系统的功能

为了充分认识管理信息系统的功能，我们不妨从信息系统、企业管理层次以及企业组织管理职能等不同角度来划分管理信息系统的功能。

从信息系统角度来看，管理信息系统本身就是一种特殊的信息系统，具有信息系统的一般特性。因此它的功能就包括对信息或数据的收集、存储、加工、传输等处理，最终输出管理信息。管理信息系统的处理功能如图 1.12 所示。

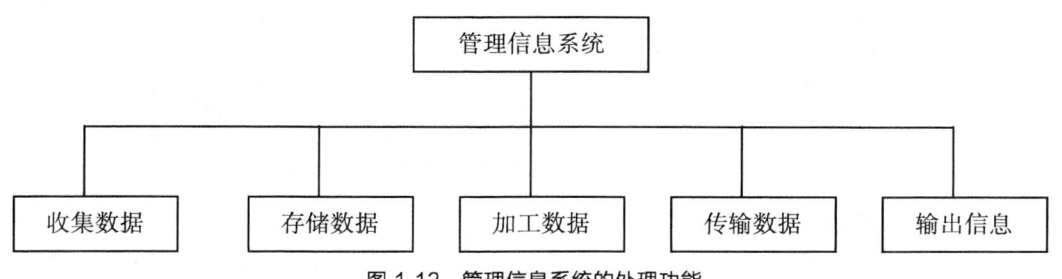

图 1.12 管理信息系统的处理功能

从企业的管理层次划分来看，企业管理可以划分为高层、中层、基层这样 3 个层次，呈现金字塔形，相应的管理信息系统的功能也具有从低到高的作业控制功能、管理控制功能和战略规划功能等 3 个层次，如图 1.13 所示。

电子数据处理（Electronic Data Processing，EDP）功能能够处理事务性信息，即结构化信息，这是管理信息系统的基本功能，这样的管理信息系统也被称为业务处理系统。

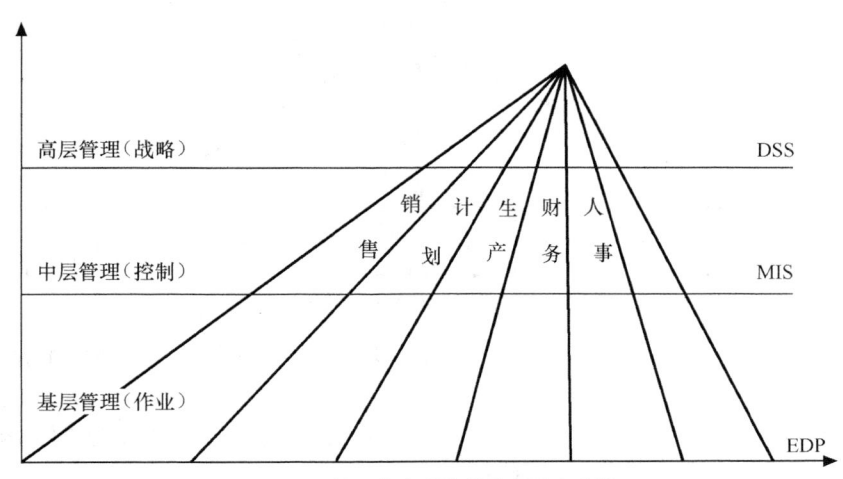

图 1.13 管理信息系统的管理层次功能

具有管理控制功能的管理信息系统（Management Information System，MIS）可以辅助中层管理者进行简单决策，信息一般来自所属各部门并跨越各部门。

具有高级战略规划功能的管理信息系统称为决策支持系统（Decision Support System，DSS）。制定战略规划要大量地依靠来自企业外部的非结构化信息，辅助企业高层领导进行战略规划、预测和决策。设计具有战略规划功能的管理信息系统是非常困难的，因为信息和决策模式都是非结构化的，这也是目前管理信息系统领域的研究热点之一。

从企业组织管理职能的角度来看，企业管理的职能可以划分为计划、组织、领导和控制这4项基本职能，管理信息系统对这4项基本职能具有支持作用，因而管理信息系统具有支持计划、组织、领导和控制的功能，如图1.14所示。

管理信息系统也可以按企业管理组织机构的功能来建立。需要强调的是，并不能完全按照现有的管理职能来设计建设管理信息系统，要适应现代管理的要求，往往需要对企业的组织职能进行重新设计，按照新的管理职能设计管理信息系统的功能。

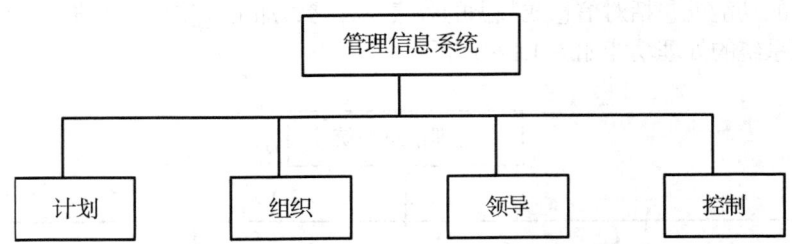

图1.14　从企业管理职能划分管理信息系统的功能

3．管理信息系统的结构

管理信息系统的结构是指各部件的构成框架，对部件的不同理解构成了不同的结构方式。主要有概念结构、总体结构和软件结构3种形式。

（1）概念结构。从概念上看，管理信息系统由四大部件组成：信息源、信息处理器、信息用户和信息管理者。其中，信息源是信息的产生地；信息处理器负责信息的传输、加工、保存等；信息用户是信息的使用者，并利用信息进行决策；信息管理者负责系统的设计、实现以及运行和协调。管理信息系统的概念结构如图1.15所示。

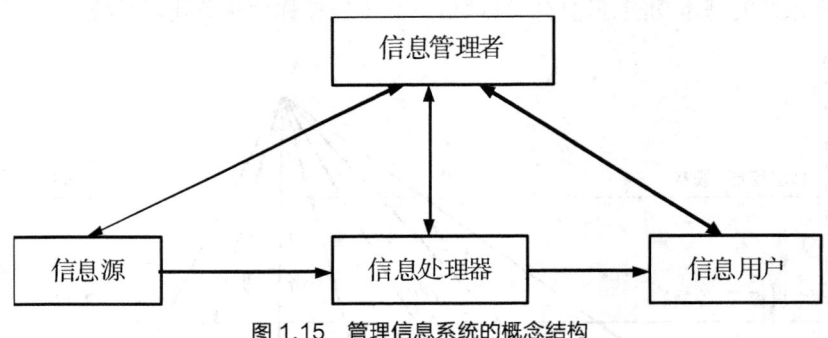

图1.15　管理信息系统的概念结构

（2）总体结构。从总体上看，管理信息系统主要由以下几个部分或子系统构成，其结构如图1.16所示。

● 计算机硬件系统。它是管理信息系统中信息处理和信息存储等工作的物理基础，主要包括处理机、主/辅存、输入输出等物理设备。

● 网络通信系统。为了使组织内部各部门之间以及组织与外部环境之间能够及时、方便、迅速地进行信息交流和信息共享，基于计算机网络的通信系统已成为现代管理信息系统中一个十分重要的组成部分。网络通信系统主要由计算机网络系统、通信设备和通信软件等构成。

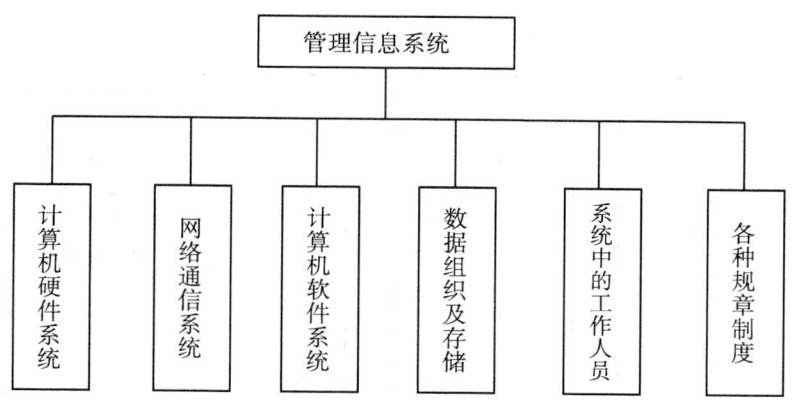

图 1.16　管理信息系统的总体结构图

● 计算机软件系统。它是实现管理信息系统各项信息处理能力的灵魂，主要由系统软件和应用软件两大部分组成。系统软件主要是操作系统、数据库管理系统、各种语言的编译和解释程序等；应用软件则是系统开发人员根据实际管理工作的需要而研制的各种通用软件和专用软件，研究和探讨如何成功地开发出适合用户和市场需求、高效支持管理决策的各种管理信息系统的应用软件是管理信息系统开发工作的主要内容。

● 数据组织及存储。如果把管理信息系统比作一个信息加工厂，那么数据组织及其存储就相当于该加工厂的原材料仓库，只有好的原材料和好的仓库管理，才能加工出好的信息产品，提供好的信息服务。因此，如何将数据和信息按一定的方式或结构科学地组织起来，存储在适当的存储设备上，以有效提高管理信息系统的工作效率和使用效益，是管理信息系统开发中要解决的重要问题。

● 系统中的工作人员。包括管理信息系统中的计算机及其相关设备的操作人员、系统维护人员、系统分析和系统设计人员、数据库管理人员，以及信息系统的用户等有关人员。

● 各种相关的规章制度。一个运转良好的管理信息系统必须要有一套完善的规章制度相支持，主要包括管理信息系统中各类人员的职责、权力、操作规范、工作程序和它们之间的相互协调关系及奖惩办法等各种规章制度和说明文件，还包括有关信息处理的各种技术标准、工作规范，各种设备的操作、维护规程等有关规定和信息安全、保密的规章制度等。

总之，管理信息系统是一个高度集成化的人-机系统，它是由人、有组织的程序和数据资料以及计算机硬件、网络系统所组成的。其目的是为了及时地提供和传递决策所需的信息。

（3）软件结构。对于不同的管理应用需求，其管理信息系统的软件结构也是各不相同的，图 1.17 是一个典型的企业管理信息系统软件结构示意图。

图 1.17 反映了企业管理信息系统软件的一般构成方式，图中横向的某一行表示管理的某个层次；纵向的某一列表示系统的某个功能。根据用户的需求，可以对该软件结构进行增减。为了实现信息共享，整个系统应在操作系统、数据库管理系统等系统软件的支持下建立公共数据库，以此为基础开发支持不同管理层次和管理职能的信息子系统。

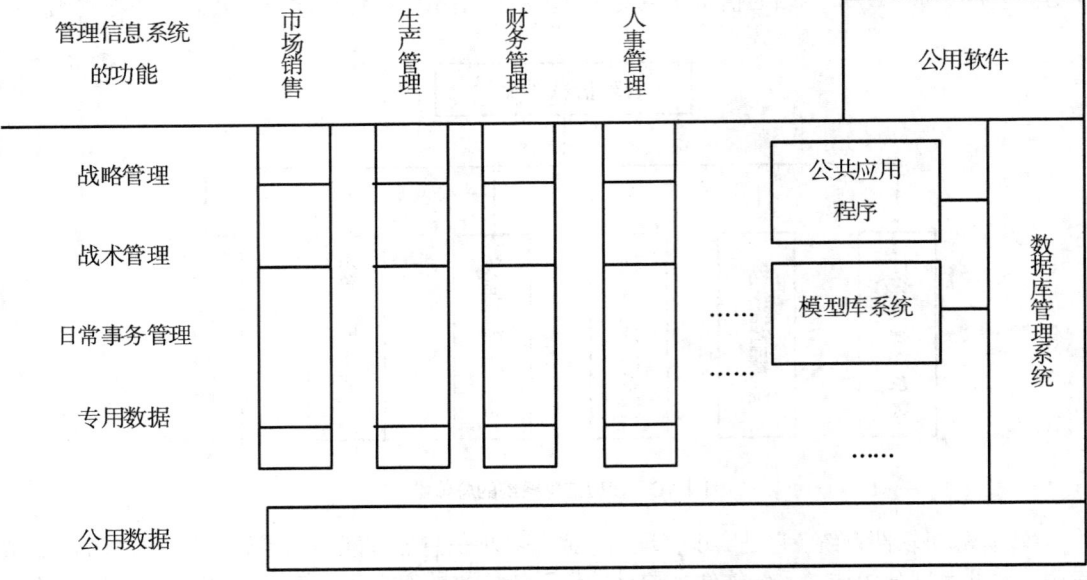

图 1.17 管理信息系统的软件结构示意图

另外，为了避免重复建设，可以开发一些公用的应用子程序、决策模型库、方法库和知识库等公用模块来简化设计。

本章小结

管理信息系统是一种复杂的人-机交互系统，本质上是一种信息系统。管理信息系统是一个不断发展的概念。管理信息系统是为管理工作服务而不是代替管理人员的工作。管理信息系统在高、中、低3个管理层次上支持管理活动。

习题

一、填空题，请将正确的答案填在括号内

1. 管理是通过对企业资源进行有效的（　　）、（　　）、（　　）和控制以实现企业目标的全部过程。

2. 典型的企业组织结构有（　　）、（　　）、（　　）和混合式结构几种形式。

3. 信息是客观存在的一切事物通过物质载体所发生的（　　）、（　　）、（　　）、数据和信号等所包含的（　　）、（　　）的知识内容。

4. 系统是具有特定功能的、相互间具有有机联系的许多（　　）所构成的（　　）。

5. 系统工程是以（　　）为研究对象，按一定目的进行（　　）、（　　）、（　　）与（　　），以期达到总体效果最优的理论与方法。

6. 管理信息系统是以（　　）为指导，以（　　）和（　　）等现代信息技术为基础、以（　　）为主导，建立起来能进行信息的（　　）、（　　）、（　　）、（　　）并为管理人员提供（　　）的人机信息系统。

7. 从不同角度理解，管理信息系统主要有（　　）结构、（　　）结构和（　　）结构 3 种形式。

8. 系统软件包括4种基本类型，它们是（   ）、（   ）、（   ）、（   ）。
9. 应用软件通常分为两大类，它们是（   ）应用软件和（   ）应用软件。
10. 从系统功能的角度看，计算机网络主要由（   ）子网和（   ）子网组成。

二、选择题，每题选项中至少有一个是正确的，请把答案写在括号中

1. 以下关于管理层次的说法正确的是（   ）。
   A. 管理的层次与管辖的人数无关。
   B. 采用信息技术可以有效减少管理层次，增加管理幅度。
   C. 管理者的工作能力和管理幅度相关。
   D. 管理工作的内容和幅度与主管所处的管理层次相关。
2. 以下属于信息的局限性的是（   ）。
   A. 滞后性   B. 不完全性
   C. 真实性   D. 扩散性
3. 以下不属于构成系统的基本要素的是（   ）。
   A、输入/输出   B. 计划
   C. 处理   D. 反馈和控制
4. 信息系统是一个人-机系统，"机"的范畴可以是（   ）。
   A. 电子装置   B. 机械装置
   C. 计算机及外围   D. 网络通信设备
5. 进行工资、会计、统计等方面的计算工作，部分代替人工劳动的管理信息系统处于（   ）。
   A. 单项处理阶段   B. 综合数据处理阶段
   C. 支持决策阶段   D. 以上都不对

三、简答题

1. 简述管理的职能。
2. 列举典型的企业组织结构。针对某具体的企业绘制其组织结构图。
3. 信息概念的含义是什么？
4. 简述信息的重要特性。
5. 什么是系统？系统需要具备的3个必要条件是什么？
6. 构成系统的基本要素有哪些？它们之间具有怎样的关系？
7. 如何理解系统工程？系统工程和传统的工程技术有哪些区别？系统工程的特点是什么？
8. 什么是信息系统？什么是管理信息系统？
9. 管理信息系统的发展经历了哪些阶段？各有什么特点？
10. 试从不同角度划分管理信息系统的功能。
11. 管理信息系统具有哪些结构形式？绘出每种结构形式图。

第 2 章 管理信息系统开发综述

本章导读

本章概要介绍管理信息系统开发所涉及的知识，包括软件工程、系统开发生命周期和项目管理、管理信息系统的开发模式、开发方法、开发工具和开发方式等几部分内容。

2.1 软件工程

管理信息系统本质上是一种软件，它具备软件所具有的共同特点，同时，作为企业管理的信息化解决方案，管理信息系统具有自身的特点。为使读者能够更完整地理解管理信息系统，本节首先介绍软件工程及软件工程规范的知识。

自 1946 年美国宾夕法尼亚大学研制出世界上第一台电子计算机 ENIAC 以来，计算机技术获得了迅猛的发展。其中，计算机硬件走上了良性发展的道路，尤其是半导体技术和集成电路技术的进步使得计算机性能迅速提高。在计算机硬件飞速发展的同时，计算机软件却没有得到相应的发展，这使得计算机软件随着复杂性提高，成本显著提高，经常出现难于管理、延期交付甚至中途放弃的现象。随着这种现象的持续增多，20 世纪 60 年代出现了全球性的软件危机。

计算机软件专家们认为，世界上先后发生了两次软件危机。为了克服软件危机，20 世纪 70 年代形成了一门新兴的学科——软件工程学，主要研究如何应用一些科学理论和工程上的技术来指导软件的开发，用较少的投资获得高质量的软件。针对计算机软件的特点，软件工程学采取了工程化和系统化两个途径来解决这一问题。

表 2.1 列出了软件开发工程化和系统化的主要内容。

表 2.1 软件工程系统化和规范化的内容

软件开发工程化	软件开发系统化
1. 先论证设计再编程实施 2. 先测试、试运行再交付使用 3. 软件要不断维护、完善 4. 个体活动改为有分工的集体活动 5. 运用先进的开发工具	1. 全面论证 2. 整体分析设计 3. 结构化、层次化 4. 发展变化的观点

2.2 系统开发生命周期和项目管理

正如前面提到的,管理信息系统是解决商务问题的信息方案,要使解决问题的工作富有成效,就必须进行有组织的规划并指定明确的目标;另外,使用项目管理技术可以确保项目进度、控制项目预算和成本。本节将针对管理信息系统的特点,介绍系统开发生命周期和项目管理的知识。

2.2.1 系统开发生命周期

和其他软件的开发过程一样,任何管理信息系统的开发通常都要经历 3 个重要阶段:分析阶段、设计阶段和实施阶段。分析阶段的目的是全面了解用户的信息需求,分析阶段的重点是商业需求而并非具体的计算机技术;设计阶段的主要成果是由系统分析员设计出可供实施的计算机系统解决方案;实施阶段的主要内容是进行系统的开发、测试和安装调试。在信息系统的开发建设过程中还包括系统规划和维护支持阶段,因此一个信息系统的开发项目应当包含系统规划、系统分析、系统设计、系统实施和系统支持这 5 个阶段,如图 2.1 所示。

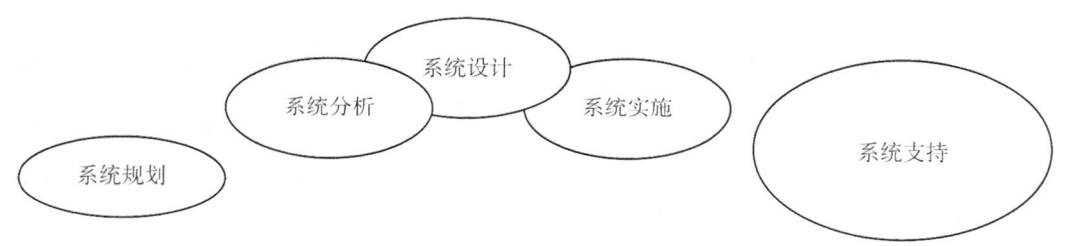

图 2.1 信息系统开发的各个阶段

一般来说,系统规划阶段虽然耗时比较少,但对整个项目是否能取得成功至关重要。系统支持阶段,从严格意义上来说,不能算是项目的一个组成部分,但它是总的信息系统生命中的一个阶段。系统支持阶段将贯穿信息系统从开始投入使用到终止使用的时间跨度。显然,通常情况下支持阶段包含比所有其他阶段的时间总和还要长的时段,另外,它的花费通常也是最多的。

以上 5 个阶段合起来被称为系统开发生命周期(System Development Life Circle,SDLC)。每一个项目的开发和运行都能够分成这 5 个阶段,这是最基本的系统开发项目活动的分类方法。SDLC 概念也包括管理原则、计划、组织、问题解决、协调、控制、分工、进度安排等项目管理的内容。所有成功的大型项目开发都使用一些有组织的系统开发方法。即使是小型项目,也需要分析、设计和实施,但可能不是那么严格。因此 SDLC 方法提供的结构和组织将确保开发项目有序进行,并合理控制项目预算和项目风险。

下面对每个阶段所包含的主要目标和主要活动做一简要介绍。

(1)系统规划阶段。它的主要目标是确定新系统的作用范围、确保项目的可行性、制订进度表和资源分配计划,并进行项目其余部分的预算。以下列出了系统规划阶段的主要活动。

- 定义问题。
- 制订项目进度表。
- 确认项目的可行性。
- 安排项目人员。
- 启动项目。

(2)系统分析阶段。它的主要目标是了解新系统的业务需求和处理要求并制作书面文件。

这一阶段的主要活动有以下几项。
- 收集信息。
- 确定系统需求。
- 建立系统需求的原型。
- 划分需求的优先级。
- 产生并评估可选方案。
- 与管理人员一起审查建议。

（3）系统设计阶段。它的目标是设计系统的解决方案。设计阶段使用分析阶段获得的信息作为它的输入。以下是系统设计阶段需要完成的主要活动。
- 设计并集成计算机网络。
- 设计应用程序结构。
- 设计用户界面。
- 设计系统界面。
- 设计并集成数据库。
- 设计细节并原型化。
- 设计并集成系统控制。

当然，在实际开发中并不是每个系统在设计阶段都要完成以上内容，例如，对于桌面应用系统，就不必考虑网络设计和集成的内容。

（4）系统实施阶段。它的主要任务是建立、测试和安装最后的系统。这个阶段的目标不仅仅是实现一个可靠的、可以工作的信息系统，同时还包括对用户的培训，使用户切实能从信息系统中受益。实施阶段的主要活动如下所述。
- 构造软件部件。
- 软件测试。
- 转换数据。
- 培训与文档。
- 安装系统。

（5）系统支持阶段。它的目标是在系统初始安装后一段时间，例如几年里，保持系统有效的运行。正如前面所说的，由于只在系统安装并投入使用后才启动系统支持阶段，因此，通常来讲支持阶段不算作是 SDLC 的一部分。这一阶段很长，持续整个新系统的有效使用周期，大多数用户期望管理信息系统可以持续运行多年。在支持阶段，为扩大系统的能力，可能会执行相应的升级。在系统支持阶段发生以下主要的活动。
- 维护系统。
- 加强系统。
- 支持系统。

图 2.1 已经给出了一个项目进程的轮廓，即分析－设计－实施。在 20 世纪 70 年代和 80 年代，分析人员使用"瀑布模型"进行项目开发，这个命名非常形象，当一个阶段完成时，项目小组就顺着向下移动到下一个阶段，图 2.2 显示了瀑布模型的结构。

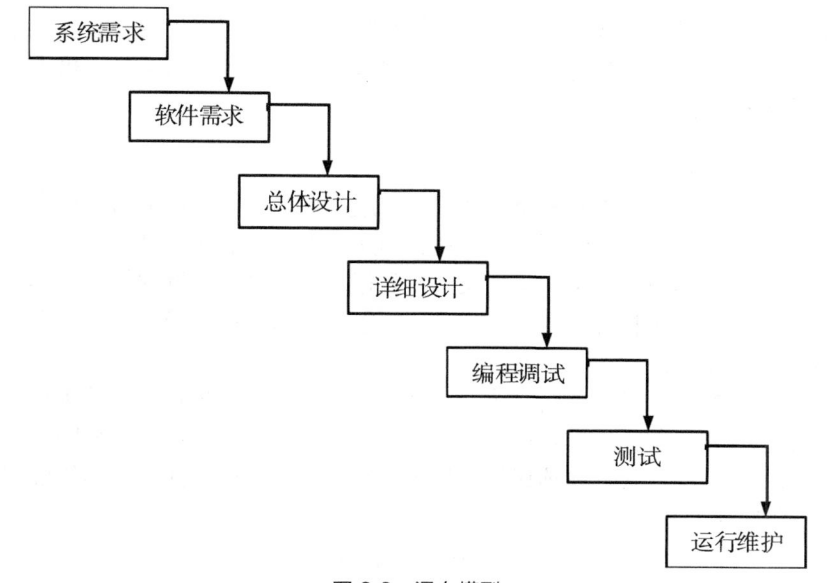

图 2.2 瀑布模型

瀑布模型严格划分了系统开发的各个阶段，下一个阶段的开始以上一个阶段的结束为起点，要求每一个阶段都准确地完成然后才能进入下一阶段。然而，由于信息系统本身的复杂性，用户的需求往往发生变化，瀑布模型难以适应实际的开发需要。随着技术的发展，在实际的应用开发中，系统分析员不一定严格按照瀑布模型的阶段实行，活动仍然分成计划、分析、设计和实施，但每个阶段的许多活动重叠并且是并发的。图 2.3 显示了一个典型项目的各个阶段是如何重叠的。

各阶段活动重叠的一个主要原因是为了提高效率。在系统分析的同时，项目组可能会考虑并设计各种表格或报表。为了帮助理解用户的需求，项目组成员可能要设计最终系统的一部分。当进行早期设计时，经常要删减部分内容，某些部件可能会一直保留到最后的系统中。此外，由于一个信息系统的许多部件是相互依赖的，这使得小组成员能同时完成部分分析和设计。

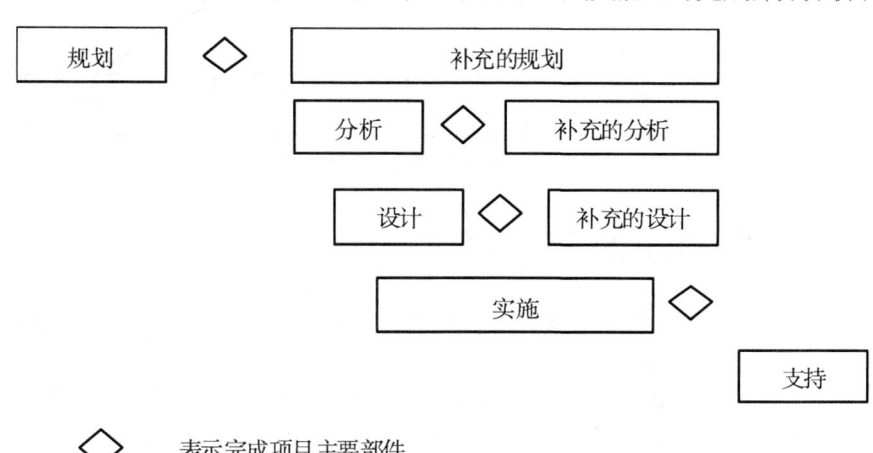

◇ 表示完成项目主要部件

图 2.3 有重叠的系统开发过程

另外，这些活动又不完全重叠。原因是系统内部存在相关依赖性。一些活动自然地要依靠先前工作的结果。例如，在对用户需求的分析没有明了之前，系统设计是无法完成的。同样的，在项目组成员确定整体设计结构之前,写程序代码也是无效的,因为将导致以后丢弃太多的代码。经验证明多数成功的项目都有类似图 2.3 的进度表,这种进度表提供了机动性,同时也需要按时完成确定的任务。

2.2.2 项目管理

项目管理在项目开发过程中起着重要作用,一般来说项目管理由项目经理来负责。尽管每个项目组都指派了项目经理来负责项目组工作,但所有有经验的成员都应一起参与管理。正如第一章中提到的,对管理有许多不同的定义,一种通常的定义是:管理是通过其他人完成所给定的事情。项目管理是一种特殊类型的管理,项目管理是组织和指导其他人在事先确定的进度和预算内实现计划的结果。

图 2.4 描述了参与项目开发的各类人员。注意,项目经理是项目参与的重点。客户是对新系统进行投资的个人或组织。用户是使用新系统的人。客户和用户可以是相同的人,也可以是不同的人。在项目管理中,客户向项目经理提出需求,而用户由于涉及具体的应用,需要向项目经理和小组领导提出要求。

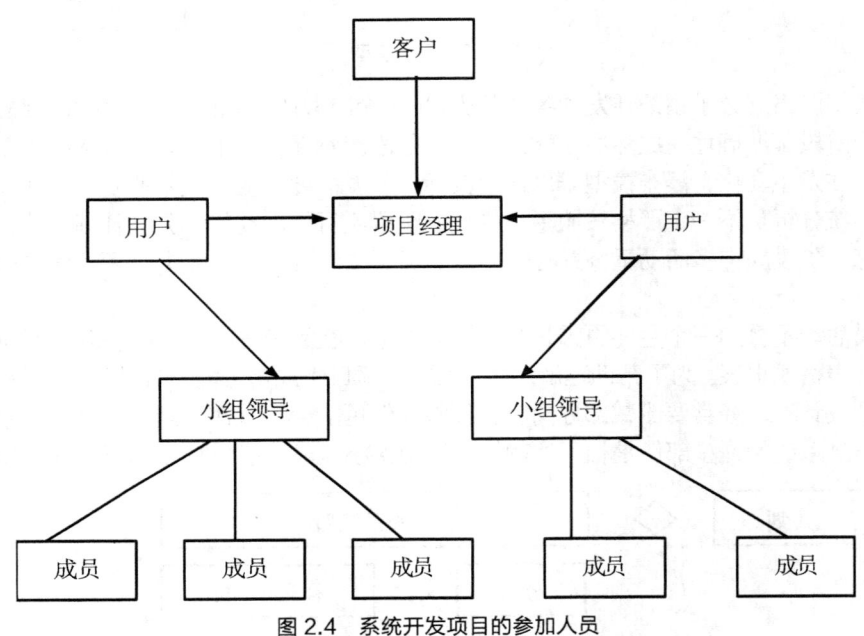

图2.4 系统开发项目的参加人员

2.3 管理信息系统的开发模式

企业在建设信息系统时,首先应考虑系统的开发模式,然后考虑开发方法,接着是确定开发环境,选用合适的开发工具。

近年来,随着计算机技术与网络技术的迅猛发展,信息系统开发模式正经历着巨大的革新。综观整个信息系统的发展过程,经历了 4 种模式:主机终端模式、文件服务器模式、客户机/服务器模式(Client/Server),即 C/S 模式、浏览器/服务器模式(Browser/Server),即 B/S 模式。目前使用最多的是 C/S 和 B/S 两种模式。

2.3.1 C/S 模式

C/S(Client/Server)模式是 20 世纪 80 年代逐步发展起来的一种模式。在这种结构中,网络中的计算机分为两个有机联系的部分：客户机和服务器。客户机由功能一般的微机来担任，它可以使用服务器中的资源。对于用户的请求，如果客户机能够满足就直接给出结果；反之则需要交给服务器来处理，例如调用存放在服务器上的公用数据等，服务器对这些数据进行一些客户看不见的处理后还给客户。因此该模式可以合理均衡事务的处理，充分保证数据的完整性和一致性。客户方应用软件一般包括用户界面、本地数据库等。当用户调用服务器资源时，客户机将请求传送给服务器，并根据服务器回送的处理结果进行分析，然后显示给用户，其模式结构如图 2.5 所示。

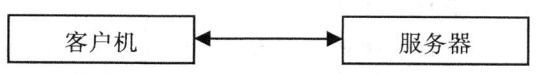

图 2.5　C/S 模式结构

随着计算机技术的发展，以及企业对信息系统的总体拥有成本的考虑，这种模式也逐渐暴露出许多问题，主要表现为以下几点。

（1）开发成本较高。C/S 结构对客户端软硬件要求较高，尤其是随着软件的逐步升级，对硬件的要求也不断提高，增加了整个系统的成本。

（2）移植困难。不同开发工具开发的应用程序，一般来说互不兼容，不能迁移到其他平台上运行。

（3）不同客户机安装了不同的子系统软件，用户界面风格不一致，使用繁杂，不利于推广。

（4）由于每个客户机都安装了相应的应用程序，导致维护成本增加，例如，升级的时候要对每个客户机的软件进行更新。

事实上，不只是专门的管理信息系统，在日常的计算机应用中，我们也经常使用 C/S 结构的软件，例如即时通信工具 QQ 就是一个典型的 C/S 结构的软件，用户要想使用 QQ 提供的服务，必须在自己的计算机上安装 QQ 客户端软件。另外，如果用户想使用新版 QQ 所提供的功能，就必须对客户端软件进行升级。

2.3.2　B/S 模式

Internet 技术发展迅猛，以 Web 技术为基础的 B/S(Browser/Server)模式正日益显示其先进性，当今很多基于大型数据库的信息系统正在采用这种全新的技术模式。B/S 模式也可以称为 BWD(Browser/Web Server/DB Server)模式。

B/S 模式由浏览器、Web 服务器、数据库服务器 3 个层次组成。在这种模式下，客户端使用一个通用的浏览器，代替了形形色色的各种客户端应用软件，用户的所有操作都是通过浏览器进行的。该结构的核心部分是 Web 服务器，它负责接受远程或本地的 HTTP 查询请求，然后根据查询的条件到数据库服务器获取相关数据，再将结果翻译成 HTML 和各种页面描述语言，传送回提出查询请求的浏览器。同样，浏览器也会将更改、删除、新增数据记录描述语言的请求发送到 Web 服务器，由后者与数据库联系完成这些工作。B/S 模式结构如图 2.6 所示。

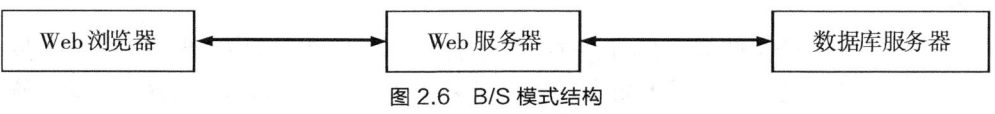

图 2.6　B/S 模式结构

B/S 模式具有以下优点。

（1）使用简单。由于用户使用单一 Browser 软件，基本上无需培训即可使用。

（2）易于维护。由于应用程序都放在 Web 服务器，软件的开发、升级与维护只在服务器端进行，减轻了开发与维护的工作量。

（3）保护企业投资。B/S 模式采用标准的 TCP/IP 与 HTTP，可以与企业现有网络很好地结合。

（4）对客户端硬件要求低。客户机只需安装一种 Web 的浏览器软件。

（5）信息资源共享程度高。Internet 用户可以方便地访问系统资源。

（6）扩展性好。B/S 模式可直接连入 Internet，具有良好的扩展性。

2.3.3　B/S 与 C/S 的混合模式

将上述两种模式的优势结合起来就形成了 B/S 与 C/S 的混合模式，其结构如图 2.7 所示。面向大量用户采用 B/S 模式，在客户端计算机上安装运行浏览器软件，基础数据集中存放在较高性能的数据库服务器上，中间建立一个 Web 服务器作为数据库服务器与客户机浏览器交互的连接通道。而对于系统安全性要求高、交互性强、处理数据量大、数据查询灵活的场合，则使用 C/S 模式，这样能充分发挥各自的长处，开发出安全可靠、灵活高效的软件系统。

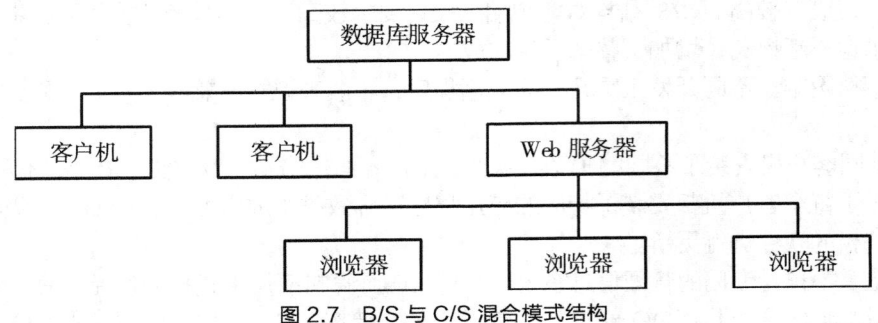

图 2.7　B/S 与 C/S 混合模式结构

2.4　管理信息系统的开发方法

2.2 节中学习了系统开发生命周期，它为系统开发提供了宏观的框架指导。在实际的系统开发中，人们使用多种系统开发方法，而这些系统开发方法往往是 SDLC 的变体。从方法论的角度来看，这些方法可以分为结构化方法和面向对象方法；此外还有一些方法结合了实际的工程应用，如原型法和计算机辅助软件工程（Computer Aided Software Engineering，CASE）工具方法等。本节将介绍常用的管理信息系统开发方法。

2.4.1　模型、工具、技术和方法

进行具体的方法介绍之前，我们先来学习模型、工具、技术的内容以及它们与方法的关系。实际使用的系统开发方法往往包含了模型、工具以及技术的使用说明，理解并掌握这些内容对于系统分析员来说十分必要。

1. 模型

在记录现实世界的某些事物并与之进行信息交互时，人们经常使用模型。模型可以看作是显示某些事物的某些重要方面的表示，即对现实事物的抽象。例如，当我们看到一辆汽车时，我们首先能想到的关于汽车的模型也许就是它的一个等比例缩小的三维模型，实际上关于汽车的模型还包括显示机械尺寸的各种制图，以及显示机械动力特性的各种数学公式。所有这些都是汽车的模型。

对于信息系统开发人员来说，尽管信息系统模型并不像汽车模型那样标准或精确，但是

也应学会创建和使用各种模型。开发人员要为信息系统的各个部分建立的模型包括输入、输出、过程、数据、对象、对象之间的相互作用、位置、网络和设备以及其他事物的表示。大多数的模型是图形模型，包括使用公认的符号和惯例画一张示意图。这些模型通常称为图表。例如，我们可以使用流程图来表示程序的逻辑结构。在本书后面的部分中，我们将主要学习如何观看、创建和描绘信息系统的各种模型。

另一种对系统开发和应用都很重要的模型是项目计划模型，例如在项目管理中用到的甘特图。这些模型是对系统开发项目自身的表示，其中突出显示了项目任务及其完成日期。

以下列出了系统开发中经常用到的一些模型，其中关于系统组件的模型有如下各项。

- 流程图。
- 数据流图（Data Flow Diagram，DFD）。
- 实体-联系图（Entity-Relation Diagram，ERD）。
- 结构图。
- 用例图。
- 类图。
- 顺序图。

关于项目过程管理的模型有如下各项。

- PERT图。
- 甘特图。
- 组织层次图。
- 财务分析模型。

2. 工具

系统开发中的工具是帮助生成项目中所需模型或其他组件的软件支持。工具可以是创建图表的简单绘图程序，也可以是包括一些存储关于项目信息的数据库应用程序，如数据流定义或过程的书写描述。

工具是为帮助系统开发者而专门设计的。不同角色的系统开发人员使用不同的工具。程序员应该熟悉集成开发环境（Integrated Development Environment，IDE），这个环境提供了许多工具帮助程序员进行编程，例如灵巧的编辑器、上下文相关帮助和调试工具。一些工具能为开发人员生成程序代码。一些工具则可以通过反向工程执行文件来获得程序代码，并可以根据代码生成模型，以便开发人员在文档丢失或没有文档的情况下能推断出程序的用途。

对系统开发人员来说，使用最广泛的工具是CASE工具。CASE表示计算机辅助系统工程。通常情况下，CASE工具能够帮助分析员生成重要的系统模型，然后自动检查模型的完整性，以及该模型和系统其他模型的兼容性。另外，CASE工具可以根据模型生成程序代码。基于以上原因，人们把使用CASE工具进行系统开发的方法称为CASE方法。2.5节将介绍更多的关于工具的内容。

3. 技术

系统开发中使用的技术是一组方法，这组方法可以帮助分析员完成系统开发活动或任务。常用的技术包括：数据建模技术、软件测试技术、用户面谈技术和关系数据库设计技术。以下列出了系统开发中常用的一些技术。

- 战略计划技术。
- 项目管理技术。

- 数据建模技术。
- 关系型数据库设计技术。
- 结构化分析和设计技术。
- 结构化编程技术。
- 软件测试技术。
- 面向对象分析和设计技术。
- 面向对象编程技术。

4. 方法

有了模型、工具和技术，如何把这些组件组合在一起呢？这就是方法。方法包括一组用来完成系统开发生命周期每一阶段活动的技术。这些活动包括完成各种模型以及其他文档并交付资料。在实际应用中，系统开发人员通常使用软件工具来完成这些活动。模型、工具、技术和方法的关系如图2.8所示。

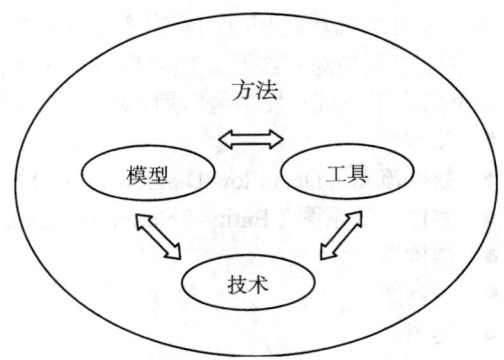

图2.8 方法及模型、工具、技术之间的关系

2.4.2 结构化方法

几乎所有的系统开发方法都是以系统开发生命周期为基础的一些变体，这些变体同样包括系统规划、系统分析、系统设计、系统实施和系统支持阶段。另外，正如前面所说的，几乎每一种方法都使用模型、工具和技术，这些模型、工具和技术组成了一个完整的系统开发方法。所有的系统开发者都应该熟悉两种基本的系统开发方法，它们构成了几乎所有方法的基础。这两种方法是结构化方法和面向对象方法。下面首先介绍结构化方法。

结构化方法也称传统方法，它包含了基于结构化和模块化开发技术的许多变体。信息工程（Information Engineering，IE）方法是结构化方法的一个变体。结构化方法把系统看作是一个过程的集合体，包括人完成的部分和计算机完成的部分，因此结构化方法注重对过程的描述，它使用数据流图以及实体-联系图这样的模型来帮助人们理解问题和分析问题。结构化分析、结构化设计和结构化编程是组成结构化系统开发法的3种技术，这3种技术一起被称为结构化分析和设计技术（Structured Analysis and Design Technique，SADT）。使用结构化分析、结构化设计以及结构化编程这3种方法进行系统开发时的顺序如图2.9所示。

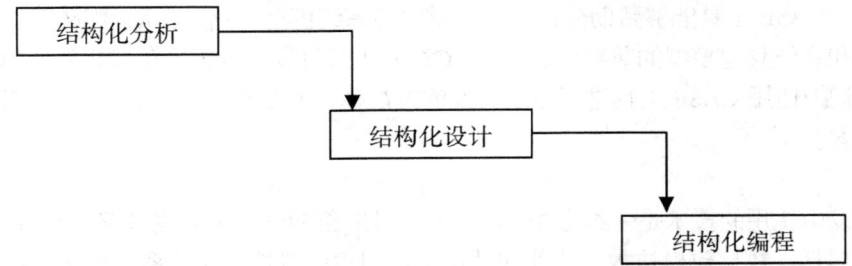

图2.9 结构化分析导致结构化设计和结构化编程的过程

结构化分析技术帮助开发人员定义系统需要做什么，即处理需求，系统需要存储和使用哪些数据，即数据需求，需要什么样的输入和输出，以及如何把这些功能结合在一起来完成

任务。在结构化分析中使用的表示系统需求的主要图形模型是数据流图（DFD），它表明了系统的输入、处理、存储和输出，以及它们如何在一起协调工作。

另外一种常用的模型是实体-联系图（ERD），它也可以根据系统需要存储信息的事物类型来创建数据实体。例如，为了处理一个学生的成绩，系统至少需要知道学生、所选课程以及相应成绩的细节，这些都可以转化为不同的实体及相互联系。实体-联系图的数据实体对应于数据流程图中的数据存储。

结构化设计技术要求系统设计人员清楚系统应该实现哪些功能，因此定义系统需求成为结构化设计的重要内容。系统需求详细地定义了系统必须实现的功能，但并没有规定实现这些功能的具体技术。通过推迟确定实现系统功能的具体技术，开发人员能够把他们的注意力集中于解决需要系统做什么而不是如何做的问题。结构化设计的两个基本原则是松耦合和高内聚。所谓"松耦合"要求每一个模块应尽可能和其他模块保持相对独立，这样做的好处是每一个模块在设计和以后修改时不会干扰其他模块的运行。"高内聚"意味着每一个模块实现一件清晰的任务，尽量保障实现功能的单一性和完整性。

2.4.3 面向对象方法

不同于结构化方法，面向对象方法把信息系统看作是一起工作来完成某项任务的相互作用的对象集合。在面向对象方法中，既没有过程和程序，也没有数据实体和文件，系统只是由对象组成。这里的对象是指一个在计算机系统中能对消息做出响应的事物。这种对计算机系统完全不同的看法要求使用一种不同的方法来进行系统分析、系统设计和编程。

面向对象方法开始于20世纪60年代。在20世纪70年代，人们开发了Smalltalk语言用以解决创建包含诸如下拉式菜单、按钮、复选框和对话框等"对象"的图形用户界面的问题。目前比较流行的面向对象语言有C++、Java以及C#等，这些语言集中于编写系统中所需对象的类型定义上，结果一个系统的所有部分都可以看成是对象，而不仅仅是图形用户界面本身。

面向对象方法包括面向对象分析（Object-Oriented Analysis，OOA）、面向对象设计（Object-Oriented Design，OOD）和面向对象编程（Object-Oriented Programming，OOP）3种技术。因为面向对象方法把信息系统看作相互作用的对象集合，因此面向对象分析（OOA）主要定义系统中所有的对象类型，并显示对象之间是如何通过相互作用来完成任务的。面向对象设计（OOD）主要定义系统中的人和设备进行通信所必需的对象类型，并细化每一种类型的对象定义以便使用一种具体的语言或环境来实现它。面向对象编程（OOP）则是用一种编程语言书写语句来定义每一类对象的行为。

现实世界的事物纷繁复杂，面向对象方法使用类表示相似对象的集合，因此，在面向对象的开发中使用类图来表示系统中所有对象的类型，类图是面向对象分析和设计方法中使用的一种主要的图形模型。对于每一个类，也许还有更具体的子类。例如，学生是一个类，它之下可能还包含诸如计算机专业学生和机械专业学生这样的更为具体的类。子类体现或继承其父类的特性。

面向对象方法的主要优点是自然性和复用性。对人而言，面向对象方法是自然的或者直观的，因为人们习惯于按照具体的对象来认识世界。而过程编程语言所实现的复杂过程往往是非自然直观的反映。同时，由于面向对象方法包括对象的类，并且组织中的许多系统使用同样的对象，因此无论什么时候，这些类都可以重复使用。例如，几乎所有的系统都大量使用菜单、对话框、窗口以及按钮。因此人们不再需要为了创建一个新的对象而从头开始。

目前，许多系统在开发过程中将传统方法和面向对象方法结合使用。一些集成开发环境

（IDE）也在同一工具中结合了传统和面向对象技术。例如，面向对象编程用于用户界面，而过程化编程则用于其他部分。甚至在同一个信息系统开发部门，也有许多系统项目在分析和设计阶段只用传统方法，而其他系统项目则只用面向对象方法。因此，简单地断定哪一个方法更先进并不明智，能够顺利解决问题的方法都是好的方法。作为系统分析人员应该掌握这两种方法的基本概念和内容，并在实践中加以熟练运用。

2.4.4 原型法

严格来说，原型法(Prototyping)不能算作是与结构化方法和面向对象方法并列的一种方法，它是软件市场竞争激烈的产物。原型法的开发思想是对需求进行简单快速分析后，利用先进的开发工具，尽快构造出一个原型系统提供给用户评价、试用，在试用中不断修改完善原型，直至用户满意为止，如果原型太离谱，只好重新构造一个原型。其工作流程如图 2.10 所示。

原型法因其灵活、高效率的特点在实践中获得了快速的发展。快速开发工具的发明为原型法的应用提供了工具上的保证，而管理水平的提高和管理思想的进步为原型法的扩展提供了支持。

以原型法思想为基础的新的开发方法不断涌现，敏捷方法就是最近几年发展起来的一种新的开发方法。2001 年 2 月，在美国的犹他州，由 17 位"无政府主义者"共同发表了《敏捷软件开发宣言》，它继承并发展了原型法的开发思想。

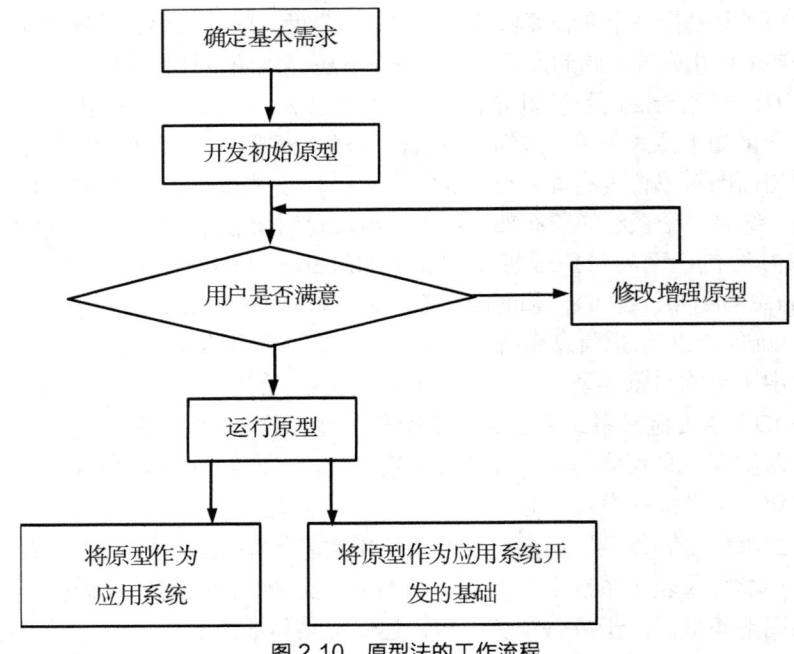

图 2.10 原型法的工作流程

极限编程——XP 是敏捷方法中传播得最广泛的方法之一。但 XP 并不代表敏捷开发的全部，敏捷方法是一组开发模型的统称，XP 是其中最著名的一个。限于篇幅，本书只对敏捷方法做概要性的介绍，关于敏捷方法进一步的内容，读者可以参阅相关文献。

2.4.5 CASE（计算机辅助软件工程）方法

CASE 工具广泛应用于系统开发的各个阶段。如果严格地从认知方法论角度来看，计算机辅助开发并不是一门真正独立意义上的方法。但目前就 CASE 工具的开发和它对整个开发过程所支持的程度来看,又不失为一种实用的系统开发方法,值得推荐。

CASE 方法解决问题的基本思路是:在前面所介绍的任何一种系统开发方法中,如果对象系统确定后,系统开发中的每一步都可以在一定程度上形成对应关系的话,那么就完全可以借助于专门研制的软件工具来实现上述一个个的系统开发过程。由于在实际开发过程中几个过程很可能只是在一定程度上对应,而不是绝对的一一对应,故这种专门研制的软件工具暂时还不能一次"映射"出最终结果,还必须实现其中间过程。即对于不完全一致的地方由系统开发人员再做具体修改。

2.4.6　几种开发方法的比较

到目前为止,我们已经介绍了多种系统开发方法,方法本身并没有好坏之分,只要应用在合适的场合,能够顺利解决问题,都是好的方法。下面仅对目前几种常用方法对系统开发过程中的几个主要环节支持情况做一个简要的分析。

结构化方法应用历史较长,发展得比较成熟,能较全面地支持整个系统开发过程,在管理信息系统的开发领域一直占据着重要的位置。在实际的开发运作中,完全严格对应系统开发生命周期的各个阶段很难实现,而且难以应对迅速变化的市场需求。因此,在实际的开发过程中,往往是以结构化分析方法为基础,例如,在系统开发的系统调查和系统分析这两个重要环节,通常使用结构化方法进行严格的分析设计,在不同阶段使用多种实用开发技术来改进软件质量,加快开发进度。

面向对象方法近年来得到了迅速发展。由于面向对象方法具有自然性和复用性的特点,因此它在分析建模的过程中能够更为真实地反映现实世界;而且随着面向对象编程技术的完善和提高,使得面向对象的设计能够通过编程语言来实现;此外,信息系统的功能日益复杂,面向对象方法的复用性特别适合系统功能有序迅速地扩展。

原型法以实现系统基本功能为出发点,通过模拟以及对模拟后原型的不断讨论和修改最终建立系统。要想把这样一种方法应用于一个大型信息系统开发过程中的所有环节几乎是不可能的,一般认为它多被用于小型系统或局部系统的设计实现,但是在大型项目的开发中用原型法为设计细节建立原型也是经常用到的。

CASE 方法强调的是工具的使用和支持,因此从这个角度讲,CASE 方法是一种半自动化的系统开发辅助方法。目前来看,几乎所有的项目开发都用到了 CASE 工具。例如,在系统分析阶段,不论是结构化分析工具还是面向对象的分析工具都得到了广泛的应用。在系统设计阶段,CASE 工具提供正向工程和逆向工程的功能,大大减轻了设计人员的劳动,而对于编程人员来说,各种集成开发环境(IDE)已经成为必备的工具平台。因此,可以说 CASE 工具已经成为系统开发各个阶段的重要组成部分。

以上是对目前比较常用的一些开发方法的比较,值得注意的是,这些方法并不是完全独立的,在实际开发中往往是几种方法混合使用,具体如何组合要根据具体的应用场合来确定。

2.5　管理信息系统的开发工具

系统开发工具是指用于辅助系统开发过程活动的各种软件。早期的开发主要用来辅助程序员编程,因此也称编程工具。20 世纪 60 年代出现了软件工程和系统开发生命周期的概念,支持需求分析、设计、测试、维护和项目管理等过程活动的工具应运而生。20 世纪 80 年代中期,面向对象方法逐渐形成,人们开始研究对象建模工具。由于开发工具和管理信息系统的建设密切相关,通常也把这些开发工具统称为计算机辅助软件工程工具,即 CASE 工具。本节将介绍管理信息系统开发过程中所涉及到的软件工具。

2.5.1 建模工具

建模是信息系统进入实质性开发的基础，在信息系统分析设计中，建模是一个相对广泛的概念，模型贯穿于系统生命周期的整个过程，包括分析模型、设计模型、实现模型、测试模型等，通常所说的"系统模型"主要指分析模型和设计模型，而由于数据库设计在信息系统设计中的重要性，本文中将它单独列出作为设计工具。但需要指出的是，建模实际上涵盖了信息系统设计开发的全过程，本节所列各种工具从广泛意义上来说都可归为建模工具。

面向对象方法的推广使用是建模工具发展的一个主要推动力量。面向对象方法在 20 世纪 80 年代末期至 20 世纪 90 年代中期发展到一个高潮，但由于诸多流派在思想上和术语上有很多不同的提法，概念和术语的运用也各不相同，迫切需要一个统一的标准。正是在这样一种大背景下，人们发明了统一建模语言 UML。UML 是一种定义良好、易于表达、功能强大且普遍适用的建模语言，它融入了软件工程领域的新技术，不仅支持面向对象的分析与设计，还支持从需求分析开始的系统开发的全过程。UML 是面向对象技术发展的重要成果，获得科技界、工业界和应用界的广泛支持，已成为可视化建模语言事实上的工业标准。下面介绍两种常用的建模工具。

1. Microsoft Office Visio

Microsoft Office Visio 是一个图表绘制程序，可以帮助用户描述复杂设想以及系统的业务和技术图表。使用 Visio 创建图表可以使信息形象化，能够以更为直观有效的方式进行信息交流，这是单纯的文字和数字无法比拟的。

Visio 具有以下特点。

- 使用 Visio 可以轻松创建业务和技术图表，以便仔细研究、组织和更好地理解复杂的设想、过程和系统。
- 通过拖曳预定义的图元符号可以轻松绘制组合图表。
- 用户可自定义图元以满足个性化的绘图需求。
- 使用为特定专门学科而设计的工具，以满足贯穿整个组织对业务和技术图表绘制的需求。
- 可以从 Web 访问不断更新的帮助系统和模板。
- 与 Microsoft Excel、Microsoft Word、Microsoft Access 和 Microsoft SQL Server 良好集成，可以把业务过程和系统集成在一起。
- 可以把 Visio 合并到功能强大的 Microsoft.NET 连接软件中，以满足特定的业务需求。

2. IBM Rational Rose

IBM Rational Rose for UNIX/Linux 和 IBM Rational Rose Enterprise for Windows 在软件工程领域被公认为 UML 建模工具的执牛耳者。Rose 为大型软件工程提供了可塑性和柔韧性极强的解决方案，包括：

- 强有力的浏览器，用于查看模型和查找可重用的组件；
- 可定制的目标库或编码指南的代码生成机制；
- 既支持目标语言中的标准类型，又支持用户自定义的数据类型；
- 保证模型与代码之间转化的一致性；
- 通过 OLE 连接，Rational Rose 图表可动态连接到 Microsoft Word 中；
- 能够与 Rational Visual、Test、SQA Suite 和 SoDA 文档工具无缝集成，完成软件生命周期的全部辅助软件工程工作；

- 强有力的正／反向建模工作；
- 缩短开发周期；
- 降低维护成本；
- IBM Rational Rose 通常与 Rational 产品家族的其他软件配合使用。

图 2.11 显示了 Rational Rose Enterprise Edition 2003 的工作界面。

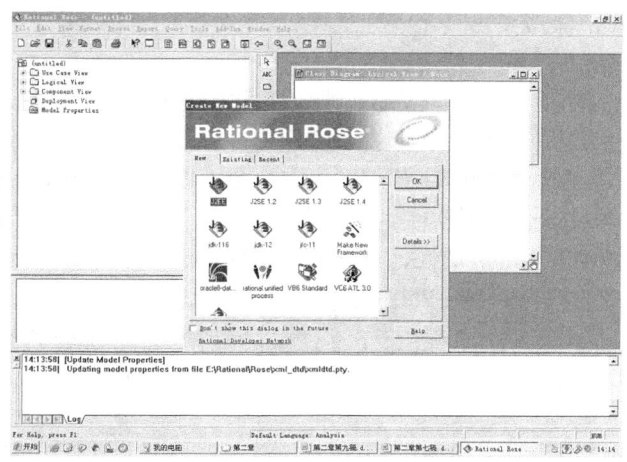

图 2.11　Rational Rose Enterprise Edition 2003 的工作界面

2.5.2　设计工具

设计工具是指辅助信息系统设计过程活动的各种软件，它辅助设计人员从软件的需求分析模型出发，得到相应的设计模型。常用的设计工具包括面向对象的设计工具、结构化设计工具和数据库设计工具等。

1．面向对象的设计工具

根据面向对象方法的特点，信息系统的分析模型与设计模型采用统一的描述手段，设计模型通常是在分析模型的基础上扩充细化而成，面向对象的分析工具和设计工具往往是统一的。上一小节所讲的全部建模工具均可作为面向对象的设计工具，目前系统设计人员最常用的设计工具是 IBM Rational Rose。除此之外 IBM Rational 的 Software Architect 和 Software Modeler 也经常用于软件架构设计。

2．结构化设计工具

根据结构化设计方法，信息系统的设计模型通常采用模块结构图、实体关系图和流程图等图形元素描述。Microsoft Office Visio 可以帮助用户描述复杂设想，以及系统的业务和技术图表。另外，Excel 软件公司的 WinA&D 也可以辅助完成结构化设计活动。

3．数据库设计工具

数据库设计工具是指辅助数据库设计活动的各种软件，如 Sybase 公司的 PowerDesigner 以及 CA 公司的 Erwin。一个高效的数据库设计工具应该满足以下条件。

- 支持图形界面，这更有利于实体关系的建立。
- 支持强大的数据导出功能，能够生成完全自定义格式的超文本或 Word 文档，可以满足用户想要的输出格式。
- 支持代码生成功能，可以生成一些基本的数据操作代码，而且支持多种语言。

2.5.3 编程工具

编程工具是指辅助编程过程活动的各类软件。从方法学的角度可以分为结构化编程工具和面向对象编程工具。从使用方式分类,可分为批处理式编程工具(目前已很少见到)和可视化编程工具。从功能分类,可细分为编辑工具、编译(汇编)工具、组装(building)工具和排错工具等,但目前的编程过程多采用集成化开发环境工具。

下面介绍两种典型的集成式可视化编程工具。

1. Visual Studio

Visual Studio 是 Microsoft 为解决今天最具挑战性的软件开发需要而推出的新一代开发工具,用于设计、开发、调试和部署功能强大而安全的连接 Microsoft.NET 的软件。Visual Studio 2010 支持 C#、VC、C++、VB、VJ#和 J++等编程语言。图 2.12 显示了 Visual Studio 的工作界面。需要指出的是,Visual Studio 包括了软件生命周期的大部分工具。因此它不仅仅是编程工具。但是由于它在程序员群体中使用的广泛性,往往突出了其编程的工具性。

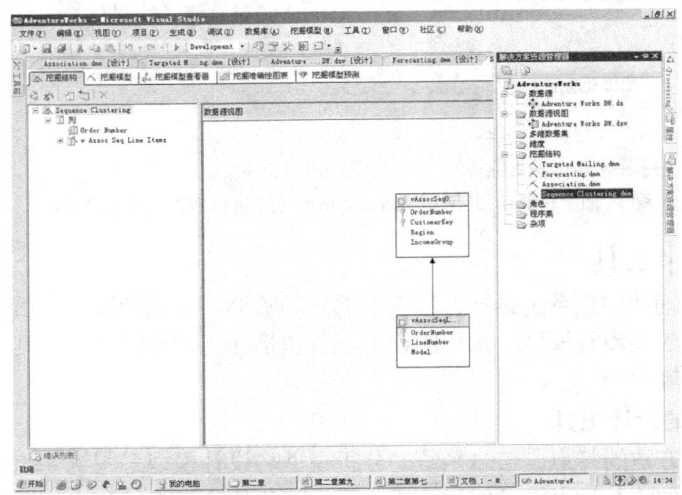

图 2.12 Visual Studio 的工作界面

2. Borland JBuilder

Borland JBuilder 是 Borland 用于 Java 平台的应用程序生命周期管理(ALM)技术套件的关键部分,用来为 Java 开发小组提供所需的开发工具,以便加速 Enterprise JavaBeans(EJB)、Web、XML、Web 业务、移动与数据库应用程序的开发。

2.5.4 测试工具

测试工具是指辅助测试过程的各类软件,通常可分为白箱测试工具、黑箱测试工具和测试管理工具等。测试工具主要对软件测试计划、测试用例和测试实施等进行管理,并对软件在其整个开发周期内产生的缺陷和变更请求进行有效的跟踪。比较有代表性的测试管理工具包括 Mercury Interactive 的 TestDirector、Empirix 的 d-Tracker、Segue 的 Silkplan pro、Compuware 的 TrackRecord 和 IBM 的 ClearQuest。

2.5.5 项目管理工具

项目管理对于项目开发的重要性已经在 2.2.2 节中提到。实际上,信息系统项目管理先于任何技术活动之前开始,并且贯穿于信息系统的整个生命周期之中。项目管理工具是指辅助信息系统项目管理活动（包括项目的计划、调度、通信、成本估算、资源分配及质量控制等）的各类软件。项目管理工具分很多类别，有的管理工具只能用于项目管理的某个方面，如成本估算、质量控制等，有的管理工具则可用于项目管理的许多方面。这里介绍后一类管理工具，即综合性项目管理工具——Microsoft Project。

利用 Project Standard 可以有效地组织和跟踪任务和资源，以保证项目在预算计划内按时完成。Project Standard 和其他 Microsoft Office System 程序的无缝集成使用户得以有效地呈现项目状态，如图 2.13 所示。

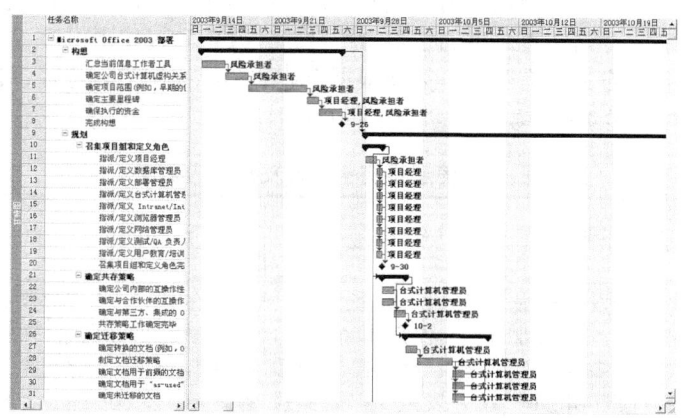

图 2.13　使用 Microsoft Project Professional 绘制的甘特图

2.6　管理信息系统的开发方式

由于各个企业和客户的具体情况不同，因此在实际的系统开发中，企业或客户可以需要采用不同的开发方式。目前使用比较多的有委托开发、自主开发、联合开发和购买软件包进行二次开发等多种形式。

2.6.1　委托开发

委托开发方式适合于企业信息系统的开发队伍力量较弱，但资金较为充足的单位。委托开发方式的优点是省时、省事，开发的系统技术水平较高。缺点是费用高、系统维护需要开发单位长期支持。这种开发方式需要企业的业务骨干参与系统的论证工作，开发过程中需要开发单位和企业双方及时沟通，进行协调和检查。

2.6.2　自主开发

自主开发又称作最终用户开发，适用于有较强的信息技术队伍的企业。独立开发的优点是开发费用少，开发的系统能够适应本单位的需求且满意度高，便于维护；缺点是由于不是专业开发队伍，容易受业务工作的限制，系统优化不够，开发水平较低。因此，一方面需要大力加强领导，实行"一把手"原则，另一方面可向专业开发人士或公司咨询，或聘请他们作为开发顾问。

2.6.3　联合开发

联合开发方式适合于企业有一定的信息技术人员，但可能对信息系统开发规律不太了解，或者是整体优化能力较弱，希望通过信息系统的开发完善和提高自己的技术队伍，便于后期的系统维护工作。优点是相对于委托开发方式比较节约资金，可以培养、增强企业的技术力量，便于系统维护工作。缺点是双方在合作中易出现扯皮现象，需要双方及时达成共识，进行协调和检查。

2.6.4 购买软件包与二次开发

目前，软件的开发正在向专业化方向发展。一批专门从事信息系统开发的公司已经开发出一批使用方便、功能强大的专项业务信息系统软件。为了避免重复劳动，提高系统开发的经济效益，也可以购买信息系统的成套软件或开发平台，如财务管理系统、小型企业信息系统、供销存信息系统等。此方式的优点是节省时间和费用、技术水平较高；缺点是通用软件的专用性较差，根据用户的需求，需要有一定的技术力量做软件改善和接口工作等二次开发工作。

总之，不同的开发方式各有千秋，需要根据企业的实际情况进行选择，也可综合使用各种开发方式。表 2.2 对上述 4 种开发方式进行了简单的比较。

表 2.2 信息系统 4 种开发方式的比较

方式	委托开发	独立开发	联合开发	购买现成软件
特点	最省事，开发费用最高。必须配备精通业务的人员，需要经常进行监督检查和协调	开发时间较长，可以获得适合本企业的系统，培养自己的系统开发人员。需要强有力的领导的支持和咨询	通常在具有一定编程力量的基础上进行联合开发，合作方有培训义务且成果共享。双方沟通非常重要	要有鉴别能力与校验软件包功能及适应条件的能力。即使完全符合本企业业务处理要求，仍需编制一定的接口软件

本章小结

本章介绍了软件工程基础、系统开发生命周期和项目管理、管理信息系统的开发模式、开发方法、开发工具和开发方式等内容。对于系统开发相关的软件工具也做了简要介绍。

习题

一、填空题，请将正确的答案填在括号内

1. 软件工程采取了（   ）和（   ）两个途径来指导和规范软件开发过程。
2. 一个信息系统的开发项目应当包含（   ）、（   ）、（   ）、（   ）和（   ）5 个阶段。
3. 管理信息系统的开发方法从总体上可以分为（   ）方法和（   ）方法，其他方法都可以看作是基于这两种方法的变体。
4. 结构化方法包含（   ）、（   ）和（   ）3 种技术，它注重对系统活动过程的描述。
5. 面向对象方法包含（   ）、（   ）和（   ）3 种技术，它的主要优点是自然性和复用性。

二、简答题

1. 简述软件开发工程化、系统化的内容。
2. 简述系统开发生命周期各个阶段的主要目标和主要活动。
3. 绘制瀑布模型的结构图并说明其特点。

4. 在应用瀑布模型进行系统开发时，某些活动发生了不完全重叠，原因是什么？
5. 为什么要进行项目管理？
6. 相对 C/S 模式，B/S 模式具有什么优点？
7. 简述结构化方法和面向对象方法的特点，它们各自的侧重点在哪里？
8. 原型法的特点是什么？
9. 简述委托开发、自主开发、联合开发和购买软件包进行二次开发等不同开发方式的特点。

三、论述题

1. 某图书馆欲建立一套图书馆管理信息系统，以满足信息化管理的需要，要求实现信息的远程查询以及图书馆内部的信息化管理，请为该信息系统的建设设计开发模式，并给出你的依据。
2. 试述模型、技术、工具和方法的关系。
3. 理解结构化方法和面向对象方法，并对比两种方法的异同。

软件安装实验：下载并安装几种常用的软件工具，详情参见 2.5.1 与 2.5.2 小节，为以后开发管理信息系统做准备。

软件环境：Windows 2000/XP/Server 2003。

实验一　安装 Rational Rose

1. 实验目的
（1）掌握 Rational Rose 的安装方法。
（2）了解 Rational Rose 的安装组件。

2. 软件环境
Windows 2000/XP/Server 2003。

3. 实验内容
（1）完成 Rational Rose 的安装。
（2）完成实验报告（实验报告模板见附录Ⅰ）。

4. 具体操作步骤
Rational Rose 的安装步骤如下。

（1）用鼠标左键双击 Rational Rose 的安装程序，进入安装向导界面，如图 2.14 所示。

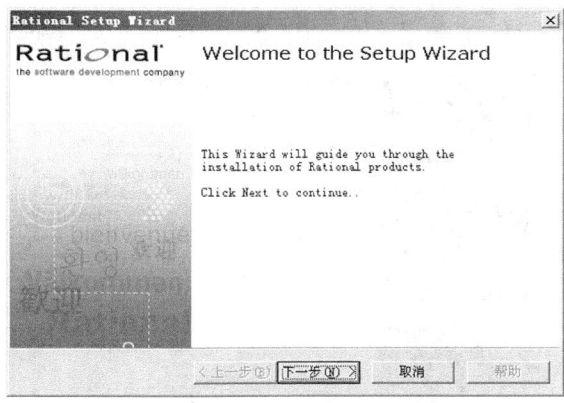

图 2.14　安装向导界面

（2）单击"下一步（N）"按钮进入产品选择界面，如图 2.15 所示。Rational Rose 是一组软件产品的集合，单击图中左侧的产品名称，右侧会出现对该产品的简介，这里选择"Rational Rose Enterprise Edition"选项。

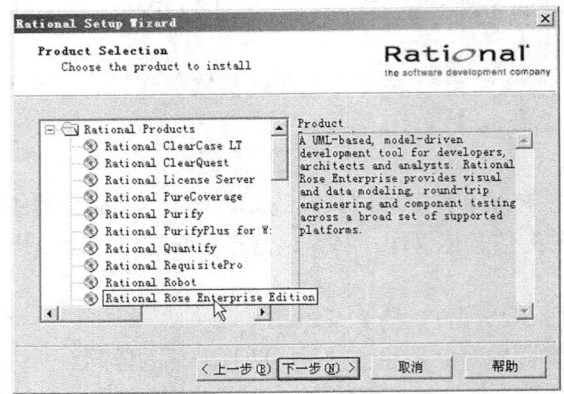

图 2.15　产品选择界面

（3）完成产品选择后，单击"下一步（N）"按钮进入部署方法选择界面，如图 2.16 所示。Rational Rose Enterprise Edition 提供了两种部署方法：企业部署和从 CD 映象安装。对于桌面用户而言，选择"Desktop installation from CD image"。

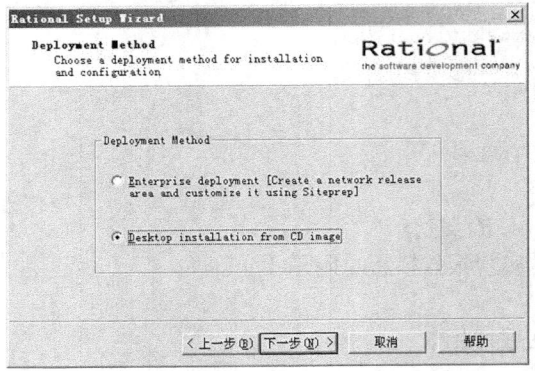

图 2.16　部署方法选择界面

（4）完成部署方法的选择后，单击"下一步（N）"按钮进入安装准备界面，如图 2.17 所示。

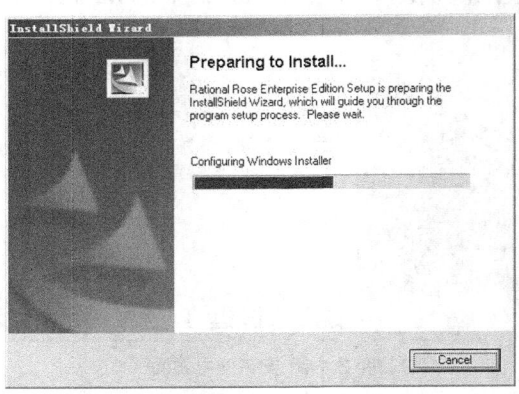

图 2.17　安装准备界面

（5）安装准备就绪后，进入 Rational Rose Enterprise Edition 的安装向导界面，如图 2.18 所示。

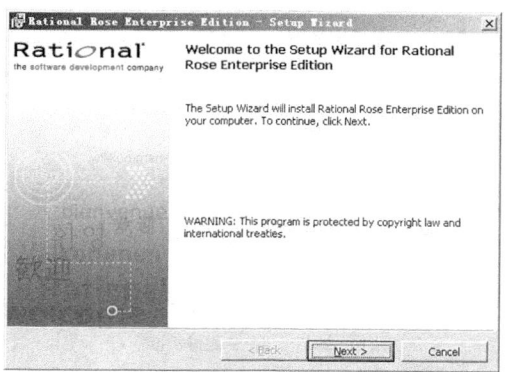

图 2.18　Rational Rose Enterprise Edition 的安装向导界面

（6）单击 Next > 按钮，进入产品警告界面，如图 2.19 所示。

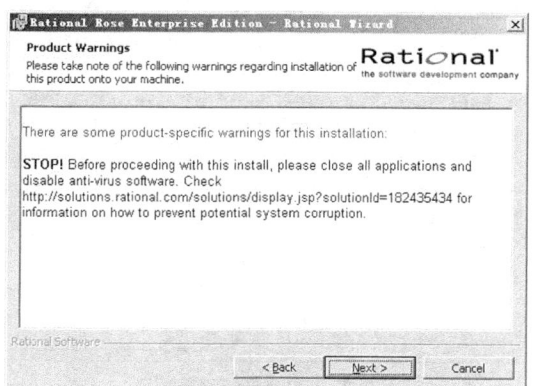

图 2.19　产品警告界面

（7）单击 Next > 按钮，进入许可协议提示界面，如图 2.20 所示，选择"I accept the terms in the license agreement"选项。

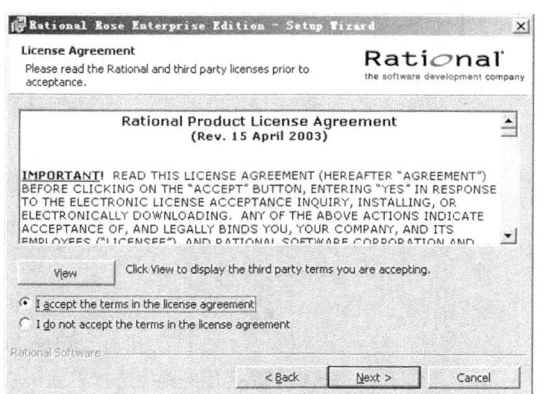

图 2.20　许可协议提示界面

（8）单击 Next > 按钮，进入路径选择界面，如图 2.21 所示。

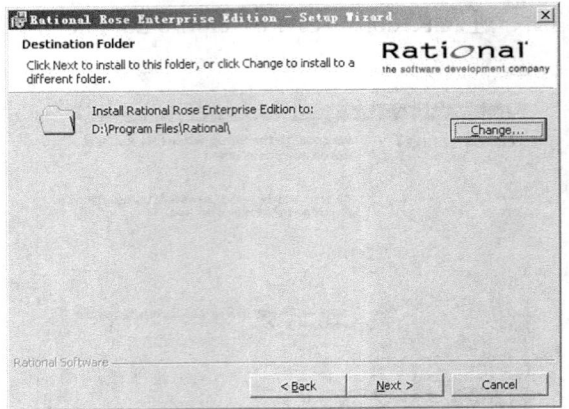

图 2.21　路径选择界面

（9）用户可以单击图 2.21 中的 Change…按钮，弹出图 2.22 所示的对话框，用户可以改变安装路径。

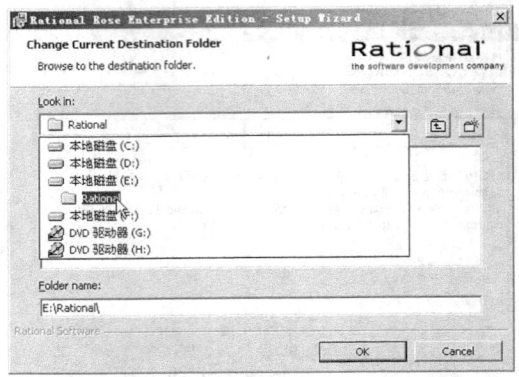

图 2.22　改变安装路径界面

（10）单击图 2.23 中的 OK 按钮，回到路径选择界面，这时安装路径设定为用户指定的路径，如图 2.23 所示。

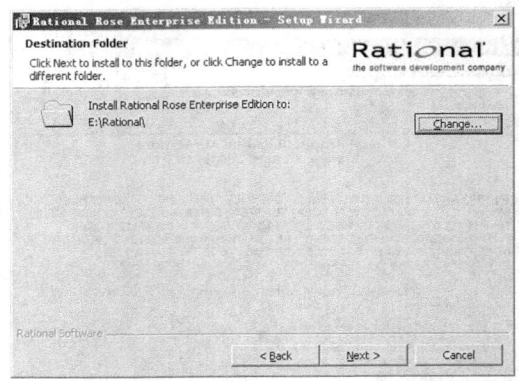

图 2.23　用户更改安装路径后的路径选择界面

（11）单击 Next >按钮，进入定制安装界面，如图 2.24 所示。用户可根据需要选择需要安装的组件。

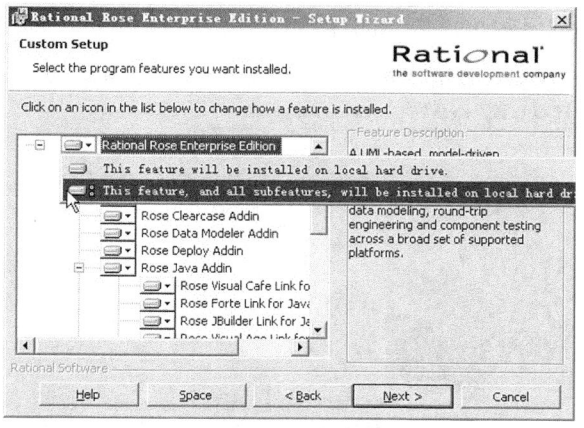

图 2.24 定制安装界面

（12）单击 Next >按钮，进入安装就绪界面，如图 2.25 所示。这时用户已经完成了软件安装所需的必要信息。

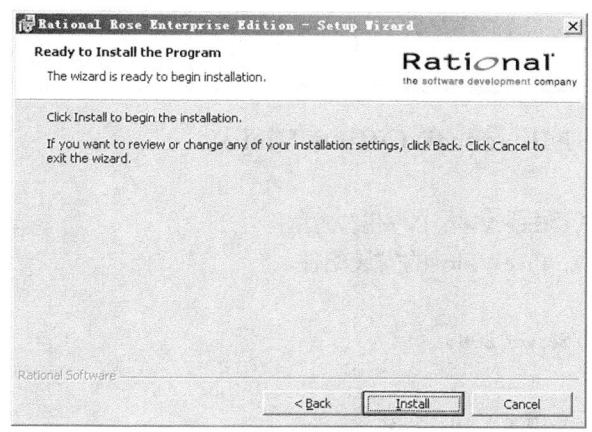

图 2.25 安装就绪界面

（13）单击图 2.25 中的 Install 按钮，进入图 2.26 所示的安装进度界面，开始进行软件的安装。

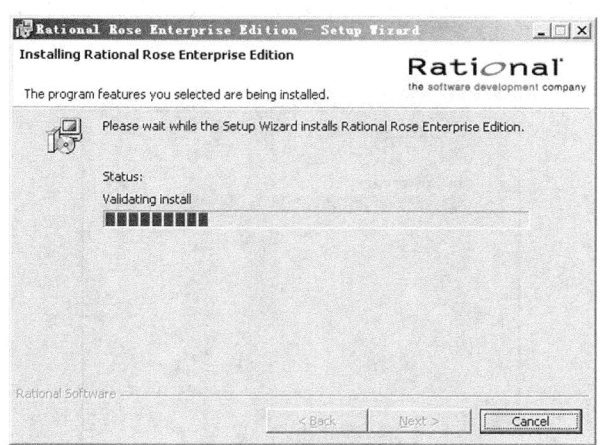

图 2.26 安装进度界面

（14）安装完成后显示图 2.27 所示的界面，单击 Finish 按钮完成安装。

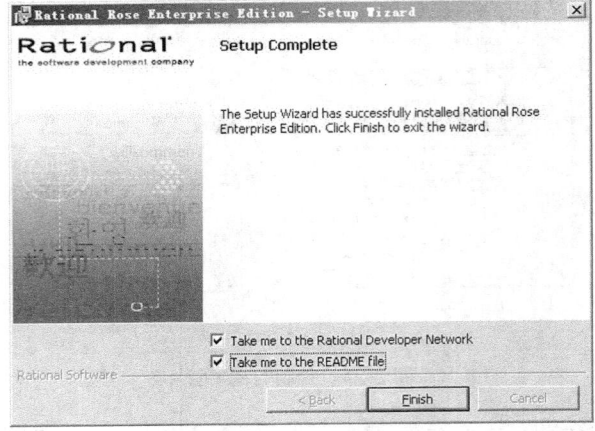

图 2.27　安装结束界面

5. 实验练习

安装 Rational Rose，在自定义安装过程中尽可能多地了解相关组件。欲获取更多信息，请访问 Rational Rose 官方网址 http://www-01.ibm.com/software/rational。

实验二　安装 Microsoft Office Visio

1. 实验目的

（1）掌握 Microsoft Office Visio 的安装方法。
（2）了解 Microsoft Office Visio 的安装组件。

2. 软件环境

Windows 2000/XP/Server 2003

3. 实验内容

（1）完成 Microsoft Office Visio 的安装。
（2）完成实验报告（实验报告模板见附录）。

4. 具体操作步骤

Microsoft Office Visio 的安装步骤如下所述。

（1）运行光盘或双击其中的 SETUP.EXE 文件，进入安装向导界面，如图 2.28 所示，提示用户输入密钥。

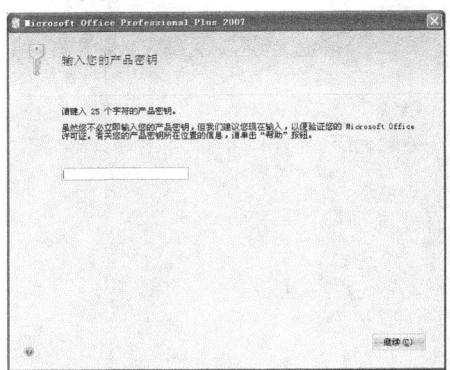

图 2.28　密钥向导界面

（2）输入产品密钥后，如果本机已经安装低版本的 Office，则显示图 2.29 所示的界面，用户可自行选择直接升级还是自定义安装。

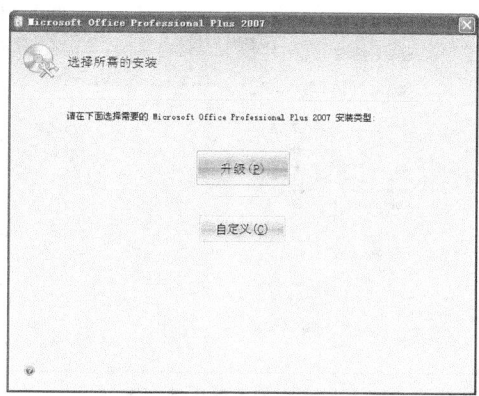

图 2.29 升级及自定义界面

（3）单击"自定义"按钮，有 4 个标签项，"升级(U)"标签项的界面如图 2.30 所示，用户可自行选择处理方式。

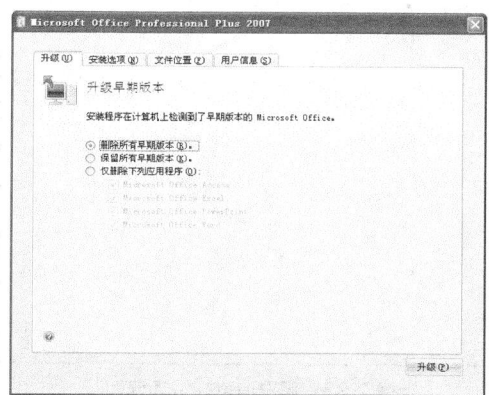

图 2.30 升级标签项界面

（4）"安装选项(N)"标签项的界面如图 2.31 所示，用户可根据需要自行选择需要安装的程序。

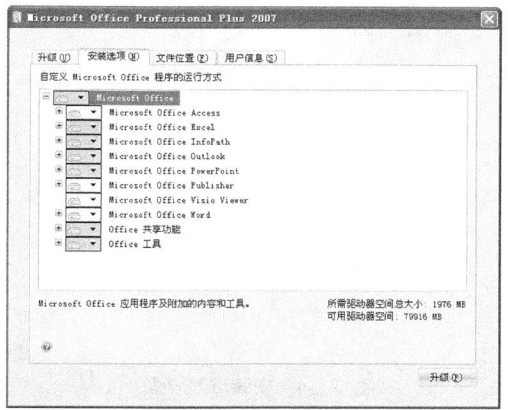

图 2.31 安装选项标签项界面

(5)"文件位置(F)"标签项的界面如图 2.32 所示,用户可根据需要指定软件的安装位置。

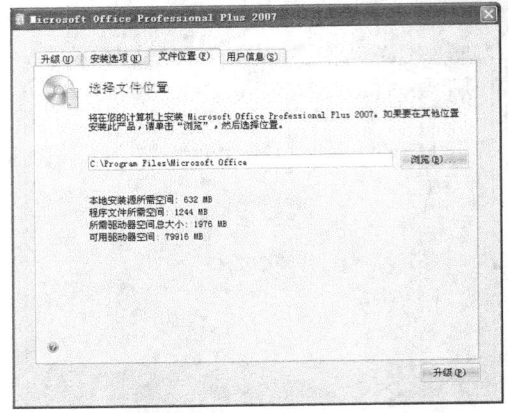

图 2.32 文件位置标签项界面

(6)"用户信息(S)"标签项的界面如图 2.33 所示,用户可输入相关信息,以方便共享识别。

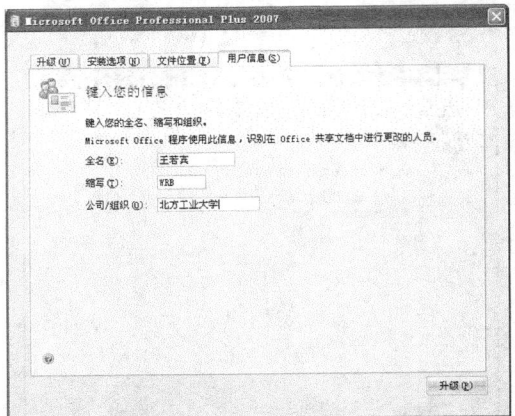

图 2.33 用户信息标签项界面

(7)单击"升级"按钮,进入安装进度界面,如图 2.34 所示。

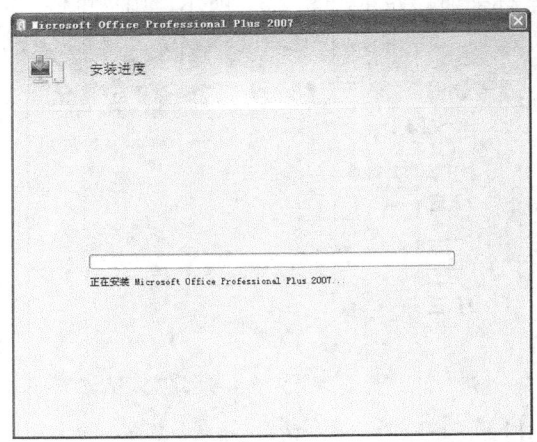

图 2.34 安装进度界面

（8）安装过程可能需要花费一定的时间，进度界面如图 2.35 所示，这一过程中不要终止操作以免引起安装故障。

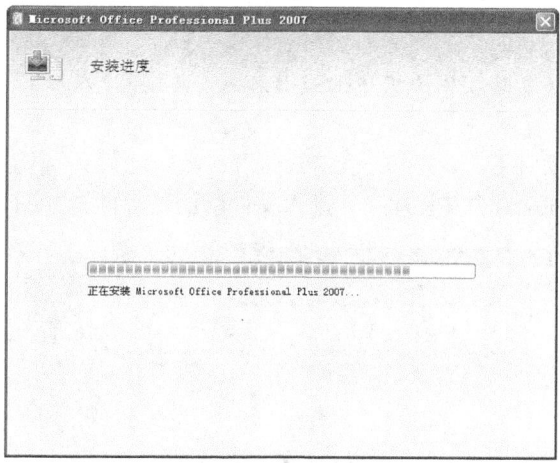

图 2.35　系统执行安装过程的提示界面

（9）安装完成后，显示安装完成提示界面，如图 2.36 所示，最后单击"关闭"按钮结束安装过程。

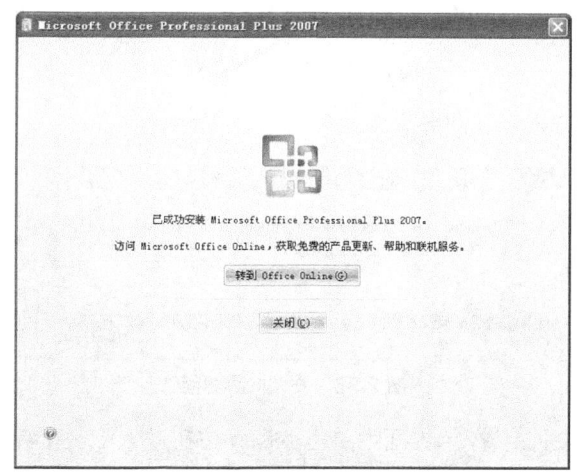

图 2.36　安装完成提示界面

5. 实验练习

安装 Microsoft Office Visio 2007 的更高版本，安装类型选择"自定义安装"，在组件选择界面中尽可能多地了解相关组件。欲获取更多信息，请访问 Microsoft Visio 官方网址 http://office.microsoft.com/zh-cn/visio。

实验三　安装 ERwin

1. 实验目的

（1）掌握 ERwin 的安装方法。

（2）了解 ERwin 的安装组件。

2. 软件环境

Windows 2000/XP/Server 2003

3. 实验内容

（1）完成 ERwin 的安装。

（2）完成实验报告（实验报告模板见附录）。

4. 具体操作步骤

ERwin 的安装步骤如下。

（1）双击启动 ERwin4.1 的安装程序，进入文件解压缩界面，如图 2.37 所示。

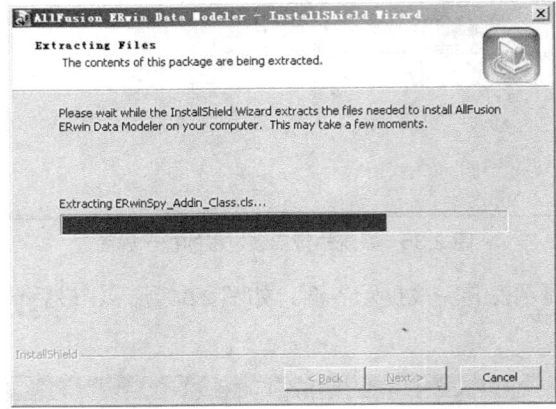

图 2.37　文件解压缩界面

（2）文件解压缩后进入安装向导界面，如图 2.38 所示。

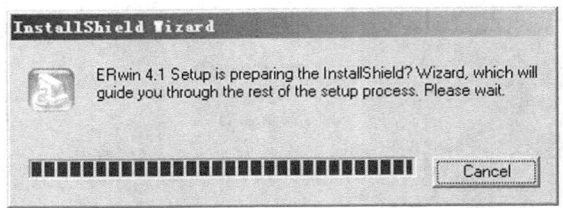

图 2.38　安装向导界面

（3）在图 2.39 所示的安装提示界面中单击 Next> 按钮进入下一个界面。

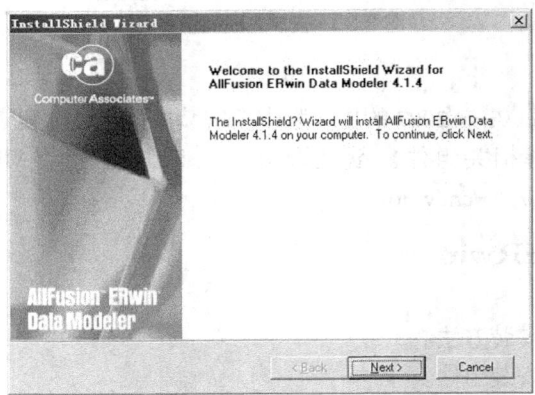

图 2.39　安装提示界面

（4）在图 2.40 所示的许可协议提示界面中单击 I Agree 按钮，进入下一界面。

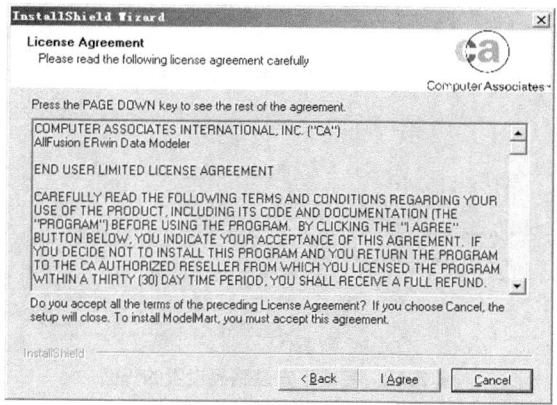

图 2.40　许可协议提示界面

（5）在图 2.41 所示的选择安装路径界面中单击 Browse…按钮进行安装路径的设置。

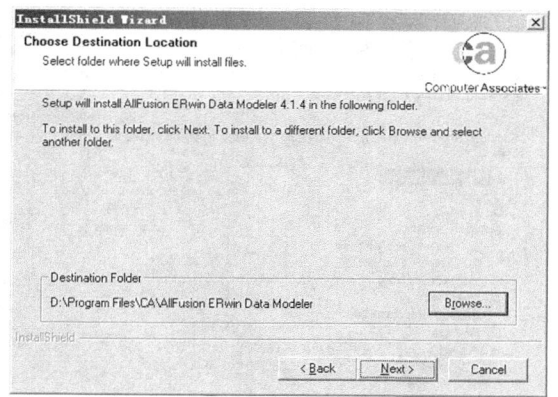

图 2.41　安装路径设置界面

（6）用户根据需要设置软件的安装路径，如图 2.42 所示，单击"确定"按钮。

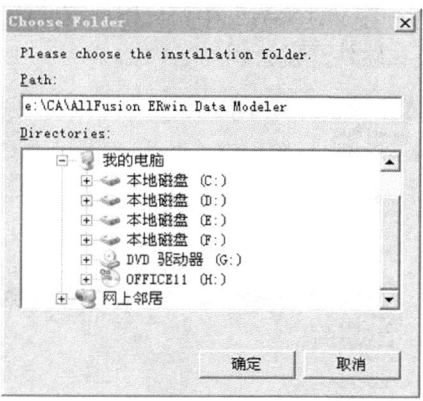

图 2.42　指定安装路径界面

（7）这时返回到安装路径设置界面，其中软件的安装路径已经指定，如图 2.43 所示，单击 Next >按钮进入下一安装界面。

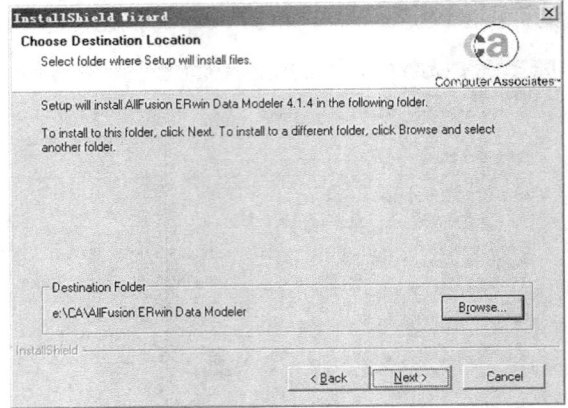

图 2.43 完成了安装路径设置的界面

（8）在图 2.44 所示的选择组件界面中，用户可根据需要选择安装的组件，对于需要安装的组件，在其前面的方框中单击出现对勾即表示选中，完成选择后单击 Next >按钮进入下一安装界面。

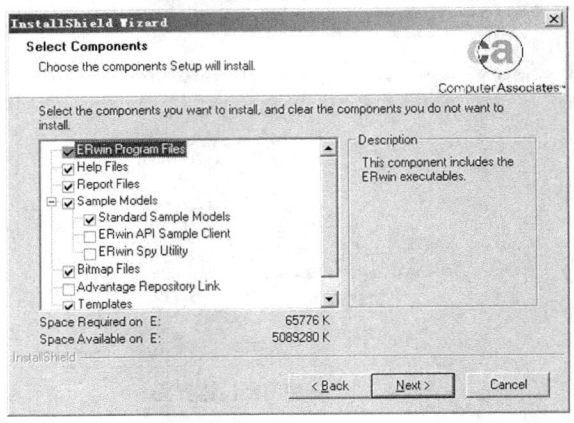

图 2.44 选择组件界面

（9）在图 2.45 所示的选择程序文件夹界面中，可根据需要输入启动文件夹的名称，或选择已有的启动文件夹，默认的是该软件开发公司的名称。

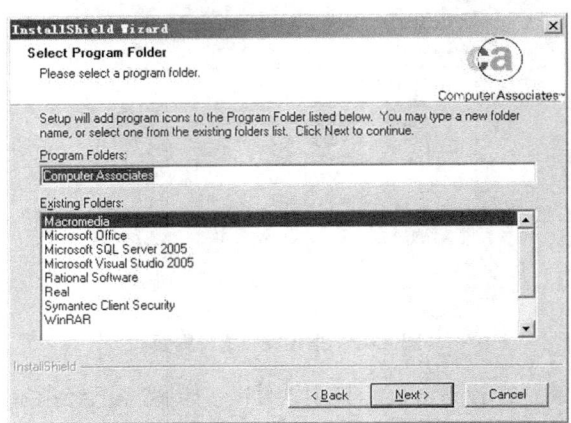

图 2.45 选择程序文件夹界面

(10)单击 Next >按钮进入安装进度提示界面,如图 2.46 所示。

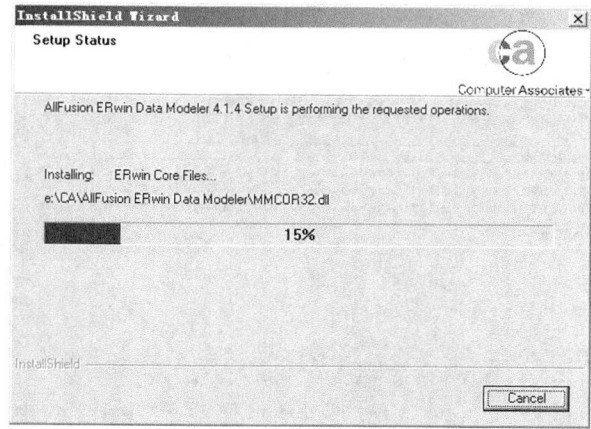

图 2.46　安装进度提示界面

(11)安装完成后,弹出软件注册提示界面,如图 2.47 所示,引导用户进行安装注册,单击"下一步(N)"按钮进入注册界面。

图 2.47　软件注册提示界面

(12)在图 2.48 所示的界面中,可以选择注册方式,用户可以在产品包装信息中获得注册信息或通过电话、Internet 等途径获得注册信息。

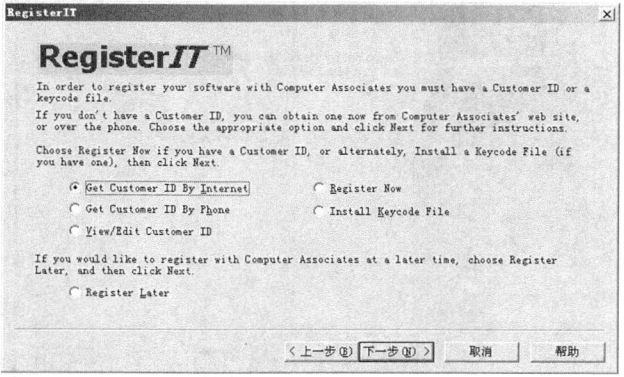

图 2.48　软件注册界面

（13）按照注册向导的提示输入注册信息及客户信息后，显示注册日志信息界面，如图 2.49 所示。

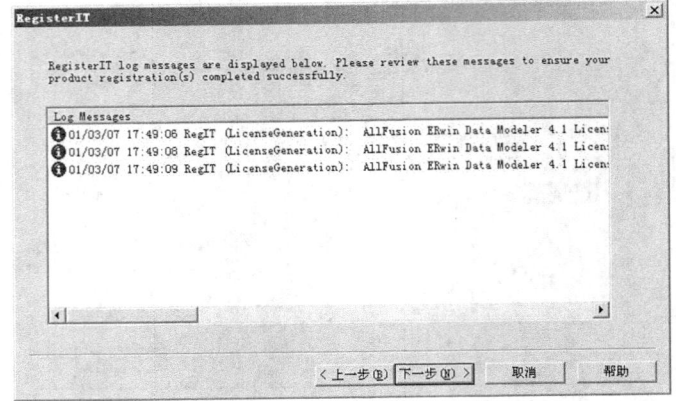

图 2.49　注册日志信息界面

（14）单击"下一步（N）"按钮进入完成注册界面，如图 2.50 所示，单击其中的"完成"按钮以结束注册过程。

图 2.50　完成注册界面

（15）完成注册后，显示完成提示界面，如图 2.51 所示，单击 Finish 按钮完成安装过程。

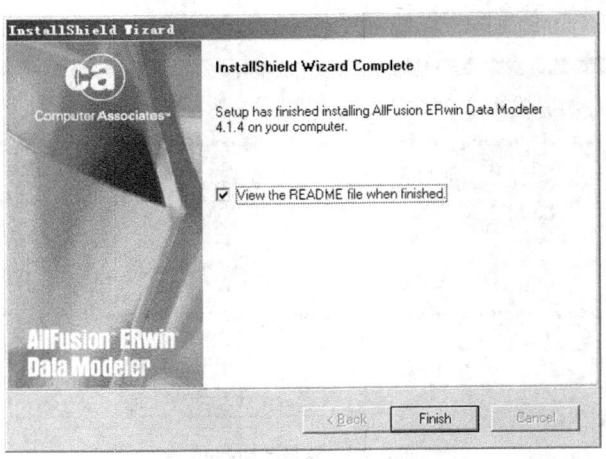

图 2.51　完成安装提示界面

5. 实验练习

安装 ERwin 4.1，在安装过程中了解可选的安装组件，了解商业软件的注册过程。欲获取更多信息，请访问 CA 的官方网站 http://www.ca.com。

实验四　安装 Power Designer

1. 实验目的

（1）掌握 Power Designer 的安装方法。

（2）了解 Power Designer 的安装组件。

2. 软件环境

Windows 2000/XP/Server 2003/Windows 7/Windows 8。

3. 实验内容

（1）完成 Power Designer 的安装。

（2）完成实验报告（实验报告模板见附录）。

4. 具体操作步骤

Power Designer 的安装步骤如下所述。

（1）双击启动 PowerDesigner15_Evaluation 的安装程序，进入文件解压缩界面，如图 2.52 所示。

图 2.52　文件解压缩界面

（2）文件解压缩后进入安装向导界面，如图 2.53 所示。

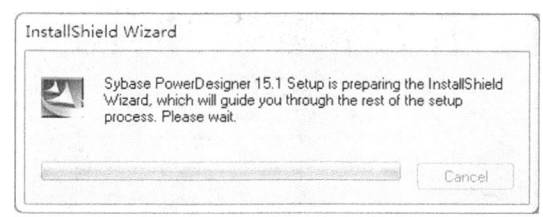

图 2.53　安装向导界面

（3）在图 2.54 所示的安装提示界面中，单击 Next>按钮进入下一个界面。

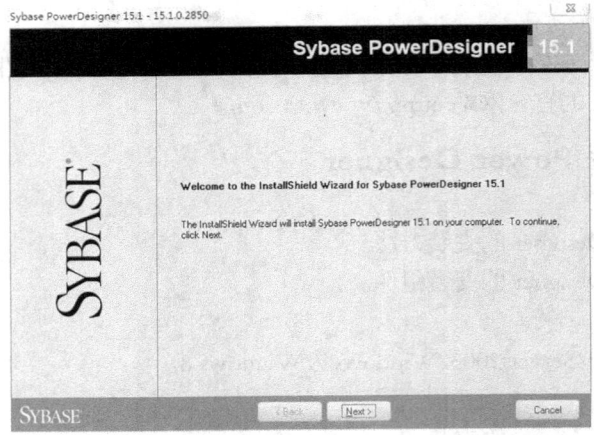

图 2.54　安装提示界面

（4）在图 2.55 所示的许可协议提示界面中，选择中文"Pepoles Republic of China（PRC）"，单击"I Agree to the terms of the Sybase license,for the install location specified"选项，进入下一界面。

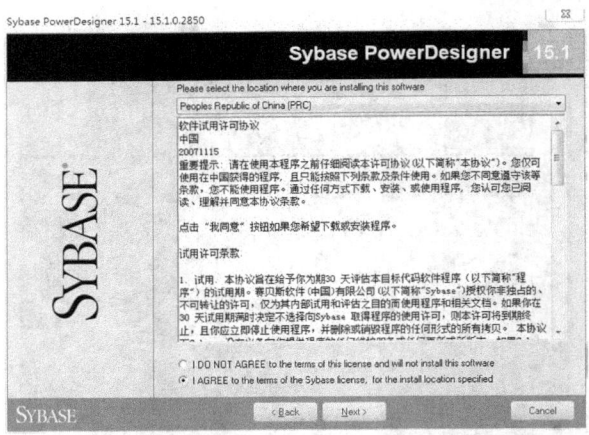

图 2.55　许可协议提示界面

（5）在图 2.56 所示的选择安装路径设置界面中，单击 Browse…按钮进行安装路径的设置。

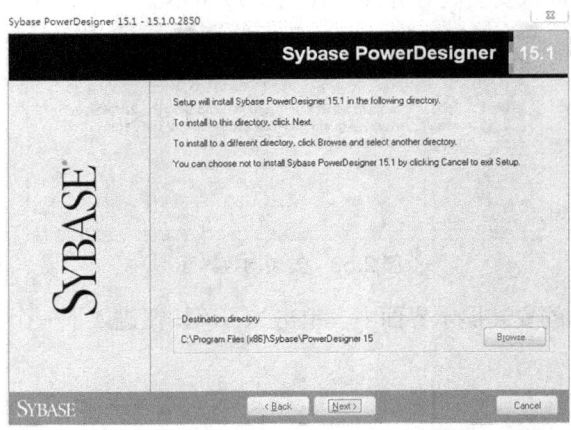

图 2.56　安装路径设置界面

（6）用户根据需要设置软件的安装路径，如图 2.57 所示，单击"确定"按钮。

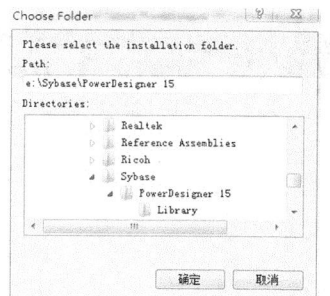

图 2.57　指定安装路径界面

（7）这时返回到安装路径设置界面，其中软件的安装路径已经指定，如图 2.58 所示，单击 Next >按钮进入下一安装界面。

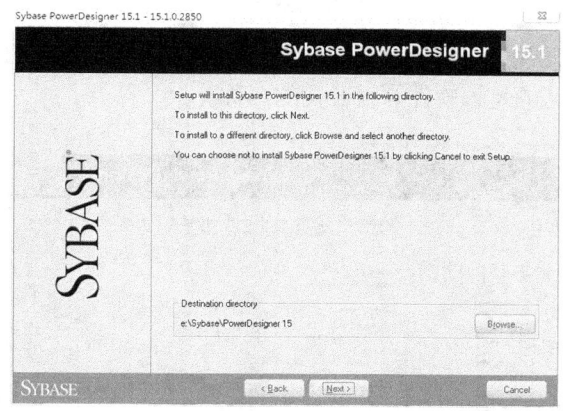

图 2.58　完成了安装路径设置的界面

（8）在图 2.59 所示的选择组件界面中，用户可根据需要选择安装的组件，对于需要安装的组件，在其前面的方框中点击出现对勾即表示选中，完成选择后，单击 Next >按钮进入下一安装界面。

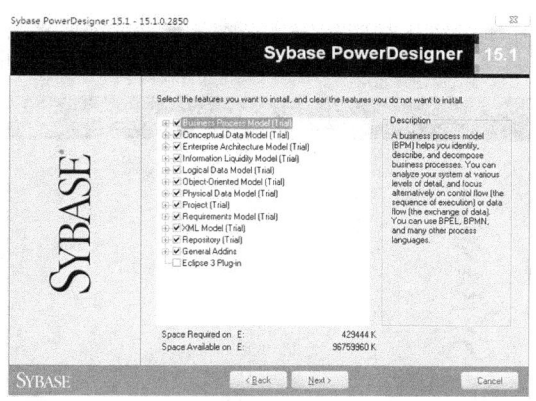

图 2.59　选择组件界面

（9）在图 2.60 所示的界面中选择程序用户配置，也可以在安装好之后进行配置，对于需要配置的属性，在其前面的方框中点击出现对勾即表示选中，完成选择后，单击 Next >按钮进入下一安装界面。

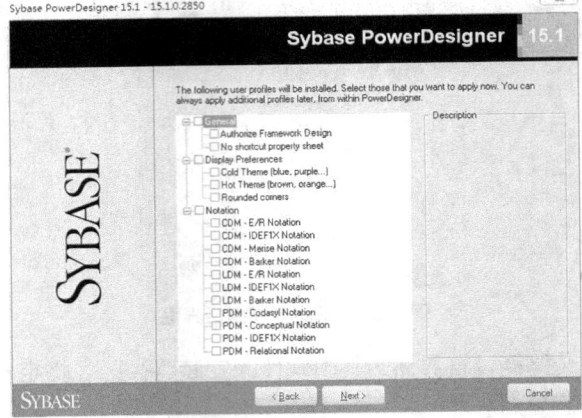

图 2.60　选择配置界面

（10）在图 2.61 所示的选择程序文件夹界面中，可根据需要输入启动文件夹的名称或选择已有的启动文件夹，默认的是该软件开发公司的名称。

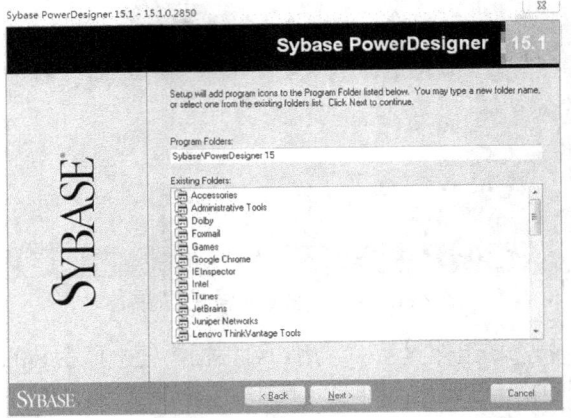

图 2.61　选择程序文件夹界面

（11）单击 Next >按钮进入确认配置界面，如图 2.62 所示。

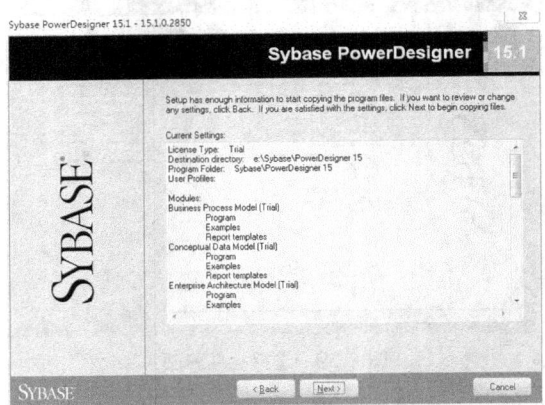

图 2.62　确认安装配置界面

（12）单击 Next >按钮进入安装进度提示界面，如图 2.63 所示。

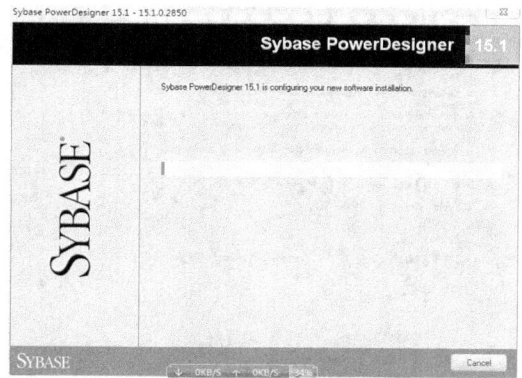

图 2.63　安装进度提示界面

（13）安装完成后，弹出显示安装完成界面，如图 2.64 所示，单击 Finish 按钮完成安装过程。

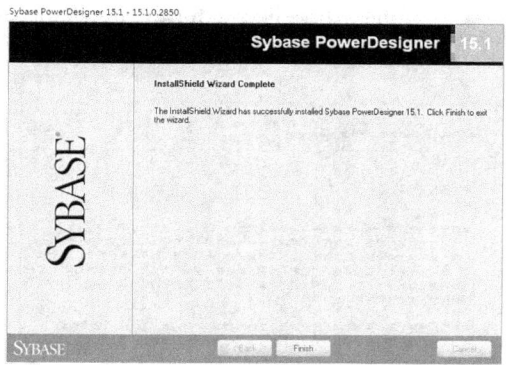

图 2.64　安装完成界面

（14）安装完成后，选择刚才安装好的 PowerDesigner15 程序会弹出注册界面，如图 2.65 所示。

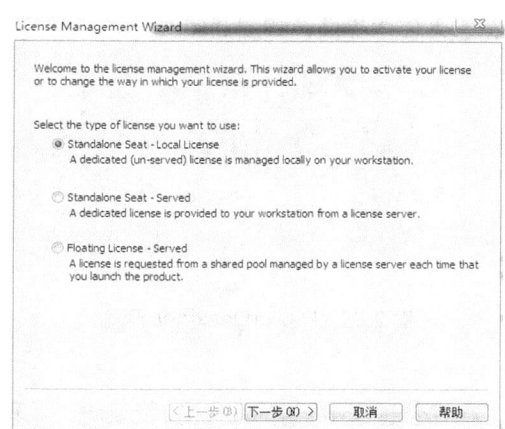

图 2.65　注册界面

根据实际需要选择需要注册的 license 类型，单机使用选择第一个即可。

（15）单击"下一步(N)>"按钮进入 license 输入界面，如图 2.66 所示，在 license key 中填入正确的 license。

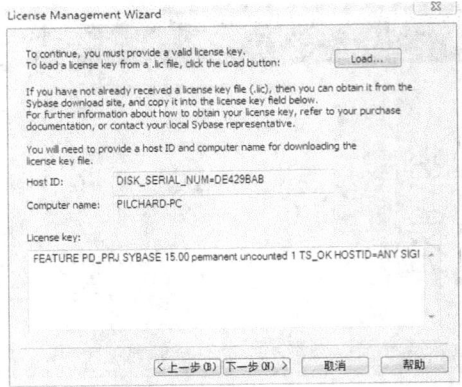

图 2.66　licence 输入界面

（16）在图 2.67 所示的许可协议提示界面中，选择中文"Pepoles Republic of China（PRC）"选项，单击"I Agree to the terms of the Sybase license,for the install location specified"单选项。

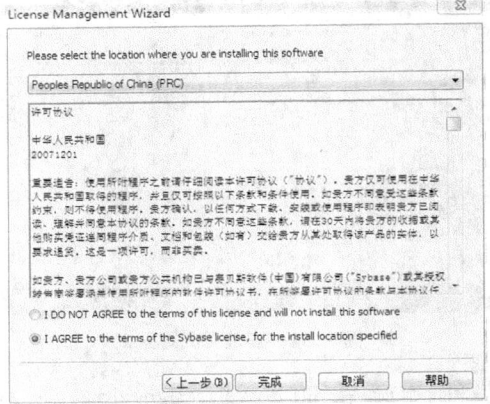

图 2.67　许可协议提示界面

（17）单击"完成"按钮进入使用界面，如图 2.68 所示。

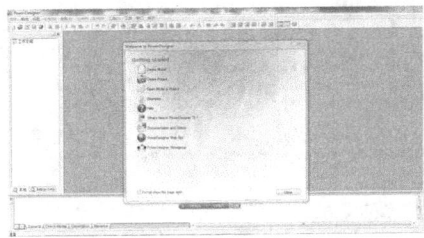

图 2.68　PowerDesigner 界面

5. 实验练习

安装 PowerDesigner15。在安装过程中了解可选的安装组件，了解商业软件的注册过程。欲获取更多信息请访问 Sybase 的官方网站 http://www.sybase.com/products/modelingdevelopment/powerdesigner。

第 3 章 系统规划与可行性分析

本章导读

本章从宏观角度介绍管理信息系统的系统规划和可行性分析。重点介绍管理信息系统总体规划的目标和任务，以及管理信息系统规划所采用的多种方法以及可行性分析的主要内容、步骤，并以一个图书馆管理系统的可行性分析为例介绍可行性分析报告的撰写方法。

3.1 系统规划概述

建设管理信息系统风险高，建设之前必须进行系统规划，制定出详细的工作计划和方案，使人力、物力、财力等资源合理分配并协调建设周期，以保证未来的系统开发顺利进行。管理信息系统包括许多子系统，各子系统相互间还需要协调，因此有必要进行系统规划，使各个组成部分之间能够相互协调，满足系统应用机构在管理上的整体功能要求。

对系统进行总体规划是管理信息系统建设的第一步。系统规划工作的好坏将直接影响到整个系统建设的成败。本节将以企业管理信息系统的规划为例来介绍系统规划的概要内容。

3.1.1 系统总体规划的目标和任务

1. 系统总体规划的目标

系统总体规划的目标是从应用系统的整个机构的发展战略出发，制定出管理信息系统的发展建设方案。以企业管理信息系统为例，具体来说主要包括规划系统目标范围，分解系统功能结构，明确系统开发进度，预算系统投资规模，确定系统开发所采用的信息技术，组建开发团队，制定实施方案，以及进行项目开发可行性论证等几个方面。总体规划的重点是确定系统目标、规划总体结构和划分子系统。

2. 系统总体规划的步骤

制定系统总体规划的阶段划分为 3 个步骤，如下所述。
- 根据企业的发展战略制定管理信息系统的发展战略。
- 进行信息需求分析，制定管理信息系统的总体方案和项目开发计划。
- 制定系统建设的资源分配计划。

具体来说，制定管理信息系统战略规划首先要深入分析领会企业的目标、发展战略，分析企业重要的业务流程；根据企业的目标和发展战略确定管理信息系统的发展建设战略，对当前的管理信息系统的功能、应用现状和应用环境进行评价；制定建设管理信息系统的政策、目标和战略，提出新的管理信息系统建设报告。这一阶段的关键目标是使管理信息系统的战略与整个企业的战略和目标协调一致。

信息需求分析首先要对用户需求进行初步调查，用户的需求包括功能要求、性能要求、可靠性要求、安全保密性要求，以及开发费用和开发周期、可使用资源等方面的限制。调查内容包括调查业务流程、熟悉运作环境等，根据调查结果和资金、技术、开发周期等情况分析系统开发的可行性，制定出实用、先进、可靠的总体规划方案。此外，还要分析确定企业在事务处理和在决策支持方面的信息需求，提出管理信息系统的总体结构方案，制订发展计划，根据发展战略和系统总体结构，制定管理信息系统的总体方案，确定系统、各子系统的开发次序和时间安排，制定项目开发计划。

制定资源分配计划主要是制定为实现开发计划所需要的软硬件资源、数据通信设备、人员、技术、服务、资金等计划，提出整个系统建设的初步规划。现代企业的结构和活动内容都很复杂，实现企业的信息管理计算机化需要经过长期的努力，因而必须对一个组织的信息系统的建设进行规划，根据企业的目标和发展战略、内部条件和外部环境，科学地制定管理信息系统的发展战略、总体方案，合理安排系统建设步骤。

制定系统规划涉及到方方面面的内容，本章重点介绍制定管理信息系统的系统规划过程和应用的主要方法，与开发相关的具体内容将在后续的章节中展开。

3. 系统总体规划的原则

管理信息系统总体规划的工作是面向企业长远的、全局性的问题，系统规划是企业规划的一部分，高层管理人员是本项工作的参加者。系统规划人员对管理与技术的领悟程度，是规划工作成功的决定因素。系统的总体规划宜粗不宜细，为系统的发展制定一个科学而又合理的目标，以及达到该目标的可行途径。

3.1.2 影响系统总体规划的关键因素

在进行管理信息系统的总体规划时，对于以下问题应多加注意。

（1）企业战略是系统总体规划的核心。管理信息系统战略与企业发展战略应一致，这是管理信息系统建设成功的首要关键因素。管理信息系统面向整个企业的管理，高层领导应参与制定影响企业发展的管理信息系统战略规划，而不仅仅由信息技术人员制定。

（2）始终注重有效性。企业信息化关键在于能否通过信息技术的应用提高生产效率、降低运营成本进而提高企业利润。管理信息系统的解决方案要把有效性放在第一位，而不应片面地求全、求大、求新。在各种可能的解决方案中，选用相对经济、简单、见效快的方案。

（3）提高管理信息系统的环境适应性。环境适应性或应变能力是管理信息系统成功的要点之一，同时也是管理信息系统建设的瓶颈。没有一成不变的环境，企业组织需进行不断的调整才能适应环境变化的需要。这要求管理信息系统本身具有很强的应变能力。应变能力的强弱应成为今后管理信息系统的主要评价指标之一。

3.1.3 制定总体规划的方法

制定总体规划的常用方法很多，本节仅介绍其中的一种——企业系统规划法（Business System Planning，BSP），如图 3.1 所示。

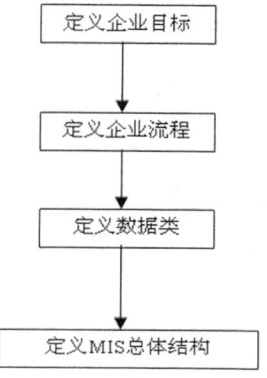

图 3.1 BSP 各工作阶段

面向整个企业的管理信息系统是非常庞大的系统，应用企业系统规划法建立面向企业的大型管理信息系统的思路是"自上而下规划，自下而上实施"，BSP 按大致工作阶段展开的详细步骤如图 3.2 所示。

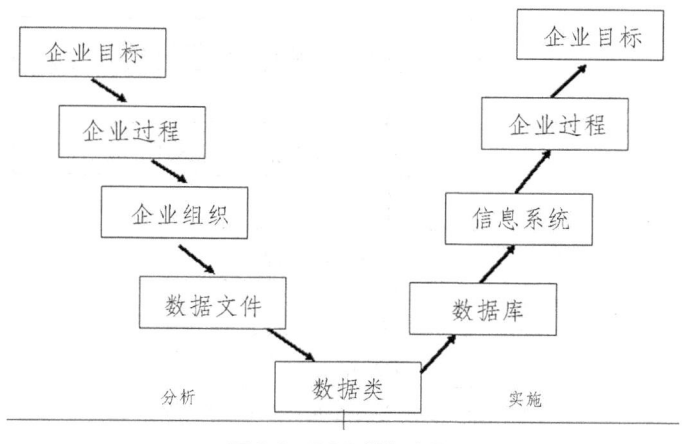

图 3.2 BSP 详细步骤

企业系统规划法包括以下内容。

（1）定义企业目标：确定企业的总体目标和各级管理子目标。

（2）定义企业业务流程。企业业务流程是逻辑上相关的一组决策和活动的集合。企业业务流程很多，大体上分为 3 类：计划与控制流程、产品与服务流程和支持资源流程。定义企业业务流程的过程见图 3.3。

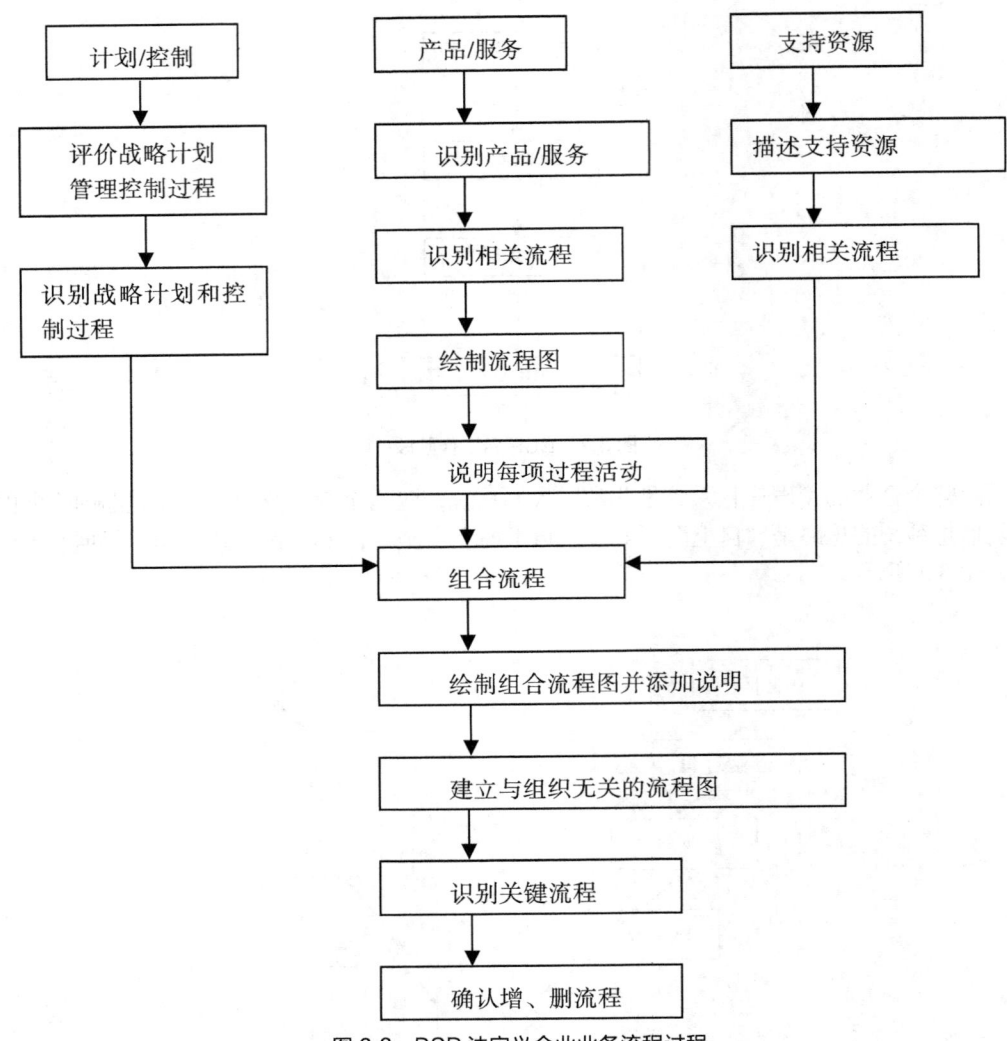

图 3.3 BSP 法定义企业业务流程过程

以产品/服务这条流程线为例,按产品/服务生命周期的各阶段识别过程,产品/服务生命周期包括 4 个阶段:需求阶段、获取阶段、经营管理阶段、回收或分配阶段。每个阶段包括一些基本活动,表 3.1 列出了这些活动。

表 3.1 产品/服务生命周期的各阶段识别过程

需求阶段	获取阶段	经营管理阶段	回收或分配阶段
市场计划	工程设计和开发	订单处理和控制	销售
市场研究	产品说明	接受和存储	订单服务
预测	工程记录	控制产品质量	运输
定价	生产安排表	检验、包装	
材料需求	生产操作	库存管理	
能力计划	采购(购置)		

所列出过程的流程见图 3.4。

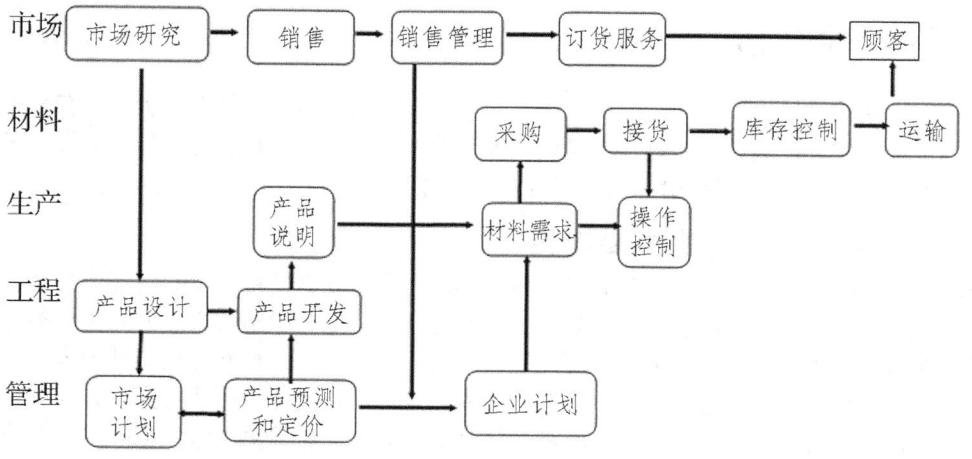

图 3.4 产品/服务生命周期的流程图

(3) 定义数据类。定义数据类是在识别企业过程的基础上，分析每一个过程利用什么数据，产生什么数据，也可以理解为分析每一过程的输入和输出数据是什么，然后将所有的数据分成若干类。BSP 方法将过程和数据类作为定义企业信息系统总体结构的基础，它利用过程／数据矩阵（也称 U／C 矩阵）来表达两者之间的关系。过程／数据矩阵（U／C 矩阵）将数据类作为类，数据过程作为行，按照关系为生成时写 C、关系为使用时写 U、关系为无用时空白的原则，填写表中的交叉空格，这样就构成了过程／数据矩阵图。

(4) 定义信息系统的整体结构。定义信息系统的整体结构，划分子系统，确定管理信息系统各部分的数据之间的关系，这是管理信息系统的长期目标。由总体结构出发，可以识别出每一模块，再按管理信息系统的规划来安排开发日程。BSP 方法是根据信息的产生和使用来划分子系统的，它尽量把信息产生的业务流程和使用业务流程的企业过程划分在一个子系统中，从而减少了子系统之间的信息交换。

在实际的系统规划中，开发人员应根据企业的实际情况和掌握的技术，以解决问题为目的灵活选择规划方法。

3.1.4 系统规划报告

在系统规划阶段形成的技术报告主要有 3 个：系统立项报告、可行性研究报告和系统开发计划书。

系统开发立项报告由开发项目的企业提出，通常企业可能要求开发人员共同起草该报告。报告包括对新系统开发的初步设想，主要有对现行系统的描述、存在的主要问题、新系统的目标及需求。另外，系统开发立项报告中还应包括项目经费预算及来源、开发进度与计划、项目验收标准与方法、双方的责任和义务以及风险负担规定等。作为对系统开发立项的规划，系统开发立项报告中的内容相对概要模糊，但是它为后续的工作提供了依据和基础。

可行性研究报告主要针对项目的可行性分析，可行性分析主要关注环境可行性、经济可行性和技术可行性，关于可行性研究报告请参考 3.3 节内容。

系统开发计划书是对获准项目的开发计划。其内容主要包括新系统开发的目标、开发组织形式、开发阶段的划分、各阶段任务目标以及分工、时间分配和预期结果等。此外还应包括对各项工作任务的验收方法和标准、系统开发中相关人员责任权益的规定等内容。系统开发计划书为后续的系统分析提供主要依据。

3.2 可行性分析

对于应用系统的机构来说,超过一定金额的项目必须进行项目可行性分析。只有经过可行性分析的论证切实可行的项目才能开工建设。大型管理信息系统的开发通常是一项耗资多、周期长、风险大的工程,在进行项目开发之前进行可行性分析对于规避风险十分必要。

3.2.1 可行性分析的主要内容

管理信息系统的可行性分析涉及到多学科的知识,它是寻求使待开发的管理信息系统达到最佳经济效果的综合研究方法。可行性分析的任务可以概括为在做出决策之前对一个拟开发的管理信息系统进行项目开发的必要性、可能性、有效性和合理性的全面论证。其内容是通过调查研究,全面分析与管理信息系统项目有关的因素,组合设计出多个可能方案,并对各个方案的经济效果进行分析,最后评选最优方案和最佳时机,为决策者提供决策依据。可行性分析的作用就在于保证决策者在其所追求的目标中,能够有效地利用现有的人力、物力和财力等资源,从而达到预期的效果。

可行性分析的内容可概括为环境、技术和经济3个方面。环境的研究是可行性分析的前提;技术上的可行是可行性分析的基础;经济上的可行则是可行性分析评价和决策的主要依据。因此,凡是影响到费用和收益的因素,都是可行性分析的内容。例如,对一个管理信息系统开发项目来说,要回答:为什么要开发该项目?资源情况如何?市场条件如何?开发项目规模有多大?技术条件怎样?需要哪些基础条件?何时实施最佳?投资效果和成功的可能性怎样?此外还要考虑国家的有关政策及该项目对社会的影响等。可行性分析的内容十分广泛,涉及社会、政治、经济、法律和多方面的专业技术知识,具有较强的综合性,需要各方面专家分工合作。因此,复杂系统的可行性分析一般都由专门的咨询机构承担。

下面分别介绍可行性分析3个方面的内容。

1. 运行环境的可行性分析

大型管理信息系统的开发是一项复杂工程,需要投入大量的人力、物力、财力以及时间。开发的新系统在现有条件中是否可行是需要认真考虑的问题。系统能否在现场的环境中顺利地运行并达到预定的目标是衡量方案是否成功的重要标志。

2. 技术可行性分析

在开发一个管理信息系统时,应当分析目前有关技术能否支持所开发的新系统,以及能否实现新系统的目标,并对新系统将要采用的技术是否成熟、能否有效地支持新系统的运行进行分析。

3. 经济可行性分析

首先需要考虑的问题是开发一个管理信息系统带来的经济效益是否会超过其研制和维护所需的费用。判断这个项目是否应该实施应从费用估计、效益估计两方面去分析。

(1)费用估计。费用估计是对系统开发、运行整个过程总的费用进行估计,一般投资费用中包括以下开支:

- 计算机机房费用;
- 计算机及其外围设备和计算机网络的购置费用;
- 系统和程序开发费用;
- 系统调试和安装费用;
- 系统相关人员的培训费用;

- 雇佣人员的人力资源成本；
- 一般消耗品费用；
- 技术服务性费用。

（2）经济效益估计。若管理信息系统设计合理，除去经营的因素外，在系统投入运行以后就会取得一定的经济效益和社会效益。在可行性分析阶段，系统尚未建成，主要凭系统分析人员的经验，根据已建成的类似系统所取得的经济效益和社会效益，或间接经济效益，推测出系统方案实施后可能取得的经济效益。经济效益估计可分为直接经济效益和间接经济效益两种。直接经济效益可用数字直接表达出来，如节省人力、财力、时间，增加生产，提高生产效率等都可以直接用数字描述。间接经济效益难以用数字直接表达出来，也称社会效益。

下面介绍一种成本/效益分析法，可以通过计算对系统的成本和预期效益进行量化分析。成本/效益分析的目的是从经济角度评价开发一个新系统是否可行。首先要估算待开发系统的开发成本，然后与可能取得的效益进行比较和权衡。上马新项目前应该考虑新系统的开发成本和经济效益，但投资是现在进行的，而效益是将来获得的，不能简单地比较成本和效益，应该将未来得到的效益折合成今天的价值，即考虑货币的时间价值。

通常用利率表示货币的时间价值。设年利率为 i，现在存入银行 P 元，则 n 年后可得的钱数为 $F=P(1+i)^n$，这就是 P 元钱在 n 年后的价值。反之，若 n 年后能收入 F 元，则这些钱现在的价值是 $P=F/(1+i)^n$。

例如，某企业开发了一个管理信息系统，每年可节省 9 万元，生命周期为 5 年，则 5 年后可节省 45 万元。若开发这个系统投入了 20 万元，则不能简单地比较 20 万元和 45 万元。因为前者是现在投入的钱，而后者是 5 年以后节省的钱，必须将节省的钱折合成现在价值才能比较。

设年利率是 3.36%，利用上面计算货币现在价值的公式，可以算出该管理信息系统每年预计节省的钱现在的价值，如表 3.2 所示。

表 3.2　将来的收入折算成现在值

年	节省值（万元）	$(1+i)^n$	现在值（万元）	累计的现在值（万元）
1	9	1.0336	8.71	8.71
2	9	1.0683	8.42	17.13
3	9	1.1042	8.15	25.28
4	9	1.1413	7.89	33.17
5	9	1.1797	7.63	40.80

在表 3.2 中，第一年节省的 9 万元，折合到现在的价值只有 8.71 万元。第二年节省的 9 万元，折合到现在的价值只有 8.42 万元。此时，累计的现在价值，即第一年的现在值 8.71 万元加上第二年的现在值 8.42 万元，为 17.13 万元。以此类推，到第五年，累计节省的钱现在的价值为 40.80 万元。

接下来计算投资回收期。所谓投资回收期就是使累计的经济效益等于最初投资所需要的时间。投资回收期越短就能越快获得利润，就越值得投资这项工程。

例如，上述管理信息系统投入使用两年后，可以节省 17.13 万元，比最初的投资还少 2.87 万元。第三年节省 8.15 万元，3 年累计可以节省 25.28 万元，要计算一下在第三年中需要多长时间节省 2.87 万元，则 2.87/8.15=0.35，即第三年中需要 0.35 年收回投资的 2.87 万元。因此，投资回收期是 2.35 年。

纯收入是衡量工程价值的另一项经济指标。纯收入就是在整个生命周期之内系统的累计经济效益（折合成现在值）与投资之差。

例如，上述管理信息系统投入使用后，5年内的纯收入为40.80万元-20万元=20.80万元。如果纯收入为零，则从经济观点看这项工程可能是不值得投资的。如果纯收入小于零，则这项工程显然是不值得投资的。

通过上述实例可以看出，使用量化计算的方法估算项目的成本收益，可以对项目的经济可行性进行更为准确的分析，为后续的方案决策提供科学依据。

3.2.2 可行性分析的主要步骤

不同类型的系统开发项目，可行性分析所涉及的基本问题是大致相同的。按照系统分析的原理，要做好可行性分析，必须按一定的工作步骤进行。

（1）确定目标。在可行性分析中，所谓目标是指在一定的环境和条件下，希望达到的某种结果。项目目标可以分为基本目标和期望目标。基本目标就是必须实现的目标；期望目标则是力争达到的目标。确定目标的同时，还要提出达到预期目标的考核指标。指标往往不止一个，而是一个指标系统，其中包括技术指标、经济指标、社会指标和环境指标等。目标的确定是可行性分析中的关键问题之一。但目标不是现成的，目标的确定涉及到许多因素，是一个复杂的过程。目标定得不恰当，将会直接影响整个可行性分析的质量。

（2）进行系统调查。对现行系统和市场做全面、细致和充分的调查研究分析。

（3）列出可能的技术方案。在系统调查的基础上，列出各种可供选择的技术方案。

（4）技术先进性分析。技术的先进性有广泛的含义，既有系统功能的先进性，又有所用计算机设备的先进性，还有标准化等组织技术的先进性等，这些都是必须考虑的。

（5）经济效益分析。对方案经济效益的分析是指按现行财务制度的各种规定和数据、现行价格、税收和利息等来进行的财务收支计算，并用可能发生的资金流量对技术方案的经济效益进行的一种评价。

（6）综合评价。通过对技术方案经济效果的评价，可优选出经济上的最好方案。但经济上的最好方案不一定是最优方案，必须进行综合评价。所谓综合评价是指在经济评价的基础上，同时考虑其他非经济方面的效果，如政治、社会、环境效果等，对技术方案进行评价。这种评价往往采用多目标决策的方法。

（7）优选可取方案并写出可行性分析报告。通过以上诸项分析和评价，根据项目目标优选最合适方案，并按照总体纲要写出可行性分析报告。

3.2.3 可行性分析的评价原则

（1）效益性原则。效益就是收益减去费用后的余额。贯穿经济评价过程始终的一项基本活动是通过收益与费用对比来分析经济效益。要求以尽可能少的费用，取得尽可能多的有用成果。体现效益性原则的经济评价方法主要有净现值法等。

（2）经济性原则。在一定的效益条件下，费用小的替代方案其价值就高。当事先给定的收益目标达到时，应从可以达到目标的替代方案中选取费用最小的方案。体现经济性原则的评价方法主要有最小费用法、投资回收期法等。

（3）可靠性原则。可行性分析的对象，绝大部分是拟将采用的可行方案，可行性分析的基础数据大都来自预测和估算，具有不确定性，这将会带来实际技术经济效果的变动，使可行方案具有较大的潜在风险，提高经济效果评价的可靠性和经营决策的科学性，需要对经过初步评价的可行方案做不确定性分析。这对投资较大的、寿命较长的大系统来说尤为重要。提高技术经济评价可靠性的不确定性分析有盈亏平衡分析法和灵敏度分析法等方法。

（4）可比性原则。可行性分析的实质，就是对实现某一预定目标的多个方案进行比较，从中选出最优方案。而要比较就必须建立共同的比较基础和条件，具体包括如下各项。

①满足需要可比。任何一个可行方案都要满足一定的需要。当对能满足相同需要、具有替代性的不同可行方案进行比较时，要求不同方案的评价指标具有可比性。

②消耗费用可比。为了正确进行经济效果比较，必须按照前述的费用概念，对所有替代方案均应不仅计量其货币费用、实际费用、内部费用和一次投资费用，而且要考察它们的非货币费用、机会费用、外部费用和日常经营费用。同时，在计算消耗费用时，必须用统一的费用种类、计算原则和方法。

③价格可比。可行性分析评价中，对不同可行方案应采用相同的价格标准。如果实际价格与价值相差较大时，应对实际价格进行修正。

④时间可比。首先，不同可行方案，必须采用相同的计算期作为比较基础。另外，必须考虑各方案费用发生和收益的时间先后和期限。对于不具备时间因素可比的方案，可通过适当的方式折算成同一时间因素的量再进行比较。不论采用哪种评价方法，都应当符合以上各种可比性的要求。

3.3 可行性分析报告

可行性分析报告是可行性分析的最后成果，该报告必须用书面形式来体现以作为论证和进一步开发的依据。本节将介绍可行性分析报告的一般格式并以高校图书馆管理系统的可行性分析报告为实例来展开分析。

3.3.1 可行性分析报告的一般格式

可行性分析报告通常包括封面和内容两个部分，封面的格式如下所示。

文档编号
版本号
文档名称：_____
项目名称：_____
项目负责人：_____
编写 _____   年   月   日
校对 _____   年   月   日
审核 _____   年   月   日
批准 _____   年   月   日
开发单位 _____

可行性报告内容如下。

1.引言
1.1 编写目的[阐明编写本可行性分析报告的目的，指出读者对象。]
1.2 项目背景[应包括：a.恢复所建议开发软件的名称；b.恢复本项目的任务提出者、开发者、用户及实现软件的单位；c.恢复本项目与其他软件或其他系统的关系。]
1.3 定义[列出本文档中用到的专门术语的定义和缩写词的原文。]
1.4 参考资料[列出有关资料的作者、标题、编号、发表日期、出版单位或资料来源，可包括：a.本项目经核准的计划任务书、合同或上级机关的批文；b.与本项目有关的已发表的资料；c.本文档中所引用的资料，所采用的软件标准或规范。]

2.可行性研究的前提

2.1 要求列出并说明建议开发软件的基本要求[可包括：a. 功能；b. 性能；c. 输出；d. 输入；e. 基本的数据流程和处理流程；f. 安全与保密要求；g. 与本软件相关的其他系统；h. 完成期限。]

2.2 目标[可包括：a. 人力与设备费用的节省；b. 处理速度的提高；c. 控制精度或生产能力的提高；d. 管理信息服务的改进；e. 决策系统的改进；f. 人员工作效率的提高等。]

2.3 条件、假定和限制[可包括：a.建议开发软件运行的最短寿命；b. 进行系统方案选择比较的期限；c. 经费来源和使用限制；d. 法律和政策方面的限制；e. 硬件、软件、运行环境和开发环境的条件和限制；f. 可利用的信息和资源；g. 建议开发软件投入使用的最迟时间。]

2.4 可行性研究方法

2.5 决定可行性的主要因素

3.对现有系统的分析

3.1 处理流程和数据流程

3.2 工作负荷

3.3 费用支出[例如人力、设备、空间、支持性服务以及材料等项开支。]

3.4 人员[列出所需人员的专业技术类别和数量。]

3.5 设备

3.6 局限性[说明现有系统存在的问题，以及为什么需要开发新的系统。]

4.所建议技术可行性研究

4.1 对系统的简要描述

4.2 处理流程和数据流程

4.3 与现有系统比较的优越性

4.4 采用建议系统可能带来的影响

  4.4.1 对设备的影响

  4.4.2 对现有软件的影响

  4.4.3 对用户的影响

  4.4.4 对系统运行的影响

  4.4.5 对开发环境的影响

  4.4.6 对运行环境的影响

  4.4.7 对经费支出的影响

4.5 技术可行性评价[包括：a. 在限制条件下功能目标是否能达到；b. 利用现有技术功能目标能否达到；c. 对开发人员数量和质量的要求，并说明能否满足；d. 在规定的期限内，开发能否完成。]

5.所建议系统经济可行性研究

5.1 支出

  5.1.1 基建投资

  5.1.2 其他一次性支出

  5.1.3 经常性支出

5.2 效益

  5.2.1 一次性收益

  5.2.2 经常性收益

  5.2.3 不可定量收益

5.3　收益／投资比

5.4　投资回收周期

5.5　敏感性分析。敏感性分析是指一些关键性因素，例如：系统生存周期长短、系统工作负荷量、处理速度要求、设备和软件配置变化对支出和效益的影响等的分析。

6.社会因素可行性研究

6.1　法律因素，例如，合同责任、侵犯专利权、侵犯版权等问题的分析。

6.2　用户使用可行性，例如，用户单位的行政管理、工作制度、人员素质等能否满足要求。

7.其他可供选择的方案，逐个阐明其他可供选择的方案，并重点说明未被推荐的理由。

8.结论意见。结论意见可能是：a. 可着手组织开发；b. 需待若干条件（例如资金、人力、设备等）具备后才能开发；c. 需对开发目标进行某些修改；d. 不能进行或不必进行（例如技术不成熟，经济上不合算等）；e. 其他。

3.3.2　可行性分析报告案例——图书馆管理系统

大部分在校学生对实际的企业管理过程并不十分清楚，而对于与学习息息相关的图书馆的运作管理都有一定的了解，因此选择图书馆管理系统的可行性分析作为案例，以期对该部分内容的学习有所帮助。案例中使用的分析问题的思路和撰写报告的格式对于建设企业管理信息系统也具有指导意义。

以下可行性分析报告是按照上述介绍的可行性分析报告规范格式编写的。

文档编号　1
版本号　1.1
文档名称：**图书馆管理系统可行性分析报告
项目名称：**图书馆管理系统
项目负责人：***

编写：***	2007 年 3 月 9 日
校对：***	2007 年 4 月 9 日
审核：***	2007 年 5 月 12 日
批准：***	2007 年 5 月 16 日

开发单位：*******

1.引言

1.1　编写目的

对图书馆管理系统进行可行性分析。

1.2　项目背景

a. **图书馆管理系统。

b. 本项目的任务提出者：***
　　　　开发者：***、***、***
　　　　软件开发单位：**********。

c. 本项目与其他软件或其他系统的关系：工作于 Windows 的所有系统。

1.3　参考资料
****

1.4　系统简介

进入信息时代后，人们对图书馆的运作实现信息化管理的要求越来越迫切。图书馆仍然使用人工管理的手段，工作效率难以提高，同时也浪费了大量的人力资源。希望通过该信息系统的建设实现对图书馆的信息化管理，达到提高效率、节约人力资源、方便读者的目的。该系统一方面实现读者的自助服务功能，如网络查询、网络预约、网络续借等；另一方面实现图书管理员处理工作的自动化，如借书、还书、预约、续借、罚款处理等；另外还要实现系统管理员对整个系统资源的信息化管理，如用户管理、书目管理、图书管理等。

1.5　技术要求及限定条件
　　a. 记录图书的借阅状态和预约状态。
　　b. 记录读者的借阅状态，如是否借满，是否超期等。
　　c. 控制读者记录的增删条件，如读者离校时必须无欠书和欠款，否则无法删除读者记录。
　　d. 控制书目和图书的关系，如淘汰某种图书时，必须完全删除对应册数的图书记录，方可删除相应的书目记录。

2. 可行性研究的前提
2.1　要求
　　a.功能：实现图书馆管理的基本功能，图书被借阅和预约的状态、读者借阅和预约的状态应有详细记录。
　　b.性能：能够完成图书馆日常管理的基本处理，方便读者和图书管理员进行操作使用。
　　c.输出：图书信息、书目信息、读者信息。
　　d.输入：读者相关信息、图书相关信息、书目相关信息。
　　e.基本的数据流程和处理流程，（略）。
　　f.安全与保密要求：运行于校园网，读者使用的功能实现 Internet 访问。
　　g.与本软件相关的其他系统：无。
　　h.完成期限：3 个月。

2.2　目标
　　a.节省人力与设备费用成本。
　　b.提高工作效率。

2.3　条件、假定和限制
　　a.建议开发软件运行的最短寿命：5 年。
　　b.进行系统方案选择比较的期限：2 周。
　　c.经费来源和使用限制：经费由上级拨款，无限制。
　　d.法律和政策方面的限制：不违反国家法律和学校相关规定。
　　e.硬件、软件、运行环境和开发环境的条件和限制：客户端运行于基于 Windows 平台的 PC 机，服务器端运行于 Windows Server 平台的服务器。
　　f.可利用的信息和资源，（略）。
　　g.建议开发软件投入使用的最迟时间：开发后 3 个月。

2.4　可行性研究方法
对图书馆的运作管理进行调查。

2.5　决定可行性的主要因素
技术可行性、经济可行性和法律可行性。

3.对现有系统的分析
3.1　处理流程和数据流程
　　a. 现行系统：手工方式处理。
　　b. 分析：（1）读者借阅等待时间长；

（2）信息查询困难；
（3）数据分析汇总困难。

3.2 费用支出
项目专项费用。

3.3 人员
由3~5人组成开发小组，开发小组能够运用数据库技术和网络编程技术完成系统开发。

3.4 设备
用于开发测试的计算机及局域网环境。

3.5 开发新系统的必要性
提高管理效率，节省大量的人力和财力，适应图书馆未来的发展。

4.所建议技术可行性研究

4.1 对系统的简要描述
该系统为图书馆的日常管理服务，安装、使用简便，具有良好的安全性和兼容性。

4.2 处理流程和数据流程
用户（读者、图书管理员、系统管理员）使用本系统时需要进行身份验证，图书管理、读者管理实现计算机管理。

4.3 与现有系统比较的优越性
更便捷、更安全、更有效。

4.4 未用建议系统可能带来的影响
对现有设备和人员无影响。

4.5 技术可行性评价
a.在限制条件下功能目标是否能达到：验证是否给出正确的信息或提示。
b.利用现有技术功能目标能否达到：能。
c.开发人员数量和质量的要求，并说明能否满足。
能满足，3~5人的开发小组熟练掌握系统分析技术、数据库技术和网络编程技术。
d.在规定的期限内，开发能否完成：能。

5.所建议系统经济可行性研究

5.1 支出
开发该系统需要支出的费用包括：基建投资、其他一次性支出，共约5万元，采用任务分解法估算该系统的开发共需4人2个月完成，每人月成本为2500元，估计系统的人工费用为2500元×4×2=2万元，开发成本共为5万元+2万元=7万元。

5.2 收益
可以列表计算系统的投资回收期和开发纯收入，系统的投资收益表如表3.3所示，其中i值为3.36%。将来的收入主要体现在每年可节省的人力、耗材等，约每年2.5万元。估计软件使用寿命为5年。

表3.3 系统投资收益表

购买设备软件费	5万元
人工费	2万元
开发成本费（设备软件费＋人工费）	5万元＋2万元
每年收入	2.5万元

续表

年	收入（元）	$(1+i)^n$	现值（元）	累计现值（元）
1	25000	1.0336	24187.31	24187.31
2	25000	1.0683	23401.67	47588.97
3	25000	1.1042	22640.83	70229.80
4	25000	1.1413	21904.85	92134.64
5	25000	1.1797	21191.83	113326.47
纯收入				43326.47

结合以上条件，经过成本/收益计算后的纯收入为 43326.47 元。

5.3 投资回收期

投资回收期：2+（70229.80－70000）/22640.83=2.01 年

6.社会因素可行性研究

6.1 法律因素

符合法律规定没有触犯合同中双方所签署的条款。

6.2 用户使用可行性

会使用电脑和对网络的安全性有一点了解的人员均可使用。

7.结论和意见：方案可行

经过初步的系统调查，给出了可行性分析报告，并经过主管领导的批准，还必须对现行系统进行全面、深入的详细调查和分析，找出要解决的问题实质，确保新系统的有效性。

3.3.3 可行性分析报告案例——校园一卡通管理系统

随着信息化建设的逐步深入，对已有系统进行整合，消除信息孤岛，发挥信息共享优势成为管理信息系统建设的热点和难点。高校是具有一定信息化建设基础的部门之一，我国大部分高校都在实行或准备实行数字校园工程，而校园管理的信息化建设面临的一个突出问题就是如何对已有系统进行兼容整合以及流程再造。一卡通工程旨在整合已有信息资源，更好地发挥信息资源的作用和信息化运营的优势。本实例以某高校拟建设的校园一卡通工程为背景，一卡通建设主要实现食堂饭卡、图书借阅卡、个人财务账户等管理信息的整合，此外，还要整合高校各职能部门的管理功能。本实例的体例格式与图书馆管理系统可行性分析报告类似，请读者对应参考。

以下可行性研究报告是按照上述介绍的可行性研究报告规范格式编写的。

文档编号 1
版本号 1.1
文档名称：**大学校园一卡通管理系统可行性分析报告
项目名称：**大学校园一卡通管理系统
项目负责人：***
编写：***　　　　　　　　　　2010 年 10 月 9 日
校对：***　　　　　　　　　　2010 年 11 月 9 日
审核：***　　　　　　　　　　2011 年 4 月 12 日
批准：***　　　　　　　　　　2011 年 6 月 16 日
开发单位：*******

1.引言

1.1 编写目的

对校园一卡通管理系统进行可行性分析。

1.2 项目背景

a. **大学校园一卡通管理系统。

b. 本项目的任务提出者：***

　　　　　开发者：***、***、***

　　　　　系统开发单位：**********。

c. 本项目与其他系统的关系：需要与图书馆管理系统、教务管理系统、机房管理系统以及餐饮管理系统对接。

1.3 参考资料

****

1.4 系统简介

**高校已经实现了后勤管理信息化、课程管理信息化、图书借阅管理信息化，以及计算机实验机房管理信息化。但各个系统之间互不兼容，学生、教工需要携带多张卡，既不方便用户使用，也不利于管理。另外由于多个系统相互分割，难以发挥信息共享的优势，而各自为政的管理信息系统则进一步割裂各职能管理部门的数字联系。本次系统规划及建设旨在整合已经运营的各个信息系统的资源，并添加学生、教工个人财务管理的功能，以及市政公交卡的功能。

1.5 技术要求及限定条件

a. 实现各子系统账号的统一管理。

b. 实现用户财务账户与个人银行账户的单向资金管理。

c. 一卡通卡片包含市政交通卡的功能。

2. 可行性研究的前提

2.1 要求

a.功能：实现校园内各系统的互通互联。

b.性能：能够完成校园运行管理的主要功能。

c.输入：用户信息、系统资源信息。

d.基本的数据流程和处理流程，（略）。

e.安全与保密要求：运行于校园网，用户使用终端系统及校园网访问。

f.与本软件相关的其他系统：图书馆管理系统、教务管理系统、机房管理系统以及餐饮管理系统。

g.完成期限：12个月。

2.2 目标

a.节省人力与设备费用成本。

b.提高工作效率。

2.3 条件、假定和限制

a.建议开发软件运行的最短寿命：7年。

b.进行系统方案选择比较的期限：10周。

c.经费来源和使用限制：经费由上级拨款，根据预算支出。

d.法律和政策方面的限制：不违反国家法律和学校相关规定。

e.硬件、软件、运行环境和开发环境的条件和限制：客户端运行于终端机或PC机，服务端运行于Unix平台。

f.可利用的信息和资源，（略）。

g.建议开发软件投入使用的最迟时间：开发后 3 个月。

2.4 可行性研究方法

对一卡通的运作管理进行调查。

2.5 决定可行性的主要因素

技术可行性、经济可行性和法律可行性。

3.对现有系统的分析

3.1 处理流程和数据流程

a. 现行系统：各功能系统能够完成相应管理职能，但无法互联互通。

b. 分析：（1）增加了用户使用的负担；

（2）信息无法实现共享；

（3）无法为学校的宏观管理提供决策服务。

3.2 费用支出

项目专项费用。

3.3 人员

由 10～15 人组成开发小组，开发小组能够运用数据库技术和网络编程技术完成系统开发。

3.4 设备

用于开发测试的计算机及局域网环境。

3.5 开发新系统的必要性

提高管理效率，节省大量的人力和财力，适应校园管理未来的发展。

4. 所建议系统技术可行性研究

4.1 对系统的简要描述

该系统为校园综合管理系统。

4.2 处理流程和数据流程

用户（学生、教工）使用本系统时需要进行身份验证，并能与外界系统——银行系统实现互联互通，一卡通卡片包含和市政公交卡的功能。

4.3 与现有系统比较的优越性

更便捷、更安全、更有效，实现全局性的整合。

4.4 未用建议系统可能带来的影响

对现有设备和人员无重大影响。

4.5 技术可行性评价

a.在限制条件下功能目标是否能达到：验证是否实现平稳有效的互联互通。

b.利用现有技术功能目标能否达到：能。

c.开发人员数量和质量的要求，并说明能否满足。能满足，10～15 人的开发小组熟练掌握系统分析技术、数据库技术和网络编程技术。

d.在规定的期限内，开发能否完成：能。

5.所建议系统经济可行性研究

涉及多方相关部门，投资数额较大，需要更为严格有效的经济可行性研究论证。本节仅作示例，内容从略，读者可参考相关实用项目的文档。

6.社会因素可行性研究

6.1 法律因素

符合法律规定没有触犯合同中所签署的条款。

6.2 用户使用可行性

能够使用电脑、网络，即可操作该系统。

7.结论和意见

将综合考虑各方面可行性因素。

经过初步的系统调查，给出了可行性研究报告，并经过主管领导的批准，还必须对现行系统进行全面、深入的详细调查和分析，找出要解决的问题实质，确保新系统的有效性。

本章小结

本章介绍了企业信息系统的系统规划和可行性研究。系统规划应与企业的发展战略紧密结合，最终为管理服务。可行性研究报告通过不同指标对项目可行性进行评估。本章以图书馆管理系统和校园一卡通系统为例，介绍了撰写可行性研究报告的内容、步骤和评价原则。

习题

一、填空题，请将正确的答案填在括号内。

1. 企业战略一般包括（　　　）、（　　　）和由此而规范的（　　　）。
2. 制定管理信息系统总体规划的常用方法有（　　　）、（　　　）、（　　　）、组织计划引出法、投资回收法、目的手段分析法、收费法以及零点预算法等。
3. 管理信息系统战略由（　　　）、（　　　）、（　　　）、（　　　）和其他战略等组成。
4. 关键成功因素法通常包含的步骤有（　　　）、（　　　）、（　　　）、（　　　）并根据这些关键成功因素来确定信息化建设的优先级别。
5. 企业系统规划法的工作过程大致包含以下阶段：（　　　）、（　　　）、（　　　）和（　　　）。
6. 可行性分析的任务可以概括为在做出决策之前，对一个拟开发的管理信息系统进行项目开发的（　　　）、（　　　）、（　　　）和（　　　）的全面论证。

二、简答题

1. 简述系统总体规划的目标和步骤。
2. 系统总体规划的原则是什么？
3. 简述企业系统规划法的基本阶段和特点。
4. 可行性分析包含哪些主要内容？
5. 简述可行性分析的一般步骤和评价原则。
6. 系统规划报告包含哪些技术报告？各实现哪些任务？

三、实践题

走访一些企业，了解其企业战略和信息化情况，根据你所了解的信息体会系统规划和可行性分析的必要性和重要性。

实验一　图书馆管理系统的可行性分析报告

1.实验目的

（1）掌握系统可行性分析报告的撰写方法。

（2）熟悉系统可行性分析报告的撰写格式。

2. 实验内容

(1) 完成图书馆管理系统的可行性分析。

(2) 撰写图书馆管理系统可行性分析报告，可参考 3.3.2 节的内容。

3. 实验练习

(1) 调查你所在学校的图书馆的管理运作情况，根据实际情况撰写一份图书馆管理系统的可行性分析报告。

(2) 选取你感兴趣的课题，根据实际情况撰写可行性分析报告。

实验二　校园一卡通管理系统的可行性分析报告

1. 实验目的

(1) 掌握系统可行性研究报告的撰写方法。

(2) 熟悉系统可行性研究报告的撰写格式。

2. 实验内容

(1) 完成校园一卡通管理系统的可行性分析。

(2) 撰写校园一卡通管理系统可行性分析报告，可参考 3.3.3 节的内容。

3. 实验练习

如果你所在学校有建设一卡通工程的需要，请调查了解相关的管理运作情况，根据所了解内容撰写一份校园一卡通管理系统的可行性分析报告。

第 4 章
系统需求建模

本章导读

管理信息系统作为复杂的人机交互系统涵盖了大量信息，要求开发者能够正确处理和分析相关的信息，在系统建设初期明确系统需求，并用模型清晰完整地描述这些需求。本章将介绍两种基本的系统分析方法——结构化分析方法和面向对象分析方法，以及它们用来描述系统需求的模型工具。同时本章还提供了课程管理系统和图书馆管理系统两个实例，分别对应两种分析方法的建模过程，这两个实例将在后续的章节中进一步细化。

4.1 调查系统需求

调查系统需求是系统分析的一个重要组成部分，包括明确功能需求和技术需求，访问系统相关者，建立原型并对调查结果和原型进行结构化遍历以及业务流程重组几个部分。

4.1.1 功能需求和技术需求

系统需求通常可以分为两类：功能需求和技术需求。功能需求是系统必须完成的活动，也就是系统将要投入的业务应用。功能需求直接来自系统规划阶段确定的系统功能。例如，对于一个工资系统来说，需要实现的业务应用包括这样一些功能：计算奖金数量、计算税金、打印工资报表、维护雇员的相关信息等。这些就是新系统的功能。一般来说，在实际开发中，确定和描述所有相关的业务应用需要花费大量的时间和精力。

技术需求是指和企业的环境、硬件和软件有关的所有可操作目标。例如，系统必须在Windows Server 2003 的客户——服务器环境下运行；系统的屏幕响应时间必须少于半秒；系统必须能够同时支持 100 个终端等。这些技术需求通常被描述成是系统必须达到的具体目标。

对于新系统的完整定义，这两种类型的系统需求都是必不可少的，也都要包含在系统需求调查中。功能需求通常记载在已建立的分析模型中，而技术需求则通常记载在技术需求的叙述性描述里。

4.1.2 系统相关者

系统功能需求信息的主要来源是新系统的各种系统相关者。通常，系统相关者可以分为以下 4 类。
- 用户，那些实际使用系统处理日常事务的人。
- 客户，即那些购买和拥有系统的人。
- 技术人员，确保系统运行在公司的计算机环境下的人。

- 外部实体，例如公司的顾客。

图 4.1 显示了对新系统感兴趣的各种系统相关者。

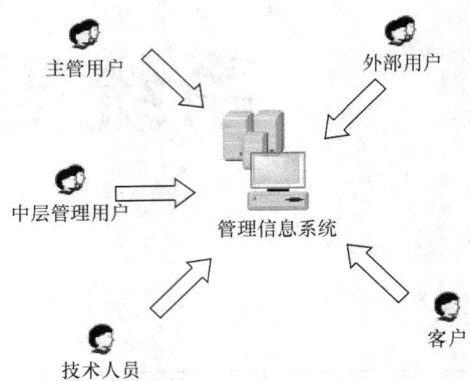

图 4.1　对新系统开发感兴趣的各种系统相关者

（1）用户。用户角色，也就是系统用户的类型，应该从两个方向进行定义：水平方向和垂直方向。在水平方向上的意思是说系统分析员必须在业务部门中寻找信息流。例如，一个新的库存系统也许将要影响进货部门、仓库、销售部门和生产部门。系统分析员必须确保访问这些部门的相关人员以了解需求。在垂直方向上，需要职员、中层管理人员以及高层管理人员提供信息需求。这些系统相关者中的每一个都将对系统有不同的信息需求，因此系统分析员必须在设计时把这些信息需求包括在内。

（2）客户。尽管项目小组必须满足用户的信息处理需求，但它也有责任满足客户的需求。在许多情况下，客户和主管用户是同一组人。然而，客户也可能是单独的一组人，例如客户可能是母公司的理事会或董事会。我们把客户包括在重要的系统相关者列表中，这是因为项目小组必须在项目的整个开发过程中始终向客户提供项目进展的概要情况。客户负责批准或否决资金的使用。

（3）技术人员。技术人员一般来说不能算作真正的用户群，但他们是许多技术需求的来源。技术人员包括建立和维护企业计算机环境的人。这些人在诸如编程语言、计算机平台和其他设备方面对项目提供帮助。对某些项目来说，项目小组始终包括一组技术人员。而对另外一些项目来说，只在需要时才把技术人员包括在内。

一般来说，在系统调查初期，系统分析员主要与以上 3 类系统相关者交流以获取必要的系统需求。

4.1.3　建立系统需求原型

传统的系统需求开发过程由以下 4 个步骤组成：
（1）确定现有系统的物理过程和活动；
（2）从现有物理过程中提取出业务逻辑功能；
（3）为将在新系统中使用的方法开发出业务逻辑功能；
（4）定义新系统的物理处理需求。

这种结构化方法为系统需求分析提供了严格的顺序，但它的缺点也很明显，最主要的是需要花费大量的时间。在当今这样一个竞争激烈的社会，许多企业正在使用新的信息技术来增加其自身的竞争优势，因此，快速地建立系统需求的原型是一个实用的方法。原型是一个强有力的工具，它被广泛地应用在项目开发中。在分析阶段，原型用来测试系统的可行性和帮助定义过程需求，这些原型可以是简单的屏幕显示或报表程序。在设计阶段，分析人员建立原型来测试各种设计和界面方法。甚至在实施阶段，也可以通过建立原型来测试各种编程技术的效果和效率。

4.1.4 结构化遍历

项目管理员的一个重要职责就是确保最终系统的质量，因此在项目开发的早期采取措施进行质量控制是必要的，其中一项有效的技术就是结构化遍历。

所谓结构化遍历，简称遍历，是指对调查结果和根据这些结果建立的原型进行复查，这种遍历方法按过程进行，因此也称结构化遍历。结构化遍历的目标是发现错误和问题，其基本思想是在理解系统基本需求的过程中建立需求文档，然后检查其中是否存在错漏之处。需要注意的是：结构化遍历并不是一种性能复查，它是对系统分析员所做工作的复查。在结构化遍历过程中将涉及到 4 个要素——what, when, who 和 how，即在什么时间、对哪些工作、与哪些人进行了怎样的复查。作为复查者需要做的是寻找系统中的不一致性和问题，然后指出这些问题，后续的工作是对出现的问题进行修正。

4.1.5 业务流程重组

业务流程重组（Business Process Reengineering, BPR）是近十多年来的趋势，它已成为许多新的管理信息系统的创建动机。随着全球竞争加剧，许多企业发现必须重新思考他们的内部结构和商业过程，使之能够与先进的信息技术结合得更加紧密。BPR 是一种根本的战略思想，它将企业内部的处理过程流线化，并使之尽可能地高效运转，这种思想的主旨是：对基本方法提出质疑，从而发现一种能带来巨大和深刻的提高的全新方法。使这样一种提高成为可能的唯一方法是通过信息技术，因此正是信息技术使 BPR 成为可能。随着全球竞争日益激烈，许多企业发现，有必要彻底地重新思考如何重组自己的业务，使之适应信息技术处理的要求，最终实现提高生产效率，获取更高利润。

一个业务流程重组的经典例子就是福特汽车公司北美分部对其账目支付功能的改进。在 20 世纪 80 年代中期，账目支付部门雇佣了 500 多人。最初的项目打算开发一个信息系统来实现生产率 20%的增长率。然而，当项目小组和管理人员寻找应用自动化改善性能时，他们发现马自达公司（福特公司在该公司拥有 20%的股份）在账目支付部门仅仅雇佣了 5 个人。尽管相对而言福特公司是一个大得多的公司，但是它仍然拥有超过马自达公司 100 倍的人来完成基本上是同样的功能。基于这种情况，项目小组使用一种更高的自动化水平完全重新设计了支付功能。账目支付功能被包含在一个更大的购买功能里，从而使企业可以从客户购买之时起就能够自动跟踪支付过程。在项目结束时，福特公司只用 100 多人就可以完成原来需要 500 多人才能完成的账目支付功能。结果不是实现了 20%的增长，而是最终实现了 400%的增长。

许多系统开发项目都包含了 BRP 的组件。有时候，BRP 对一个企业来说是根本性的改变。有时候，企业也许不需要完全重组，而只需要对其中的某些过程进行重新设计就可以了。作为系统分析员，需要注意的是：在项目进行期间有可能会发现改进业务流程的机会。系统分析员经常可以在项目进行期间发现并提出这样一些类型的改进方法。由于 BPR 和 IT 之间结合紧密，许多系统分析员发现他们必须对企业的业务流程尽可能地熟悉，并且根据信息技术的进展和企业的实际情况来帮助企业对其内部业务流程进行创新性的重组。另外，接下来将学习的建模技术和技巧不仅可以用于信息系统处理过程建模，还可以用于业务流程建模。

4.2 模型

在系统分析阶段，系统分析员使用一组模型来充分描述管理信息系统的需求。一般来说，一个模型代表了当前系统的某些方面。不同类型的模型在不同层次上表现系统。本节将介绍模型的相关知识。

4.2.1 模型的作用及类型

在系统分析阶段进行系统建模主要具有以下作用。

（1）有助于提取系统需求信息。由于系统本身的复杂性，使用模型可以在不同细节层次上来描述系统。

（2）有助于系统分析员整理思路。建立模型的过程能帮助系统分析员澄清思路和改良设计。建模过程本身对系统分析员有直接的帮助。

（3）有助于系统的分解和集成。管理信息系统往往是复杂的，在系统分析阶段对系统需求建模有助于问题的简化，并能够使系统分析员的精力一次只集中在系统的几个方面上。

（4）有助于记忆和把握相关细节。系统分析需要收集和处理数量庞大的信息，规范通用的模型成为有效的帮助记忆的工具。

（5）有助于系统开发小组以及小组成员之间进行交流。通用规范的模型是项目小组成员之间进行交流和协作的有效工具。

（6）为未来的维护和升级提供文档参考。系统分析员建立的需求模型可以作为以后的开发小组在维护和升级系统时的文档，使以后的开发者能够继续使用。

下面介绍常用模型的类型。就像雕塑家创作作品时对于不同的表现内容使用不同的工具一样，系统分析员在进行系统建模时，也要根据所要表达信息的特征来使用不同类型的模型。通常，可以把模型分为3种类型：数学模型、描述模型和图形模型。

1. 数学模型

数学模型是描述系统技术方面的一系列公式。例如，用函数计算查询所需要的响应时间。在管理信息系统的需求分析中，有时使用数学公式可以非常清晰而简洁地描述用户的需求。例如，在工资管理系统中奖金的核算、加班费的核算等，都可以用简单的公式来建模。

2. 描述模型

对于不能够使用数学模型精确定义的需求，系统分析员可以使用描述模型。这些描述模型可以是调查备忘录、处理过程以及报表或列表。结构化英语或伪代码是另一种形式的描述模型，程序员熟悉了建模算法所使用的结构化英语或伪代码后，可以进行实际的程序编制。

3. 图形模型

图形模型是图表和系统某些方面的示意性表示。图形模型可能是系统分析员所建立的最有用的模型了。图形模型有助于理解难以用语言来描述的复杂关系。所谓"一图胜千言"，在系统分析中，一个清晰的图形可能比一万句话都能更准确地描述系统的某些需求。系统分析阶段往往用一些关键的图形模型来表示系统中比较抽象的部分，因为分析阶段的重点集中在系统需求的高度抽象的问题上，而不去关心具体的实现细节。而更具体的界面设计和报表格式模型是在系统设计阶段完成的。图形模型使用标准化的符号来表示相关信息，这将有利于人们使用模型进行有效的交流。在学习系统建模时，熟悉并掌握建立图形模型所需要的符号非常重要。

4.2.2 逻辑模型和物理模型

在系统分析阶段所建立的模型详细定义了系统需求，但并没有局限于某一具体技术，因此这些模型通常被称为"逻辑模型"。系统分析员可以创建很多种类的逻辑模型来定义系统需求，下面列出了经常使用的一些逻辑模型。

- 事件列表
- 数据流图
- 实体–联系图
- 数据流定义
- 数据元素定义
- 过程描述/结构化英语
- 类图
- 用例图
- 顺序图
- 协作图
- 状态图

在系统设计阶段也会建立许多模型。这些模型显示了如何使用具体技术来实现系统的某些方面，因此它们被称为"物理模型"。这些模型中有一些是分析阶段所建立的需求模型的扩展，有一些直接来自于需求模型。有些模型既在系统分析阶段使用，也在系统设计阶段使用，比如面向对象建模中的类图。下面列出了经常使用的一些物理模型。

- 界面设计
- 报表设计
- 系统流程图
- 结构图
- 数据库设计
- 网络图
- 分布图

4.3 事件

在理解了模型的基本概念之后，我们将进一步学习建立管理信息系统功能需求模型的细节。所有的系统开发方法，不论是结构化方法还是面向对象方法，都是基于事件进行建模的。本节将介绍与事件相关的知识。

4.3.1 事件的概念和类型

对于管理信息系统来说，事件是指与系统行为相关的、可以描述、值得记录的在某一特定时间和地点发生的事情。管理信息系统作为复杂的人–机交互系统，它的所有处理过程都是由事件驱动或触发的，因此在定义系统需求时把所有事件罗列出来并加以分析是十分必要的。所有的系统开发方法都是从定义事件开始建模过程的。

系统分析中需要考虑的事件有 3 种类型——外部事件、临时事件和状态事件。系统分析员开始工作时要尽可能多地识别和列出这些事件，同时在与系统相关人员的交流中不断细化这些事件列表。

1. 外部事件

外部事件是系统之外发生的事件，通常都是由外部实体或动作参与者触发的。外部实体或动作参与者可以是一个人或组织单位，它为系统提供数据或从系统获取数据。为了识别关键的外部事件，系统分析员首先要确定所有可能需要从系统获取信息的外部实体。在图书馆管理系统中，读者就是一个典型的外部实体的例子。例如，对于一个图书馆管理系统来说，读者借阅图书是一个非常重要的事件。和读者相关的还有其他事件，例如，有时一位读者想退订已预约的图书，或者一位读者需要按超期时间支付罚款。诸如此类的外部事件正是分析员所要寻找的那一类，因为分析员要定义系统需要完成哪些功能。这些外部事件将会导致一些系统必须处理的重要事务。

描述外部事件时，必须为事件命名，这样能更清晰地定义外部实体。同时，在描述中还应该包括外部实体需要进行的处理工作。因此，事件"读者借书"描述了一个外部实体，这里是读者以及这位读者想做的事情，即借阅图书，这一事件直接影响着系统。

重要的外部事件还可能来自于图书馆内部的人或组织单位的需求，例如，采编室需要完成一定的信息处理功能。在图书馆管理系统中一个典型的事件可能是"采编室增加或删除书目信息"。作为一个图书馆管理系统，需要通过计算机完成图书馆的日常管理工作，因此系统需要能够完成这样的功能。

2. 临时事件

第二类事件是临时事件，临时事件是由于达到系统设定的某一时刻所发生的事件。许多管理信息系统在事先定义的时间间隔产生一些输出结果，例如银行系统在设定的利息结算日对账户资金进行利息结算就是由临时事件触发的。和外部事件不同，临时事件是系统自动执行的，不需要外部实体或动作参与者的触发。

3. 状态事件

第三类事件是状态事件，它是当系统内部发生了需要处理的情况时所引发的事件。例如，产品的销售导致了库存记录的变化，当库存降到了库存的订货点时，就需要重新订货。该状态事件可以被命名为"到达订货点"。通常状态事件作为外部事件的结果而发生。有时，状态事件和临时事件相似，唯一不同的地方在于，状态事件无法定义事件发生的时刻。

4.3.2 定义事件

定义影响系统的事件并不容易，系统分析员可以使用一些方法来辅助定义事件。

1. 区分事件和触发事件的条件以及系统响应

有时候很难区分事件和一系列导致该事件发生的条件。以一位读者从图书馆借书的过程为例，从该读者自身的角度来看，这个过程可能包括了一系列事件：第一个事件可能是读者想要借某一科目相关的书籍，接着读者可能在阅览室查看了部分相关的书籍，然后他在书库中继续查阅相关的书籍，最后他选定了某一本书并把它拿到流通台前准备借出。作为系统分析员，在了解了这一连串事件后，需要确定哪些事件对系统有直接影响，而哪些事件在系统建模过程中可以忽略。在上面的实例中，读者把想要借的书拿到流通台准备办理借书手续时才开始真正对系统施加影响。

此外，在一些情况下，很难区分外部事件和系统响应。例如，当读者准备借书时，系统需要读者提供借书卡，于是读者把借书卡交给图书管理员。在这里读者提供借书卡的行为可以看作是一个事件吗？在本例中，这不算是一个事件。因为它只是在处理原始系统事件时发生的一部分交互行为。

2. 跟踪事务处理的生命周期

在定义事件时，跟踪针对某一外部实体或参与者而发生的一系列事件通常很有用。在图书馆管理系统的例子中，系统分析员要考虑由于增加一位新读者所引发的所有可能的处理。首先，读者要具有使用图书馆资源的权限，这一事件导致数据库中增加了包含读者信息的记录。接着，读者也许想要借阅图书，也许想要预约图书，或者取消预约。再接下来，读者也许想查询某书的相关信息等诸如此类的事件。研究这样的过程有助于定义事件。

3. 暂不考虑技术依赖事件和系统控制

有些内容对系统很重要、但不直接影响用户和事务处理，这样的事件一般称为技术依赖事件和系统控制。在系统分析阶段，系统分析员可以把这些事件暂时搁置，只需要把精力集中于功能需求——即系统需要完成的工作上。逻辑模型不需要指明如何去实现系统，因此在模型中应该省略实现的细节。当然，在系统设计阶段这些事件是非常重要的。这样的事件包括登录系统、安全控制以及数据库备份等。随着项目的进展，在设计阶段，项目小组将把这些控制加进来。

4.3.3 图书馆管理系统中的事件

下面将以某个需要建设的图书馆管理系统的运作为例来分析它所涉及到事件，如表 4.1 所示，以下列出的是所涉及到的一些外部事件。

- 任何系统使用者进行书目查询。
- 读者对个人账户信息进行查询及更改。
- 读者预约/退订图书。
- 图书管理员办理借/还书手续。
- 图书管理员办理逾期罚款手续。
- 图书管理员办理丢失赔偿手续。
- 采编人员管理书目信息。

此外，图书馆管理系统还涉及到一些临时事件。

- 发送图书到期的催还通知。
- 发送预约图书到架的通知。
- 按月生成图书借阅排行榜。

随着对系统功能分析的细化，以上所列事件将被进一步完善，甚至还有更多的事件加入进来。

在进行初步的系统分析时可以设计一个事件列表，把分析过程中所确定的每一个事件及其相关信息填入列表中，列表中应当包括事件、触发器、来源、动作、响应以及目的地等相关细节。其中，触发器是指通知系统某事件发生的事物，来源是指为系统提供数据的外部实体或参与者，动作是指某事件发生时系统执行的操作，而响应是指系统产生的输出结果，该结果被送往某个目的地，目的地是指接收系统输出数据的外部实体或参与者。

表 4.1 图书馆管理系统的事件表

图书馆管理系统的事件表					
事件	触发器	来源	动作	响应	目的地
系统使用者查询书目信息	书目查询	查询者	查询所需图书	查询结果	查询者
读者预约/退订图书	预约/退订图书请求	读者	预约/退订所需图书	预约/退订图书的结果信息	读者
图书管理员办理借/还书手续	需要办理借/还手续的图书	读者	办理借/还手续	完成借/还手续	读者

续表

图书馆管理系统的事件表					
事件	触发器	来源	动作	响应	目的地
图书管理员办理逾期罚款手续	逾期已借图书	借书记录	办理逾期罚款手续	逾期罚款单	读者
图书管理员办理丢失赔偿手续	丢失已借图书	借书记录	办理丢失赔偿手续	丢失赔偿单	读者
采编人员管理书目信息	新到图书	图书采购室	进行编目处理	生成新的书目信息	书库
发送图书到期的催还通知	借出图书到期时间	借书记录	向借书读者发送催还通知	生成催还通知	读者
发送预约图书到架通知	预约图书已到馆	预约记录	向预约图书读者发送图书到馆通知	生成到馆通知	读者
按月生成图书借阅排行榜	月末	借书记录	统计图书借阅次数	生成图书借阅排行榜	信息发布处

4.4 事物

定义系统需求用到的另一个关键概念是事物。系统需要存储相关事物的信息。结构化方法和面向对象方法对事物的描述并不相同,但不论使用哪种方法,识别和理解相关的事物都是关键的初始步骤。

4.4.1 事物的概念和类型

对于图书馆管理信息系统来说,使用者在工作中需要接触到的诸如图书、借书证、报表以及读者等都可以看作是事物,这些事物也必须是系统的一部分。

在结构化分析方法中,这些事物构成了系统存储信息的相关数据。对于任何一个管理信息系统来说,需要存储的数据类型肯定是信息系统需求的一个关键方面。在面向对象的方法中,这些事物就是在系统中相互交互的对象。

和定义事件一样,系统分析员应该和用户讨论他们日常工作中处理的事物类型。实实在在的事物通常很明显。在图书馆管理系统的实例中,馆藏的每一本图书都是重要的实实在在的事物。在管理信息系统中,另一类常见的事物类型是人所充当的角色,如读者、图书管理员以及系统管理员等。图 4.2 给出了一些常见事物类型。

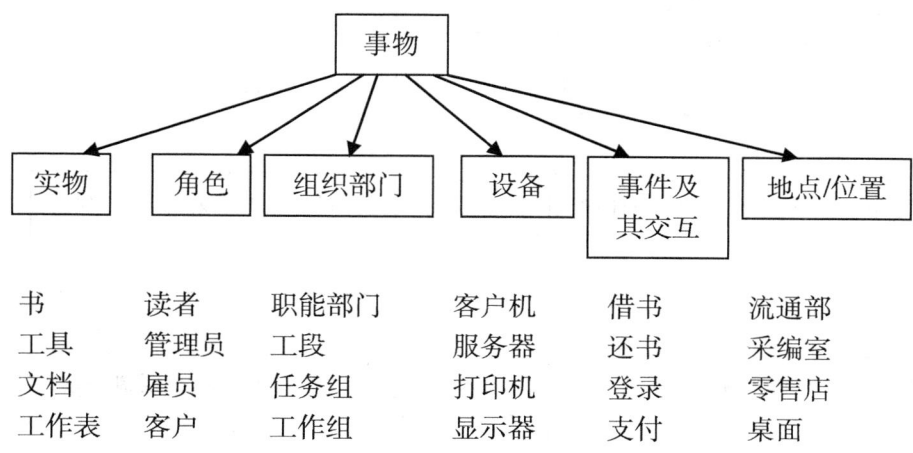

图 4.2 事物的类型

其他类型的事物可以包括职能部门,例如图书馆的采编室、流通部等。另外,地点或位置在某些特定的信息系统中也是十分重要的。此外,有关读者预约图书、读者推荐图书等诸如此类的交互行为可以看成一件事物,这一点对于初学者尤其需要认真理解。在图书馆管理系统的实例中,一次信息查询、一次预约图书和一次取消预约都是重要的事件。有时这些事件被认为是事物之间的关系。例如,图书预约是读者和某本图书之间的关系。最初系统分析员只是简单地把这些作为事物罗列出来,然后根据不同的分析和设计方法的要求对其加以调整。

系统分析员通过考察事件列表中的事件和咨询用户来确定这些事物的类型。例如,对于某个事件来说,它影响了哪些事物?因为系统需要知道这些事物并存储其信息。当读者预约图书时,系统需要存储该读者的信息、预约图书的信息,以及预约信息本身的内容,如执行预约的读者和预约日期。

4.4.2 事物间的关系

事物不是孤立存在的,事物之间通过各种关系联系起来。事物间的很多关系对系统非常重要。例如,读者预约某本图书,这时读者和所预约的图书之间就具有一定的关系。作为图书馆管理系统,它需要存储读者和图书的信息。但同样重要的是,系统也需要存储某些关系的信息——比如,某位读者预约了某本图书,那么存储预约信息就显得非常必要了。

事物之间的联系可以用关联数目,也被称为关系的基数来表示。关系的基数可以是一对一、一对多。另外,基数是针对于关系的每一个方面提出的。例如,一位读者可能借阅多本图书,但是一本图书同一时间只能被一位读者借阅,这时读者和可借图书之间存在一对多的关系,而某本图书和读者之间则是一对一的关系。在面向对象的方法中使用术语重数来表示关联的数目。在表示事物之间关系的时候,基数和重数具有相同的含义。图 4.3 列出了图书馆管理系统中读者和图书以及图书和书目之间的基数/重数的例子。

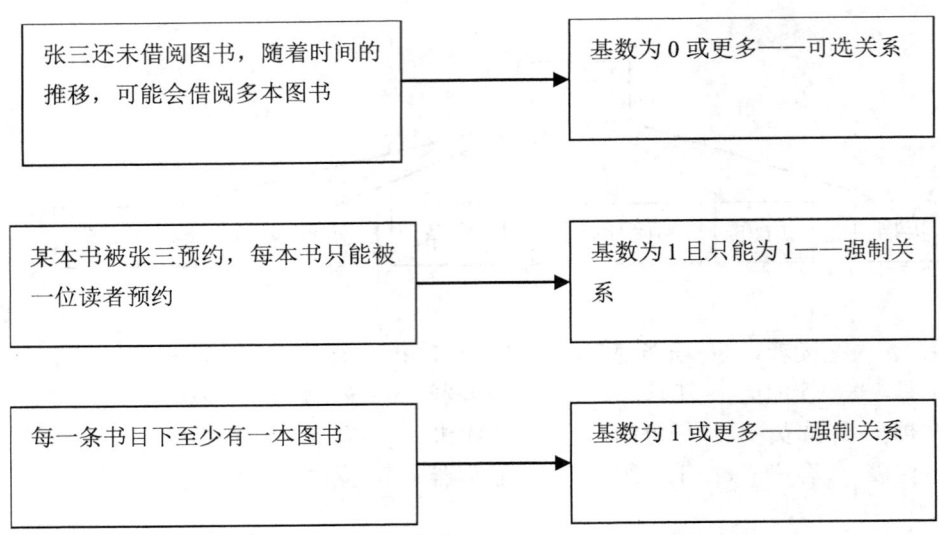

图 4.3 关系的基数/重数

基数的取值范围，即基数的最小值和最大值，有时比基数本身更为重要。例如，某位读者可能从来没有借过书。在这种情况下关联数为 0，如果该读者借过一本书，此时存在一个关联，最后客户可能借了两本、三本甚至更多本书。因此，读者借书这个关系具有 0、1 或更多的范围，通常记为 "0" 或 "更多"。"0" 是基数的最小值，"更多" 是基数的最大值。这个被称为 "基数的限制"。在某些情况下，基数的最小值必须为 1。例如，每条书目下至少有一本图书，否则该书目信息将成为无用信息。实际情况是，图书馆的藏书往往是同一名称的图书进购多本以方便读者借阅。

一个 "一对一" 的关系也可以精炼成包括最小值和最大值的基数。例如，一条预约信息由一位读者提出——如果没有读者也不可能有预约信息。因此，1 是最小的基数值，这就是强制关系。由于每一条预约信息不可能对应多个读者，因此 1 也是最大的基数值。这种关系可以解释为 "同一时间内某本书只能被一位读者预约"。

存储关系的信息和存储事物的信息同样重要。记录每位读者姓名、地址等信息固然重要，但记录该读者借出了哪些图书也同样重要，甚至可能更为重要。

理解事物之间的关系十分重要，这种重要性不仅体现在系统分析阶段，也体现在系统设计，尤其是数据库设计阶段。

4.4.3 事物的属性

大多数信息系统都存储并使用每个事物的一些具体信息。这些特定的信息被称为属性。例如，每位读者都有姓名、所属院系、联系方式等信息。每条信息都是一个属性。系统分析员需要明确每个系统需要存储的事物属性。能唯一标识事物的属性被称为标识符或关键字。例如，读者的图书证编号、某本书的图书编号等。事实上，对事物属性的定义将对后续的设计阶段，尤其是数据库设计产生重要影响。

4.4.4 数据实体和对象

到目前为止，当描述对于系统很重要的事物时，我们主要用到的例子都是系统需要存储其信息的事物。在结构化分析方法中，这些事物被称为数据实体。数据实体、数据实体间的关系和数据实体的属性都可以使用实体－联系图（ERD，Entity-Relationship Diagram）来建立模型。

计算机处理数据实体间的相互作用、生成数据实体、修改属性值以及把一个实体和另一个实体联系起来。事实上，实体-联系图是进行数据库设计的一个重要模型。关于实体-联系图更详细的信息将在后续章节中介绍。

面向对象的方法把事物看成是在系统中彼此相互作用的对象。这里的对象类似于传统方法中的数据实体。二者的区别在于：系统中的对象不仅仅存储信息，而且具有一定的功能。换句话说，对象既具有属性又具有行为。这个简单的差别却对认识和建立系统的方法产生了巨大的影响。在需求建模的早期阶段，它和结构化分析方法相比几乎没有什么区别。图 4.4 所示为从数据实体和对象的角度，对结构化分析方法和面向对象分析方法进行的比较。

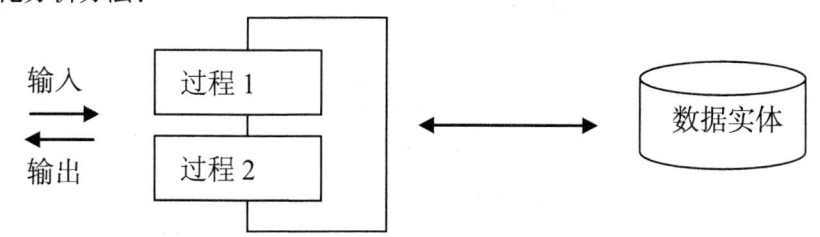

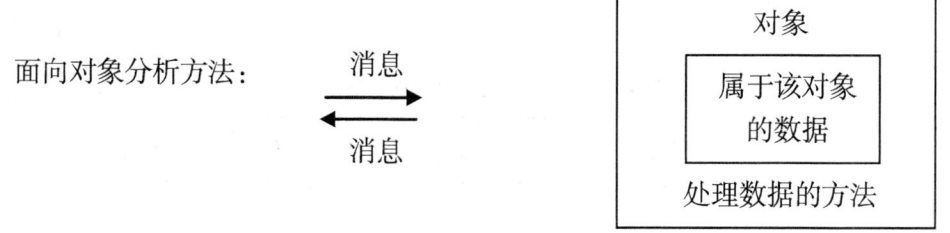

图 4.4　数据实体和对象的比较

在面向对象方法中，每个特定事物就是一个对象，例如图书馆管理系统中的某位读者或某本图书。事物的类型被称为类。之所以使用"类"这个词，是因为所有的对象都要按照事物的类型来进行分类。类与类之间的联系以及类的属性可以使用类图来建立模型。此外，类图还表示出了该类对象的行为，也就是方法。

类的方法就是类的所有对象所具有的行为。行为就是对象自处理的操作。对象可以在需要的时候修改自身的属性值，而不需要外部处理程序来修改这些属性值。要让一个对象执行某种操作，可以让另一个对象给该对象发送一个消息。一个对象可以给其他对象发送消息，也可以给用户发送消息。这样，整个信息系统实际上成为相互作用的对象集合。

由于每个对象都有属性值和对属性进行操作的方法，因此可以说一个对象被封装成为一个封闭的单元。

4.5 实体-联系图

结构化分析方法把重点集中在系统的数据存储需求上。数据存储需求包括数据实体、数据实体的属性以及它们之间的关系。用来定义数据存储需求的模型被称为实体-联系图（ERD，Entity-Relation Diagram）。

在实体-联系图中，用一些规范的符号表示特定的含义，其中矩形代表数据实体，连接矩形的直线代表数据实体间的关系，图 4.5 所示是一个简化的实体-联系图，图中有两个数据实体——学生和学院。每个学生必须属于某个学院，某个学院可以包含很多学生。从学生的角度来看，基数是一对一，而从学院的角度来看，基数则是一对多。连接学生实体的直线端有一个像"鸟爪"的符号，该符号表示"多个"学生。关系线上其他的符号代表基数的最小值、最大值限制。图 4.5 所示的模型实际上表示：一个学生只能属于一个学院，一个学院可以有多个学生。图 4.6 所示为关系的基数符号。

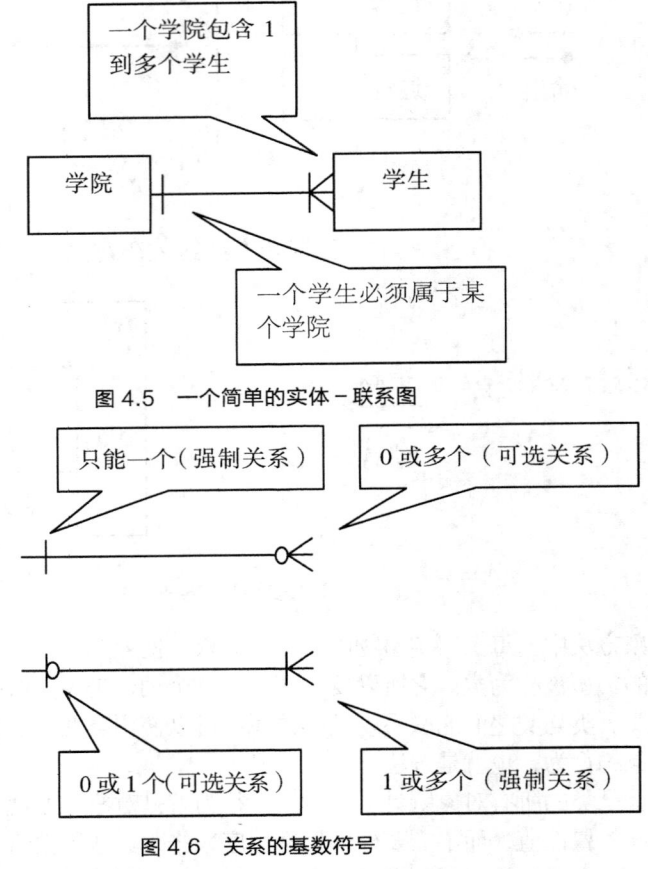

图 4.5　一个简单的实体-联系图

图 4.6　关系的基数符号

这种标记方法表示了精确的系统细节。这个限制反映了学生学籍管理的规则，作为系统分析员必须了解这个规则，并通过模型准确地描述出来。

分析员在建模的过程中，常常需要对实体-联系图进行细化。细化的一个方法就是分析多对多关系。图 4.7 给出了一个多对多关系的例子。在大学中，一个学生可以注册多门课程，每门课程也可以供多个学生注册。因此，课程和学生之间是多对多关系。在很多情况下都存在多对多的关系，可以使用两端带有"鸟爪"符号的直线表示这种关系，从而给这些关系建模。然而，这种看似很自然的关系模型在系统设计阶段却会遇到麻烦，这是因为关系数据库不能直接实现多对多关系。解决的办法是建立一个单独的表，该表包括了关系两端的关键字，从而使它成为连接两个具有多对多关系的纽带。更详细的实现办法将在第 8 章数据库设计中进一步介绍。

随着分析的深入，我们通常会发现多对多关系还需要存储别的数据。例如在图 4.7 的 ERD 中，每个学生选修某门课的成绩该存放在什么地方呢？这是非常重要的数据。尽管模型显示了一个学生选修了哪门课程，但是模型中没有存储成绩。解决的方法是增加一个数据实体，该实体表示学生和课程之间的关系，这种数据实体称为关联实体。没有存储的数据就作为关联实体的属性。图 4.8 给出了包含关联实体——课程注册的扩展的 ERD，此时学生的成绩就是课程注册这个关联实体的一个属性。

从左向右看图 4.8 中的关系，这个 ERD 表示一门课程对应许多课程注册，即一门课程可以被多个学生注册，而每个课程注册又对应一个具体的学生。从右向左看，表示一个学生可以注册多门课程，而每个课程注册又对应一门具体的课程。用这个模型实现的数据库将能够产生成绩列表，列出所有学生每门课程对应的成绩，以及每个学生的成绩单。

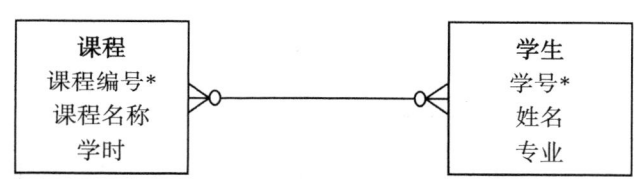

图 4.7　含有多对多关系的大学课程注册实体-联系图

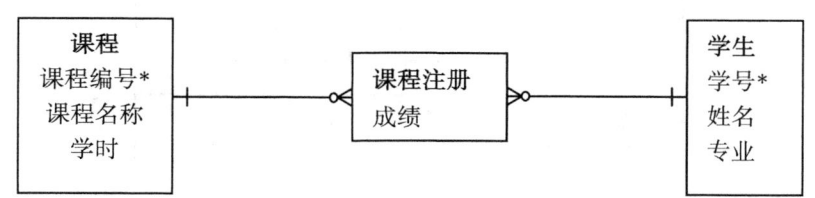

图 4.8　细化的包含关联实体的大学课程注册实体-联系图

在建模的过程中，还要对 ERD 进行其他方面的细化。一个重要的细化过程是规范化，将在设计关系数据库的部分进行详细介绍。

4.6　类图

面向对象的方法也强调对系统中所包含事物的理解。这种方法给对象建立类模型，而不是建立数据实体。和数据实体类似的是对象类也有属性和关联。基数的概念也同样适用于类。二者的差别主要在于对象既存储信息，也执行系统中的实际处理过程。这些处理过程，即对象的行为，可以执行是因为对象既有属性又有方法。由于对象具有行为，因此结构化方法和面向对象方法的需求模型在形式上会大不相同。在面向对象方法中使用类图来描述事物，这一节我们将学习类图的相关知识。

4.6.1 用面向对象的视角看待事物

在进入类图具体知识的学习之前，先来学习人们认识现实世界的两种方法：概括—具体的层次分析和整体—局部的层次分析。

人们对于现实世界事物的认识是按照它们的异同来将其分类的。概括就是把相似类型的事物进行分组，例如有很多种类的机动车辆——小汽车、卡车和坦克。所有的机动车辆都有某种共同的特点，因此机动车辆就是一个更概括的类。具体就是把不同种类的事物进行分类——例如某类小汽车中包括跑车、轿车和体育用车。这些小汽车在某些方面相似，在其他方面却不同。因此，跑车就是小汽车中的一个具体类型。

对事物进行概括—具体的层次分析可以使用概括—具体层次图来描述，它把事物按照从最概括到最具体的顺序进行排列。如前面所介绍的那样，分类就是定义事物的类。在层次图中的每个类的上面也许有更一般的类，这个类称之为父类。同时，每个类的下面也许有更具体的类，这个类称之为子类。在图 4.9 中，汽车有 3 个子类，1 个父类，即机动车辆。

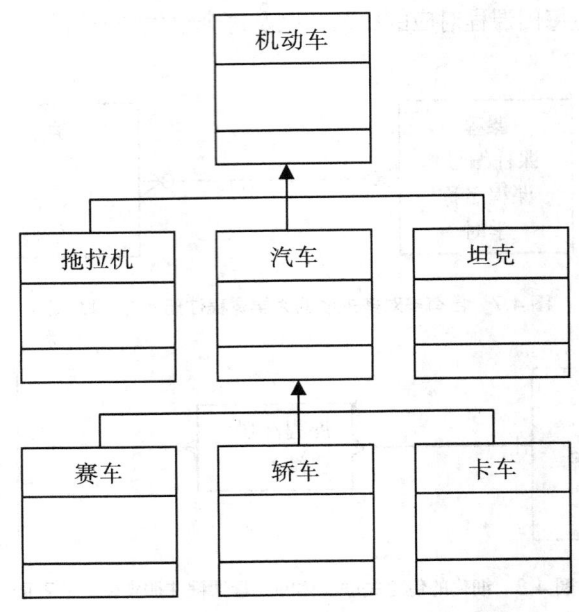

图 4.9 机动车的概括/具体层次图

继承允许子类共享其父类所具有的特征。再看图 4.9，汽车也是机动车辆，但是它有更具体的特征。赛车也是汽车，不过多了些别的特征。从这一点来看，子类继承了父类的特征。在面向对象的方法中，继承是一个关键的概念，这是由概括—具体层次图所决定的。有时这种层次图也被称为继承层次图。

人们认识事物信息的另一种方法是根据它们的各个部分定义它们。例如，学习计算机系统可以使你认识到计算机是由不同的部分所组成的，这些不同部分是：处理器、主存、键盘、磁盘存储器和显示器。键盘并不是计算机的一种特殊类型，而只是计算机的一个部分。然而，就键盘本身来说，它是一个完全独立的事物。整体—局部层次图用来描述这种分析方法,它强调对象及其组件之间的关系。

整体—局部层次图有两种类型：聚合以及合成。术语"聚合"用于描述一种关联形式，这种关联详细说明了集合，即整体及其组件，即局部之间的整体—局部关系，这里的各个部分都可以独立存在。图 4.10 说明了计算机系统中聚合的概念，图中使用空心菱形符号来表示聚合。术语"合成"用于描述更强的整体—局部关系，其中的各个部分一旦关联，就不能够独立存在。常用实心的菱形符号来表示合成。

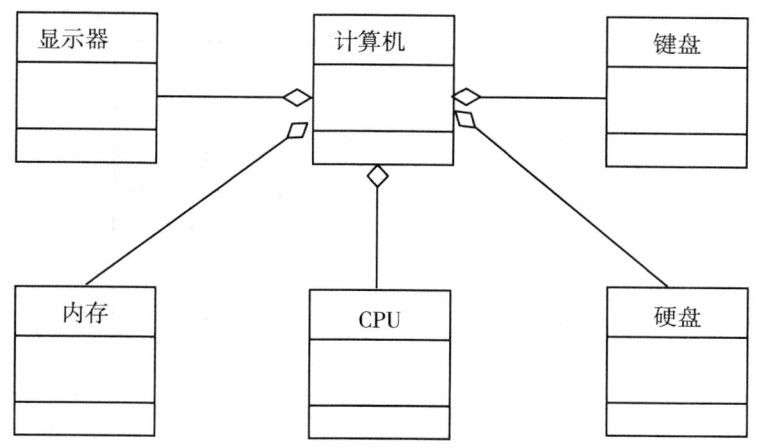

图 4.10　计算机及其各部分之间的整体－局部（聚合）关系

整体—局部层次图，不论是聚合或合成，主要使得分析员可以描述类之间关联的细微差别。对于任何关联关系，基数/重数都适用，比如计算机可以有一个或更多的磁盘存储设备。

4.6.2　类图的符号

类图采用的符号基于统一建模语言（UML），这种语言已成为面向对象系统开发中建立模型的实际标准，关于 UML 的详细内容将在第 6 章进一步展开。本节只介绍类图的符号。

图 4.11 显示了表示类符号的一个例子——读者。类符号用一个矩形表示，包含 3 个部分。矩形顶端是类名，中间部分列出了类的属性，下部列出了类的重要方法。如果方法是标准的，那么它们通常就不显示在类符号中。可以设想一个新读者的信息可以被增加、删除和更改。

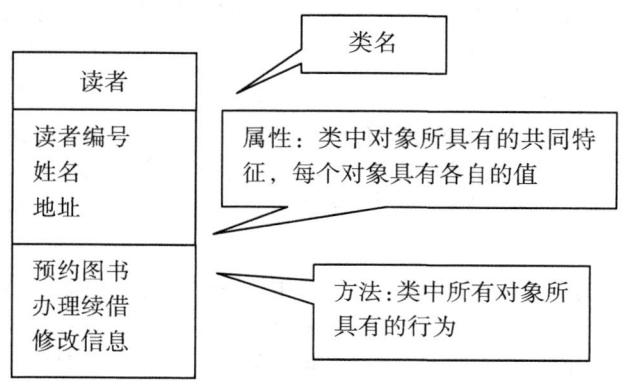

图 4.11　由名字、属性和方法 3 部分组成的类图符号

图 4.12 给出了一个图书馆管理系统的类图的一部分。图中显示的是图书和读者类，其中读者又分为两个类型：学生读者和教师读者。在系统分析的初级阶段可以暂不考虑方法。许多分析员直到考虑对象行为时才考虑这些方法。

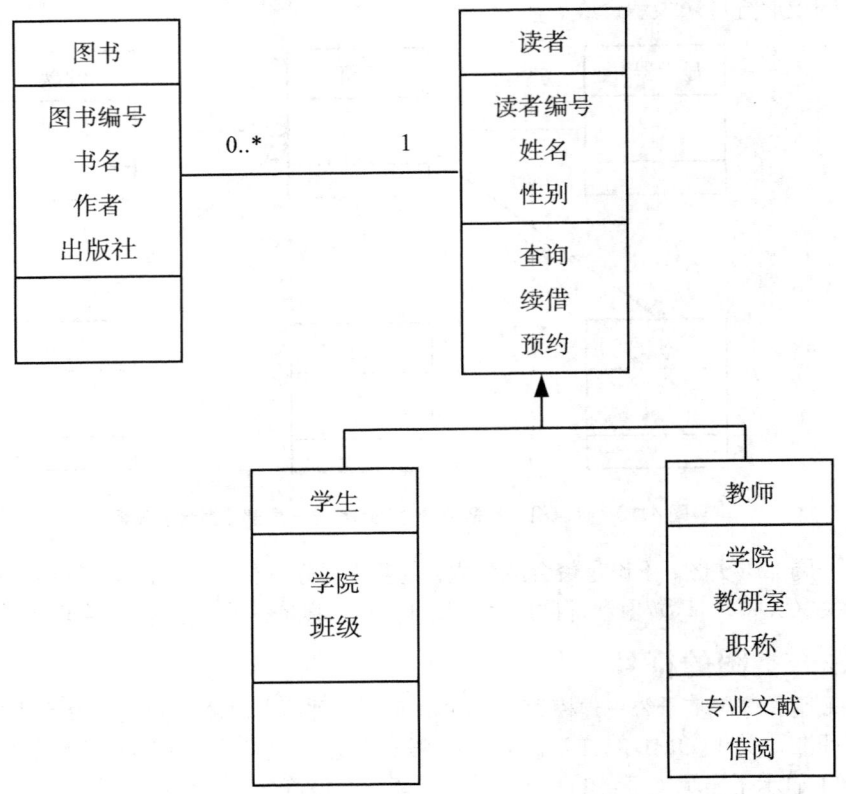

图 4.12 图书－读者类图

  图 4.12 中的类图包括一张概括/具体层次图：读者是父类，而学生读者和教师读者是两个子类。连接类的箭头符号表示继承。子类从父类中继承属性和行为。因此学生读者类从读者类继承了它所具有的方法以及所有的属性。类似地，教师读者类继承了同样的方法和属性。但是教师读者类具有更多的借阅权限，从而使得一些属性和方法对这两个子类都是共有的，而其他一些属性和方法则不能共有。从类图中可以看出一个学生读者对象具有 5 个属性，而一个教师读者对象具有 6 个属性。另外，教师读者对象除了具有一般读者所具有的方法外，还具有专业文献借阅的方法。

  在这个例子中，继承就意味着当创建一个学生读者对象时，就需要为 5 个属性赋值，而教师读者对象需要为 6 个属性赋值。学生读者对象和教师读者对象一样都可以完成基本的查询、续借、预约等活动。教师读者对象可以进行文献借阅，而学生读者对象则不可。每个对象或实例可以维护信息，并且可用于调用它的某个方法。

  就像在实体－联系图中一样，读者类和图书类可以发生关联。每位读者可以借 0 或多本图书。注意这张图在连接类的线上标明了最小和最大的重数。图中星号表示"多"，因此在读者和图书之间的重数最小可以为零，最大可以为许多（0..*）。为了说明一个强制关系，图中最小值可以为 1，最大值可以为许多（1..*）。类似地，在本例中同一事件内，每一本图书只能被一位读者借出。图中也可用最小值为 0，最大值为 1（0..1）来说明可选的一对一的关联。

与 ERD 相比，类图可以显示更多的需求。例如，对于课程管理系统来说，如果使用类图来描述，则课程类中应当包含一个添加课程的方法。课程注册类可以打开进行注册，然后关闭。一个学期结束后，课程注册类可以填写成绩，甚至可以设计一个邮寄成绩的方法。

4.7 建模的目标

在系统分析建模的过程中，使用结构化方法和使用面向对象方法所建立的系统需求模型可能会有很大差异。不论使用哪一种方法，本章讨论的事件和事物这两个关键概念都是建模过程的起点。在随后的章节中，我们将分别讨论这两种方法，它们都是以相同的初始信息开始的。图 4.13 显示了定义事件和事物后两种不同的分析方法所使用的模型工具。

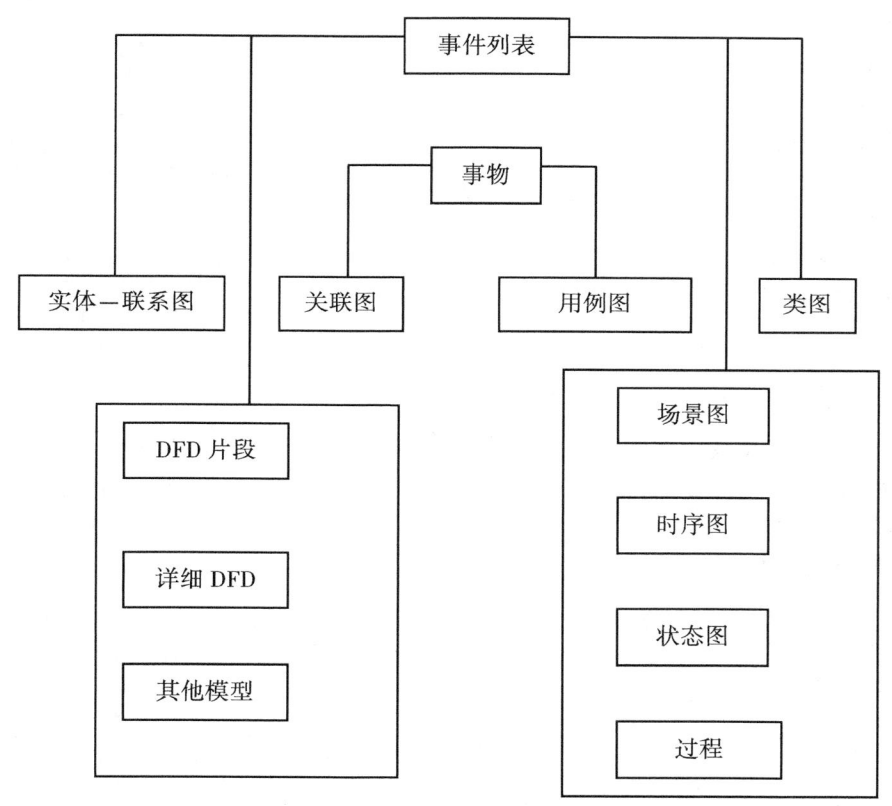

图 4.13 结构化方法和面向对象方法的需求模型

结构化方法是首先获得事件表，然后根据表中的信息生成一组数据流程图（Data Flow Diagram），这些图包括关联图、DFD 片段和详细的 DFD。实体－联系图（ERD）定义了包括在 DFD 中的数据存储需求。需求的其他信息包括数据流定义和过程描述。这些模型将在第 5 章中介绍。

面向对象方法是首先获得事件表，然后生成一组用例图和应用实例图。应用实例和类图用于生成对象行为的其他模型，包括顺序图、状态图和其他模型。我们将在第 6 章中介绍这些模型。

4.8 需求分析说明书编写提纲

需求分析是系统建设的初始阶段，系统需求建模使得系统的基本功能以模型的形式更加清晰有序地显示出来，然而，仅仅建模还是不够的，需求分析阶段的成果将以需求分析说明书这样的文档来体现。下面提供一个需求分析说明书提纲供读者参考。

需求分析说明书提纲分以下几个部分。

1. 引言
（1）编写目的。
（2）背景说明。
（3）术语定义。
（4）参考资料。

2. 任务概述
（1）目标。
（2）用户特点。
（3）假定与约束。

3. 需求规定
（1）对功能的规定。
（2）对性能的规定。
　　　精度
　　　时间特性
　　　灵活性
（3）输入输出的要求。
（4）数据管理能力的要求。
（5）故障处理要求。
（6）其他专门要求。

4. 运行环境设定
（1）设备。
（2）支持软件。
（3）接口。
（4）控制。

5. 缩写词表

6. 参考文献

本章小结

建设管理信息系统初期需要明确系统需求，使用模型清晰完整地描述需求是有效的手段，这个过程称为建模。本章介绍了建模的两种基本分析方法——结构化分析方法和面向对象分析方法，以及它们用来描述系统需求的模型工具。

习题

一、填空题，请将正确的答案填在括号内
1. 系统需求分析包括（　　）需求和（　　）需求两类。
2. 系统相关者包括（　　）、（　　）、（　　）和（　　）。
3. 系统分析中需要考虑的事件有 3 种类型，分别是（　　）事件、（　　）事件和（　　）事件。
4. 系统分析员需要明确每个系统需要存储的事物属性。能唯一标识事物的属性被称为（　　）或（　　）。

二、简答题
1. 简述业务流程重组思想的主旨。
2. 简述模型的作用和类型。
3. 逻辑模型和物理模型各自的重点是什么？各在什么阶段完成？
4. 列举常用的逻辑模型和物理模型。
5. 什么是事件？为什么要定义事件？
6. 在系统分析中如何定义事件？
7. 简述结构化方法和面向对象方法对事物描述的不同。
8. 如何定义事物间的关系？关系包括哪些类型？
9. 面向对象方法中，继承关系和聚合关系的特征是什么？
10. 简述聚合和合成的区别。

三、实践题
1. 在课程管理系统中为学生注册课程这一过程创建一个事件表，列出事件、触发器、来源、动作、响应和目的地。同样的，创建教师讲授课程这个事件的事件表。
2. 仔细分析图 4.7 的实体－联系图，该模型是否允许学生一次注册多门课程？该模型是否能够存储所有学生的所有课程的成绩？
3. 细化图 4.8 的实体－联系图，为每个数据实体添加属性，明确关联实体如何设置属性以体现不同数据实体间的关系。
4. 和你所在学校图书馆的管理员交流，了解图书馆日常运转所涉及到的事件，分析并列出这些事件，根据你所获得的信息创建一张 ERD 或类图。
5. 根据你所在大学的实际情况，使用类图符号为下列类型生成概括/具体层次图：（1）学院类型；（2）系类型；（3）课程类型；（4）学生类型；（5）学校员工类型；（6）学生公寓类型。

实验一　Microsoft Office Visio 2007 的基础操作

1．实验目的
（1）熟悉 Visio 2007 的工作界面。
（2）掌握 Visio 2007 的基本操作方法。

2．实验内容
（1）启动 Visio 2007，设置工作环境，并进行文件相关的操作。
（2）完成实验报告。

3. 具体操作步骤

Visio 2007 是菜单驱动式的应用程序,可以通过工具栏使用其常用工具。它的界面分两个部分——图元选择区和绘图区,如图 4.14 所示。图元选择区提供了用于绘制图形所需的图元,绘图区是绘制图形的工作区域。

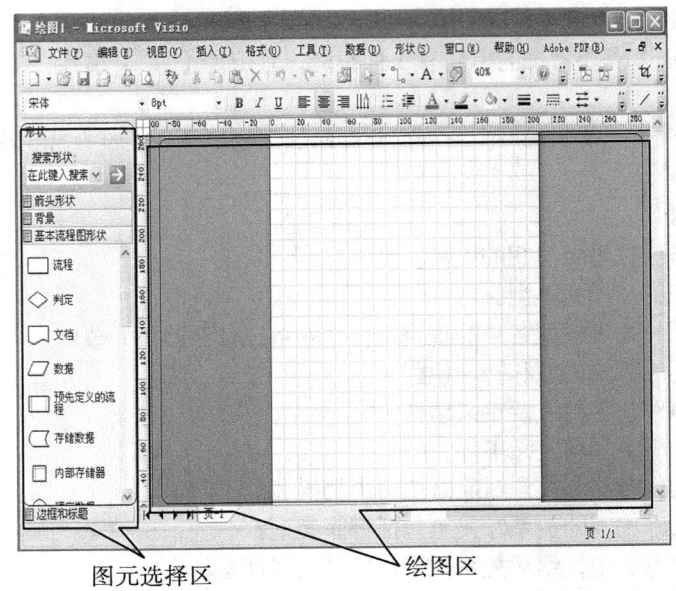

图 4.14 Visio 2007 的工作界面

启动 Visio 2007 并进行文件操作。

启动 Visio 2007 并进行文件操作的步骤如下所述。

(1)选择"开始"→"程序"→"Microsoft Office"→"Microsoft Office Visio 2007"命令,点击后启动 Visio 2007,如图 4.15 所示。

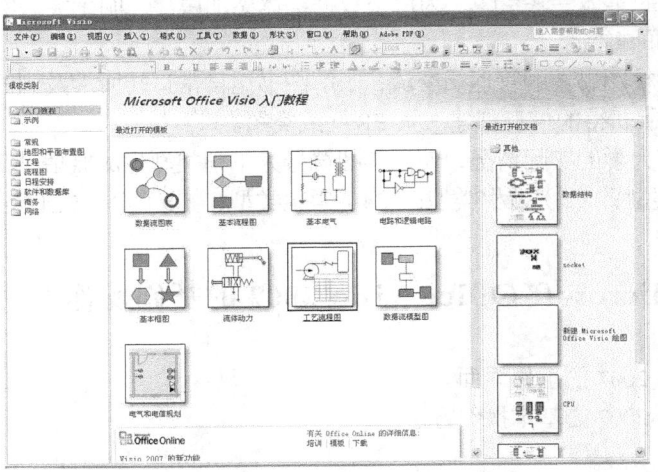

图 4.15 启动 Visio 2007 后的界面

(2)选择软件提供的某个模板,假设需要绘制系统流程图,选择流程图中的基本流程图,出现图 4.16 所示的工作界面。

图 4.16 Visio 2007 主界面

（3）选择"文件"→"保存"命令可以把文件保存在指定位置，如果单击"另存为…"按钮，则把当前文件保存为新命名的文件。

4. 实验练习

熟悉 Visio 2007 的基本操作并新建和保存文件。

实验二　Rational Rose 2007 的基础操作

1. 实验目的

（1）熟悉 Rational Rose 2007 的操作界面。
（2）掌握 Rational Rose 2007 的基本操作方法。

2. 实验内容

（1）启动 Rational Rose 2007，设置工作环境，并进行文件相关的操作。
（2）完成实验报告。

3. 具体操作步骤

Rational Rose 是菜单驱动式的应用程序，可以通过工具栏使用其常用工具。它的界面分 3 个部分——Browser 窗口、Diagram 窗口和 Document 窗口，如图 4.17 所示。Browser 窗口用来浏览、创建、删除和修改模型中的模型元素；Diagram 窗口用来显示和绘制模型的各种图；Document 窗口用来显示和书写各个模型元素的文档注释。

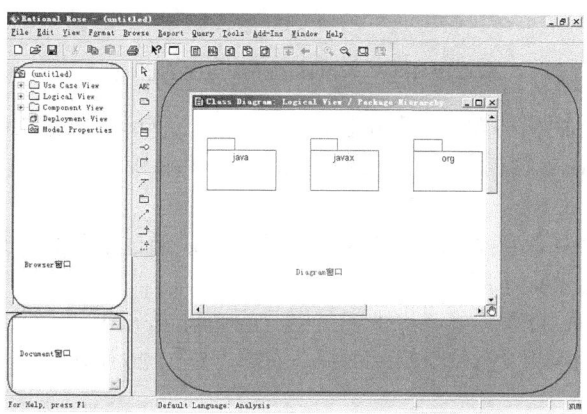

图 4.17 Rational Rose 的操作界面

首先启动 Rational Rose。

启动 Rational Rose 的步骤如下所述。

（1）选择"开始"→"程序"→"Rational Software"→"Rational Rose Enterprise Edition"命令，点击后弹出图 4.18 所示的对话框。该对话框用来设置本次启动的初始动作，共有 New（新建模型）、Existing（打开现有模型）和 Recent（最近打开的模型）3 个选项卡。

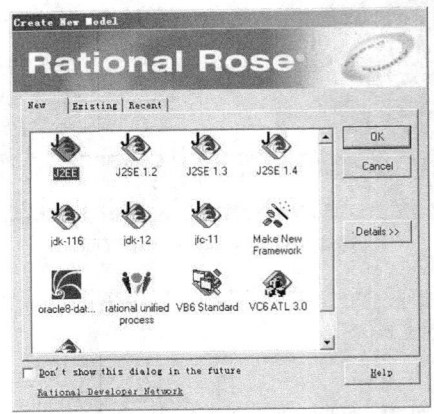

图 4.18　Rational Rose 启动对话框

（2）在 New 选项卡下有多种软件开发架构，假设该系统的开发是基于 J2EE 平台，首先选中 J2EE 图标，单击 OK 按钮，出现图 4.19 所示 Rational Rose 的主界面。

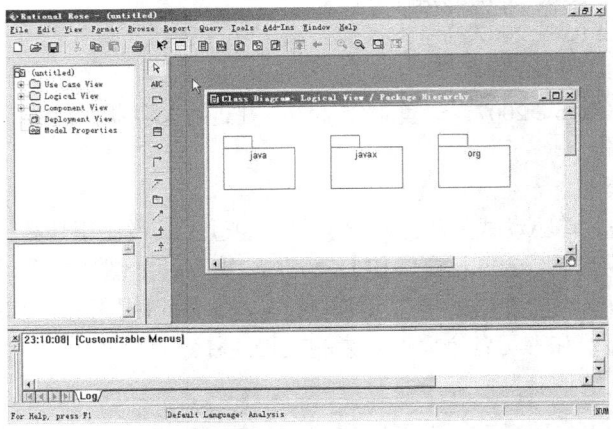

图 4.19　Rational Rose 主界面

Rational Rose 主界面由标题栏、菜单栏、工具栏、工作区和状态栏组成。默认的工作区分 3 个部分，分别是 Browser 窗口、Diagram 窗口和 Document 窗口。

接下来介绍 Rational Rose 文件的保存和发布。

Rational Rose 文件的保存类似于其他应用程序，可以通过菜单和工具栏实现。

保存模型文件的方法如下所述。

选择菜单 File→Save 命令（或者点击工具栏上的 Save 按钮），在弹出的对话框中输入需要保存文件的名称，本例中将文件命名为 Library.mdl，如图 4.20 所示。

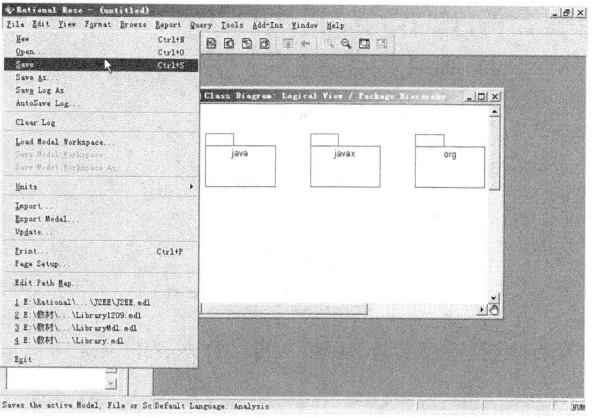

图 4.20　保存文件

保存日志文件的方法如下所述。

选择菜单 File→Save Log As 命令（或者用右键点击日志窗口空白处，选择 Save Log As 命令），在弹出的对话框中输入需要保存文件的名称，本例中将日志文件命名为 Library.log，如图 4.21 所示。

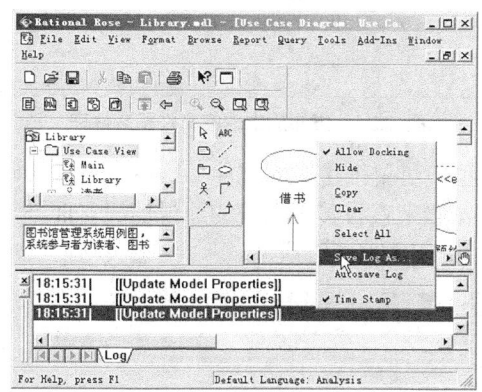

图 4.21　在日志窗口中保存日志文件

发布 Rational Rose 模型的方法如下所述。

（1）选择菜单 Tools→Web Publisher 命令，弹出图 4.22 所示的对话框，在其中选择要发布的模型视图和包。

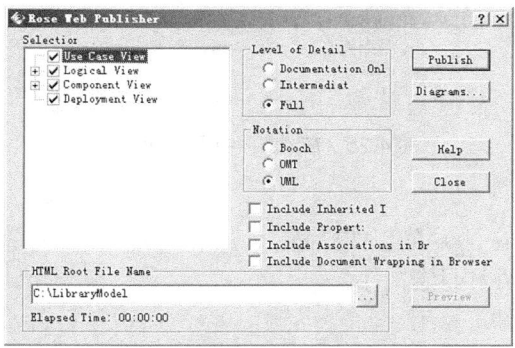

图 4.22　Rational Rose 模型发布对话框

（2）单击 Publish 按钮后，开始自动生成模型发布文件，如图 4.23 所示。

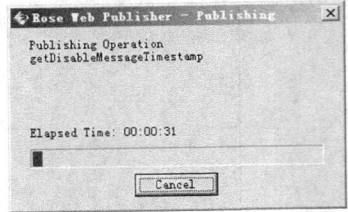

图 4.23　生成模型发布文件

（3）在指定的发布文件夹中生成图 4.24 所示的文件及文件夹。

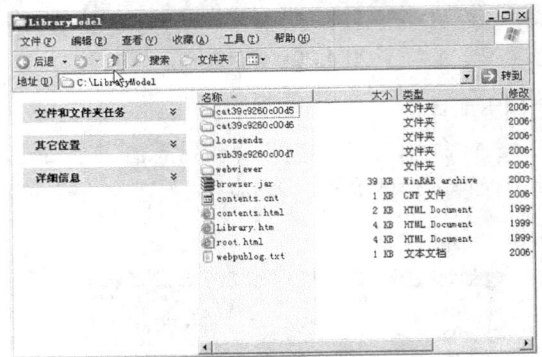

图 4.24　发布后生成的文件和文件夹

（4）要查看发布后的模型，可单击生成的文件 Library.htm，其显示内容如图 4.25 所示。模型文件发布后，可以通过浏览器来查看整个系统的建模情况，而不需要使用 Rational Rose。这种 Web 发布方式使更多人能更方便地浏览模型。

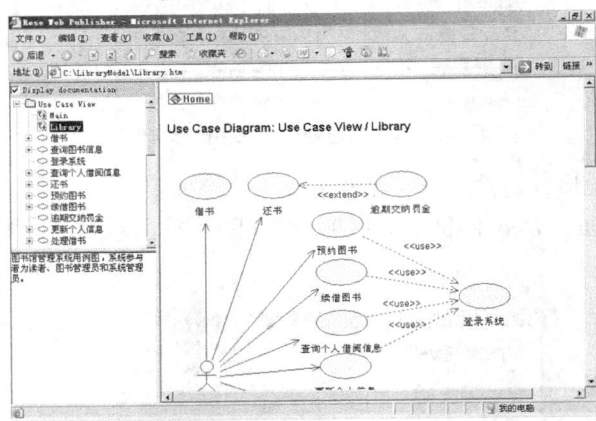

图 4.25　在浏览器中查看用例图

4. 实验练习

（1）熟悉 Rational Rose 2007 的工作界面。
（2）新建一个模型文件和日志文件。
（3）发布一个模型文件。

第 5 章 结构化系统分析

本章导读

本章将学习如何通过结构化分析方法描述系统对所发生的事件所做出的响应,即活动和交互;以课程管理系统为实例,阐述在结构化方法中描述模型所使用的图形和符号,并展示在结构化分析方法中这些模型是如何联系在一起的;最后介绍使用 Visio 2007 绘制 DFD 的方法。

5.1 两种方法看待系统响应事件的区别

系统需求分析的一个关键问题是:系统如何响应事件。结构化方法和面向对象方法的区别在于当一个事件发生时使用两种方法所描述的系统对事件的响应是不同的。结构化方法把系统看作一个过程的集合体,一些由人完成,另一些由计算机完成。计算机完成的过程就是常规的计算机程序——有按顺序执行的指令。此外,计算机程序还需要与人进行交互,例如,进行信息查询时需要人来输入查询信息。因此,结构化方法所描述的系统包括过程、数据、输入和输出。在使用结构化方法建立起来的系统模型中强调过程。

相比之下,面向对象方法把系统看成是一个相互影响的对象集。正如第 4 章中提到的,对象具有行为,也就是方法。这些方法可以使对象与其他对象或系统使用者进行交互。一个对象通过发送消息请求另一个对象做某事。就其本身而论,面向对象方法不存在常规的计算机过程和数据文件。对象执行活动并记录下数值。使用面向对象方法建立起来的系统通过对象之间的交互完成事件的响应。面向对象方法包括显示对象的模型、模型的行为以及与对象的交互。图 5.1 总结了二者的不同。

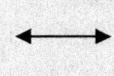

结构化方法
系统是过程的集合,
过程与数据实体交互,
过程接受输入并产生输出。

面向对象方法
系统是交互对象的集合,
对象之间以及对象与人之间通过
发送和响应消息来完成交互。

图 5.1 结构化方法和面向对象方法的比较

5.2 数据流程图

在结构化分析方法中，管理信息系统所完成的活动被描述为由人或计算机执行的过程。数据流程图（Data Flow Diagram, DFD）是进行结构化系统建模非常有价值的图形化工具。

5.2.1 数据流程图的构成

数据流程图是一种图形化的系统模型，它在一张图中展示信息系统的主要需求，即：输入、输出、过程和数据存储。从事系统开发的人通过 DFD 进行交流，看到 DFD 就能明白系统紧密结合的各个部分。由于是图形化模型，DFD 易于理解和学习。不同的资料对 DFD 符号的外观及描述不完全一样，通常规范的 DFD 模型有 5 个符号，这在一定程度上也减轻了人们学习的负担。最终用户、管理人员和所有的系统工作人员只需稍加培训，即可读懂和理解 DFD。图 5.2 显示了 DFD 的图例符号和说明。

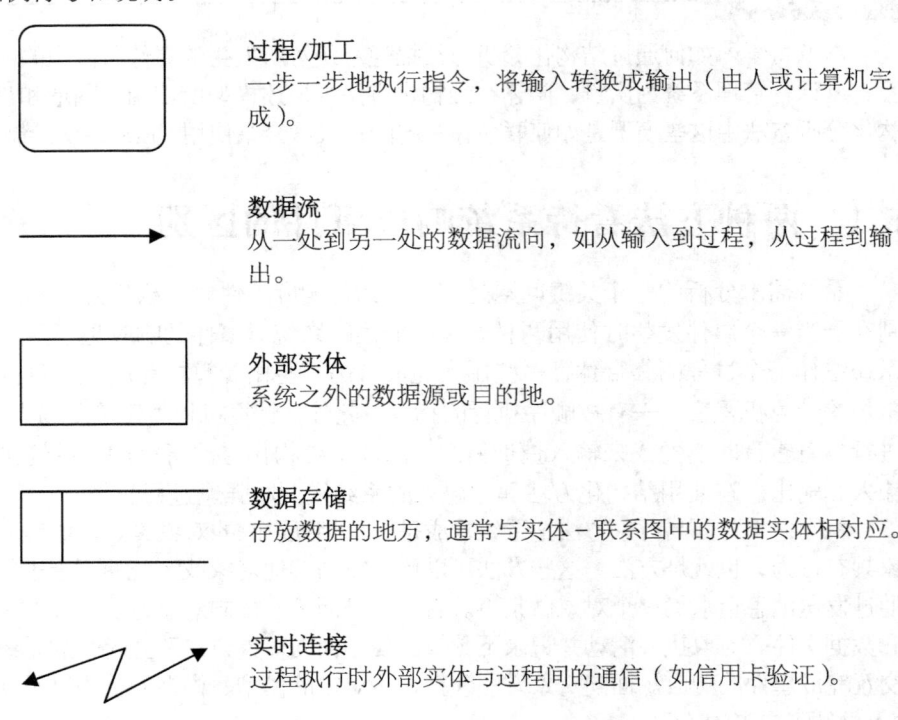

图 5.2　数据流程图的图例及说明

图 5.3 显示的是使用数据流程图描述的信息查询的例子。矩形表示外部实体——学生，它是系统外数据的来源和目的地。圆角矩形是名为"信息查询"的过程，它可用数字"1"来标识。一个过程定义了将输入转换为输出的规则。带箭头的线是数据流。图 5.3 显示了学生和过程 1 之间两条数据流：一条叫"信息查询"的输入过程，和一条叫"返回结果"的输出过程。最后一个符号——三边矩形表示数据存储。每一个数据存储代表一个文件或数据库中的一部分，它用来存储一个数据实体的信息。在这个例子中，数据流从数据存储指向过程表示过程从名为"课程信息"和"成绩信息"的数据存储中查询信息。

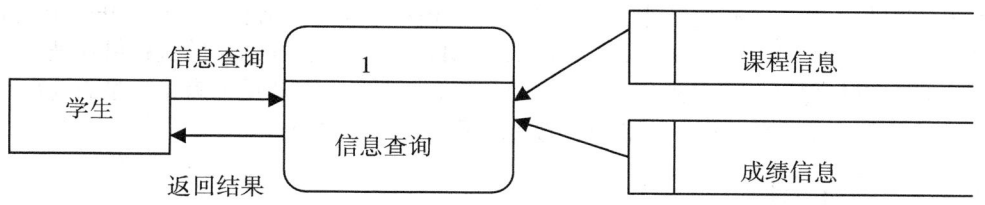

图 5.3 信息查询过程的描述

对以上使用符号总结如下所述。
- 外部实体：在系统边界之外的个人或组织，它提供数据输入或接受数据输出。
- 过程：圆角矩形，它代表从数据输入转换到数据输出的算法或程序。
- 数据流：带箭头的线，它表示数据在过程、数据存储和外部实体间移动。
- 数据存储：保存数据的地方，以便将来由一个或多个过程来访问这些数据。

事实上图 5.3 反映了课程管理系统中的一个事件——信息查询。该事件的触发器是"信息查询"这个动作，数据来源是"学生"，对事件的响应是"返回结果"，响应的目标是"学生"。此外，DFD 还包含了事件列表中没有包含的信息：数据存储，这里指的是"课程信息"和"成绩信息"。DFD 中使用了 ERD（实体–联系图）所提供的数据实体及其属性信息。因此，从这个角度来讲，数据流程图把事件触发的过程和 ERD 中定义的数据实体结合起来，图 5.4 总结了 DFD 的组成部分、事件列表中所描述的事件，以及 ERD 中定义的数据实体三者之间的一致性。

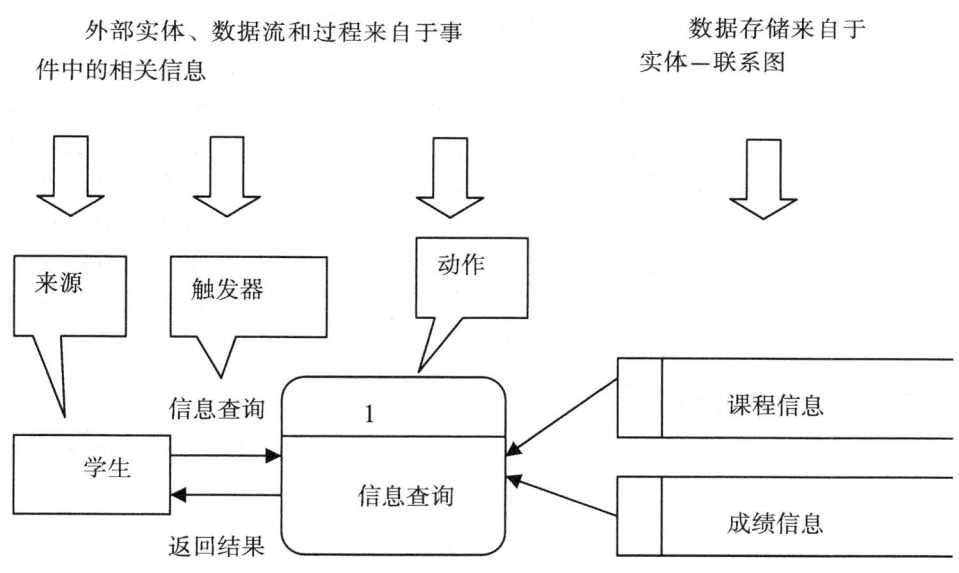

图 5.4 DFD 整合了事件和 ERD

5.2.2 数据流程图和抽象水平

抽象水平是指能把系统分解成一个逐渐细化的分层集合的建模技术。

有许多种类型的数据流程图用于描述系统需求。刚才描述的例子是 DFD 的一部分，它显示了响应一个事件的过程。其他的数据流程图用于显示一个更高层（系统更概括的概念）或更低层（系统更详细的概念)的处理。这些不同的系统概念(高层的和低层的)就是所谓的抽象水平。数据流程图的另一个非常有用的特性是能够表现系统高层和低层概念。在一个 DFD 中，高层次过程可以分解成若干独立的、低层次的、详细的 DFD，详细的 DFD 中的过程可以进一步分解成其他的图形以便提供多层次或多水平的抽象。因此，就数据流程图而言，它是通过在不同的抽象水平上对系统活动的描述。简言之，数据流程图是分层次的。

5.2.3 关联图

关联图是指描述系统高层结构的 DFD，系统作为一个过程概括了所有的处理活动，它处于最高的抽象水平。所有的外部实体和进出系统的数据流都画在一张图中，并且整个系统被表示成一个过程。图 5.5 显示了一个简单的大学课程管理系统的关联图，这个图与 3 个外部实体交互：教务处、学生和教师。教务处提供有关课程的信息，学生进行申请注册，教师在注册完成后得到课堂信息列表。

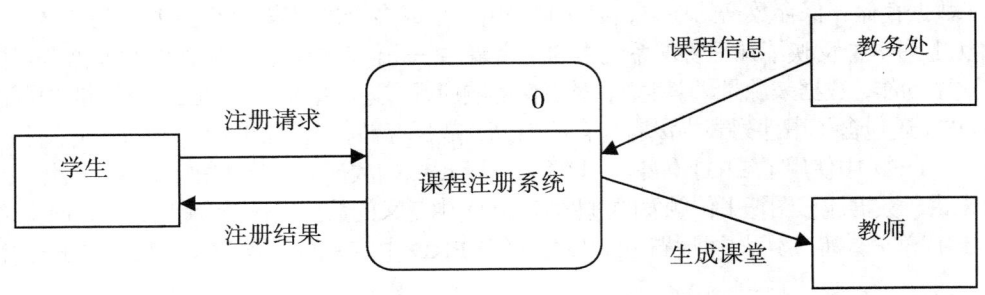

图 5.5 大学课程管理系统的关联图

关联图在表达系统边界时很有用。系统的范围是通过单过程（因为关联图把整个系统表示为一个过程）和外部实体所表示的事物来定义的。提供和接收数据的外部实体在系统范围以外，其他任何事物和事件属于系统内部范围。读者可能已经注意到，图 5.5 没有显示数据存储，数据存储不画在关联图中是因为数据存储本身被认为是属于系统内部的，换句话说，它们是系统内部实现的一部分。图 5.5 显示的关联图比较简单，事实上对于一个复杂的大型系统来说，即使是处于最高抽象水平上的关联图也非常复杂，它将包含来源于事件列表中的所有事件及实体－联系图中的数据实体。关联图的优点在于提供了一个较好的系统范围概观，显示了系统的"骨架"，但它没有显示发生在系统内部过程的任何细节。

5.2.4 数据流程图片段

图 5.6 显示了课程管理系统的 3 个 DFD 片段，每一个 DFD 对应一个事件响应过程。

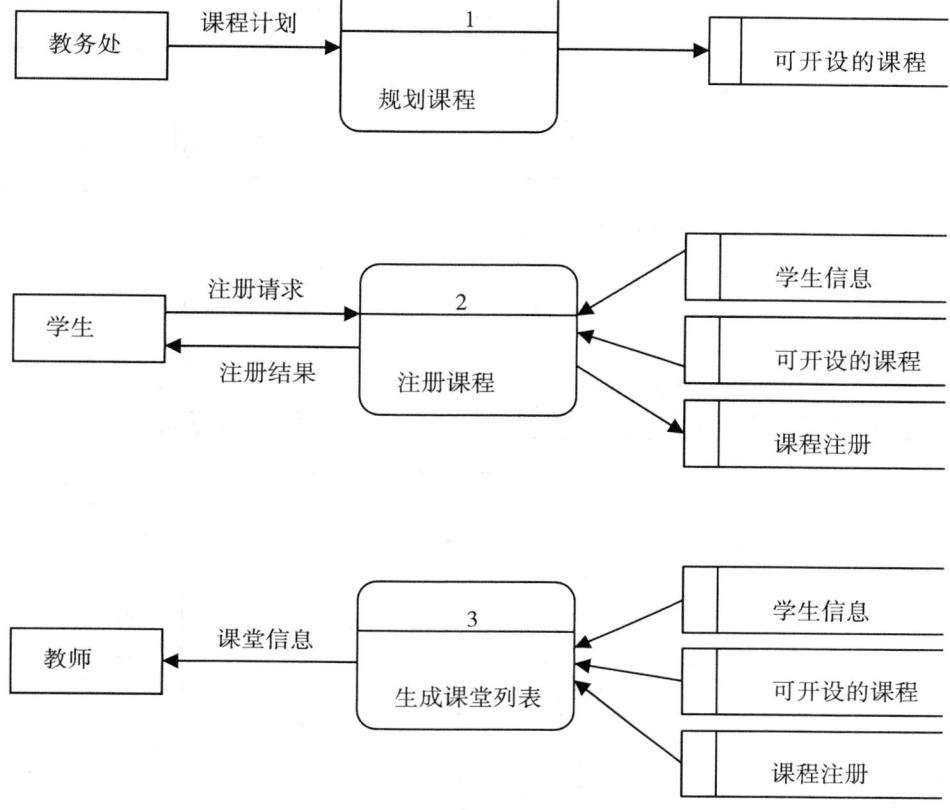

图 5.6 课程管理系统的 DFD 片段

对 DFD 进行片段分解的主要原因在于，虽然 DFD 关联图从整体上显示了系统和环境的关系，它并没有描述系统对具体事件的响应，对于系统对某一具体事件的响应需要用 DFD 片断来描述。每个 DFD 片段是一个显示系统如何响应某个事件的独立模型。分析员通常是一次创建一个 DFD 片段，这样可以把精力集中在系统的一个部分。

仍然以课程管理系统为例，该系统需要完成 3 个基本功能：课程规划、课程注册和生成课堂列表，也就是该系统需要做出响应的 3 个事件。这些片段展示了过程、外部实体和内部数据存储之间的交互细节。在 DFD 片段中的数据存储代表 ERD 中的数据实体。每个 DFD 片段仅显示与要响应事件相关的数据存储。

5.2.5 系统划分和过程分解

DFD 片段的完全集合组成为整个系统的模型，也被称为 0 层图。所谓 0 层图通常是指在单个 DFD 中显示完整的系统，从这一点来说它和关联图非常类似，但它比关联图包含更多的细节。下面我们仍然以课程管理系统为例，显示不同层次的 DFD 之间是如何关联信息的。图 5.7 显示的是课程管理系统的关联图（见图 5.5），图 5.8 是系统的 0 层图，显示了系统划分的进一步细节。我们注意到，0 层图实际上是基于关联图对过程的进一步分解，事实上它也是图 5.6 中 3 个 DFD 片段的组合。0 层图中的每一个过程表示一个事件处理。

图 5.7 课程管理系统的关联图

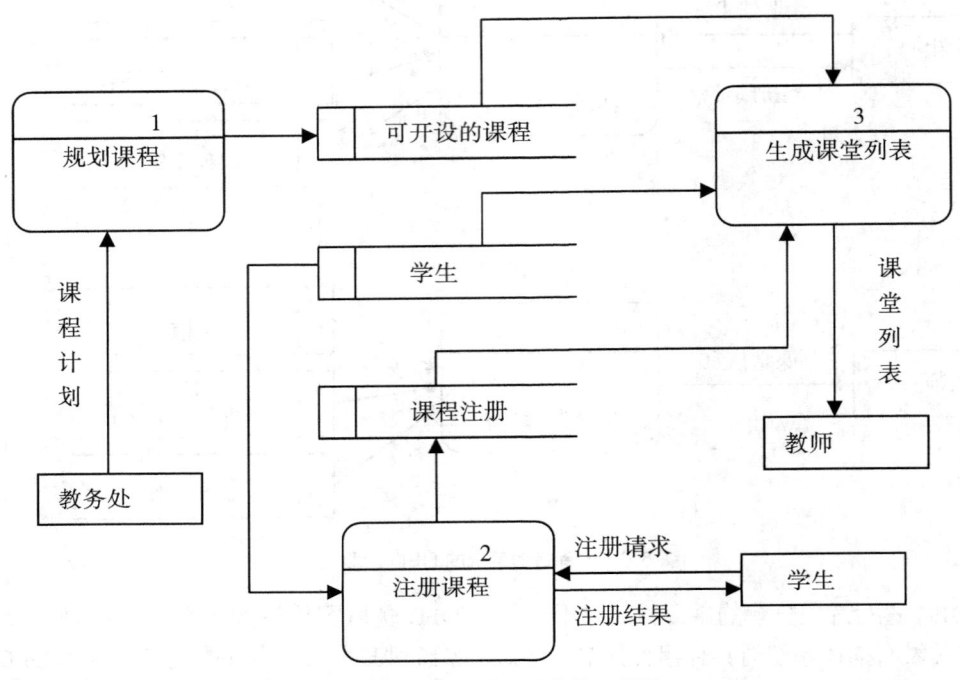

图 5.8 课程管理系统的 0 层图

图 5.9 的 DFD 展示了对应于 0 层图中过程 1，即课程规划的一个 DFD 片段。由于在 0 层图中有 3 个过程，因此，应该有 3 个独立的 DFD 片段，每一个对应于一个过程或事件。图 5.10 显示的是对课程规划过程的进一步分解，从图中可以看出，规划课程的过程被进一步划分为选择课程日期、分配教师、分配教室 3 个子过程。

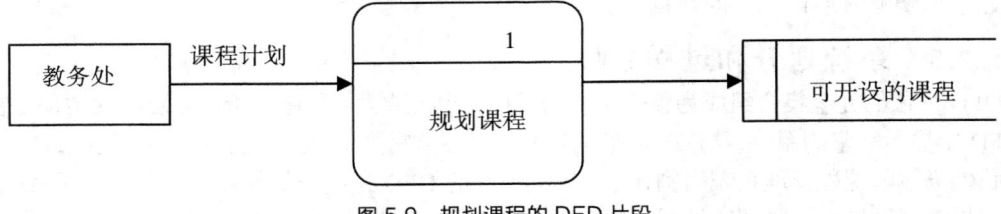

图 5.9 规划课程的 DFD 片段

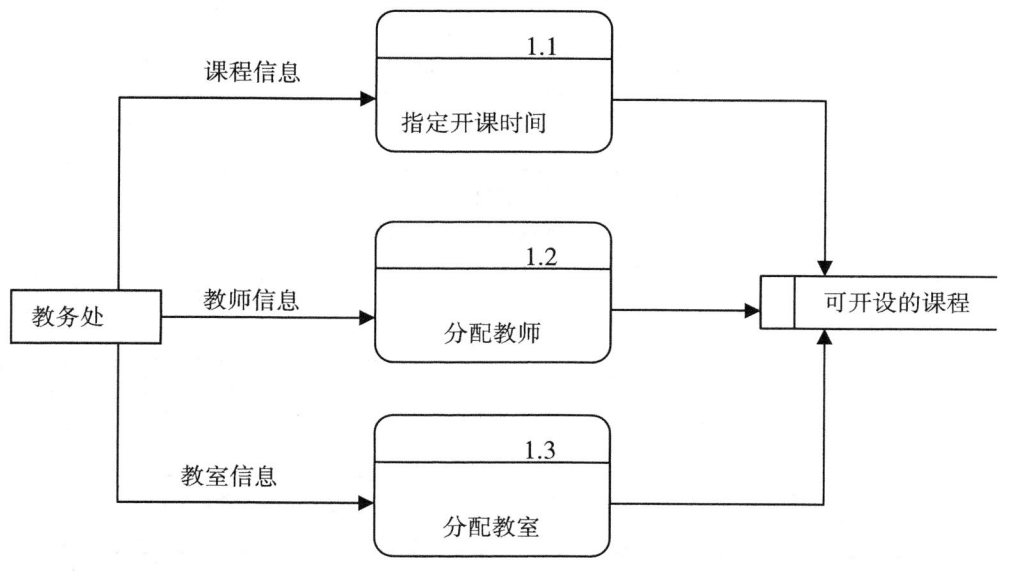

图 5.10　进一步细化的规划课程过程的 DFD

以上所举实例功能相对简单,所以在事件划分的系统模型(0 层图)中可以清楚地描述各个过程(事件)。但如果系统功能复杂,0 层图将会很庞大且不便阅读。一个通常的解决办法是把系统分解为子系统。分析员找到事件并定义组成子系统的事件组。图 5.11 列出了某大学教学管理系统的子系统,这种图示方法也称为功能树。不同的事件根据以下相似点被分到不同的子系统中:外部实体的交互、数据存储的交互以及在所需处理过程中的共同点。其中每一个子系统还可以进一步划分,我们前面描述 DFD 分解所用的课程注册的例子就是课程管理子系统所实现的一个功能,即它的一个下级子系统。

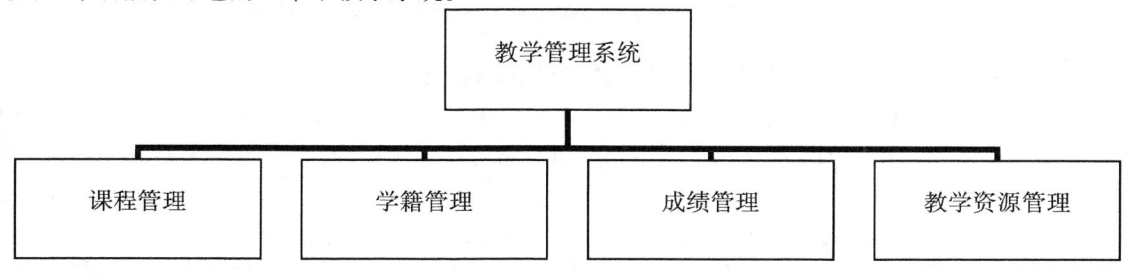

图 5.11　教学管理系统的子系统划分

创建一个 DFD 是用来描述系统如何分解为子系统的。一旦子系统的 DFD 创建好,系统分析员就为每一个子系统画一个独立的事件划分 DFD。当子系统定义好,DFD 集合就一个个相互联结起来成为倒置的树型关系,如图 5.12 所示。关联图分解为一个子系统 DFD,而子系统 DFD 进一步分解为事件划分的 DFD 集合。没有单独的 0 层图。相反,每一个子系统有一个事件划分的 DFD。本质上来说,一个事件划分的 DFD 是一个子系统的 0 层图。

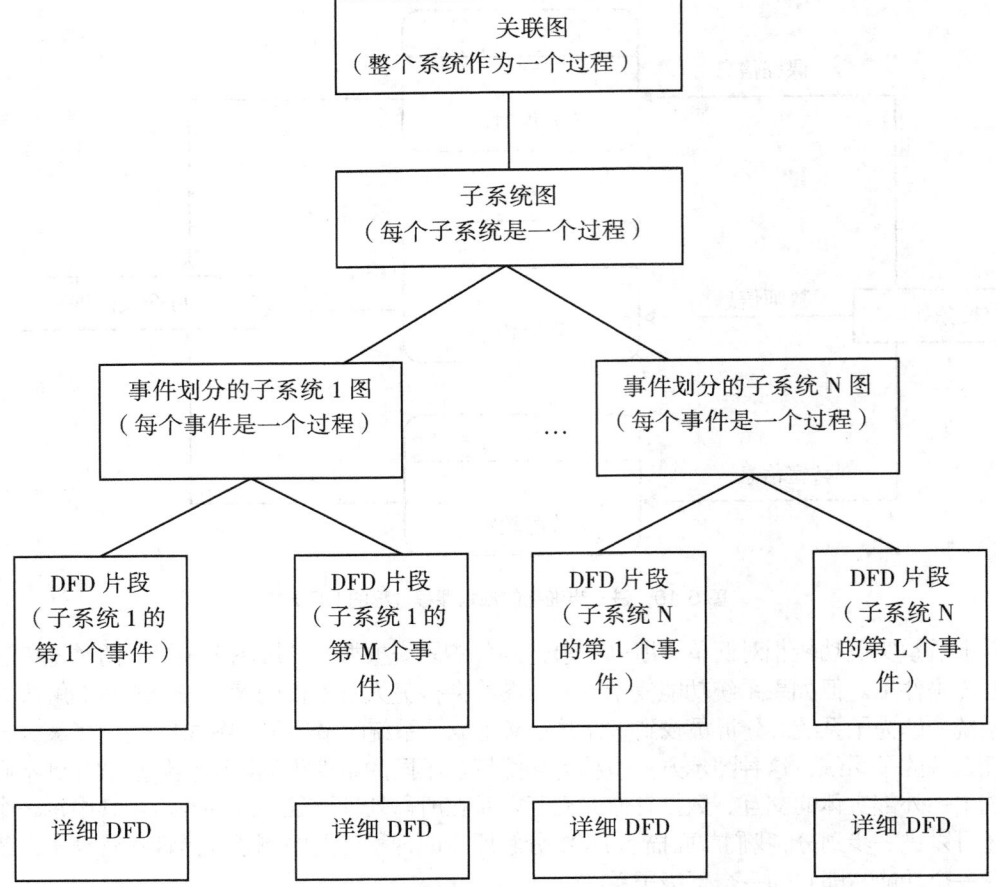

图 5.12 进行子系统划分时 DFD 的抽象层次关系

5.2.6 正确提炼构建数据流程图的逻辑

在系统分析阶段，DFD 用来从逻辑层次描述系统模型，事实上 DFD 也可以是一个物理的系统模型，还可以是两者的混合。作为用 DFD 描述的逻辑模型，它基于这样的假设，即系统的实现不依赖于特定的技术，或者说系统使用完美的技术来实现。而用 DFD 描述的物理模型是与具体的实现技术相关的，在 DFD 中应包含一个或多个假设的实现技术。

这里我们以图 5.8 课程管理系统的 DFD 片段中的"注册课程"过程为例，通过回答一些问题来确定该 DFD 所描述的过程是否是一个逻辑模型。首先，什么类型的计算机可以做这些处理？它可以是一个桌面系统吗？或是一个主机系统？或是一个网络客户机或服务器系统？或者该过程可以在没有计算机的情况下手工完成？类似地，数据存储是否是连续的计算机文件？或是在关系型数据库中的表？系统如何从学生那里得到数据流"注册请求"？是在一个 Windows 应用程序中点击复选框或列表框？还是在一个网页页面上操作？还是由操作者以打字方式手工输入？

对于以上问题，如果不能给出明确的答案或者答案有多种可能，那么这个模型就是一个用 DFD 描述的逻辑模型。尽管在进一步的系统细化分析中会增加更多的细节，甚至指出一些必需的属性值，这时的模型仍然是一个逻辑模型。事实上在系统分析阶段需要注意的是正确提炼系统功能，构建用 DFD 描述的逻辑模型，而不要简单地根据实际的业务流程创建物理 DFD。系统分析的初学者容易犯的一个错误是在系统分析阶段过早地创建了物理 DFD，因为开发这种模型的方法很简单,即按照现实世界中事物的运行方式来建模。这种方法的问题在于会把旧系统的或手工处理方式的设计设想和技术限制不自觉地包含到新系统中来。如果分析和设计不是由同一些人或小组完成的,这种情况所导致的结果可能会使新的设计人员认为,当前 DFD 仅仅是系统运行的逻辑层次的反映,但实际上却包含了将来系统实现必需用到的技术细节。下面以教学管理系统中规划课程 DFD 为例来分析。该 DFD 如图 5.13 所示,由于分析者加入了过多的物理细节而成为一个物理 DFD,而这是在系统分析阶段应当避免的。

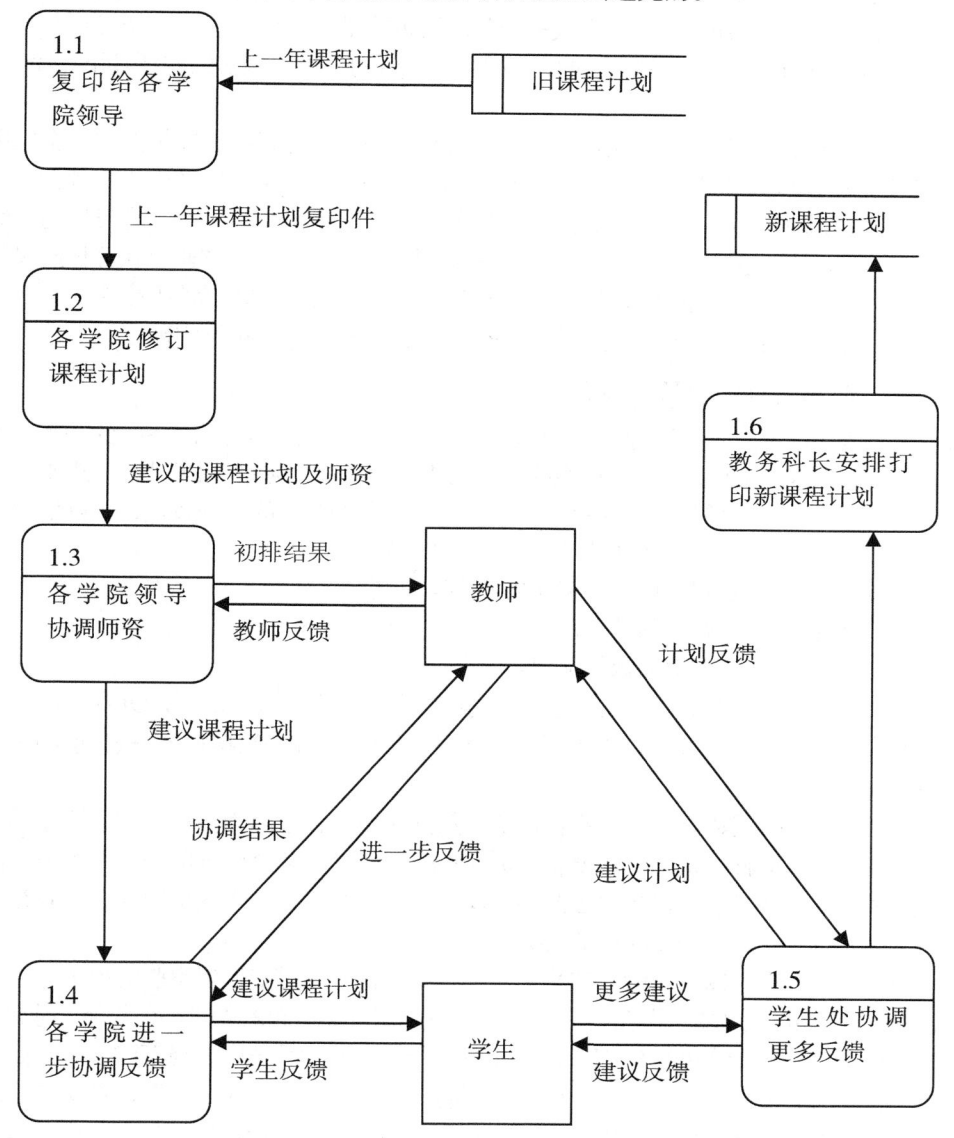

图 5.13 在系统分析阶段加入物理细节的 DFD

首先,很显而易见的是过程 1.1 的处理。课程计划的复印本质上是一个手工作业,但该 DFD 给读者的暗示是数据存储"旧课程计划"流入该过程,其输出结果流入过程 1.2,而实际上课程计划的内容并没有改变。退一步说,即使数据存储和数据流可以是电子化的,那么诸如"为什么需要一个明确的过程来做电子拷贝"这样的问题就会出现,因此该过程的设计是多余的。

另外，许多过程的名称特别参考了系统中的执行者，如"各学院领导"、"学生处"和"教务科长"，这些表明是由具体的个人或部门执行一个过程。这使得过程中的数据顺序流是某个个人或部门执行此过程的副产品。显然不同的个人和具体的部门可以使用各自的方法来实现过程处理，这个 DFD 在过程执行顺序和职责上过多地涉及了物理细节。

还有，这个 DFD 包含相似的或多余的处理逻辑过程。如教师对课程计划的制定经历了 3 个过程的输入输出数据流处理，分别对应于过程 1.3、过程 1.4 和过程 1.5，在系统中进一步对课程计划进行修订，这种处理称为"错误检查"。冗余的错误检查（过程 1.4 和过程 1.5）表明前一个过程中可能出错，而一个逻辑 DFD 模型基于这样的假设，系统的实现基于完美的技术，不需要内部的错误检查。

以上都是初学者在进行系统分析时容易犯的错误。在系统分析中需要把握的一个原则是，在系统分析阶段需要对不与具体实现技术或物理细节相关联的系统流程进行建模。物理 DFD 也很重要，通常在分析的最后阶段和设计的最早阶段开发和使用物理 DFD。在开发较为详细的设计模型之前，它们是描述可选系统实现方法非常有用的模型。但是应该避免在分析阶段的所有活动中出现物理 DFD，除非在生成选择方案阶段。即使在生成选择方案阶段，物理 DFD 也应该清楚标号，以便让读者知道这个模型表示一个原逻辑系统需求的可能实现。

5.2.7 数据流程图的平衡

DFD 可以从顶层向下逐层分解，在过程分解中的一个要点是要保持 DFD 的平衡，即保持数据流的一致性，这也是构建 DFD 模型的首要的规则。5.2.8 节将介绍另外一些规则来辅助分析员构建高质量的 DFD 模型。分析员通过查找 DFD 中各种类型的不一致性，可以发现错误或忽略的东西。以下是 3 种经常发生且易判别的一致性错误。

- 一个过程和它的过程分解在数据流内容中有差别。
- 有数据流出但没有相应的数据流入。
- 有数据流入但没有相应的数据流出。

过程分解以更详细的形式展示高层过程的内部细节。在大多数情况下，DFD 层次中流入和流出过程的数据内容应与分解后的 DFD 中流入和流出所有过程的数据内容一致，这种一致性叫做 DFD 的平衡。

这里我们之所以强调数据内容而不直接使用数据流名称，是因为数据流的名称在不同的层次可能不一样，造成这种结果的原因很多，例如将一个组合的数据流分解为更小的数据流。因此，分析员必须仔细地看清数据流内容而不仅仅看到它的名称。由于这个原因，只有在所有的数据流均已定义后才能进行平衡的详细分析。

在结构化系统分析中保持 DFD 的平衡对于系统建模非常重要，但有些情况下，不平衡的 DFD 也是可以接受的，比如由于在高层忽略了一些数据流而引起的 DFD 不平衡。通常一个大型系统的 0 层图将省略错误处理的细节，例如在一个大型商业系统中，当订购了一件商品但库存量不够或者该商品不再继续生产时，在 0 层图有一个过程叫"完成订单"，在这种情况下它没有相关的数据流，而在过程"完成订单"的分解图中，系统分析员可以加上一个过程和一些数据流去处理这些不能继续的项目。

过程用来把输入数据转化成输出数据。在一个逻辑 DFD 中，数据不应该没有意义地传给过程。以下两条规则用来保证 DFD 的数据一致性。

- 流入过程的所有数据必须流出该过程或用于产生流出该过程的数据。
- 流出过程的所有数据必须曾流入过该过程或是由流入该过程的数据产生。

下面对于违反以上规则的情况举两个例子。图 5.14 显示了与上面第一条规则冲突的例子。

数据元素 A、B、C 流入了过程，其中 A 参与了 X 相关的运算，但 B、C 既没有参与 X 相关的运算也没有流出，它们应该排除在输入元素之外。

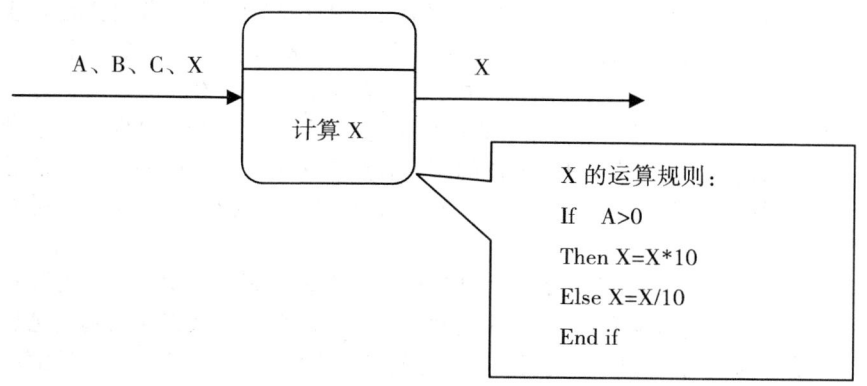

图 5.14　不必要的数据流入了过程

图 5.15 显示了与上面第二条规则冲突的例子。数据元素 A、B、Y 从该过程流出，其中数据元素 A 流入该过程，数据元素 Y 的值是根据数据元素 A 的值按照算法计算出来的，但数据元素 B 没有流入该过程，且没有通过内部处理逻辑计算出来，这表明或者数据元素 B 是输出数据流的一个错误，或者在内部处理逻辑中忽略了该元素。

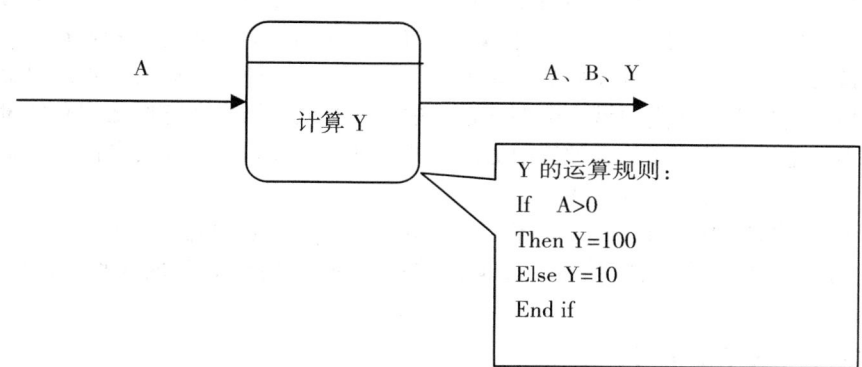

图 5.15　带有不可能数据输出的过程

需要注意的是，上述两个一致性规则不仅用于过程，对数据存储也有效。任何从数据存储读出来的数据元素必定在以前写进去过。类似地，任何写进数据存储的数据元素必定在以后要读出来。

检查数据流一致性是一个简单但很乏味的事情。不过随着 CASE 工具功能的不断完善，很多 CASE 工具可以自动检查数据流的一致性。当然，另一方面，为了能使这些 CASE 工具精确地识别处理的内部逻辑，系统分析员需要对过程进行精确的描述。没有精确的过程描述，CASE 工具是不可能知道什么数据元素作为输入，以及内部处理逻辑产生什么输出。

5.2.8　构建数据流程图模型的基本规则

高质量的 DFD 应该是可读的、内部一致的以及能准确表示系统需求的。表示的准确性主要取决于是否广泛咨询了用户或其他系统相关者。另外，通过在 DFD 结构上应用一些简单的规则，一个项目小组可以保证 DFD 的可读性。分析员应该在开发 DFD 时，或在准备好草图后的某一部分质量检查过程中使用这些规则。具体规则如下所述。

- 复杂性最小化。人们对复杂信息的处理是有局限性的。当太多的信息同时出现时，就会出现所谓的"信息超量"现象。当信息超量发生时，一个人很难理解呈现在面前的信息。避免信息超量的有效方法是把信息划分为小的且相对独立的子集，每一个子集有一定数量的可单独考察和理解的信息。事实上，DFD 过程分解本身就是为了解决信息超量的问题。每一位 DFD 的阅读者要了解某个过程更加详细的信息，可以跳转到该过程的下一层，如果要知道一个 DFD 如何与其他 DFD 相关联，可以跳转到上一层的 DFD 去考察。
- 7±2 规则。该规则来源于心理学研究。心理学研究表明一个人可同时记住或操纵的信息"块"的数量介于 5 到 9 之间。信息块的数量太大就要引起信息超量。信息块可以是事物的名称、数字或图片等。分析员要在任何一个 DFD 中避免信息超量，可以遵循以下两条 DFD 构造规则。
  ◆ 单个 DFD 中不应有超过 7±2 个过程。
  ◆ 单个 DFD 不应超过 7±2 个数据流进出一个过程、数据存储和数据元素。
- 接口最小化。这个规则是与 7±2 规则直接相关的。接口是指一个问题或描述中的一部分与其他部分的连接。和信息块一样，一个人可以同时记住或操纵的连接是有限的，所以连接数应该尽可能保证最小。DFD 中的过程表示业务和处理逻辑，它们通过数据流与其他过程、实体和数据存储相关联。有大量接口（数据流）的单个过程可能会复杂到不能理解。这也许会作为 7±2 规则的违反行为直接在过程分解中显现出来。分析员通常可以通过把这种过程分解为两个或更多的过程，使分解后的过程接口更少。与接口最小化规则相冲突的另一个例子是，过程成对或成组且在它们之间有大量的数据流。通常这样的条件意味着过程中的任务处理划分比较差。解决的办法是重新分配处理任务以减少它们之间的接口。

需要强调的是这些规则只是一些通用准则，并非不可违反。必要的情况下打破这些规则构建 DFD 也是可能的，但是在允许的情况下，遵循这些规则有助于保证生成高质量的 DFD。

5.3 描述过程的工具

DFD 中的每个过程都有自己的定义和名称。定义过程的方法不止一种，前面讲过的过程分解就是一种实用方法，过程将被逐层分解直到底层的 DFD 无需再由其他 DFD 定义为止。对于底层的 DFD 过程需要详细描述其逻辑功能，本节将介绍用于描述过程的工具，包括决策树和决策表以及结构化英语。

5.3.1 决策树和决策表

对于复杂的决策逻辑可以使用决策树和决策表来描述。决策树（decision tree）是用来表示不同决策方案的直观方法。图 5.16 是一张用于根据用户欠款时间长短和现有库存量处理用户订货方案的决策树。

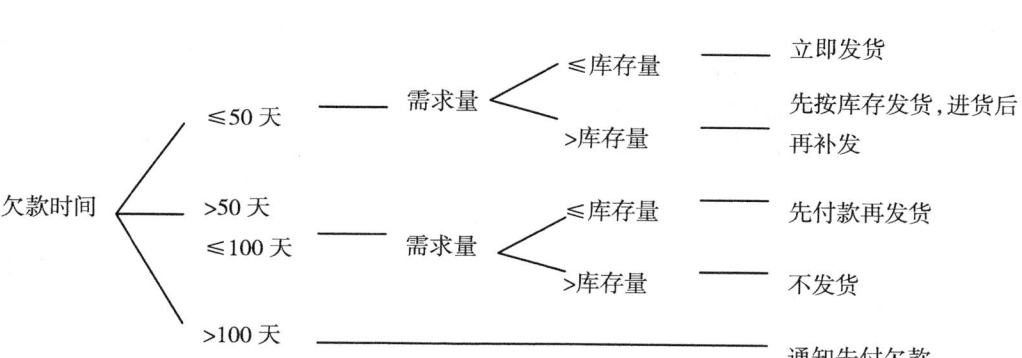

图 5.16 决策树

针对不同的情况组合,决策树给出了相应的处理方案。决策树的优点是比较直观,容易理解,但当条件较多时,不容易清楚地表达整个判断过程。

决策表是用表格方式描述处理逻辑的工具。实际上是决策树的另一种表达方式。由于采用表格方式,便于表达复杂条件下的多元逻辑关系,可以清楚地表达决策条件、决策规则和应采取的行动之间的关系。其缺点是决策表的建立过程复杂,不如决策树直观方便。这里仍以处理用户订货的例子来说明,其决策表如表 5.1 所示。

表 5.1 处理订货单的决策表

	决策规则号	1	2	3	4	5	6
条件	欠款时间≤50 天	Y	Y	N	N	N	N
	欠款时间>100 天	N	N	Y	Y	N	N
	需求量≤库存量	Y	N	Y	N	Y	N
处理方案	立即发货	●					
	先按库存发货,进货后再补发		●				
	先付款再发货					●	
	不发货						●
	通知先付欠款			●	●		

5.3.2 结构化英语

结构化英语是一种模仿计算语言的处理逻辑描述方法。这种方法借助于程序设计的基本思想,使用 IF,THEN,ELSE,END,OR,NOT 等词组成规范化语言完成对处理过程的描述,包括了顺序、判断和循环这 3 种基本结构。仍以订单处理逻辑为例,这里将条件和应采取的行动用中文表示,则处理过程可以描述为

IF 欠款时间≤50 天
    THEN IF 需求量≤库存量
        THEN 立即发货

```
        ELSE
            先按库存发货，进货后再补发
    ELSE
        IF 欠款时间≤100 天
        THEN IF 需求量≤库存量
            THEN 先付款再发货
            ELSE
                不发货
        ELSE
            要求先付欠款
END
```

5.4 数据字典

DFD 反映了数据在系统中的流向及转换过程，但无法标出数据的详细内容。数据字典（Data Dictionary）是在 DFD 的基础之上进一步定义和描述数据流处理过程、外部实体和数据存储（数据库）的详细逻辑内容的工具。DFD 和 DD 合在一起就构成了系统的完整的逻辑设计。

5.4.1 数据字典的内容

数据字典应当包含以下内容。
- 数据流的名称，它由哪些数据项组成，其中数据项是数据的最小组成单位，不可再分，数据流的来源和去向，流通量（产生频率，即多长时间产生多少次）及高峰流通量等。
- 数据存储（数据库）的名称与结构，流入、流出的数据流的名称。
- 处理逻辑的名称、编号、主要功能以及流入、流出的数据流的名称。
- 数据项的名称、编号、类型、长度和取值范围。

可见，数据字典就是对 DFD 上出现的每一个元素——数据流、数据存储、处理逻辑和外部实体进行详细说明。对于一个复杂的大型系统来说，DFD 的过程分解将产生大量的 DFD，而为其编制对应的数据字典的工作量将更大。尽管使用 CASE 工具可以减轻分析员的工作负担，但在实际应用中数据字典仍然存在以下两大问题。
- 建立数据字典的工作量大。
- 维护数据字典的工作量更大。

由于数据字典不仅是系统逻辑设计的结果，还是物理设计的基础，未来的系统设计中包括数据库设计、编制处理信息的功能模块程序等内容都需要数据字典的支持。此外，系统的维护和完善也要用到数据字典。因此在实际开发中引入了实用数据字典的概念。

5.4.2 实用数据字典

在结构化系统分析中，DD 和 DFD 都是实用的建模工具。和 DFD 一样，如果没有经过过程分解，一张 DFD 甚至是无法阅读和绘制的，合理有效的过程分解使得系统的描述清晰明了。那么 DD 也需要进一步简化。最初建立 DD 的主要目的是设计数据库，因为当时数据库的设计不容易，而编制 DD 难度小，但工作量大。20 世纪 80 年代后期以来，不少系统开发者放弃了先编制 DD 的方法而直接设计数据库。经过一段时间的实践，人们发现没有 DD，数据库的维护很困难。随着数据库技术的发展，数据库的设计变得更加容易。例如在 Access 系统中，定义字段名称和数据类型时还可以对字段的许多属性进行说明，如字段大小、格式、小数位数、输入掩码、标题、默认值、有效性规则等，它们成为数据库设计的一部分，随着数据库的增删而变动，也有助于数据库的维护。图 5.17 显示了在 Access 中进行数据库设计的操作界面。

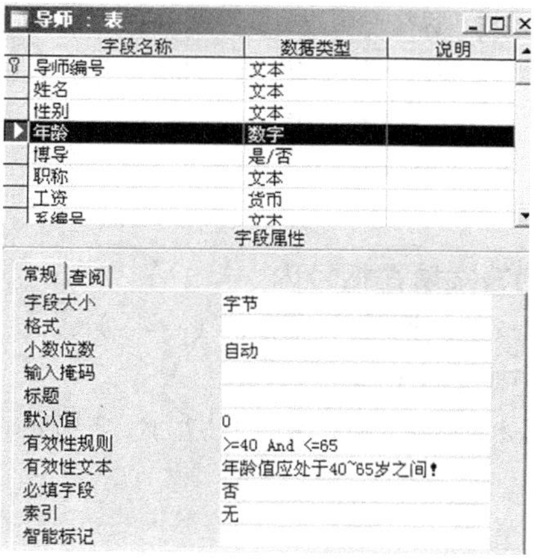

图 5.17 在 Access 中设计数据库

于是，人们就反其道而行之，通过数据库来建立数据字典。这样，DD 的作用也从数据库设计的依据转变为数据路设计的结果，并用于数据库的维护。这种作用的转变如图 5.18 所示。

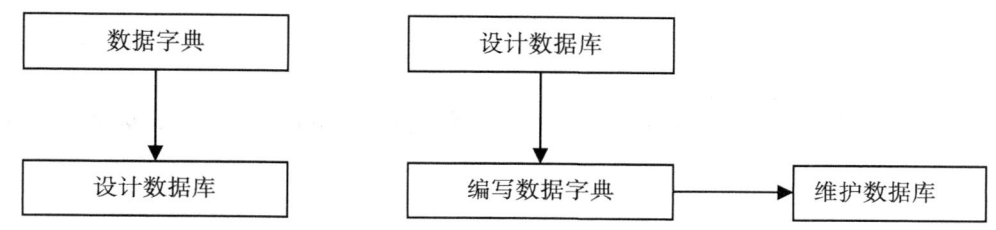

图 5.18 数据字典作用的变化

图 5.19 显示了根据一个数据表建立的数据字典的内容，该表用来存储顾客信息，对应的 DD 包括字段名称（列）、数据类型、为空性和说明。

列	数据类型	为空性	说明
CustomerID	int	非空	Customer 行的主键。
TerritoryID	int	空	客户所在地区的 ID。指向 SalesTerritory.SalesTerritoryID 的外键。
AccountNumber	int	非空	标识客户的唯一编号。
CustomerType	nchar(1)	非空	客户类型： I = 个人 S = 商店
rowguid	uniqueidentifier ROWGUIDCOL	非空	唯一标识行的 ROWGUIDCOL 号。用于支持合并复制示例。
ModifiedDate	datetime	非空	行的上次更新日期和时间。

图 5.19 顾客表的数据字典

本章小结

本章介绍了使用结构化分析方法描述系统对相关事件的响应,即活动和交互。熟练使用结构化方法的图形和符号描述系统模型是分析员必备的技能。同时以课程管理系统为实例,展示了在结构化分析方法的建模过程。最后通过实验介绍了使用 Visio 2007 绘制 DFD 的方法。

习题

一、填空题,请将正确的答案填在括号内

1. 结构化方法所描述的系统包括(　　)、(　　)、(　　)和(　　)。在使用结构化方法建立起来的系统模型中强调(　　)。

2. 在 DFD 中,通常有 5 种图形符号,如下图所示,根据图形及其描述,填写其所代表的内容。

(　　)
一步一步地执行指令,将输入转换成输出(由人或计算机完成)。

(　　)
从一处到另一处的数据流向,如从输入到过程,从过程到输出。

(　　)
系统之外的数据源或目的地。

(　　)
存放数据的地方,通常与实体-联系图中的数据实体相对应。

(　　)
过程执行时外部实体与过程间的通信(如信用卡验证)。

3. DFD 可以从顶层向下逐层分解，在过程分解中的一个要点是要保持 DFD 的平衡，即保持（　　　　　　　　），这也是构建 DFD 模型的首要规则。
4. 常用的描述过程的工具包括（　　　　）和（　　　　）以及（　　　　　　）。
5. 数据字典（Data Dictionary）是在 DFD 的基础之上进一步定义和描述（　　　　　）、（　　　　　）和（　　　　　　）的详细逻辑内容的工具。

二、简答题

1. 简述结构化分析方法和面向对象分析方法对待系统响应事件的区别。
2. 什么是 DFD 的抽象水平？DFD 分层次的好处是什么？
3. 简述系统的关联图和 0 层图的区别。
4. 如何正确提炼逻辑 DFD？
5. 构建 DFD 常用的基本规则是什么？

三、处理逻辑分析题

1. 以下列出了符合招生录取的标准，根据这些录取标准，制作录取的决策树、决策表以及结构化英语。

总分高于 600 分。
总分界于 540 分到 600 分之间，历届三好学生。
总分界于 540 分到 600 分之间，语文或英语单科成绩高于 85 分。
总分低于 540 分，有特长。

2. 根据以下分房标准，做决策树、决策表以及结构化英语。

副处（含）以上职务的——100 平米。
副处以下职务、工龄超过三十年（含）或优秀工作者——90 平米。
副处以下职务、现没有住房的已婚男性——80 平米。

3. 根据以下铁路托运行李运费计算方法（设行李重量为 W 公斤，应付运费为 X 元），做决策树、决策表以及结构化英语。

行李重量 W 低于（含）50 公斤，应付运费为：每公斤 0.25 元。
低级 行李重量 W 在 50 公斤至 100 公斤（含）之间，应付运费：超过 50 公斤部分按每公斤 0.35 元，其余部分按上述计算。
行李重量 W 超过 100 公斤，应付运费为：超过 100 公斤部分按每公斤 0.45 元，其余部分按上述两项计算。

4. 某百货公司为了促销，采用购物打折的优惠办法，根据以下优惠标准，做决策树、决策表以及结构化英语。

每位顾客一次购物超过 500 元（含），按 9.0 折优惠。
每位顾客一次购物超过 1000 元（含），按 8.5 折优惠。
每位顾客一次购物超过 1000 元（含）并有贵宾卡，或者一次购物超过 2000 元（含），按 8.0 折优惠。

实验 使用 Visio 2007 绘制 DFD

1. 实验目的

（1）掌握使用 Visio 绘制图元的方法。
（2）掌握使用 Visio 绘制数据流程图的方法。

2. 实验内容

（1）使用 Visio 绘制教学管理系统的数据流程图。

(2)完成实验报告。

3. 具体操作步骤

制作及使用 DFD 图元

Visio 2007 提供了多种图形的图元,绘图者中可以直接使用 Visio 2007 提供的数据流图表中的图元,操作步骤如下所述。

(1)选择"开始"→"程序"→"Microsoft Office"→"Microsoft Office Visio2007"命令,启动 Visio 2007,然后选择"文件"→"新建"→"软件和数据库"→"数据流模型图"命令,即可打开内置的 Gane-Sarson 形状任务栏,操作菜单如图 5.20 所示。

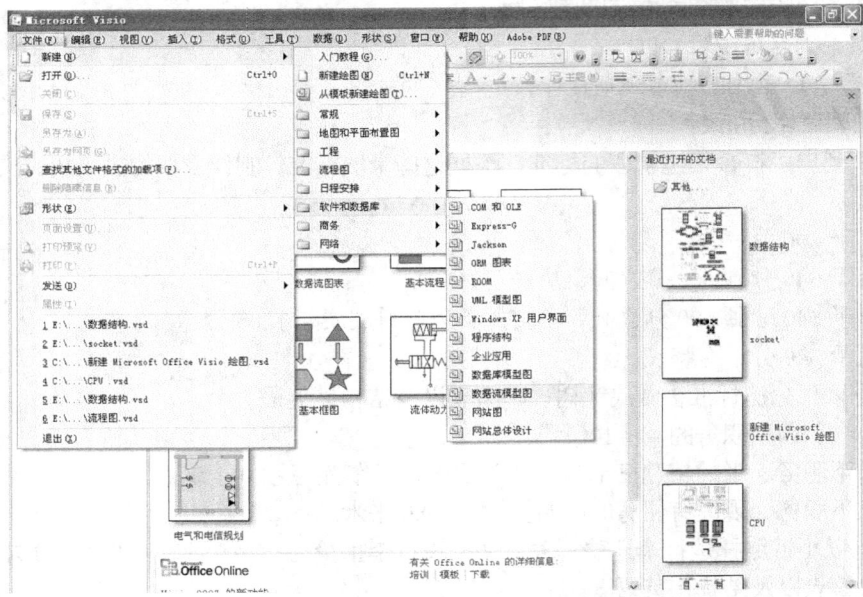

图 5.20 进入 Visio 2007 数据流图表任务栏

显示的 Gane-Sarson 形状任务栏内容如图 5.21 所示,其中包括了绘制 DFD 的常用图元。

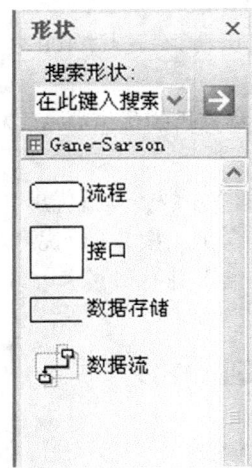

图 5.21 Visio 2007 提供的绘制 DFD 的图元

除了使用软件提供的现成的图元之外,绘图者还可以根据需要制作个性化的图元。例如对于表示过程(进程)的圆角矩形往往带有一条横线,在其上标识过程编号,其下标识过程说明,这种类型的图元需要绘图者自己来完成。其操作步骤如下所述。

(2)单击工具栏上的 按钮,选择"其他 Visio 方案"→"连接符"命令,操作菜单如图 5.22 所示。

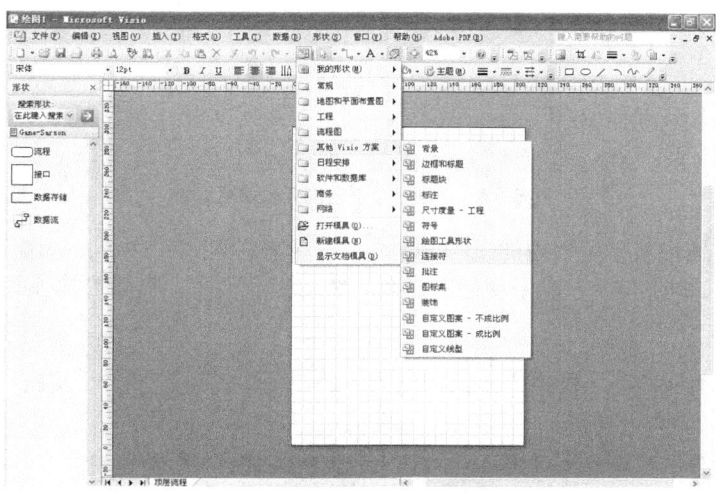

图 5.22　调出连接线形状任务栏的操作菜单

这时将打开连接线形状任务栏,其在左侧形状任务栏的显示效果如图 5.23 所示。

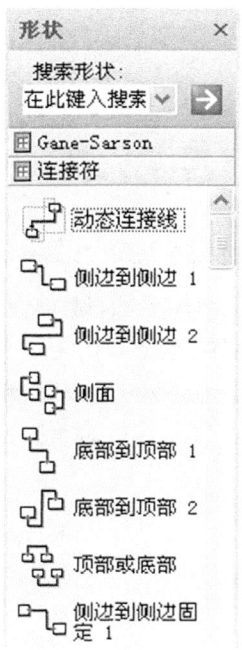

图 5.23　添加连接线后的形状任务栏

(3)拖动一个流程图元到绘图区域的空白处,并调整显示比例为 100%,以方便进一步细致绘制,如图 5.24 所示。

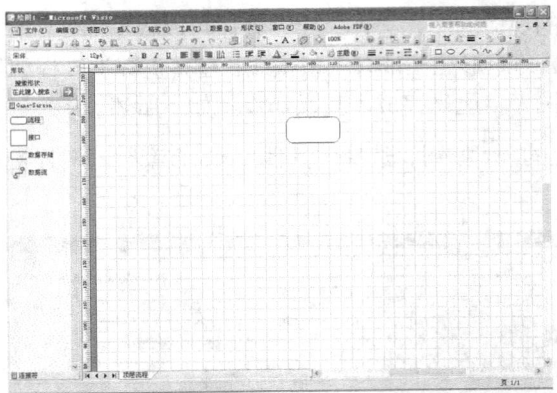

图 5.24　拖动一个进程图元到绘图区域

（4）单击左侧形状任务栏中的 连接符 ，显示各种可用的线形，选中"有向线 1"并拖动到进程图元中，调整长度。由于使用的是有向线，带有箭头，需要去掉箭头，具体方法如步骤（5）。

（5）选中该有向线，然后点击工具栏中的 按钮，选择"无线条端点"即可消去箭头，如图 5.25 所示。

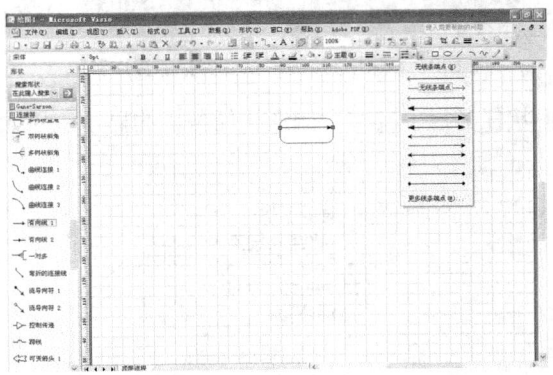

图 5.25　选中"无线条端点"

（6）按住［Shift］键，选中流程图元和直线图元，然后点击鼠标右键，在弹出的菜单中选择"形状"→"组合"命令，把二者组合成一个图元，如图 5.26 所示。

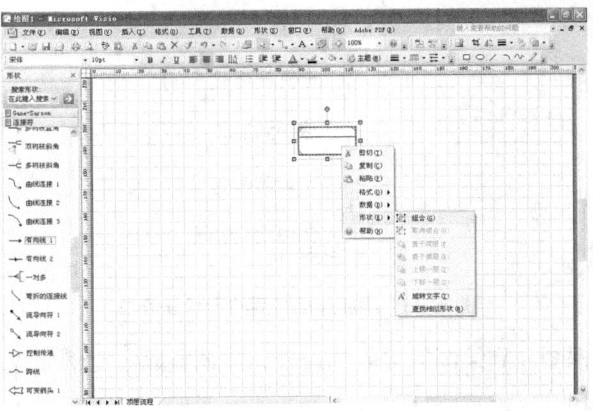

图 5.26　组合为新图元

（7）在 Visio2007 中，要将创建的图元与现有图元一起保存，以便在任何绘图中可以使用它，可以进行如下操作：选择"文件"→"形状"→"我的形状"→"收藏夹"命令，如图 5.27 所示。

若初始状态中没有"收藏夹"，需要我们新建模具，以便保存创建的图元或常用图元，方法如下：选择"文件"→"形状"→"新建模具"命令；然后在形状任务栏中"模具 2"上单击鼠标右键，选择"另存为…"命令，如图 5.29 所示，在"另存为…"对话框中将名称"模具 2"改为"收藏夹"即可，最终结果如图 5.30 所示。

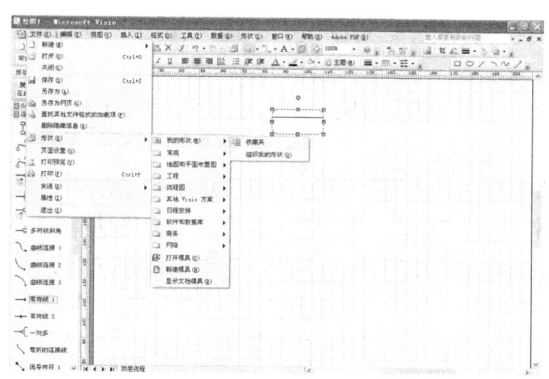

图 5.27　显示收藏夹的操作

这时左侧的形状任务栏会显示"收藏夹"子任务栏，如图 5.28 所示。

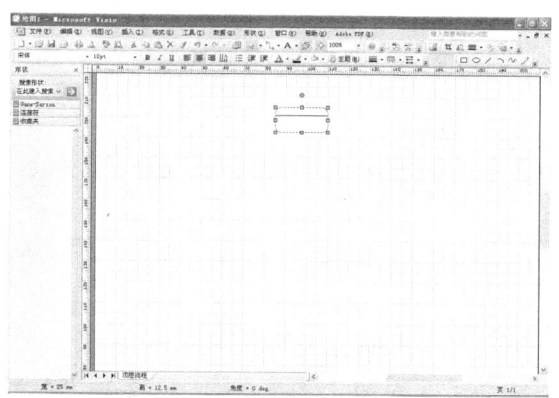

图 5.28　显示收藏夹任务栏

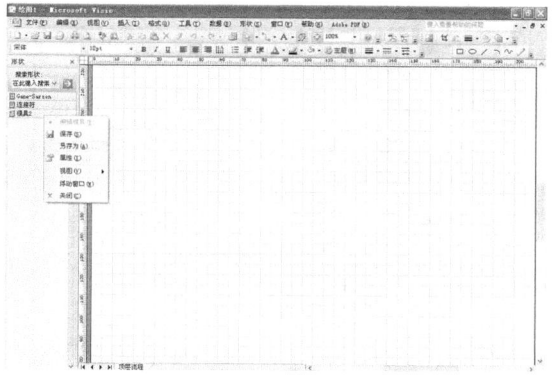

图 5.29　创建"收藏夹"

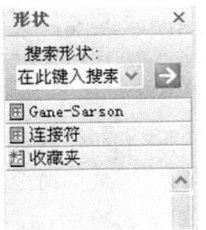

图 5.30　收藏夹创建结果

（8）将新图元拖动到收藏夹中，并可以更名以适应使用者的需要，把新图元命名为"过程"。事实上，创建新图元的方法很多，例如，创建以上新图元时，也可以单击工具栏上的  按钮，使用绘图工具栏中的线条工具来绘制直线，读者可以在实践中加以体会。

绘制教学管理系统的 DFD。

下面以绘制教学管理系统的 0 层图为例，介绍 DFD 的绘制方法及过程。该 DFD 中包含 3 个外部实体、3 个过程、3 个数据存储，以及若干用于连接的数据流。具体的操作步骤如下所述。

（1）拖动收藏夹任务栏中新添加的"过程"图元到绘图区域，并调整大小及位置。

（2）调整过程图元的大小和位置，双击该图元，进行文字的编辑。如果双击后不能切换到编辑文字状态，可用右键单击该图元，在弹出的菜单中选择"格式"→"行为"命令，如图 5.31 所示。

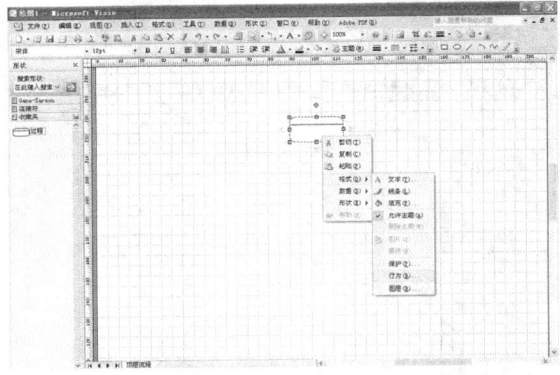

图 5.31　设置过程图元格式

在弹出的对话框中单击"双击"标签，在其中选中"编辑形状的文字(T)"单选项，然后单击"确定"按钮，如图 5.32 所示。

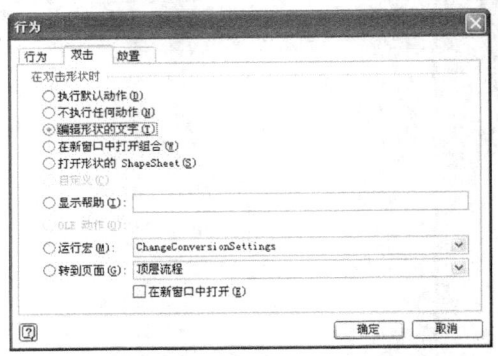

图 5.32　更改双击动作的行为

（3）添加文字并设置格式，如图 5.33 所示。

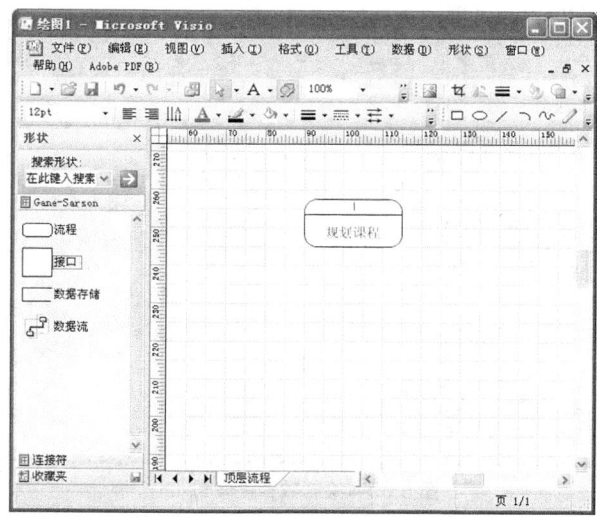

图 5.33 添加文字并设置格式

（4）重复以上步骤绘制"注册课程"和"生成课堂信息"两个过程。
（5）拖动"接口"图元到绘图区域，调整位置和大小，添加文字并设置格式，如图 5.34 所示。

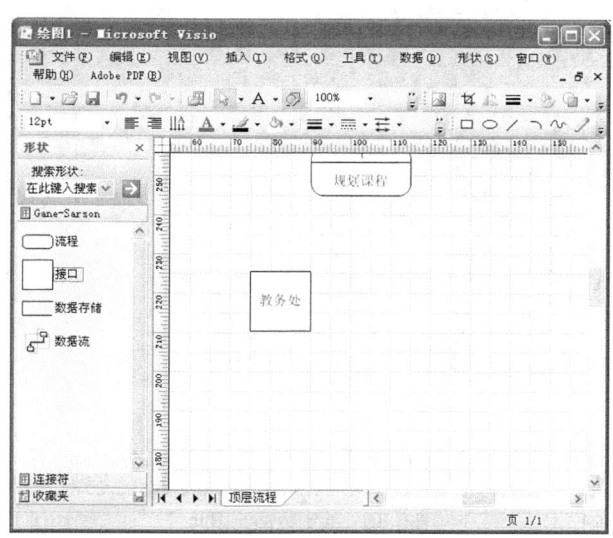

图 5.34 绘制接口图元

（6）重复以上步骤绘制"教师"和"学生"两个实体。
（7）拖动"数据存储"图元到绘图区域，调整位置和大小，添加文字并设置格式，如图 5.35 所示。

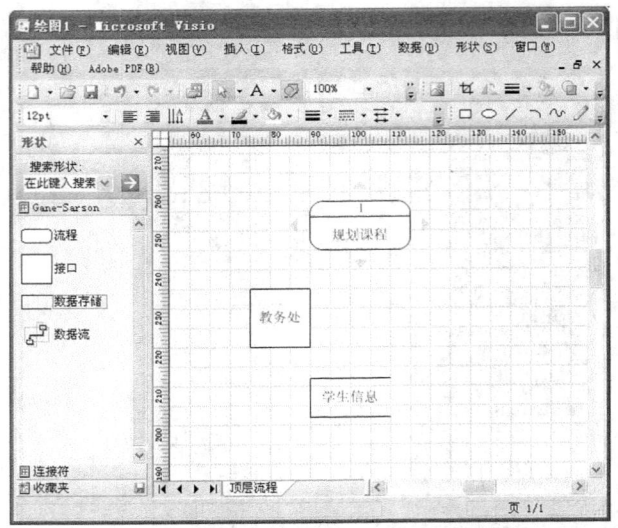

图 5.35 绘制数据存储图元

（8）重复以上步骤，绘制"可开设课程"和"课程注册信息"两个数据存储内容。

（9）拖动"数据流"图元到绘图区域，调整位置和大小，添加文字"课程计划"并设置格式，如图 5.36 所示。

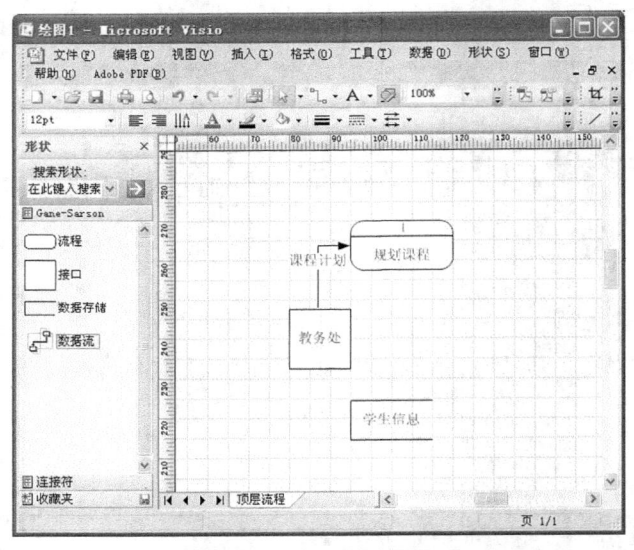

图 5.36 绘制数据流图元

（10）重复以上步骤，完成各图元之间的连接关系。

此外，为了避免修改绘图时造成图元之间的错位，可以对各图元进行组合。操作方法如下所述。

（11）单击工具栏上 按钮上的小黑三角图标，在弹出菜单中选择 多重选择(M) 命令，把指针改为多重选择指针，点击需要组合的图元，如图 5.37 所示。

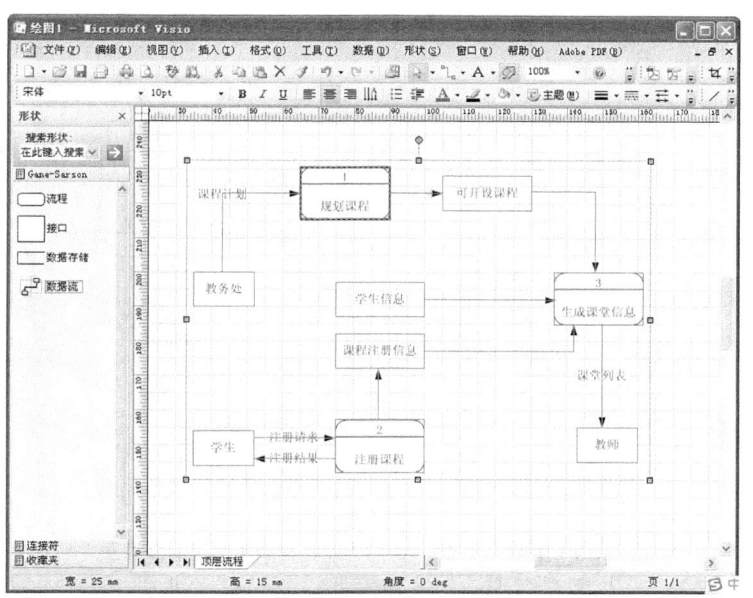

图 5.37　使用多重选择指针对图元进行组合

然后用右键单击任一选中的图元,在弹出菜单中选择"形状"→"组合"命令,如图 5.38 所示,完成对所选图元的组合。

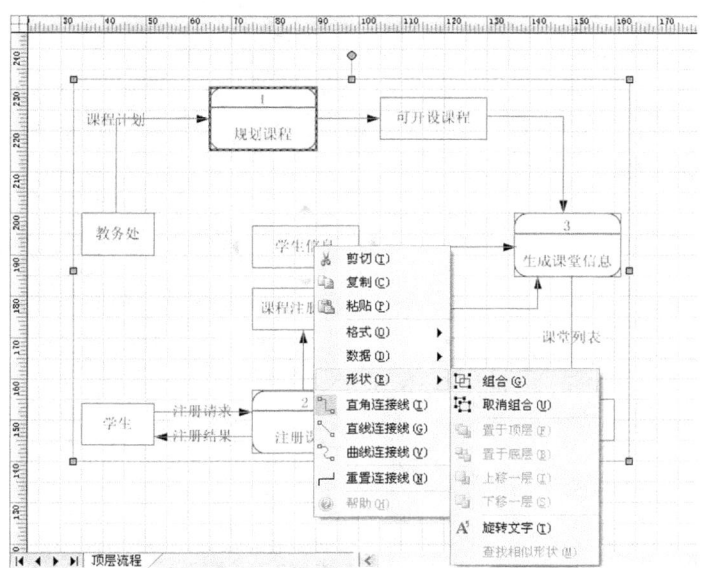

图 5.38　对选中图元进行组合

最终完成的 DFD 如图 5.39 所示。

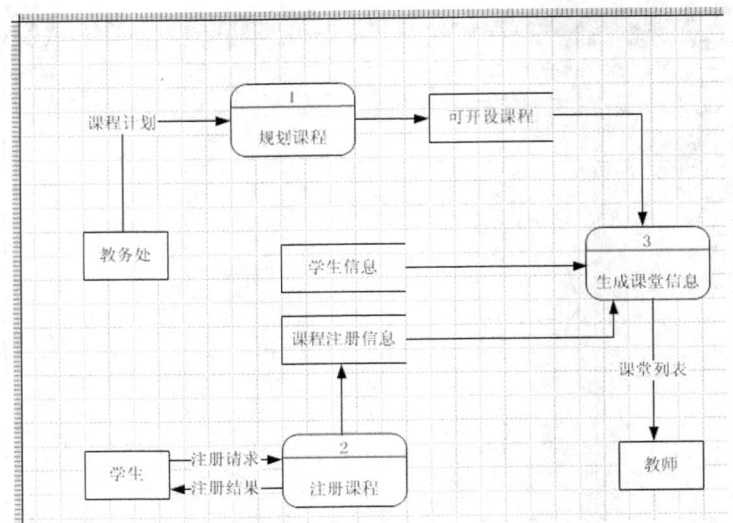

图 5.39 用 Visio 2007 绘制的课程管理子系统的 0 层图

4. 实验练习

（1）参照以上实验步骤，使用 Visio 2007 绘制教学管理系统的 0 层图（见图 5.39）以及规划课程、注册课程和生成课堂信息 3 个子过程的 DFD 片段（见图 5.6）。

（2）根据你所在大学的实际情况，设计学籍管理系统、成绩管理系统以及教学资源管理系统的 0 层图和相关 DFD 片段，并使用 Visio 2007 绘制完成。

第 6 章 面向对象的系统分析

本章导读

本章将首先介绍面向对象的建模符号——统一建模语言（Unified Modeling Language，UML），并介绍基于 UML 建模语言的系统开发方法——Rational 统一过程（Rational Unified Process，RUP）。面向对象的系统分析以基于 UML 的紧密关联的若干图形模型来描述，对系统行为、对象、对象交互、对象行为几个方面进行建模；以图书馆管理系统为主线，以 Rational Rose 为建模工具展开具体的系统分析方法。本章安排了使用 Rational Rose 以及 Microsoft Visio 对图书馆管理系统进行建模的相关实验。

6.1 UML 概览

从面向对象的角度来看，世界是由对象组成的，任何给出的业务功能都是由一整套共同工作和协作的对象来完成的。进行面向对象的系统分析时，需要首先定义出组成系统的一整套对象，然后描述如何把这些对象协调在一起。这些描述可分为两部分：第一、必须理解和描述出不同对象之间的交互或通信，这些交互在面向对象的分析中表现为对象之间的消息；第二、必须描述每个对象对于其他对象发出消息所做出的反应，以及如何把消息发送给其他对象，即对象的内部处理机制。而统一建模语言（UML）正是描述这两部分内容的有效工具。

6.1.1 UML 的基本构成

提到 UML，就不得不提到 Grady Booch、James Rumbaugh 和 Ivar Jacobson，他们分别开发了各自的面向对象建模技术，UML 就是以他们的贡献为基础发展起来的。1995 年，UML 的最初版本在 OOPSLA（Object-Oriented Programming，Systems，Languages and Applications)会议上发布。到 1997 年 1 月，UML 已经经历了若干次修正。为了对标准化建模技术的要求做出响应，在 1997 年 1 月，UML 被呈交给对象管理组织(Object Management Group,OMG)，从此 UML 成了面向对象建模中被广泛接受的标准。

总体来说，UML 由以下几个部分构成，如图 6.1 所示。

（1）视图，视图是表达系统某一方面特征的 UML 建模元素的子集。视图并不是图，它是由一个或者多个图组成的对系统某个角度的抽象。所谓"横看成岭侧成峰"，在建立一个系统模型时，通过定义多个反映系统不同方面的视图，才能对系统做出完整、精确的描述。

（2）图，视图由图组成，UML 通常提供 9 种基本的图，把这几种基本图结合起来就可以描述系统的所有视图。

（3）模型元素，UML 中的模型元素包括事物以及事物之间的联系。事物描述了一般的面向对象的概念，如类、对象、接口、消息和组件等，它是对实际系统的抽象反映。事物之间的关系能够把事物联系在一起，组成有意义的结构模型。常见的关系包括关联关系、依赖关系、泛化关系、实现关系和聚合关系。同一个模型元素可以在几个不同的 UML 图中使用，而且同一个模型元素在任何图中都保持相同的意义和符号。

　　（4）通用机制，UML 提供的通用机制可以为模型元素提供额外的注释、信息或语义。这些通用机制同时提供扩展机制，扩展机制允许用户对 UML 进行扩展，以便适应一个特定的方法／过程、组织或用户。

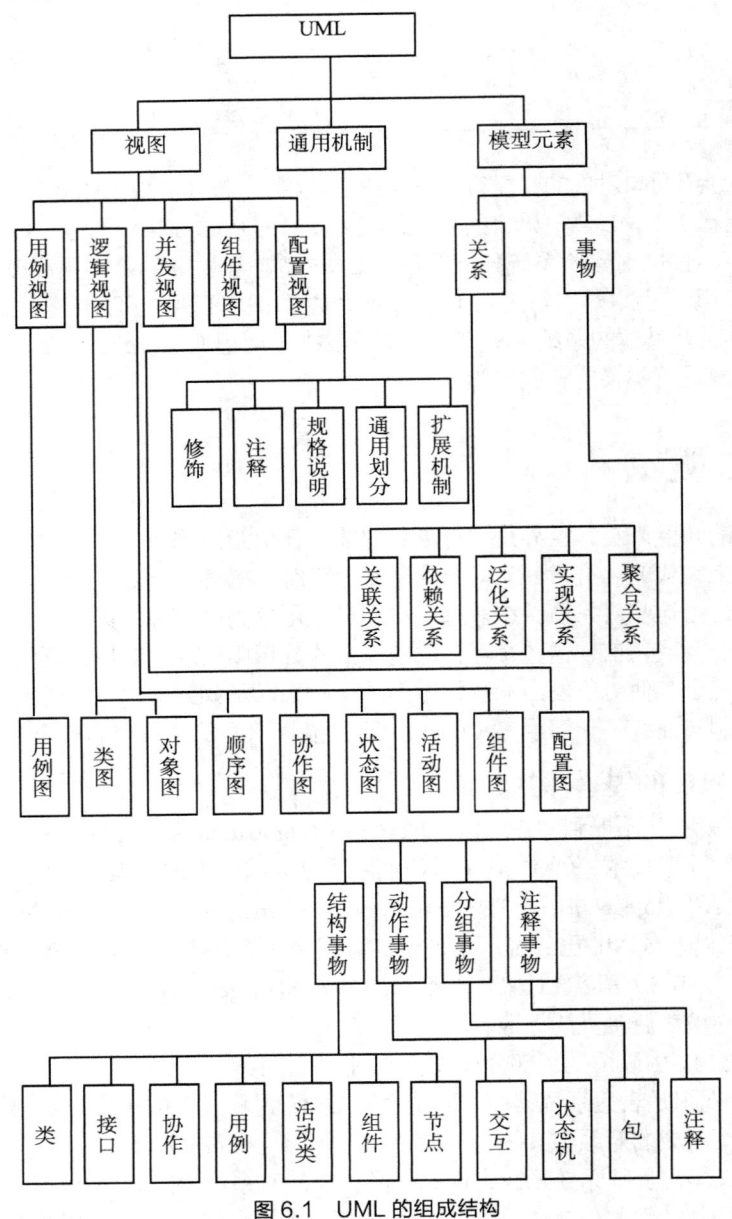

图 6.1　UML 的组成结构

6.1.2 UML 视图

对于复杂系统的开发来说,建模是必不可少的工作。理想情况下,系统由单一的图形来描述,该图形明确地定义了整个系统,并且易于人们相互交流和理解。然而,单一的图形不可能包含系统所需的所有信息,也就不可能描述系统的完整结构功能。一个有效的方法就是从多个不同方面对系统进行描述。在 UML 中使用视图对系统从不同角度进行描述。

UML 中的视图大致分为以下 5 种。

（1）用例视图,用例视图描述系统应该具备的功能,也就是外部用户所能观察到的功能。用例是系统中的一个功能单元,可以被描述为系统参与者与系统之间的一次交互作用。参与者可以是一个用户或者是另一个系统。客户对系统要求的功能被当作多个用例在用例视图中进行描述,一个用例就是对系统的一个用法的通用描述。用例模型的用途是列出系统中的用例和参与者,并显示哪个参与者参与了哪个用例的执行。用例视图是其他视图的核心,它的内容直接驱动其他视图的开发。系统要提供的功能都是在用例视图中描述的,用例视图的修改会对所有其他视图产生影响。此外,通过测试用例视图,还可以检验和最终校验系统。

（2）逻辑视图,逻辑视图用来描述用例视图中提出的系统功能的实现。与用例视图相比,逻辑视图主要关注系统内部,它既描述系统的静态结构（类、对象以及它们之间的关系）,也描述系统内部的动态协作关系。系统的静态结构在类图和对象图中进行描述,而动态模型则在状态图、顺序图、协作图以及活动图中进行描述。逻辑视图的使用者主要是设计人员和开发人员。

（3）组件视图,组件是不同类型的代码模块,它是构造应用的软件单元。组件视图描述系统的实现模块以及它们之间的依赖关系。组件视图中也可以添加组件的其他附加信息,例如资源分配或者其他管理信息。组件视图主要由组件图构成,它的使用者主要是开发人员。

（4）并发视图,并发视图主要考虑资源的有效利用、代码的并行执行,以及系统环境中异步事件的处理。除了将系统划分为并发执行的控制以外,并发视图还需要处理线程之间的通信和同步。并发视图的使用者是开发人员和系统集成人员。并发视图由状态图、协作图,以及活动图组成。

（5）配置视图,配置视图显示系统的物理部署,它描述位于节点上的运行实例的部署情况。例如,一个程序或对象在哪台计算机上执行,执行程序的各节点设备之间是如何连接的。配置视图主要用配置图来表示,它的使用者是开发人员、系统集成人员和测试人员。

上述 5 种视图分别描述系统的一个方面,5 种视图组合在一起,构成了 UML 的完整模型,它们的关系如图 6.2 所示。

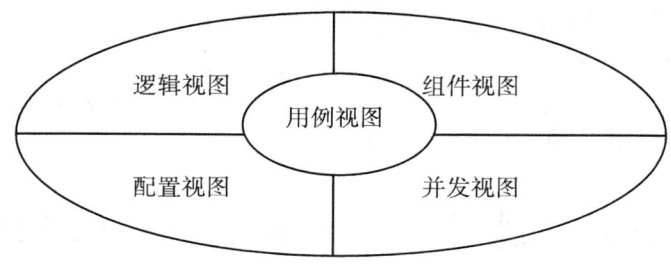

图 6.2 5 种视图的关系

6.1.3 UML 的常用图

不同的视图使用不同的图形来描述，UML 的各种图是 UML 模型的重要组成部分，接下来将概要介绍 UML 建模中常用的几种图。

（1）用例图，用例图（Use Case Diagram）显示多个外部参与者以及他们与系统提供的用例之间的联系。用例是系统中的一个可以描述参与者与系统之间交互作用的功能单元。用例仅仅描述系统参与者从外部观察到的系统功能，并不描述这些功能在系统内部的具体实现。用例图的用途是列出系统中的用例和参与者，并显示哪个参与者参与了哪个用例的执行。

（2）类图，类是对应用领域或应用解决方案中概念的描述。类图（Class Diagram）以类为中心，类图中的其他元素或属于某个类，或与类相关联，类之间的关系也在类图中体现。

（3）对象图，对象图（Object Diagram）是类图的变体，它使用与类图相似的符号描述，区别是对象图显示的是类的多个对象实例，而非类本身。可以说，对象图是类图的一个例子，即在某一时间点上系统可能呈现的样子。对象图与类图表示的不同之处在于，它用带下划线的对象名称来表示对象，显示一个关系中的所有实例。

（4）状态图，状态图（State Diagram）是对类描述的补充，它用于显示类的对象可能具备的所有状态以及引起状态改变的事件。状态的变化称之为转换。状态图由对象的各个状态和连接这些状态的转换组成。实际建模时，并不需要为所有的类都绘制状态图，只需要对那些具有多个明确状态并且这些状态会影响和改变其行为的类绘制状态图。此外，还可以为系统绘制整体状态图。

（5）顺序图，顺序图（Sequence Diagram）显示多个对象之间的动态协作，重点是显示对象之间发送消息的时间顺序。顺序图也显示对象之间的交互，即系统执行时某个指定时间点将发生的事情。顺序图的一个用途是用来表示用例中的行为顺序，当执行一个用例行为时，顺序图中的每条消息对应了一个类操作中引起转换的触发事件。

（6）协作图，协作图（Collaboration Diagram）对在一次交互中有意义的对象和对象间的连接关系建模。顺序图和协作图都可以表示各对象间的交互关系，但它们的侧重点不同。在实际运用中可以根据需要选用这两种图，如果需要重点强调时间或顺序，那么选择顺序图；如果需要重点强调上下文，则选择协作图。

（7）活动图，活动图（Activity Diagram）是状态图的一个变体，用来描述执行算法的工作流程所涉及的活动。此外，在活动图中还可以显示决策和条件以及动作状态的并发执行。

（8）组件图，组件图（Component Diagram）用代码组件来显示代码物理结构。组件可以是源代码组件、二进制组件或一个可执行的组件。通常组件图用在实际的编程工作中。

（9）配置图，配置图（Deployment Diagram）用于显示系统中硬件和软件的物理结构。配置图不仅可以显示实际的计算机和设备（节点），还可以显示它们之间的连接和连接的类型。

以上介绍的是 UML 所包含的用于建模的图。在面向对象的系统分析阶段，最主要的建模工具是类图、用例图、协作图、顺序图以及状态图。

6.2 Rational 统一过程——Rational Unified Process

在软件的产业化过程中，软件规模越来越大，复杂程度也越来越高，对于软件开发企业来说，迫切需要加强软件开发和维护过程中的有效管理和控制，同时对软件的功能和性能也提出了更高的要求。为了降低成本，提高效率，在软件开发中迫切需要采用有效的软件过程来实现这些目标。

通常,软件项目失败的原因包括以下几个方面:
(1)需求管理混乱;
(2)开发者之间以及开发者和用户之间的交流不够清晰;
(3)系统架构不够坚固;
(4)没有及时发现需求、设计和实现中的不一致;
(5)缺乏有效的测试;
(6)对项目状态进行主观估计;
(7)没有正确地处理项目开发过程中的风险;
(8)没有对项目变更进行有效控制。

针对这些导致失败的原因,行业专家设计了各种方案来提高软件项目的成功率。在大型软件开发过程中,单独的方法、工具已无法满足日益复杂的用户需求和软件架构,因此产生了软件过程的概念。软件过程(Software Process)是指一套关于项目的阶段、状态、方法、技术和开发、维护软件的人员以及相关制品(Artifacts,包括计划、文档、模型、编码、测试、手册等)组成。Rational Unified Process(RUP)是目前使用比较广泛的一种软件过程,RUP 的创造者和开发者将精力集中在找出失败的软件项目的特征上,试图找出导致这些项目失败的根本原因。同时,他们也研究了已存在的软件过程,以及用来处理软件开发过程出现的问题的方法。通过对这些失败项目的研究,他们得出了改进的软件实践过程,这就是 Rational 统一开发过程(RUP)。

6.2.1 RUP 的二维开发模型

正如我们在第 2 章中所了解到的,传统的瀑布开发模型是一个一维的模型,开发过程被划分为多个连续的阶段。在一段时间内,只能做某一个阶段的工作。而在 RUP 中,软件开发生命周期根据时间和 RUP 的核心工作流划分为二维空间,其中横轴表示项目的时间,是过程的生命周期特征,体现开发过程的动态结构;纵轴以内容来组织,是自然的逻辑活动,体现开发过程的静态结构。图 6.3 显示的是 RUP 的二维开发模型。

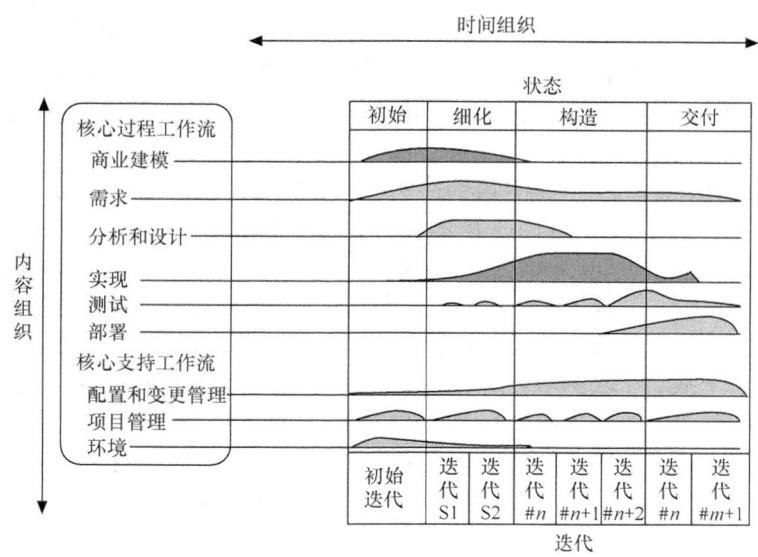

图 6.3 RUP 的二维开发模型

通过使用 RUP,软件产品的生命周期被分成单独的开发周期。这些开发周期再被细分为多个阶段。RUP 包括以下几个阶段:初始阶段、细化阶段、构造阶段和交付阶段。每个阶段都由一个或多个连续的迭代组成，每个迭代都是一个完整的开发过程。每个阶段结束于一个主要里程碑(Major Milestone)，每个阶段本质上是两个里程碑之间的时间跨度。在每个阶段的结尾执行一次评估以确定这个阶段的目标是否已经满足。如果评估结果令人满意的话，可以允许项目进入下一个阶段。

下面对各个阶段做一个简要介绍。

（1）初始阶段，在这个阶段，需要建立商业案例，包括商业环境、成功因素以及财政预算等。为了实现这个商业案例，必须建立基本的用例模型、项目计划、初始风险评估和项目描述。该阶段的焦点是需求和分析工作流。这个阶段的结束是第一个重要的里程碑：生命周期目标(Life Cycle Objectives)里程碑。

（2）细化阶段，细化阶段的目标是分析问题领域，建立健全的体系结构基础，创建可执行的构建基线；编制项目计划，细化风险评估，淘汰项目中最高风险的元素；定义质量属性；捕获大部分的系统功能需求用例。为了达到这些目的，必须在理解整个系统的基础上，对体系结构做出决策，包括其范围、主要功能以及诸如性能等非功能需求。同时为项目建立支持环境，包括创建开发案例，创建模板、准则并准备工具。细化阶段的结束是第二个重要的里程碑：生命周期架构(Life Cycle Architecture)里程碑。该阶段的焦点是需求、分析和设计工作流。

（3）构造阶段，构造阶段的主要目标是完成所有的需求、分析和设计。在构造阶段，所有剩余的构件和应用程序功能被开发并集成为产品，所有的功能被详细测试。可以把构造阶段理解为一个制造过程，其重点放在资源管理以及运作控制上以优化成本、进度和质量。构建阶段结束时是第三个重要的里程碑：初始功能(Initial Operational)里程碑。初始功能里程碑决定了产品是否可以在测试环境中进行部署。此时的产品版本也常被称为"Beta"版。该阶段的焦点是实现工作流。

（4）交付阶段，交付阶段的重点是确保软件对最终用户是可用的，将完整的系统部署到用户所处的环境中。交付阶段可以跨越几次迭代，包括为发布做准备的产品测试，基于用户反馈的少量的调整等。在生命周期的这一阶段，用户反馈应主要集中在产品的调整、设置、安装和可用性上，所有主要的结构问题应该已经在项目生命周期的早期阶段得到解决。交付阶段的终点是第四个里程碑：产品发布(Product Release)里程碑。此时，要确定目标是否实现，是否应该开始另一个开发周期。在一些情况下，这个里程碑可能与下一个周期的初始阶段相重合。该阶段的焦点是实现和测试工作流。

RUP中的每个阶段可以进一步分解为迭代。一个迭代是一个完整的开发循环，产生一个可执行的产品版本，是最终产品的一个子集，它增量式地发展，从一个迭代过程到另一个迭代过程直到成为最终的系统。而在传统的生命周期法中，项目的开发是顺序地通过每个工作流，每个工作流只实施一次。这样做的结果是到实现末期产品并开始测试时，在分析、设计和实现阶段所隐藏的问题会大量出现，项目可能要停止并开始一个漫长的错误修正周期。而RUP采用迭代增量开发的方式，一次迭代包括了生成一个可执行版本的开发活动，还有使用这个版本所必需的其他辅助成分，如版本描述、用户文档等。因此开发迭代在某种意义上是经历了所有工作流的一次完整过程，这些工作流至少包括需求工作流、分析和设计工作流、实现工作流以及测试工作流。其本身就像一个小型的瀑布项目，如图6.4所示。

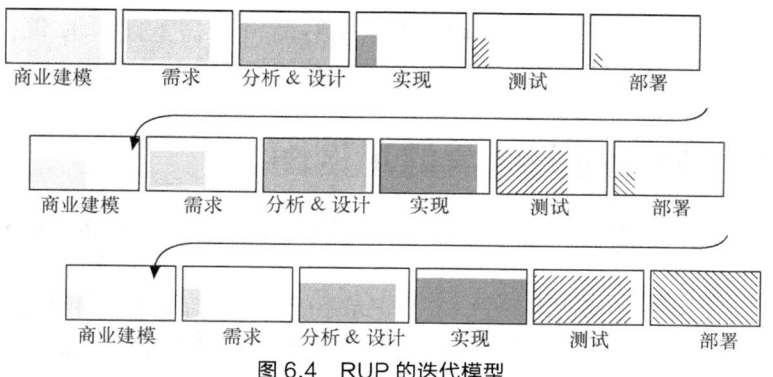

图 6.4 RUP 的迭代模型

6.2.2 RUP 的核心工作流

RUP 中有 9 个核心工作流，包括 6 个核心过程工作流(Core Process Workflows)和 3 个核心支持工作流(Core Supporting Workflows)。9 个核心工作流在项目中轮流被使用，在每一次迭代中以不同的重点和强度重复，如图 6.3 所示。下面对这些核心工作流做一下简要介绍。

（1）商业建模(Business Modeling)工作流，理解系统的组织结构及其商业运作，确保所有参与人员对开发系统有共同的认识。该工作流的主要目标是对系统的商业环境和范围进行建模。

（2）需求分析(Requirements)工作流，定义系统功能及用户界面，明确客户需要的系统功能，为项目预算及计划提供基础。需求工作流的目标是描述系统应该做什么，并使开发人员和用户就这一描述达成共识。该工作流的主要结果是软件需求说明书。

（3）分析与设计(Analysis and Design)工作流，它把需求分析的结果转化为实现规格，为系统开发一个健壮的架构，并调整设计使其与实现环境相匹配，优化其性能。分析设计工作流的结果是一个设计模型和一个可选的分析模型。设计模型是源代码的抽象，由设计类和一些描述组成。设计类被组织成具有良好接口的包(Package)和子系统(Subsystem)，而描述则体现了类的对象如何协同工作实现用例的功能。

（4）实现(Implementation)工作流，它定义代码的组织结构，实现代码，进行单元测试以及系统集成。

（5）测试(Test)工作流，验证各自子系统的交互与集成，确保所有的需求被正确实现，并在系统发布前发现错误。测试工作流要验证对象间的交互作用，验证软件中所有组件的正确集成，检验所有的需求是否已被正确实现，识别并确认缺陷在软件部署之前已被提出并处理。RUP 提出了迭代的方法，意味着在整个项目中进行测试，从而尽可能早地发现缺陷，从根本上降低了修改缺陷的成本。

（6）部署(Deployment)工作流，描述了与确保软件产品对最终用户具有可用性相关的活动，包括软件打包、生成软件本身以外的产品、安装软件、为用户提供帮助。在有些情况下，还可能包括计划和进行 beta 测试版、移植现有的软件和数据以及正式验收。

（7）配置和变更管理(Configuration and Change Management)工作流，描绘如何在多个成员组成的项目中控制大量的产物。它提供准则来管理演化系统中的多个变体，跟踪软件创建过程中的版本。

（8）项目管理(Project Management)工作流，平衡各种可能产生冲突的目标、管理风险，克服各种约束并成功交付使用户满意的产品。其目标包括：为项目的管理提供框架，为计划、人员配备、执行和监控项目提供实用的准则，为管理风险提供框架等。

（9）环境(Environment)工作流，集中于配置项目过程中所需要的活动，同样也支持开发项目规范的活动，提供了逐步的指导手册，并介绍了如何在组织中实现过程。

6.3 系统行为：面向对象的用例图

在了解了 UML 和 RUP 的基本概念之后，我们开始学习基于 UML 的系统分析，首先学习面向对象的用例图。

用例图的目的是识别如何使用系统，它是记录系统必须支持功能的简便方法。用例图本质上是事件表的延伸。有时可以用一个综合的用例图来描述整个系统。某些情况下，一些小型的用例图可以组成用例模型。

6.3.1 用例、参与者以及场景

面向对象方法使用术语"用例"来描述系统对事件做出响应时所采取的行动。例如，对于图书馆管理系统，"读者借书"、"读者查询图书信息"都可以看作是系统相关的用例。在用例分析里有两个重要的概念：所涉及的人和使用本系统的人。在 UML 中，这个所涉及的人被称为参与者，一个参与者总是在系统的自动化边界之外。此外，还可以通过划分角色的方法辨别参与者。在图书馆管理系统中，一位读者使用系统完成已借图书的一次续借行为，而一位图书管理员使用系统完成用对逾期还书读者的罚款处理。这时，不同的人处于不同的角色，他们都是参与者。另外，同样的人可以担当许多不同的角色，比如一个具体的人，他的本职工作是图书管理员，但他也可以借阅图书馆的图书，从这一点来说，他同时也是一位读者。

用例只是表明了一个参与者与信息系统交互来完成业务活动。用例是一种高层的描述，它可能包含完成这个用例的所有步骤。我们使用活动流来描述这些步骤。活动流描述内部步骤或在一个用例中的活动，它是对用例中步骤的一个通用描述。大多数情况下，需要进一步把这些描述细化。

有时一个用例在内部活动顺序上有多个选择。例如是读者还是图书管理员与系统交互，这个不同可以使"续借图书"这个用例有不同的任务顺序，这就是相同的一个用例不同的任务顺序。这些不同的顺序叫做场景。所以，场景是对在一个用例中的一套内部活动的识别和描述，一个用例可能有多个不同的场景，它代表通过用例唯一的一条路径。在图书馆管理系统中，用例"续借图书"至少有两个场景：一个名为"读者使用网络完成续借"，另一个名为"读者在流通台请图书管理员完成续借"。

6.3.2 用例和参与者以及用例之间的关系

用例与其参与者发生关联，这种关系称为关联关系。此外，用例之间还可以具有系统中的多个关系，这些关系包括包含关系、扩展关系和泛化关系。应用这些关系的目的是为了从系统中抽取出公共行为及其变体。

（1）关联关系（Association），它描述参与者和用例之间的关系。在 UML 中，关联关系使用箭头来表示，如图 6.5 所示。图 6.6 显示了读者及其用例之间的关联。

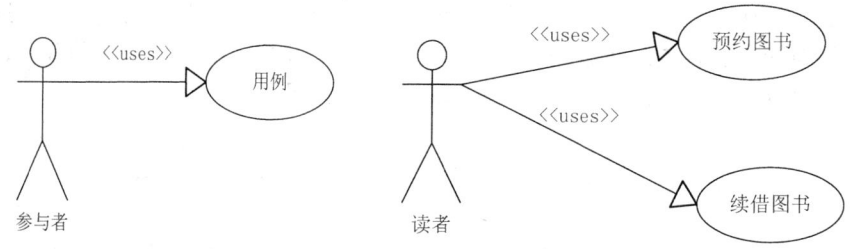

图 6.5 用例和参与者的关联关系　　图 6.6 用例间的关联关系

（2）包含关系（Include），虽然每个用例的实例都是独立的，但是一个用例往往可以用其他更简单的用例来描述，这点有些类似于通过继承父类并增加附加描述来定义一个子类。一个用例可以简单地包含其他用例具有的行为，并把它所包含的用例行为作为自身行为的一部分，这被称为包含关系。在这种情况下，新的用例不是初始用例的一个特殊的例子，并且不能被初始用例所代替。在 UML 中，包含关系表示为虚线箭头加<<include>>字样，箭头指向被包含用例，如图 6.7 所示。

包含关系把几个用例的公共部分分离成一个单独的被包含用例。被包含用例称作提供者用例，包含用例称作客户用例，提供者用例提供功能给客户用例使用。用例间的包含关系允许把提供者用例的行为包含到客户用例的事件中。

包含关系在如下场合中使用。

① 如果两个以上用例有大量一致的功能，则可以将这个功能分解到另一个用例中，其他用例可以和这个用例建立包含关系。

② 一个用例的功能太多时，可以使用包含关系建立若干个更小的用例。

要使用包含关系就必须在客户用例中说明提供者用例行为被包含的详细位置，这一点有些类似于功能调用。

图 6.8 所示的是图书馆管理系统用例图的部分内容。本例中，"查询图书信息"的功能在"预约图书"过程中使用，无论如何处理"预约图书"用例，总要运行"查询图书信息"用例，因此二者具有包含关系。

图 6.7　用例间的包含关系　　图 6.8　用例间的包含关系示例

（3）扩展关系（Extend），一个用例可以被定义为基础用例的增量扩展，称为扩展关系。扩展关系是把新的行为插入到已有用例中的方法。同一个基础用例的几个扩展用例可以在一起应用。使用扩展关系增加了基础用例原有的语义。在 UML 中，扩展关系表示为虚线箭头加<<extend>>字样，箭头指向被扩展用例，即基础用例，如图 6.9 所示。

与包含关系不同的是，基础用例即使没有扩展也是完整的。另外，一个用例可能有多个扩展点，每个扩展点可以出现多次。与包含关系相比，对于扩展关系来说，更为普遍的情况是基础用例的执行不会涉及扩展用例，只有在特定条件下扩展用例才被执行。从这个角度来讲，扩展关系为处理异常或构建灵活的系统框架提供了一种十分有效的方法。

图 6.10 显示了图书馆管理系统用例图的部分内容。其中，"还书"是基础用例，"交纳罚金"是扩展用例。如果读者所借图书没有逾期，直接执行"还书"用例即可，如果所借图书逾期后才归还，则读者还需要按规定交纳一定的罚金才能完成还书的行为。但是正常的"还书"

用例不具备这样的功能，如果更改"还书"用例的设计势必会增加系统的复杂性，这时可以在"还书"用例中增加扩展点，在逾期归还的情况下，将执行扩展用例"交纳罚金"，这种处理方式使得系统更容易被理解，也符合面向对象方法的运作机制。

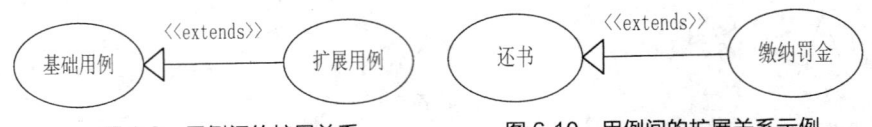

图 6.9　用例间的扩展关系　　　　图 6.10　用例间的扩展关系示例

（4）泛化关系（Generalization）。泛化是指一个用例可以被特别列举为一个或多个子用例，当父用例能够被使用时，任何子用例也可以被使用。如果系统中一个或多个用例是某一般用例的特殊化时，就需要使用用例的泛化关系。在 UML 中，用例的泛化用一个三角箭头从子用例指向父用例来表示，如图 6.11 所示。

在用例的泛化中，子用例表示父用例的特殊形式。子用例从父用例处继承行为和属性，还可以添加、覆盖或改变继承的行为。图 6.12 所示是图书馆管理系统中的部分内容。该实例中，父用例是"续借图书"，其两个子用例分别是"网上续借"和"流通台续借"。

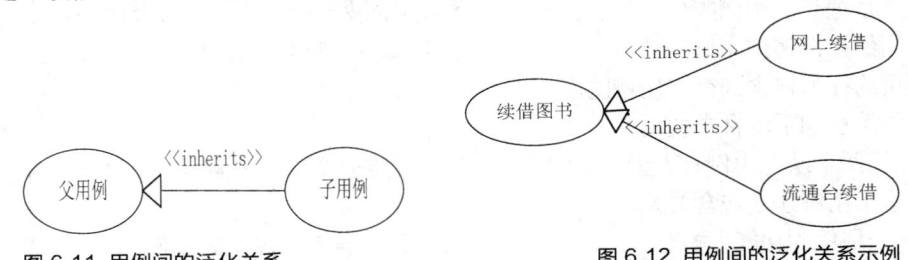

图 6.11　用例间的泛化关系　　　　图 6.12　用例间的泛化关系示例

6.3.3　图书馆管理系统的用例图

本节将以图书馆管理系统的用例分析为例，介绍基于 UML 的用例分析过程，该过程分为确定系统总体信息、确定系统参与者和确定系统用例 3 个步骤。

（1）确定系统总体信息。图书馆管理系统对图书借阅和读者信息进行统一管理，主要处理功能包括读者进行图书信息查询、借书、还书、预约图书、续借图书；图书管理员处理读者借书、还书以及续借图书、读者信息查询、图书信息查询；系统管理员进行系统维护，主要有添加书目信息、删除书目信息、更新书目信息、添加图书信息、删除图书信息、更新图书信息、添加用户账户、删除用户账户、更新用户账户、图书信息查询、用户信息查询。系统的总体信息确定之后，可以进一步分析系统的参与者。

（2）确定系统参与者。确定参与者首先需要分析系统所涉及的问题域和系统运行的主要任务，这一步主要分析使用该系统的是哪些人？谁需要该系统的支持完成其工作？系统的管理和维护由谁来完成？

通过对图书馆管理系统的需求进行分析，可以确定以下几点。

① 图书馆主要是为读者服务，读者的参与必不可少，读者完成的首要功能是借书、还书的操作，此外读者可以进行登录系统、查询图书信息、完成预定、续借图书的操作。

② 对于图书馆管理系统来说，读者所发出的借书、还书操作还需要图书管理员来进行处理，另外，对于逾期罚款、丢失赔偿的处理，也需要图书管理员来完成。

③ 作为一个管理信息系统，系统维护相当重要，维护相关的操作主要包括添加书目信息、删除书目信息、更新书目信息、添加图书信息、删除图书信息、更新图书信息、添加用户账户、删除用户账户、更新用户账户、图书信息查询、用户信息查询等。

通过以上分析可以看到，系统的主要参与者分为 3 类：读者、图书管理员和系统管理员。需要注意的是在确定系统参与者的过程中，不能把参与者列成如张三、李四这样具体的人，而应该标识这些人的角色。另外，在一个系统中同一个人可以有多个特定的角色，这一点在前面也已经强调过。理解和确定系统所有可能使用的角色是很重要的。

（3）确定系统用例。确定系统用例有两个切入点。最常用的方法是使用事件表。我们分析事件表的每一个事件以决定系统支持这个事件的方式、初始化这个事件的参与者、以及由于这事件而可能触发的其他用例。通常，每一个事件都是一个用例，但有时一个事件可能产生多个用例。确定系统用例的另一个切入点是确定所有使用系统的参与者。这部分内容在上一步已经介绍了。

针对图书馆管理系统，由于存在读者、图书管理员和系统管理员 3 个角色的参与者，在用例分析的过程中可以把系统分为 3 个用例图分别加以考虑。下面分别介绍这 3 种参与者相关的用例。

① 读者请求服务的用例：
- 登录系统；
- 查询个人借阅信息；
- 更新个人信息；
- 查询图书信息；
- 借出图书；
- 归还图书；
- 预约图书；
- 续借图书；
- 逾期交纳罚金。

读者请求服务的用例图如图 6.13 所示。

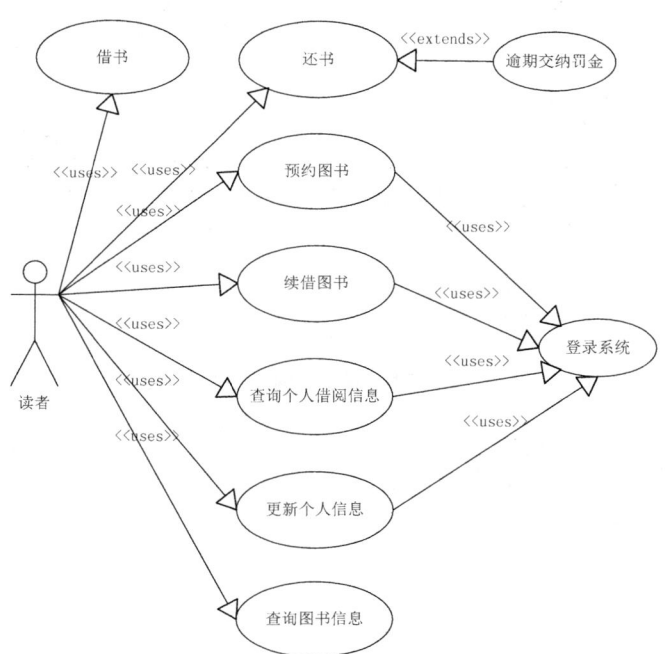

图 6.13 读者请求服务的用例图

事实上，随着系统分析的进一步深入，我们会发现在现时世界中所说的由读者完成的借书和还书过程，在图书馆管理系统中是由图书管理员协助完成的，这种人工处理与电子处理的转化是我们在系统分析中需要认真考虑的。

② 图书管理员处理服务的用例：
- 处理读者借出图书；
- 处理读者归还图书；
- 处理读者续借图书；
- 处理图书逾期罚款；
- 处理图书丢失赔偿；
- 验证读者账号；
- 删除图书预约信息。

图书管理员处理服务的用例图如图 6.14 所示。

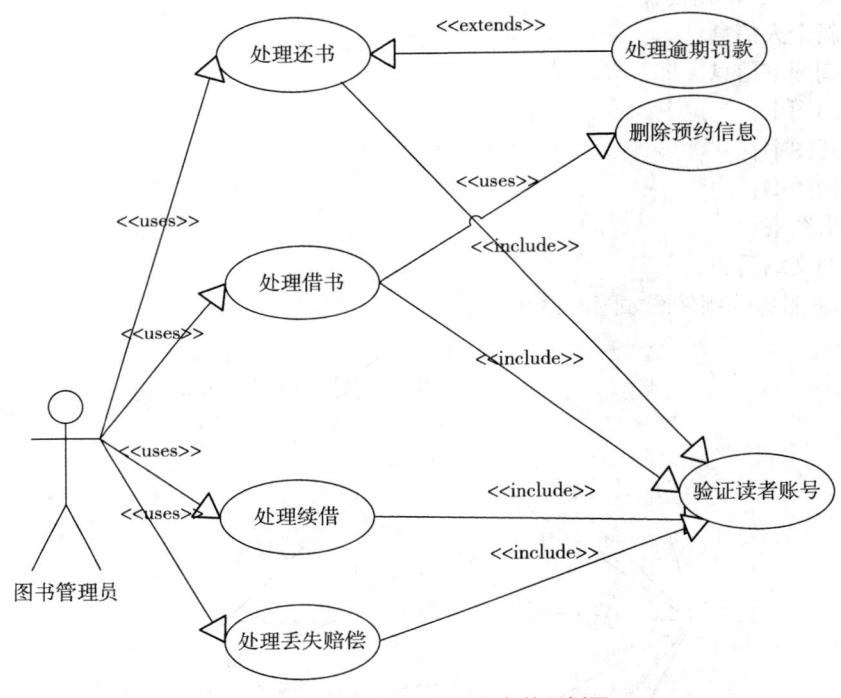

图 6.14　图书管理员处理服务的用例图

③ 系统管理员进行系统维护的用例：
- 查询用户（读者、图书管理员、系统管理员）信息；
- 添加用户信息；
- 删除用户信息；
- 更新用户信息；
- 查询图书信息；
- 添加图书信息；
- 删除图书信息；
- 更新图书信息；
- 查询书目信息；

- 添加书目信息；
- 删除书目信息；
- 更新书目信息。

系统管理员进行系统维护的用例如图 6.15 所示。

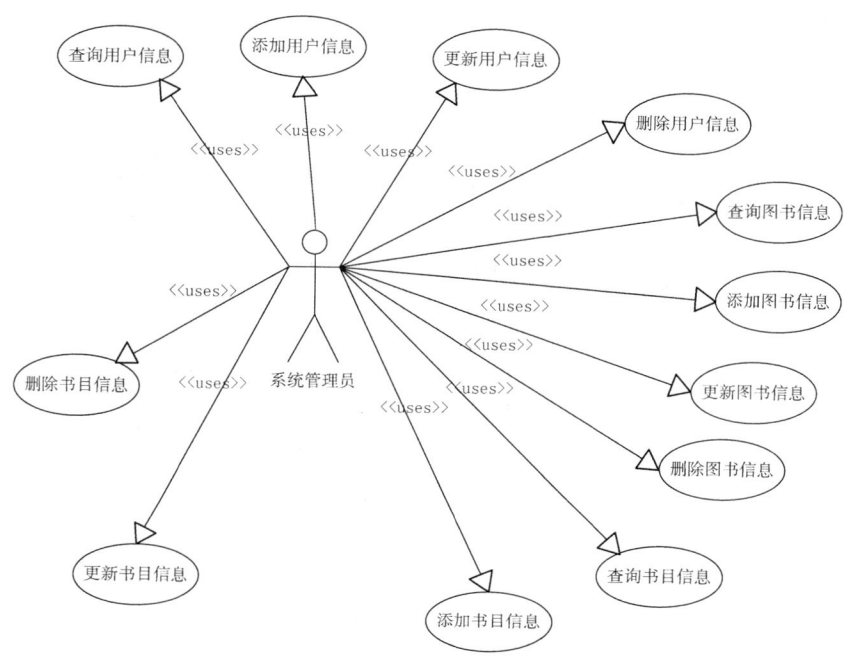

图 6.15　系统管理员进行系统维护的用例

6.4　对象交互：顺序图与协作图

用例图表明了系统参与者与用例的关系，明确了系统边界和系统功能。系统内部各对象之间如何交互则需要用顺序图和协作图来描述。事实上，协作图和顺序图包含有相同的信息，但它们的侧重点稍有不同。正如 6.1.3 节中所提到的，协作图强调对象交织在一起以支持一个用例，而顺序图把重点放在消息本身的细节上。使用自顶向下的方法进行分析，可以先画协作图以得到协作执行一个用例的所有对象的一个概观，而使用自底向上的方法，则往往只画顺序图。但是，两者都是有用的模型，一个合格的系统分析员应该理解并掌握这两种模型。虽然顺序图比协作图稍微复杂一些，但它在这个行业里用得更多。所以，我们首先来学习顺序图，再学习协作图。

由于用例图不显示系统的流入、流出及其内部的信息，为了在面向对象建模过程中定义信息流，需要进入下一层图，即交互图。交互图把类图中的对象和用例图中的参与者结合在一起。一个特定的顺序图记录了一个用例或一个场景的信息流。作为定义面向对象需求第一步的用例并不标识每一个对象。顺序图把在类图中确定的类和用例联系起来。

6.4.1　顺序图的基本构成

顺序图（Sequence Diagram）描述了对象之间传递消息的时间顺序。它包含 4 个元素，分别是对象（Object）、生命线（Lifeline）、消息（Message）和激活（Activation）。

在 UML 中，顺序图将交互关系表示为二维图。其中，纵轴表示时间，时间沿竖线向下延伸。横轴代表在协作中各个独立的对象。当对象存在时，生命线用一条虚线表示，当对象的过程处于激活状态时，生命线用一个长条矩形表示。消息用从一个对象的生命线到另一个对象的生命线的箭头表示，箭头按时间顺序在图中从上到下排列。

图 6.16 表示的是图书馆管理系统中读者预约图书的顺序图。

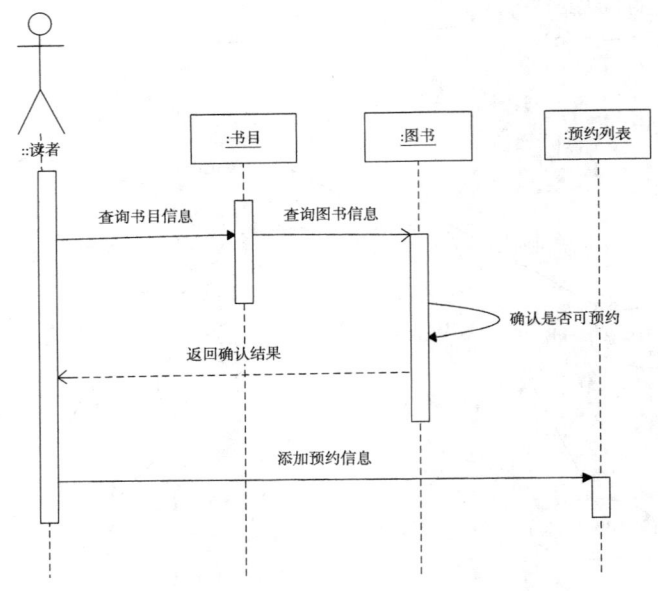

图 6.16 读者预约图书顺序图

首先读者对象向书目对象发送"查询书目信息"的消息，以确认是否有该种图书，然后由书目对象向图书对象发送"查询图书信息"消息，以确认该种图书的可预约状态，图书对象使用"返回确认结果"消息，把可预约状态发送给读者对象，读者对象向"预约列表"对象发送"添加预约信息"消息，完成一次预约图书的过程。为了方便读者理解，这里使用了中文文字对对象和消息进行了描述，随着建模过程的细化，这些对象和消息将用更接近开发平台的语法形式描述出来。

6.4.2 如何开发顺序图

为了用正确的思维过程来开发顺序图，必须先多理解一些面向对象方法程序的执行过程。一个面向对象的程序包含一组交织在一起的对象，并且每个对象的属性通常是隐藏的或私有的。所以，为了看到和修改任何属性，我们必须给对象发送消息请求服务。在一个对象内的程序逻辑只在这个对象的属性和部件内工作。例如，为了更新读者姓名，就要对这个读者对象发送消息，该消息可以这样描述："请使用我们发送的信息更新该读者对象的姓名"。这个消息的语法可以这样表示："updateReader(更新读者)"。

又例如，系统管理员新增一条读者信息后，系统将在读者列表中增加一行条目，我们给读者类发送创建(create)消息并带上需要的参数。create 方法就可以激活并创建一个新的读者对象。

开发顺序图可遵循以下步骤。

（1）确定所有与场景有关的对象和参与者。只使用在用例图中标识过的参与者，只使用在类图中标识过的对象。如果要使用以前的图中没有定义的对象和参与者，则要更新那些图。

（2）基于活动流确定每一个需要用于完成场景的消息，同时标识消息的源对象或参与者和目的对象或参与者。对于初学者来说，可能不习惯于用面向对象的概念进行思维。需要记住的是，对象只能对它自己进行操作。例如，如果想查看借书条目的数量，只有借书列表对象本身可以做这件事，读者对象、图书对象以及其他对象和参与者都不能做这件事。所以，必须存在带有目的对象是借书列表对象的消息。

另外，如何标识消息的源可能显得更困难一些。可以采纳以下一些准则来帮助我们识别消息的源：

① 识别需要服务的对象；
② 识别有权访问所需输入参数的对象；
③ 如果在类图中有一对多的关联关系，则通常在一端的对象会创建并发送消息给许多其他端的对象。

当独立／依赖关系在类中存在时，第三个准则总是正确的。例如，预约列表在没有预约发生时是不可能存在。因此，借书列表依赖于图书和读者的关系。在这种情况下，总是要通过被独立的类(读者)给依赖的类(预约列表)发送消息，这一点从图 6.16 读者预约图书顺序图中可以看出。

（3）正确地为这些消息排序并把它们附在合适的参与者或对象的生命线上。
（4）给消息加上形式化的语法以描述条件、消息名以及要传递的参数。

6.4.3　图书馆管理系统中的顺序图

图书馆管理系统涉及多个用例，而每个用例内部又通过多个对象的交互来完成业务逻辑。接下来介绍图书馆管理系统中主要用例相关的顺序图。

（1）图书管理员处理借书的顺序图（见图 6.17）

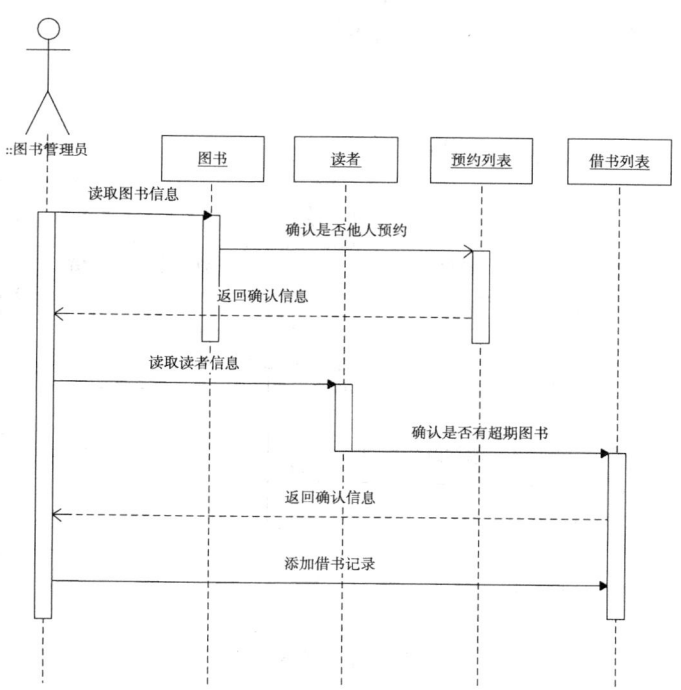

图 6.17　图书管理员处理借书的顺序图

（2）图书管理员处理还书的顺序图（见图 6.18）

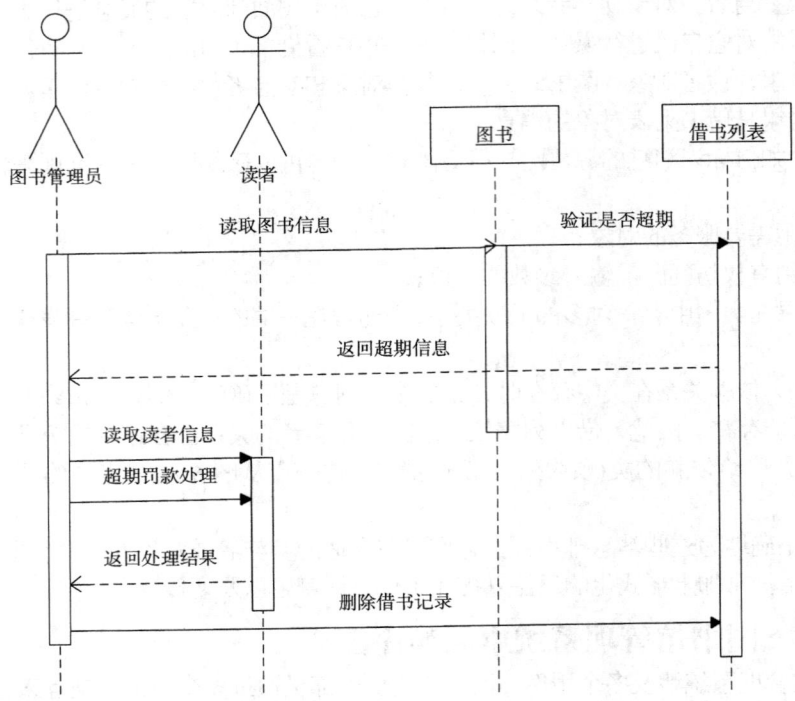

图 6.18　图书管理员处理还书的顺序图

（3）读者续借图书的顺序图（见图 6.19）

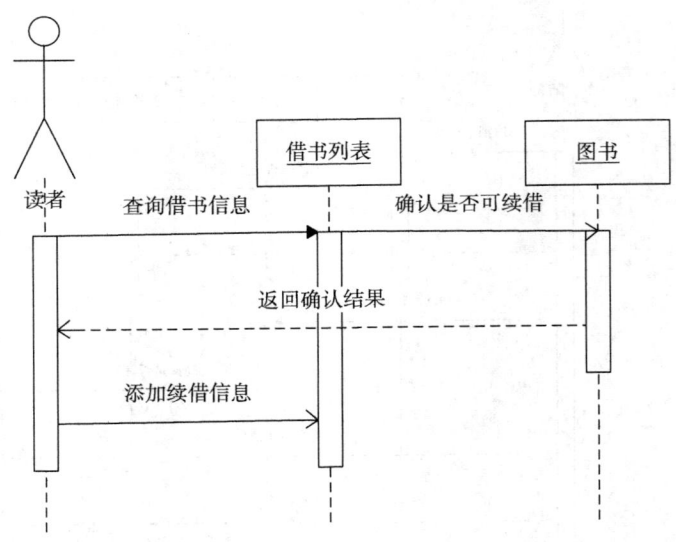

图 6.19　读者续借图书顺序图

（4）读者预约图书的顺序图（见图 6.16）

6.4.4 协作图的基本构成

协作图的主要作用是快速浏览相互协作、用来支持一个特定场景的所有对象。协作图的参与者、对象和消息都使用了与顺序图相同的符号。只是没有使用生命线符号，而使用了一个不同的符号：链接符号。由于没有生命线表明场景消息的时间，所以用数字顺序标号来显示每一个消息的顺序。在对象之间或在参与者与对象之间的连线表示链接。在一个协作图中，链接表示两个对象共享一个消息———一个发送消息一个接收消息。连线本质上仅仅用于传递消息。可以把它们想象为用于传输消息的线缆。协作图的重点是描述参与者和对象之间的协作，尽管图中也包含了消息信息，但它的重点仍然是协作本身。

6.4.5 图书馆管理系统中的协作图

下面将给出图书馆管理系统中的协作图，请读者与对应的顺序图对比，来体会两种图的区别和联系。

（1）图书管理员处理借书的协作图（见图6.20）

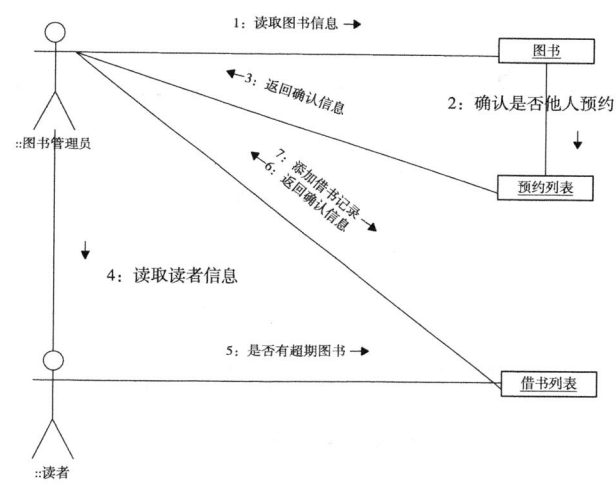

图 6.20 管理员处理借书的协作图

（2）图书管理员处理还书的协作图（见图6.21）

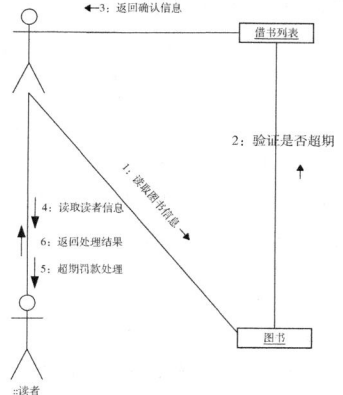

图 6.21 管理员处理还书的协作图

（3）读者续借图书的协作图（见图6.22）

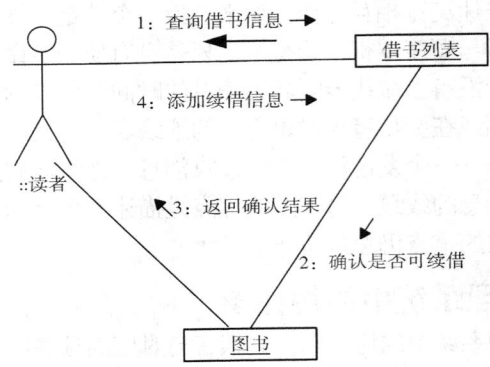

图 6.22 读者续借图书的协作图

（4）读者预约图书的协作图（见图6.23）

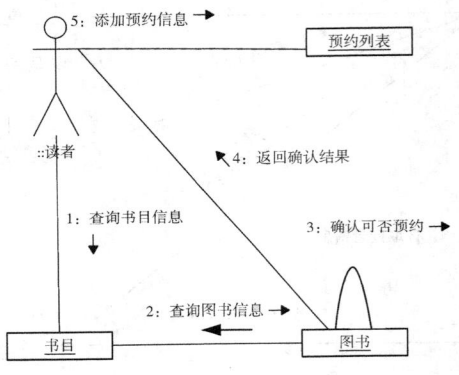

图 6.23 读者预约图书的协作图

6.5 对象行为：状态、状态转换和状态图

  在开发功能需求时，最后一类需要的信息是每个对象的内部逻辑。这些信息是对对象本身执行动作的描述。顺序图给出了对象行为的一个客观的分析。它标识了对象发送和接收的消息。但是当一个对象接收到消息时，它应该做些什么呢？这时需要用到状态图，状态图用来描述对象的内部工作机制。系统类图中的每一个类有它自己唯一的状态图。状态图是基于类图和顺序图的信息开发出来的。

  在面向对象方法中，对象如何执行动作叫做对象行为。每个对象是类的一个实例，每个对象有完整的生命周期，即从创建到销毁。一个对象在系统中以某种方式开始存在，在它的生存期中，它处于某种状态，并且会从一个状态转换到另一个状态。这些状态以及从一个状态到另一个状态的转换在状态图中显示出来。

6.5.1 对象状态和状态转换

  对象的状态是指对象在生命周期中满足某些标准、执行一些行为或等待一个事件时的存在条件。每个状态有一个唯一的名称。

状态用一个圆角矩形表示，其内部是状态的名称。在某个状态期间需要执行的任何动作都要放在圆角方框内部的状态名称之下。图 6.24 是两个状态的例子，它是机床状态图的一部分，其中的箭头表示转换。

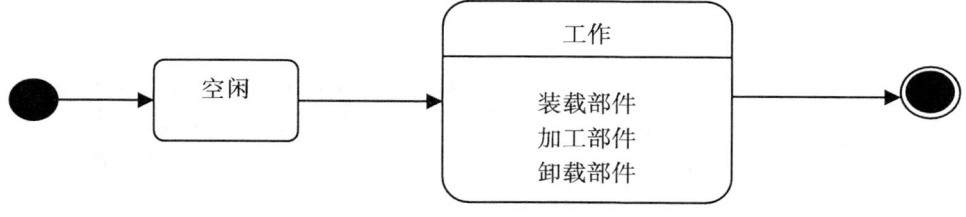

图 6.24　机床的状态图

注意，第一个状态——空闲状态，它里面没有包含动作。机器正处理于"空闲"状态，没有做任何事情。第二个状态是"工作"状态。工作状态是一个活动的状态，在这个状态中，机器可以完成装载部件、加工部件和卸载部件的行为。

在图 6.25 中使用两个特别的状态来表明状态图的开始和结束。一个黑圆圈表示初始状态，它表明进入状态图的入口点。内部涂黑的同心圆表示结束状态，这个状态表示从状态图中退出，通常表示从系统删除一个对象。

同时处于多个状态的条件叫做并行或并发状态。为了捕获对象的复杂行为，我们需要使用复合状态。复合状态代表更高层的抽象，并且包含嵌套的状态和路径。使用复合状态图来记录某个对象的并发行为，并使这个复合状态图的较低层分解成多个组件，每个组件使用一个并发行为路径。例如，设想一台机器，它有一个输入箱子，用来储存原材料。这个机器也可以在两个状态中循环："工作"和"空闲"。现在我们需要描述两个独立的路径，一个代表输入箱子的状态，另一个代表机器运转的状态。第一条路径有"空"、"满"和"低"3 种状态。第二条路径包含"工作"和"空闲"两种状态。由于这两条路径是独立的，所以在其中一个组件的状态移动与其他组件相互独立。一个对象进入复合状态后，它就从一个黑点开始一条路径。因此可以这样描述先前的机制，首先我们想到要标识一个"打开"状态，当处于打开状态时，可能是正在工作或空闲。接着可以画出"打开"状态的更低一层状态图。图 6.25 表示了这种想法。

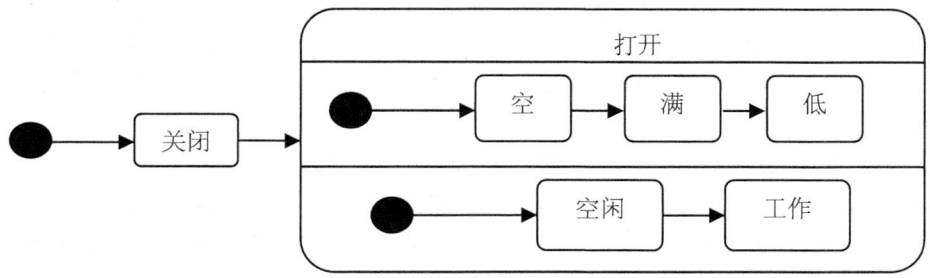

图 6.25　机器对象的复合状态

对象转换的机制使一个对象离开一个状态并转换到另一个新的状态。通常，相对于状态来说，转换持续的时间很短暂而且不能被打断。换句话说，一旦一个转换开始，它一直会通过把对象转换成新状态而结束，这个新状态叫目的状态。转换用一个从原状态（转换之前的状态）到目的状态的箭头表示。

一般来说，转换引起一个对象离开一个状态，并移动到另一个状态或返回相同的状态。内部转换是一种特殊的转换，它不会引起对象离开原状态。内部状态的 3 个版本对于状态描述来说很重要。这3个版本的内部状态名称分别是：进入／转换、退出／转换和执行／转换。这3个转换用于定义在一个状态内什么时候一个语句要执行。换句话说，可以做如下表示：

进入／行动表达式；
执行／行动表达式；
退出／行动表达式。

进入／内部转换与它的行动表达式一起，在对象进入状态时激活。执行／行动表达式在对象处于该状态的时候执行。退出／行动表达式在对象离开状态时执行。图6.26显示了图6.25所示的机床状态修改为使用这些内部转换后的效果。部件进入状态时加载，当对象处于"工作"状态时开始加工，在退出前卸载。在图6.26中使用内部转换而不是仅写行动语句，它的好处在于我们可以区分这些行动语句什么时候执行以及如何被控制。状态图中，在"工作"状态内的行动表达式应该是简单的英语表达式。

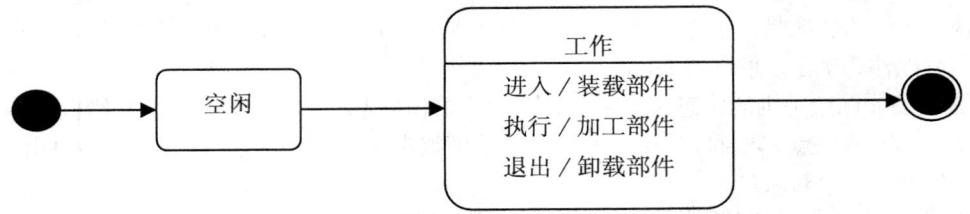

图6.26 带有内部转换的机床对象的状态图

此外，为了清晰地描述状态以及触发状态转换的事件，需要使用消息来进一步描述详细分析的结果。状态图中的消息在一定程度上与顺序图中的消息相对应。

6.5.2 如何开发状态图

状态图是新系统的分析员要开发的比较复杂的图。所以如果在学习和开发过程中遇到困难，千万不要泄气。通常，分析员面临的主要问题是如何识别对象的正确状态。把自己假设成一个对象可能会有些帮助。对于图书馆管理系统来说，假设自己是一位读者并不困难。但是如果说："我是一本图书"或"我是一次图书借出过程，我如何开始存在?我处于什么状态？"这对于初学者来说可能是有点困难的。但是如果你开始使用这种方法来思考了，它可能对学会开发状态图有所帮助。记住：开发状态图是一个反复的过程，与开发其他类型的图相比更应该如此。不要要求自己进行一次分析就能得到正确的状态图。状态图都是在分析过程中逐步修改完善的。

在分析过程中遵循以下步骤，会对状态图的开发有所帮助。

（1）检查类图并择出需要状态图的类。可以假设所有的类都需要状态图。对于图书馆管理系统来说，可以从具有简单状态图的类开始，如图书类。另外，可以从一个场景或用例内一起工作的几个类开始分析。

（2）标识所选类的全部顺序图的所有输入消息。例如，对于图书馆管理系统，图书类涉及的顺序图包括读者预约图书、读者续借图书，以及图书管理员处理借还书等几个顺序图。这些用例和场景提供了标识进出一个类的消息的基础。以此为基础，分析员可以辨识转换的最小集合，以后可能还要加入其他转换，但这个集合是一个很好的起点。

（3）对于每个所选择的类，为你能辨别的所有状态画一个列表，辨别这些状态并开始使活动与这些状态相关联。

（4）建立状态图片段，并把这些片段按正确的顺序排列。这个过程与开发DFD片段时所做的工作类似。

（5）回顾路径并查找独立的、并行的路径。

（6）使用适当的消息和行动表达式扩展每一个转换。在每一个状态中包含适当的内部转换和行动表达式。

6.5.3 图书馆管理系统的状态图

本节将介绍图书馆管理系统中部分有明确状态转换的类的状态图，这些类包括图书类和读者类，对象的状态以及转换都使用了汉字加以说明，以方便读者理解。

（1）图书对象的状态图（见图6.27）。

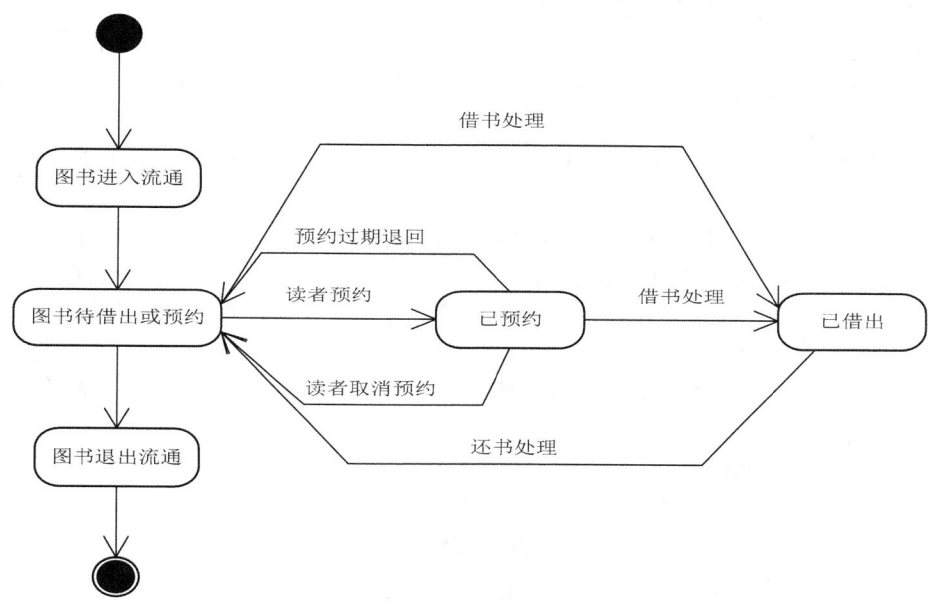

图6.27 图书的状态图

（2）读者对象的状态图（见图6.28）。

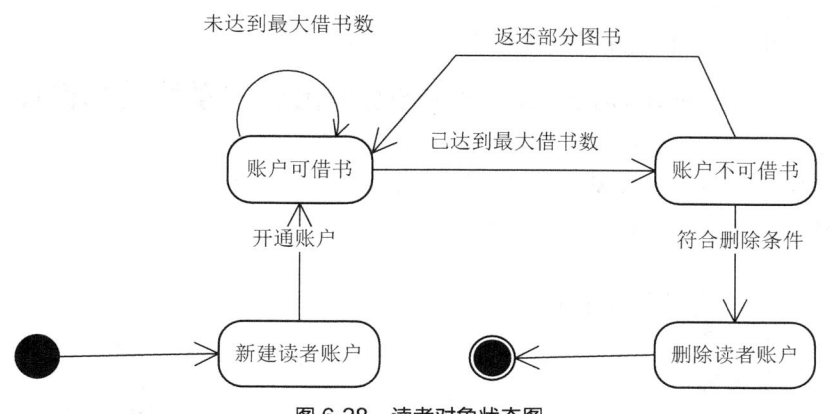

图6.28 读者对象状态图

本章小结

本章介绍了统一建模语言（UML）和基于 UML 建模语言的系统开发方法——Rational 统一过程（RUP）。本章以图书馆管理系统为实例，以 Rational Rose 为建模工具展开具体的系统分析方法，介绍了使用面向对象的系统分析方法，对系统行为、对象、对象交互、对象行为几个方面进行建模的过程。

习题

一、填空题，请将正确的答案填在括号内

1. UML 由（   ）、（   ）、（   ）和（   ）几个部分构成。
2. UML 视图包括（   ）视图、（   ）视图、（   ）视图、（   ）视图和（   ）视图。
3. RUP 的开发周期被细分为多个阶段，包括（   ）阶段、（   ）阶段、（   ）阶段和（   ）阶段。
4. 用例之间的关系包括（   ）关系、（   ）关系和（   ）关系。
5. 在面向对象的系统分析中，对象分为 3 类：（   ）类、（   ）类和（   ）类。
6. 顺序图描述了对象之间传递消息的时间顺序。它包含 4 个元素，分别是（   ）、（   ）、（   ）和（   ）。
7. 在状态图的开发中，内部状态的 3 个版本分别是：（   ）、（   ）和（   ）。

二、简答题

1. 简述 UML 的基本构成。
2. 视图和图是否相同？它们之间是什么关系？
3. 列举 UML 中的 9 种基本的图，并说明其功能。
4. 简述 UML 中的 5 种视图，它们之间存在什么关系？
5. 简述 RUP 的主要特点。
6. 在用例图的开发过程中如何识别参与者和场景？如何确定用例之间的关系？
7. 如何开发顺序图？
8. 如何开发状态图？
9. 面向对象开发方法的优势体现在哪里？

实验一　使用 Rational Rose 绘制图书馆管理系统的用例图

1. 实验目的

（1）掌握使用 Rational Rose 绘制用例图的方法。
（2）熟悉系统用例分析的方法。

2. 实验内容

（1）绘制图书馆管理系统用例图。
（2）完成实验报告。

3. 关于图示的说明

为了清晰地表述用 Rational Rose 绘制相关图的过程，以下图例的内容一般分为两个部分，首先用大图表示整体操作的界面，其下的小图详细演示操作的内容。

4. 具体操作步骤

新建用例图及定制工具栏

（1）在 Browser 窗口的树形列表中，选择"Use Case"包并用鼠标右键单击，在弹出的快捷菜单中选择 New → Use Case Diagram 命令，如图 6.29 所示。

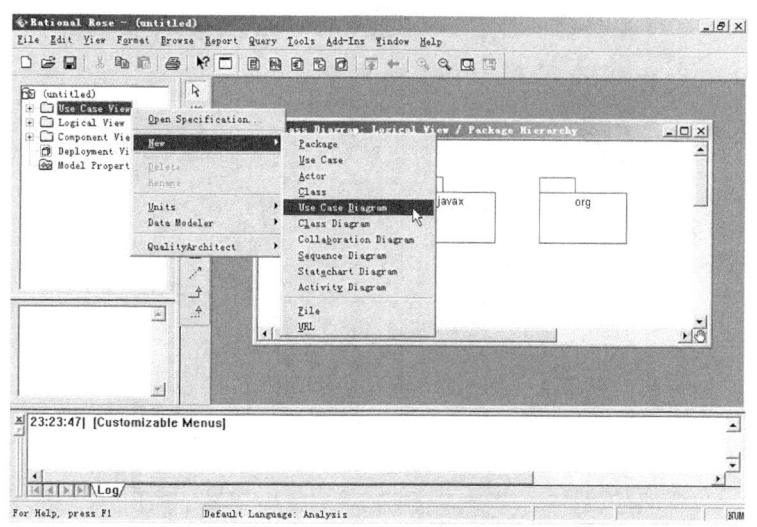

图 6.29　创建用例图

（2）在 Browser 窗口中出现"NewDiagram"用例图文件名，将"NewDiagram"更名为"Library"，如图 6.30 所示，并双击该图标，在 Diagram 窗口中出现以"Use Case Diagram：Use Case View/Library"为标题的窗口，可以在该窗口中绘制用例图。

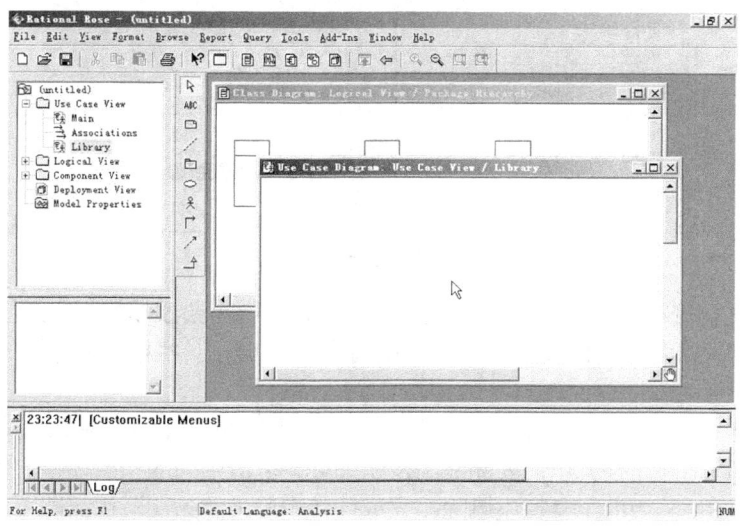

图 6.30　Library 绘制窗口

（3）在图 6.30 所示的窗口中，Rational Rose 系统根据不同的模型图提供了不同的编辑工具栏，在使用过程中如果找不到需要使用的操作图标，可以对工具栏进行定制。定制编辑工具栏的方法如步骤（4）所述。

（4）选择菜单"Views"→"Toolbars"→"Configure…"命令，弹出自定义工具栏对话框，如图 6.31 所示。

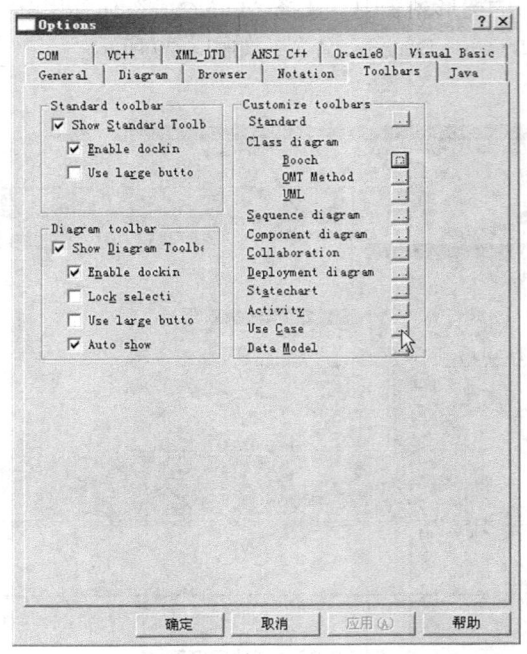

图 6.31　自定义工具栏对话框

（5）"在 Toolbars"标签下有多种可供选择的工具栏设置按钮，点击需要设置的内容旁边的 按钮，打开相应的自定义工具栏，如图 6.32 所示。

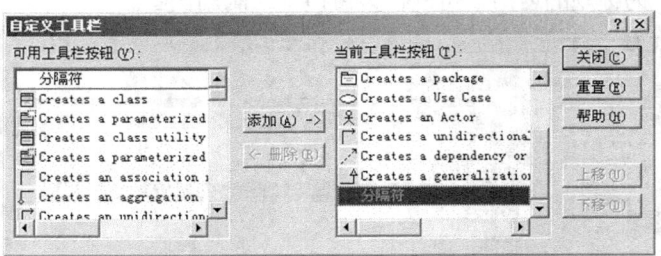

图 6.32　自定义工具栏

（6）根据需要选择图 6.32 左侧"可用工具栏按钮"中需要添加的按钮图标，单击中间的"添加（A）->"按钮，即可将选中的按钮图标添加到当前工具栏中。完成操作后单击"关闭"按钮即可。

（7）删除当前工具栏上已有按钮图标的方法与以上的操作类似，调出图 6.32 所示的对话框，选中右侧当前工具栏按钮中需要删除的按钮图标，点击中间的"<-删除（R）"按钮，即可将选中的按钮图标从当前工具栏中删除。完成操作后单击"关闭"按钮即可。

向用例图中添加角色

（8）在工具栏中单击表示角色的图标 ，用鼠标在绘图区单击，即可绘制出一个名为"NewClass"的角色，如图 6.33 所示。此时可将角色名改为"读者"。

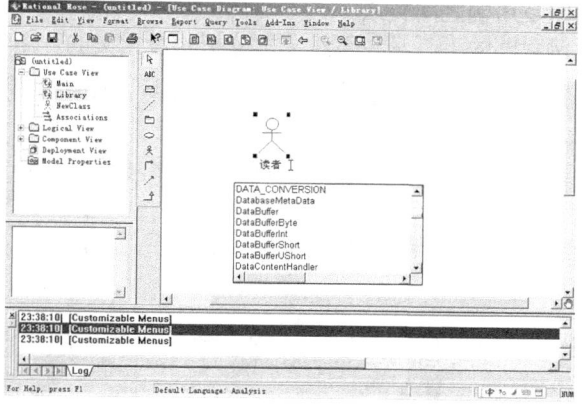

图 6.33　添加角色并命名

（9）为角色更名的另一种方法是，用鼠标左键双击或右键单击角色，调出角色设置对话框，如图 6.34 所示，在其中可以对角色进行具体的设置。

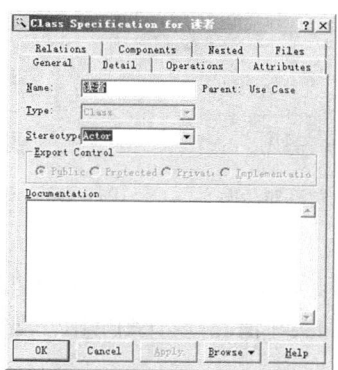

图 6.34　角色设置对话框

建立用例

（10）在工具栏中选中用例图标 ◯，用鼠标在绘图区单击可建立一个名为"NewUseCase"的用例，此时可将其命名为"借书"。

（11）另一种对用例更名的方法是用左键双击或右键单击用例，调出用例设置对话框，可以对用例做进一步的设置，如图 6.35 所示。

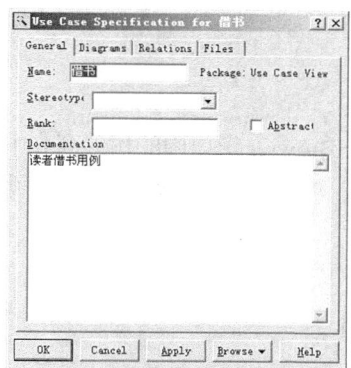

图 6.35　用例设置对话框

建立角色——用例以及用例之间关系

角色和用例以及用例之间的关系是在系统需求分析阶段定义的。用例图绘制工具栏中提供了两种常用的关系，按钮 表示角色和用例之间的关联关系，按钮 表示用例间的依赖关系，如包含、扩展等关系。

（12）用左键单击工具栏中的关系图标，然后在绘图区域连接需要创建关系的图例，即可创建一个关系。

（13）用左键双击或右键单击绘图区中已经建立的关系，可以调出关系设置对话框，如图 6.36 和图 6.37 所示。

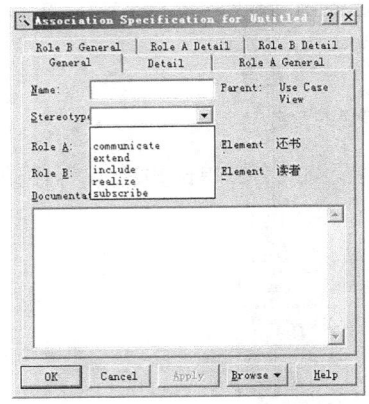
图 6.36　设置关联关系对话框

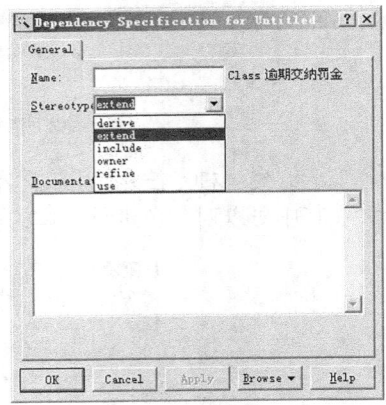
图 6.37　设置依赖关系对话框

5. 实验练习

（1）按照以上方法绘制读者用例图、图书管理员用例图和系统管理员用例图。

（2）根据你所在大学图书馆的实际情况，设计图书馆管理的用例，并使用 Rational Rose 2007 绘制相关用例图。

实验二　使用 Rational Rose 绘制图书馆管理系统的顺序图

1. 实验目的

（1）掌握使用 Rational Rose 绘制顺序图的方法。

（2）熟悉系统顺序图的分析方法。

2. 实验内容

（1）绘制图书馆管理系统的顺序图。

（2）完成实验报告。

3. 具体操作步骤

新建顺序图及定制工具栏

（1）启动 Rational Rose，在 Browser 窗口内的树形列表中选中"Logical View"包，用右键单击，在弹出的快捷菜单中选择"New"→"Package"命令新建一个包，命名为"图书馆管理顺序图"，如图 6.38 所示。

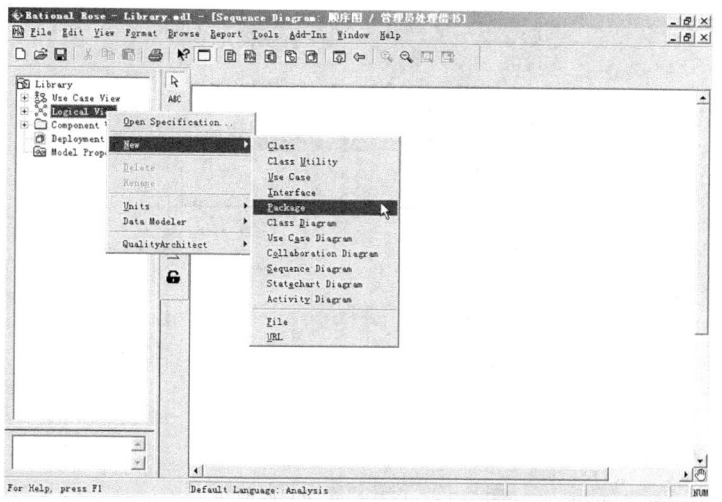

图 6.38　新建顺序图包

（2）用右键单击 Browser 窗口中新生成的包，在弹出的快捷菜单中选择 New→Sequence Diagram 命令，新建一个顺序图，命名为"读者预约图书"，如图 6.39 所示。

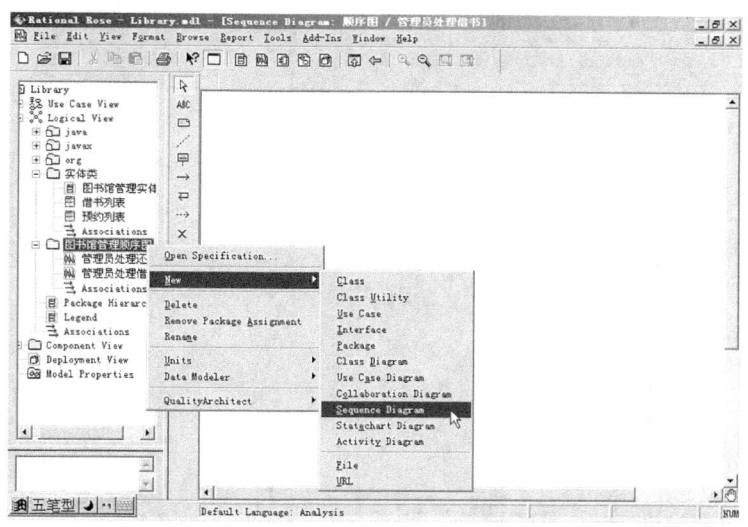

图 6.39　新建顺序图

（3）双击 Browser 窗口中新生成的"读者预约图书"顺序图文件，在 Diagram 窗口中打开该文件，可在该窗口中绘制顺序图。

（4）定制工具栏的方法请参照实验一中的相关内容。

向顺序图中添加对象

（5）单击绘图工具栏上的 按钮，在绘图区用鼠标左键单击，即可绘制一个新的对象，用鼠标右键单击该对象，在弹出的快捷菜单中选择"Open Specification…"命令，打开对象设置对话框，如图 6.40 所示，可对该对象做进一步的设置。

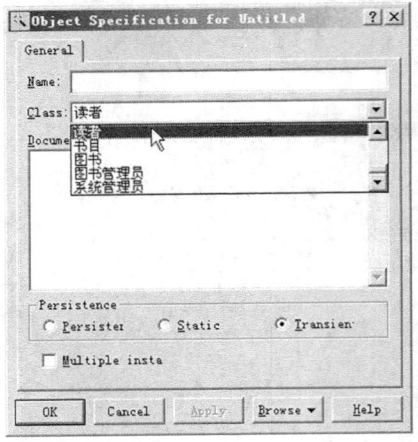

图 6.40 设置对象细节对话框

（6）另一种添加对象的方法是在 Browser 窗口的树形图中找到相应的所属类，将它们依次拖动到绘图区中即可。如图 6.41 所示，用左键选中 Browser 窗口中"Use Case View"下的"读者"选项，然后拖动鼠标到绘图区，松开鼠标后，即可绘制相应的对象。

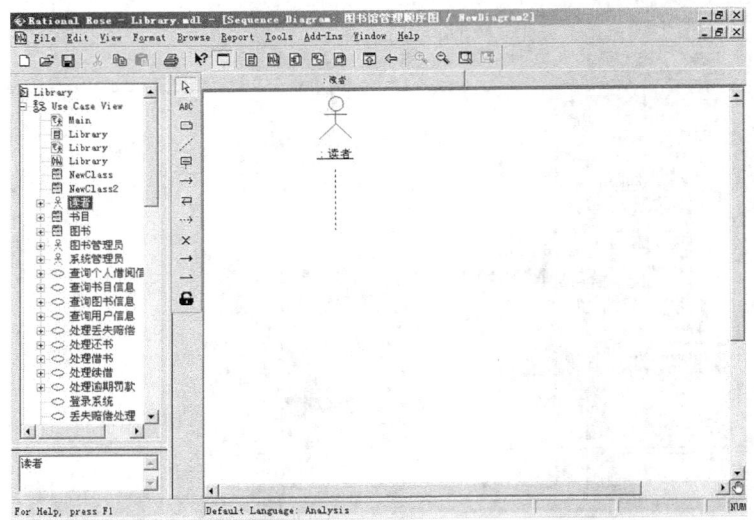

图 6.41 直接拖动类图标在绘图区绘制对象

添加对象之间消息

添加对象后还要在对象之间添加消息，根据消息类型的不同，在绘图工具栏上单击不同的消息按钮，然后在绘图区连接两个对象即可。

（7）点击工具栏上的 → 按钮，鼠标指针变为 ↑ 形状后，在绘图区表示需要传递消息的对象下方的垂直虚线之间画线连接，松开鼠标后，即绘制出一条连接两个表示对象存在周期的矩形长条之间的消息线，如图 6.42 所示。

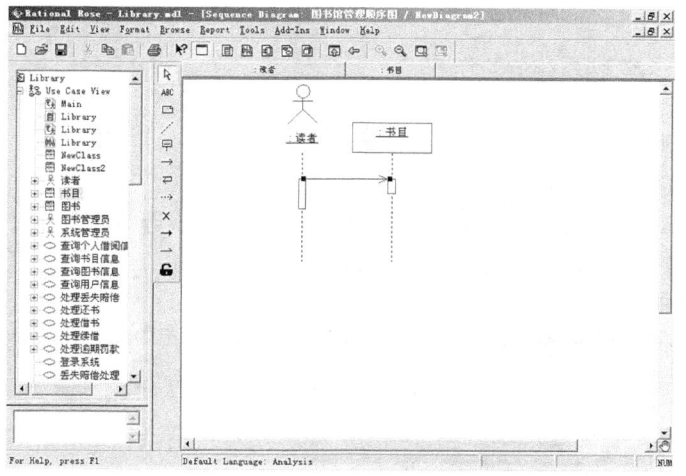

图 6.42　绘制对象之间的消息线

（8）用右键单击消息线，在弹出的快捷菜单中选择 Open Specification…命令，或直接用左键双击该消息线，打开图 6.43 所示的对话框，可对消息做进一步的细节设置。

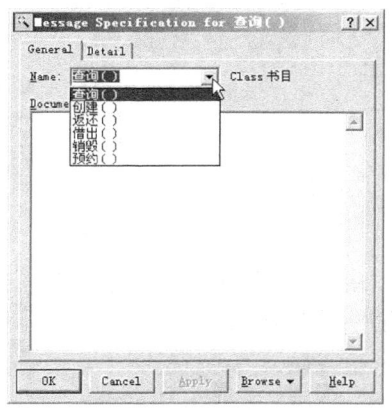

图 6.43　设置消息细节对话框

（9）值得一提的是 Rational Rose 各模型图之间具有很强的关联性，如图 6.44 所示，单击下拉箭头，即可显示发出消息对象所具有的一些方法，可以从中选择某个方法来命名当前消息，也可以输入文字来为消息命名。

（10）根据设计的需要，可以在对象之间绘制反身消息线（使用 ⤶ 按钮绘制）和返回消息线（使用 ⇢ 按钮绘制）。

4. 实验练习

（1）按照以上方法绘制图书馆管理系统的顺序图。

（2）根据你所在大学图书馆的实际情况，设计图书馆管理的顺序图，并使用 Rational Rose 2007 绘制相关顺序图。

实验三　使用 Rational Rose 绘制图书馆管理系统的协作图

1. 实验目的

（1）掌握使用 Rational Rose 绘制协作图的方法。

（2）熟悉系统协作图的分析方法。

2. 实验内容

（1）绘制图书馆管理系统的协作图。

（2）完成实验报告。

3. 具体操作步骤

新建协作图及定制工具栏

（1）启动 Rational Rose，在 Browser 窗口内的树形列表中选中"Logical View"包，用鼠标右键单击，在弹出的快捷菜单中选择 New →Package 命令新建一个包，命名为"图书馆管理协作图"，如图 6.44 所示。

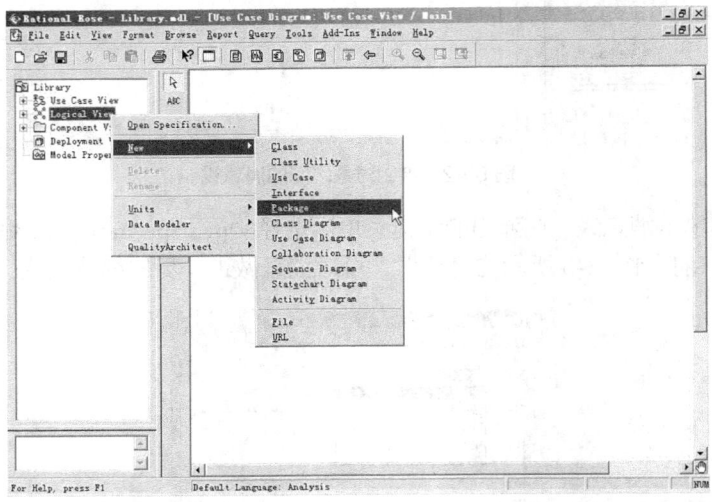

图 6.44　新建协作图包

（2）用鼠标右键单击 Browser 窗口中新生成的包，在弹出的快捷菜单中选择 New → Collaboration Diagram 命令，新建一个协作图，命名为"读者预约图书"，如图 6.45 所示。

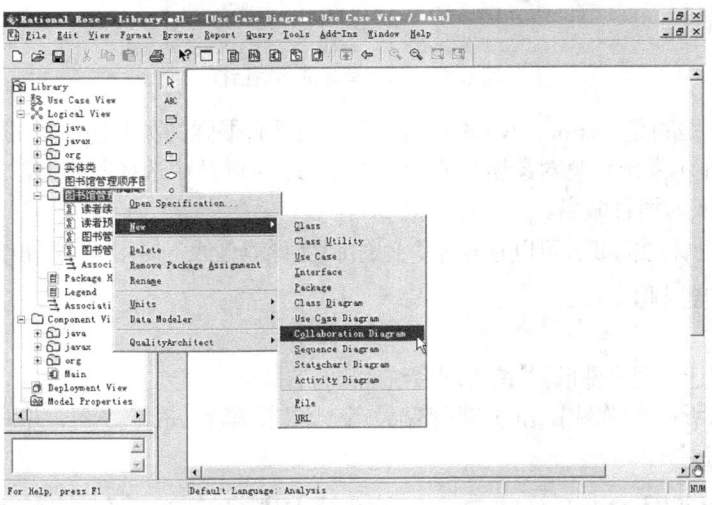

图 6.45　新建协作图

（3）双击 Browser 窗口中新生成的"读者预约图书"协作图文件，在 Diagram 窗口中打开该文件，可在该窗口中绘制顺序图。

（4）定制工具栏的方法请参照实验一中的相关内容。

向协作图中添加对象

（5）单击绘图工具栏上的 按钮，在绘图区单击即可绘制一个新的对象，用右键单击该对象，在弹出的快捷菜单中选择"Open Specification…"命令打开对象设置对话框，如图 6.46 所示，可对该对象做进一步的设置。

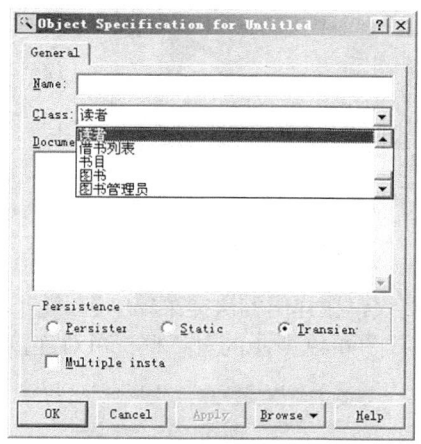

图 6.46　设置对象细节对话框

（6）另一种添加对象的方法是，在 Browser 窗口的树形图中找到相应的所属类，将它们依次拖动到绘图区中即可。如图 6.47 所示，用左键选中 Browser 窗口中"Use Case View"下的"读者"选项，然后拖动鼠标到绘图区，松开鼠标后即可绘制相应的对象。

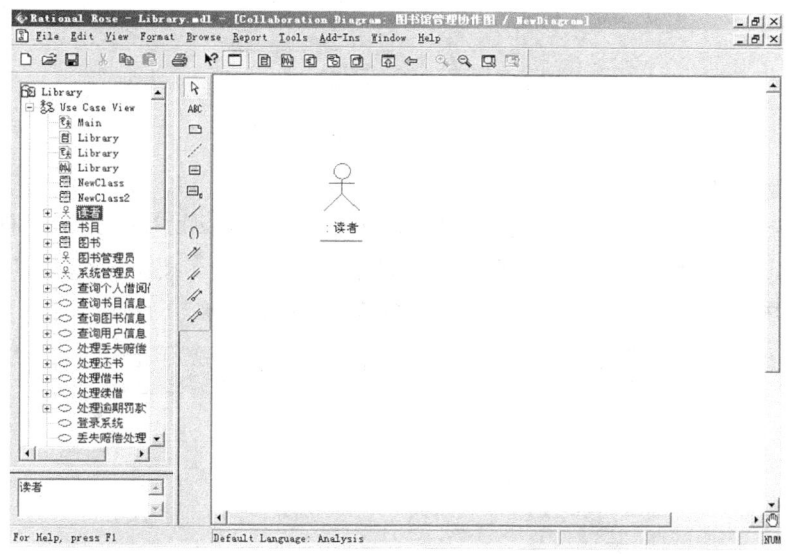

图 6.47　直接拖动类图标在绘图区绘制对象

建立对象之间的连接

（7）添加对象后还要对对象进行连接，在绘图工具栏上点击 按钮，然后在绘图区连接两个对象即可，如图 6.48 所示。 按钮用于对对象自身进行连接。

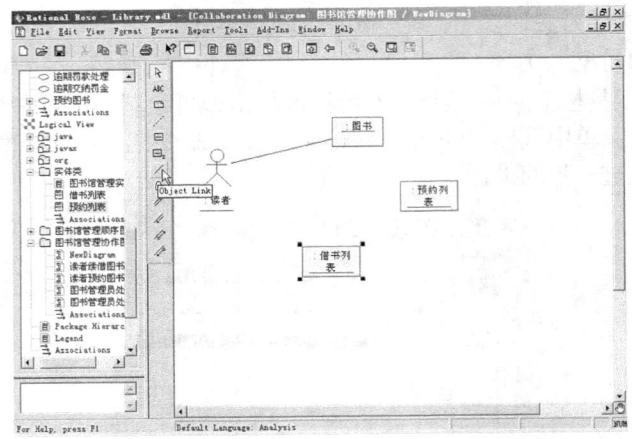

图 6.48 在协作图中连接对象

（8）用鼠标右键单击连接线，在弹出的快捷菜单中选择"Open Specification…"命令，或直接用左键双击该连接线，打开图 6.49 所示的对话框，可对连接做进一步的细节设置。

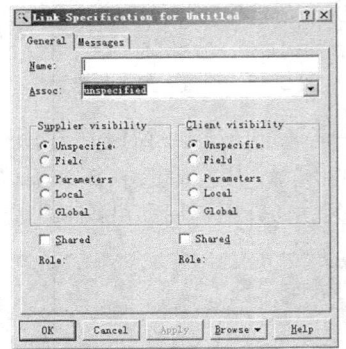

图 6.49 对象连接的细节设置

添加对象之间的消息

（9）在两个对象之间建立连接之后，相当于在对象之间增加了通信路径，有了通信路径，就可以在路径上增加对象之间的消息了。单击绘图工具栏上的 ✎ 按钮或 ✎ 按钮，然后点击绘图区的对象连接，即可添加对象间或对象自身的消息，如图 6.50 所示。

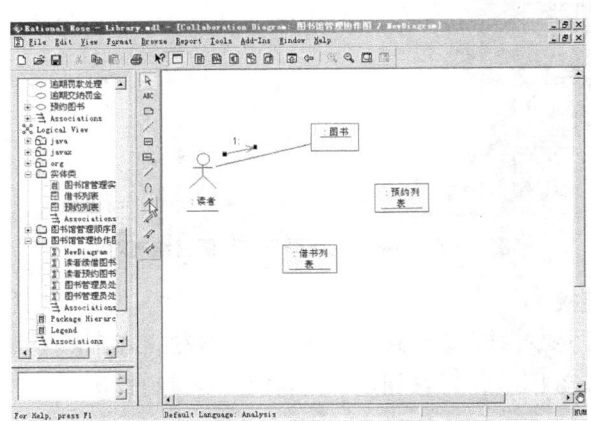

图 6.50 添加对象间的消息

（10）用右键单击消息，在弹出的快捷菜单中选择"Open Specification…"命令，或用左键双击该消息，在弹出的"对象间消息细节设置"对话框中可以对消息进行进一步的细节设置。

某些消息发送到某个对象后，需要返回一个消息结果，这称为数据流。对于协作图来说，没有必要为每个消息添加数据流，只要对一些重要的消息附加数据流即可。操作步骤如下所述。

（11）点击绘图工具栏上的 按钮或 按钮，然后点击绘图区需要显示数据流的消息，即可添加数据流，如图 6.51 所示。

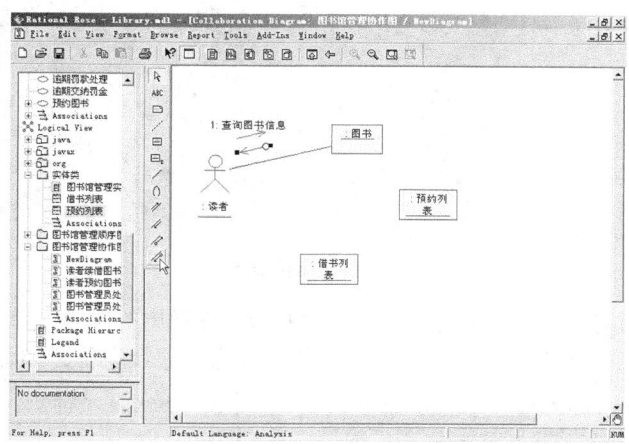

图 6.51　向消息添加数据流

4. 实验练习

（1）按照以上方法绘制 6.4.5 节所给出的图书馆管理系统的协作图。

（2）根据你所在大学图书馆的实际情况，设计图书馆管理的协作图，并使用 Rational Rose 2007 绘制相关协作图。

实验四　使用 Rational Rose 绘制图书馆管理系统的状态图

1. 实验目的

（1）掌握使用 Rational Rose 绘制状态图的方法。

（2）熟悉系统状态图的分析方法。

2. 实验内容

（1）绘制图书馆管理系统的状态图。

（2）完成实验报告。

3. 具体操作步骤

新建状态图及定制工具栏

（1）启动 Rational Rose，在 Browser 窗口内的树形列表中选中"Logical View"包，用鼠标右击，在弹出的快捷菜单中选择 New → Package 命令，新建一个包，命名为"图书馆管理状态图"，如图 6.52 所示。

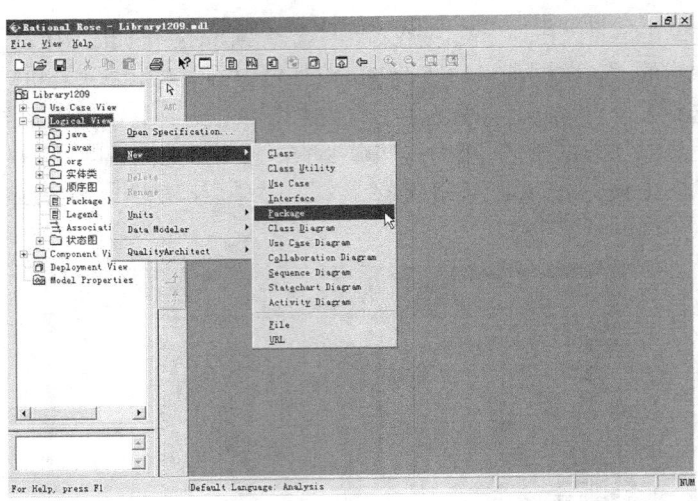

图 6.52 新建状态图包

（2）用鼠标右键点击 Browser 窗口中新生成的包，在弹出的快捷菜单中选择 New → Statechart Diagram 命令，新建一个状态图，命名为"读者对象状态"，如图 6.53 所示。

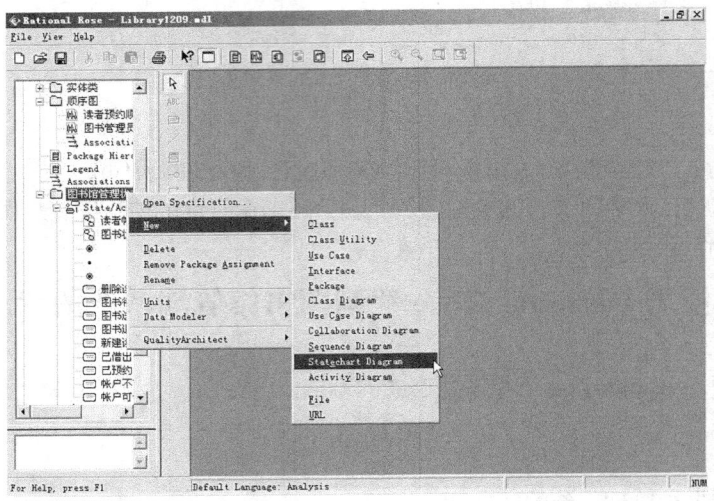

图 6.53 新建状态图

（3）双击 Browser 窗口中新生成的"读者对象状态"状态图文件，在 Diagram 窗口中打开该文件，可在该窗口中绘制状态图。

（4）定制工具栏的方法请参照实验一中的相关内容。

向状态图中添加状态的操作步骤

（5）单击绘图工具栏上的 ◆ 按钮或 ● 按钮，在绘图区单击，即可绘制一个开始状态或结束状态。

（6）单击绘图工具栏上的 ▭ 按钮，在绘图区单击，即可绘制一个新的状态，用鼠标右键单击该状态，在弹出的快捷菜单中选择"Open Specification…"命令打开状态设置细节对话框，如图 6.54 所示，可对该状态做进一步的设置。

图 6.54　设置状态细节对话框

添加状态之间转换的步骤

（7）添加状态后，还要在状态之间添加转换，根据转换类型的不同，在绘图工具栏上单击不同的转换按钮，然后在绘图区连接两个状态即可，其中 ↗ 按钮表示状态转换，↻ 按钮表示自身状态转换。图 6.55 显示的是添加了状态转换的状态图。

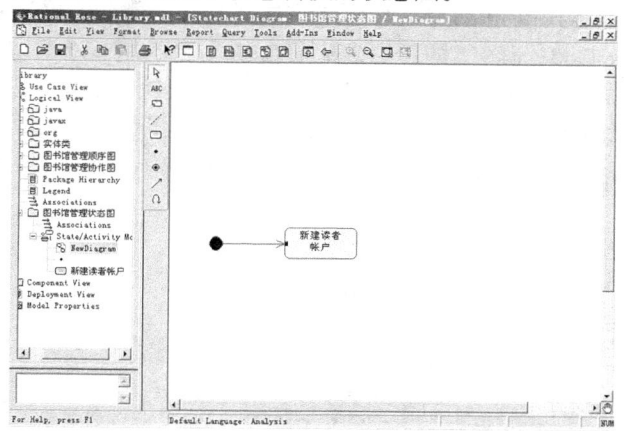

图 6.55　添加了状态转换的状态图

（8）用右键单击转换线，在弹出的快捷菜单中选择"Open Specification…"命令，或直接用左键双击该转换线，打开图 6.56 所示的对话框，可对转换做进一步的细节设置。

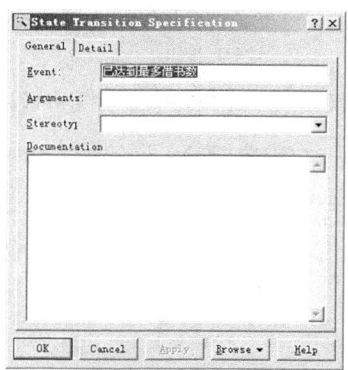

图 6.56　设置转换细节对话框

4. 实验练习

（1）按照以上方法绘制图书馆管理系统的状态图。

（2）根据你所在大学图书馆的实际情况，设计图书馆管理的状态图，并使用 Rational Rose 2007 绘制相关状态图。

实验五　生成框架代码

1. 实验目的

（1）了解 Rational Rose 正向工程和逆向工程的作用。

（2）了解 Rational Rose 中 Generate Code 的方法。

2. 实验内容

（1）对某一对象生成框架代码。

（2）完成实验报告。

3. 具体操作步骤

选中对象并生成框架代码

（1）启动 Rational Rose，在 Browser 窗口内的树形列表中选中"Logical View"包，单击之下的"图书馆管理实体类"，在右侧工作区域选中"User"类，选择菜单栏下的 Tools → Java/J2EE → Generate Code 命令，即可生成基于 J2EE 平台的用 Java 语言描述的实体类对象的框架代码，如图 6.57 所示。Rational Rose 提供了丰富的框架代码生成功能，在开始建模前，可以指定在哪个开发平台上进行模型设计，本实验示例中选择了 Java/J2EE 平台。

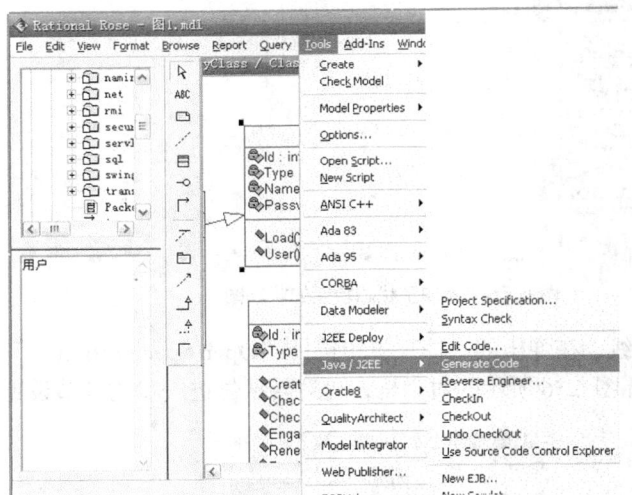

图 6.57　选中对象并生成框架代码

（2）用同样的方法也可以通过右键快捷菜单来实现。选中对象后，用鼠标右击，在弹出的快捷菜单中选择 Java/J2EE → Generate Code 命令，同样可以实现以上结果，如图 6.58 所示。

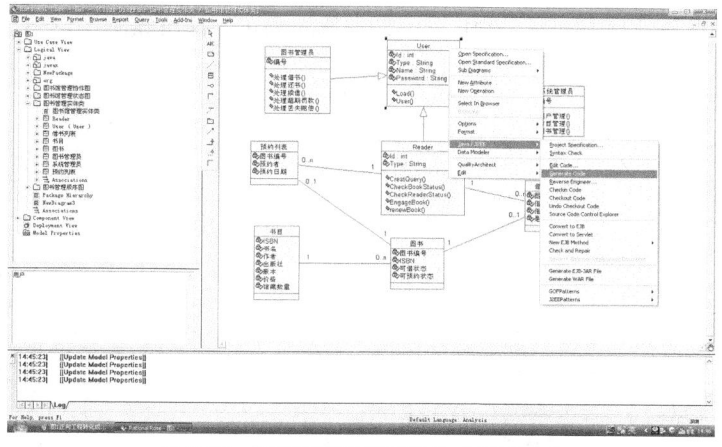

图 6.58 使用右键快捷菜单生成框架代码

4.实验练习

（1）按照以上方法生成其他实体类的框架代码。

（2）结合一款基于 J2EE 开发架构的开发平台，实现简单的对象代码及其对象方法。

实验六 使用 Visio 2007 绘制图书馆管理系统的用例图

1.实验目的

（1）掌握使用 Visio 2007 绘制用例图的方法。

（2）熟悉系统用例分析的方法。

2.实验内容

（1）绘制图书馆管理系统用例图。

（2）完成实验报告

3.关于图示的说明

为了更清晰地表述用 Visio 2007 绘制相关图的过程，以下图例的内容一般分为两个部分，首先用大图表示整体操作的界面，其下为小图详细演示操作的内容。

4.具体操作步骤

新建用例图

（1）在 Visio 2007 菜单栏中选择"文件"→"新建"→"软件和数据库"→"UML 模型图"命令，如图 6.59 所示。

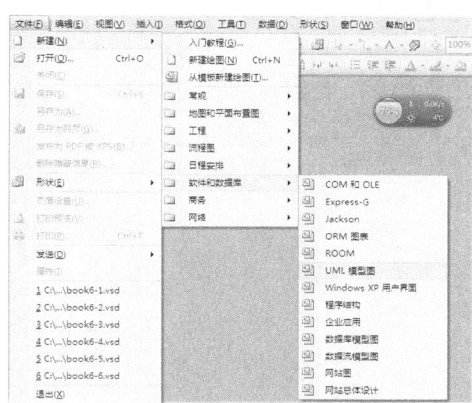

图 6.59 新建 UML 模型

（2）在右侧导航窗口中选择 UML 用例，右侧的画布中即可绘制用例图，如图 6.60 所示。

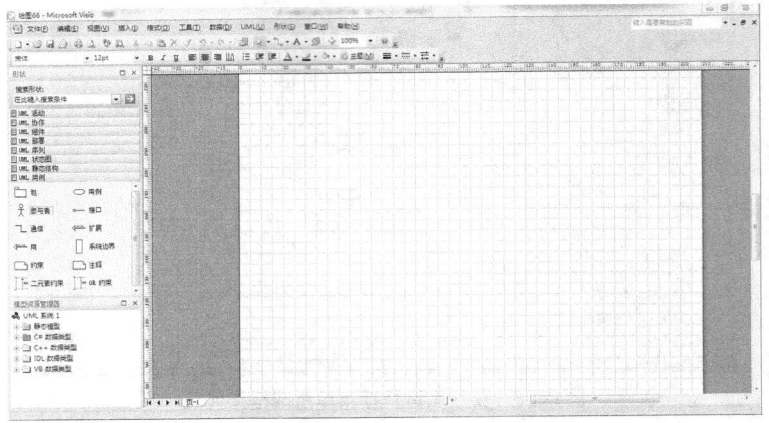

图 6.60　UML 模型图例及画布

向用例图中添加角色

（3）选中左侧 UML 用例中的参与者，拖动 UML 用例图中的参与者到画布上，建立一个名为"主角 1"的角色，如图 6.61 所示。

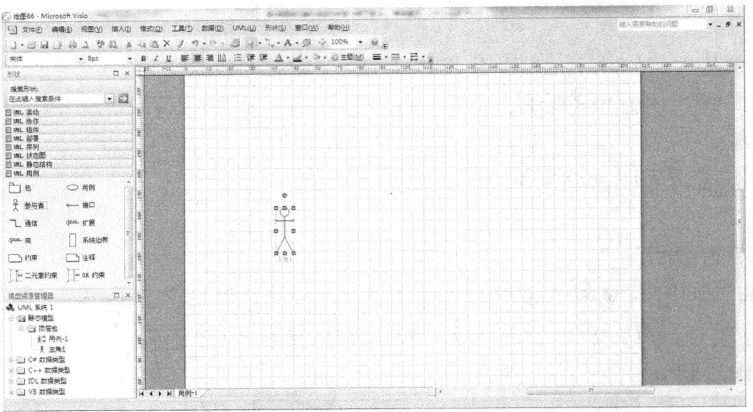

图 6.61　添加角色并命名

（4）为角色更名的另一种方法是用鼠标左键双击或右键单击角色，调出属性对话框，如图 6.62 所示，在其中可以对角色进行具体的设置。

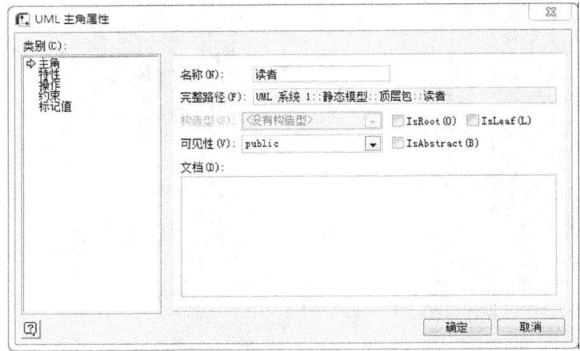

图 6.62　角色设置对话框

建立用例

（5）选中左侧 UML 用例中的用例，拖至画布上建立一个名为"用例1"的用例。

（6）用鼠标左键双击或用右键单击用例，调出属性对话框，将其重命名为"借书"，在属性对话框中，可以对用例做进一步的设置，如图 6.63 所示。

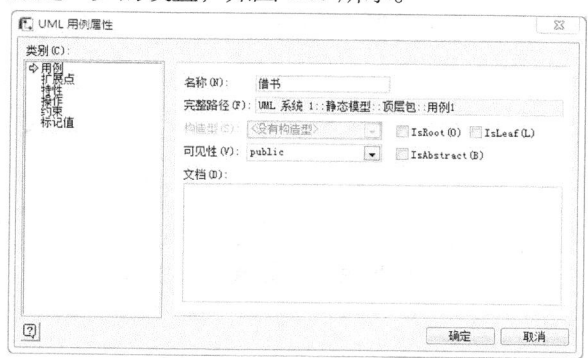

图 6.63　用例设置对话框

建立角色——用例以及用例之间关系

（7）角色和用例以及用例之间的关系是在系统需求分析阶段定义的。用例图绘制工具栏中提供了两种常用的关系——"用（uses）"、"扩展（extends）"，默认没有提供"包含（include）"关系，此时需要我们自己添加。点击导航条中的"UML（U）"→"构造型"选项，弹出如下对话框，单击弹出对话框中的"新建"按钮，在"构造型"上输入"include"，选择"基类"为归纳，如图 6.64 所示。

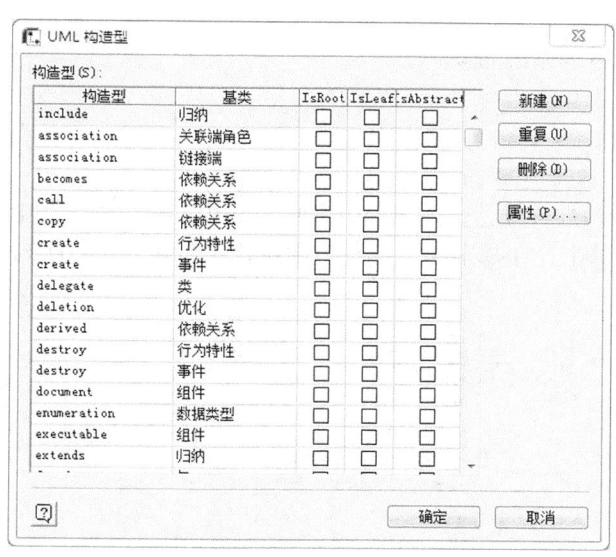

图 6.64　添加 include 关系

（8）拖动任意关系到画布，连接需要创建关系的图例。

（9）用左键双击或右键单击绘图区中已经建立的关系，可以调出关系设置对话框，如图 6.65 所示。

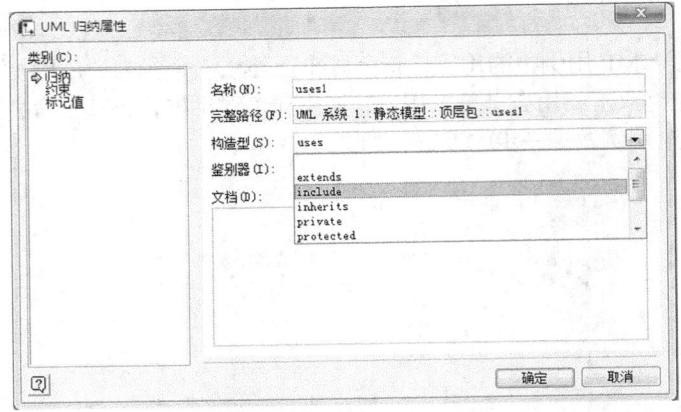

图 6.65 设置关联关系对话框

4. 实验练习

(1) 按照以上方法绘制读者用例图、图书管理员用例图和系统管理员用例图。

(2) 根据你所在大学图书馆的实际情况,设计图书馆管理的用例,并使用 Visio 2007 绘制相关用例图。

实验七 使用 Visio 2007 绘制图书馆管理系统的顺序图

1. 实验目的

(1) 掌握使用 Visio 2007 绘制顺序图的方法。

(2) 熟悉系统顺序图的分析方法。

2. 实验内容

(1) 绘制图书馆管理系统的顺序图。

(2) 完成实验报告。

3. 具体操作步骤

新建顺序图

(1) 启动 Visio 2007,打开上次建立的用例图,在模型资源管理器中找到静态模型,打开顶层包,用鼠标右键单击,在弹出的快捷菜单中选择"新建"→"序列图"命令,如图 6.66 所示。

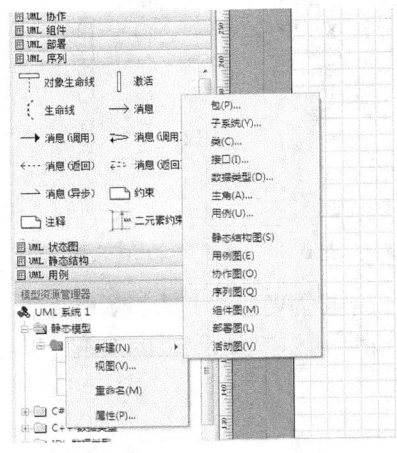

图 6.66 新建顺序图

（2）用鼠标右击模型资源管理器中刚才建立的"序列-1"，将其重命名为"图书馆管理顺序图"。

向顺序图中添加对象

（3）点击绘图工具栏上的"对象生命线"按钮 ，在绘图区用左键单击，即可绘制一个新的对象，双击对象，打开对象设置对话框，如图6.67所示，在分类器中选择读者对象，单击"确定"按钮。

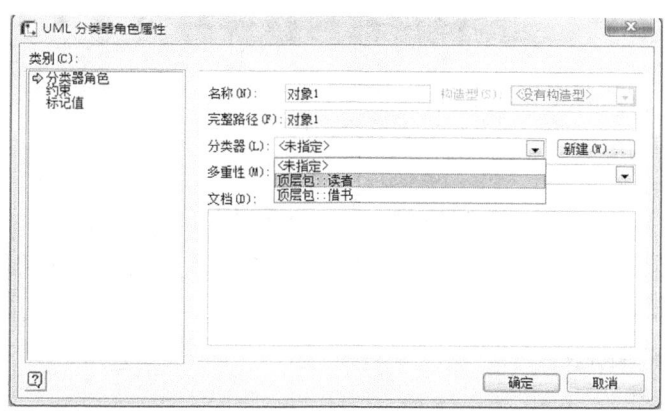

图6.67　设置对象细节对话框

（4）如果是新建的对象，在上图中，分类器选择"未指定"，修改名称即可。

添加对象之间消息

添加对象后还要在对象之间添加消息，根据消息类型的不同，在绘图工具栏上点击不同的消息按钮，然后在绘图区连接两个对象即可。

（5）点击工具栏上的"激活"按钮，拖动"激活"控件，并将其附着在对象生命线上，表示对象的生命周期，如图6.68所示。

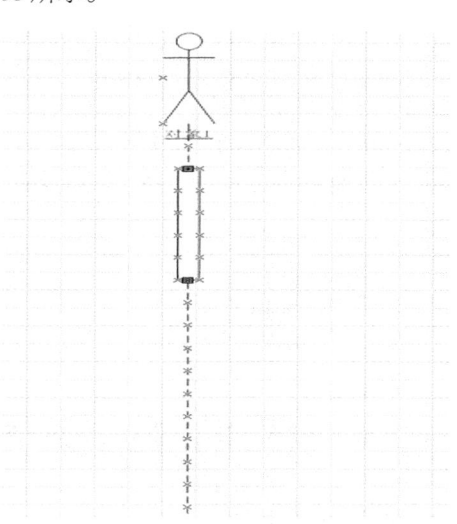

图6.68　绘制对象的生命周期

（6）单击工具栏中的"消息"，拖至绘图区域，连接需要连接的对象，如图6.69所示。

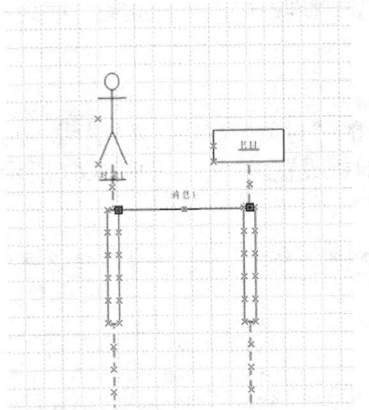

图 6.69　添加对象间消息

（7）双击消息弹出"UML 消息属性"对话框，修改消息名称，并根据需要对其进行进一步的细节设置，如图 6.70 所示。

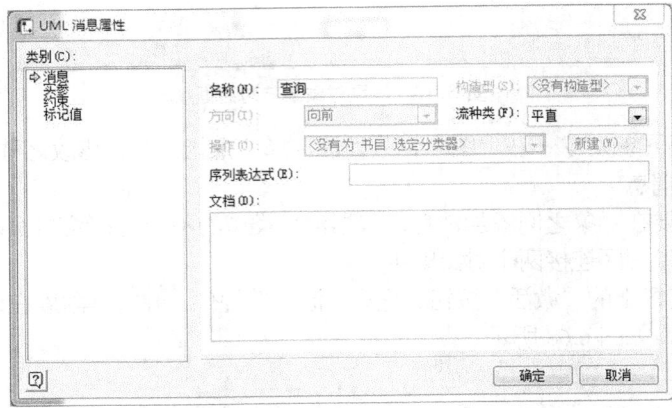

图 6.70　设置消息细节对话框

（8）根据设计的需要，可以在对象之间绘制反身消息线（使用 消息(调用) 或者 消息(返回) 按钮绘制）和返回消息线（使用 消息(返回) 或者 消息(返回) 按钮绘制）。

4. 实验练习

（1）按照以上方法绘制图书馆管理系统的顺序图。

（2）根据你所在大学图书馆的实际情况，设计图书馆管理的顺序图，并使用 Visio 2007 绘制相关顺序图。

实验八　使用 Visio 2007 绘制图书馆管理系统的协作图

1. 实验目的

（1）掌握使用 Visio 2007 绘制协作图的方法。

（2）熟悉系统协作图的分析方法。

2. 实验内容

（1）绘制图书馆管理系统的协作图。

（2）完成实验报告。

3. 具体操作步骤

新建协作图及定制工具栏

（1）启动 Visio 2007，打开上次建立的用例图，在模型资源管理器中找到静态模型，打开顶层包，用鼠标右键单击，在弹出的快捷菜单中选择"新建"→"协作图"命令，如图 6.71 所示。

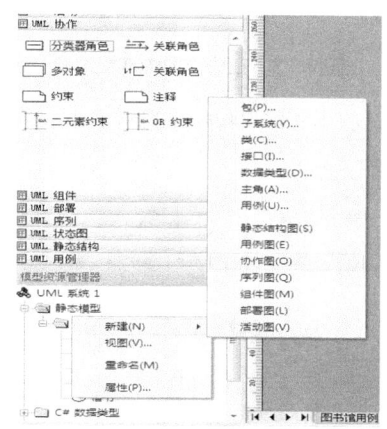

图 6.71　新建协作图包

（2）用鼠标右击模型资源管理器中刚才建立的"协作-1"，将其重命名为"图书馆管理协作图"。

向协作图中添加对象

（3）单击绘图工具栏上的 分类器角色 按钮，在绘图区用左键单击，即可绘制一个新的对象，双击对象，打开对象设置对话框，如图 6.72 所示，在分类器中选择读者对象，单击"确定"按钮。

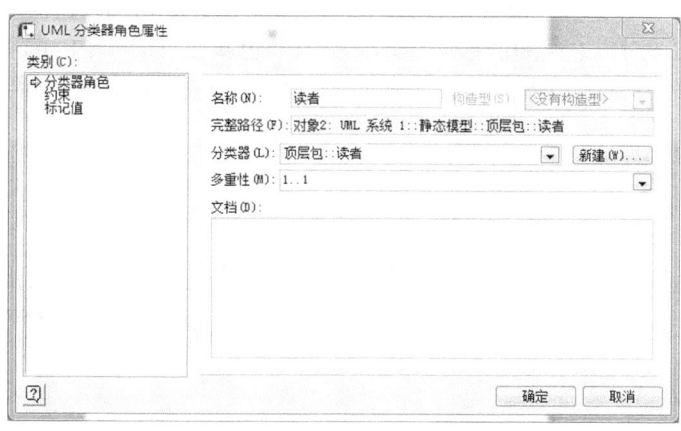

图 6.72　设置对象细节对话框

（4）如果是新建的对象，在上图中，分类器选择"未指定"，修改名称即可。

建立对象之间的连接

（5）添加对象后还要对对象进行连接，在绘图工具栏上单击 关联角色 按钮，然后在绘图区连接两个对象即可，如图 6.73 所示。 关联角色 按钮用于对对象自身进行连接。

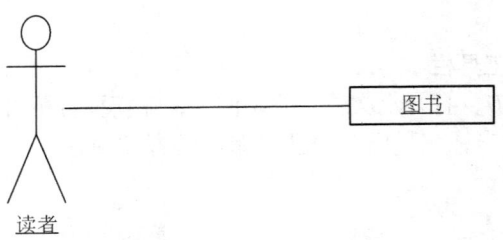

图 6.73 在协作图中连接对象

（6）用左键双击该连接线，打开图 6.74 所示的对话框，可对连接做进一步的细节设置。

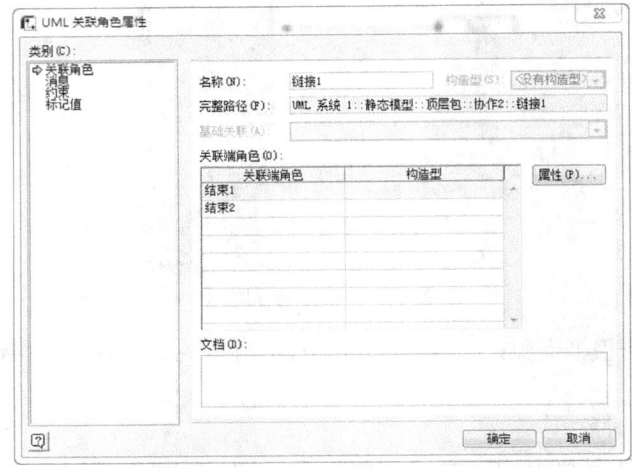

图 6.74 对象连接的细节设置

添加对象之间的消息

（7）在两个对象之间建立连接之后，相当于在对象之间增加了通信路径，有了通信路径就可以在路径上增加对象之间的消息了。UML 关联角色属性对话框中的消息，在右侧的消息列表中添加查询图书的消息，选择消息方向和消息的流种类，完成后单击"确定"按钮即可，如图 6.75 所示。

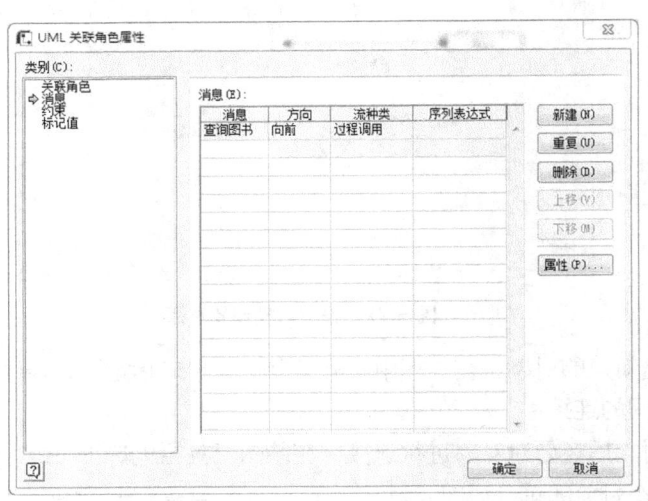

图 6.75 添加对象间的消息

4. 实验练习

（1）按照以上方法绘制 6.4.5 节给出的图书馆管理系统的协作图。

（2）根据你所在大学图书馆的实际情况，设计图书馆管理的协作图，并使用 Visio 2007 绘制相关协作图。

实验九　使用 Visio 2007 绘制图书馆管理系统的状态图

1. 实验目的

（1）掌握使用 Visio 2007 绘制状态图的方法。

（2）熟悉系统状态图的分析方法。

2. 实验内容

（1）绘制图书馆管理系统的状态图。

（2）完成实验报告。

3. 具体操作步骤

新建状态图

（1）启动 Visio 2007，打开上次建立的用例图，在模型资源管理器中找到静态模型，打开顶层包，用右键单击，在弹出的快捷菜单中选择"新建"→"类"命令，将其命名为图书，如图 6.76 所示。

（2）用鼠标右击图书类，在弹出的快捷菜单中选择"新建"→"状态图"命令，将其命名为"图书管理状态图"，如图 6.77 所示。

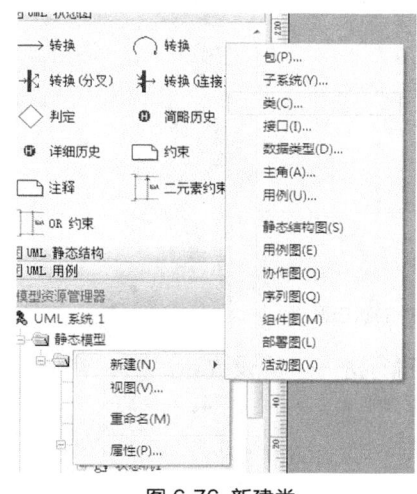

图 6.76　新建类

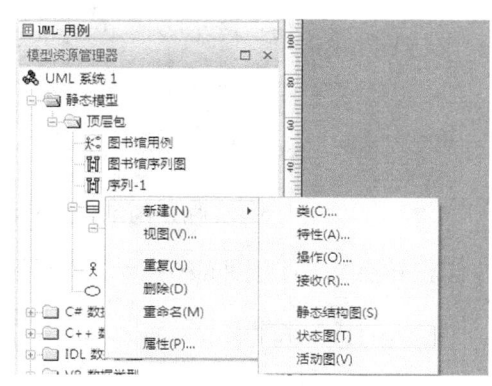

图 6.77　新建状态图

向状态图中添加状态的操作步骤

（3）单击 UML 状态图工具栏上的 ● 初始状态 按钮或 ◉ 最终状态 按钮，在绘图区单击，即可绘制一个开始状态或结束状态。

（4）单击 UML 状态图工具栏上的 ▭状态 按钮，在绘图区单击，即可绘制一个新的状态，双击该状态，打开状态设置对话框，如图 6.78 所示，可对该状态做进一步的设置。

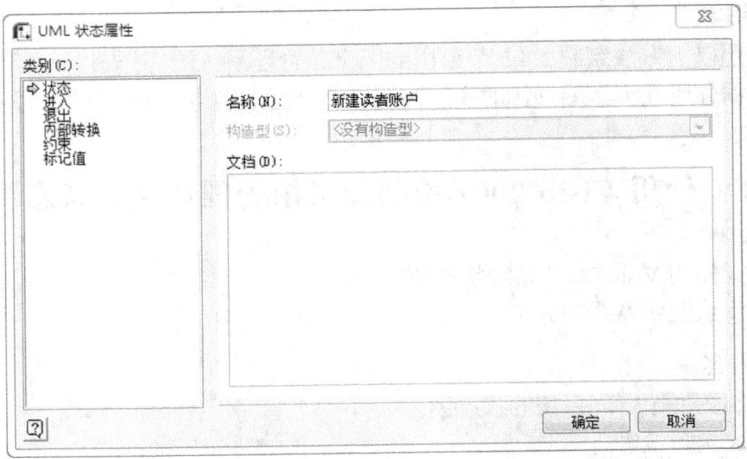

图 6.78　设置状态细节对话框

添加状态之间转换的步骤

（5）添加状态后还要在状态之间添加转换，根据转换类型的不同，在绘图工具栏上单击不同的转换按钮，然后在绘图区连接两个状态即可，其中 →转换 按钮表示状态转换，↻转换 表示自身状态转换。图 6.79 显示的是添加了状态转换的状态图。

图 6.79　添加了状态转换的状态图

（6）双击转换线，打开图 6.80 所示的对话框，进行进一步的设置。

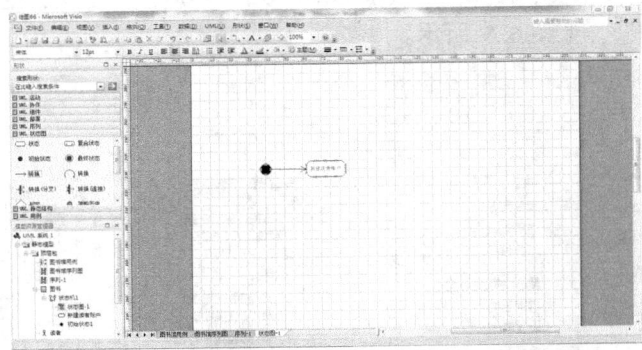

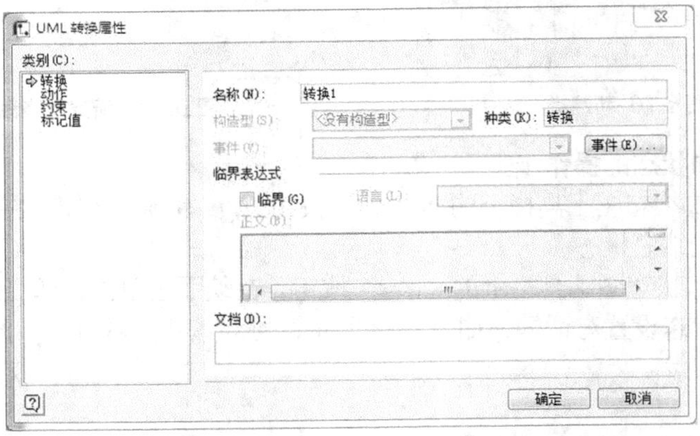

图 6.80　UML 转换属性设置

（7）单击图 6.81 中的事件按钮，弹出事件窗口，如图 6.82 所示。

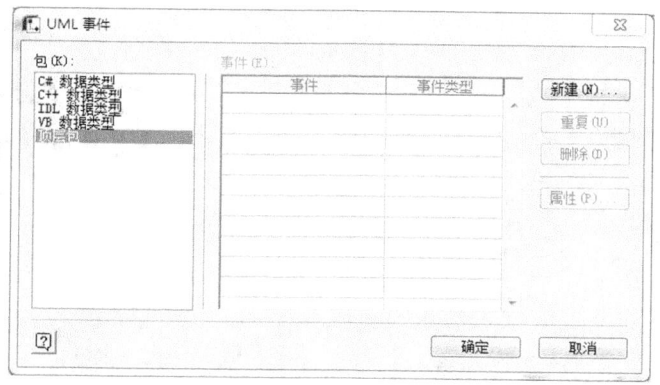

图 6.81　创建事件窗口

（8）单击"新建"按钮，在弹出窗口中根据实际需要选择事件类型，单击"确定"按钮，如图 6.82 所示。

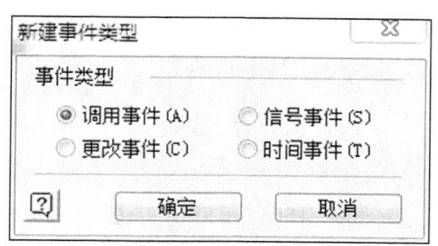

图 6.82　选择事件类型

（9）在图 6.83 所示的界面中填写事件名称，单击"确定"按钮，即可完成状态转换的设置。

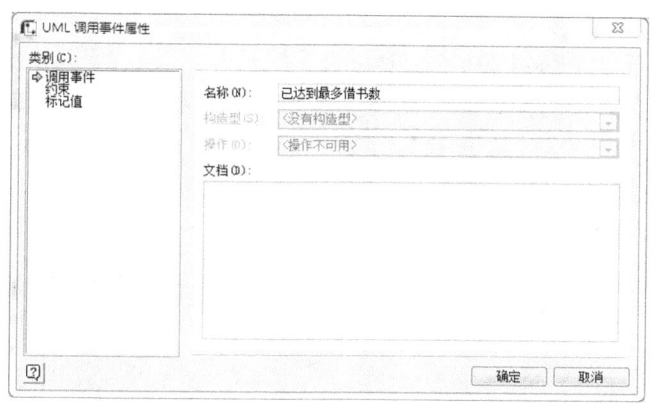

图 6.83　事件属性设置

4．实验练习

（1）按照以上方法绘制图书馆管理系统的状态图。

（2）根据你所在大学图书馆的实际情况，设计图书馆管理的状态图，并使用 Visio 2007 绘制相关状态图。

第 7 章 系统设计

本章导读

本章将学习系统设计，重点讨论应用程序的设计。首先介绍设计要素，然后以课程管理系统和图书馆管理系统为实例，分别介绍应用程序的结构化设计方法和面向对象设计方法。另外，本章还安排了使用 Visio 和 Rational Rose 完成建模设计的相关实验。

7.1 设计要素

系统设计是一个描述、组织、构造系统部件的过程。这个过程分为两个层次：一个是结构设计，一个是细节设计。系统设计阶段主要强调的是描述、组织和构造新系统的体系结构。如同建筑设计图纸和建筑物的关系，一套完整的建筑设计图纸不仅描述了建筑物的整体结构，同时对于建筑物中的房间、楼层、墙壁甚至是线路、管道等小部件都有详细描述。系统设计也需要完成类似的工作，不同的是它所描述的是信息系统的部件，在设计过程中需要设计并明确解决方案的各个组成部分。

对于系统设计，需要把握以下 3 个设计要素。
- 设计的输入；
- 设计；
- 设计文档。

7.1.1 系统设计的输入

在分析阶段，系统开发小组建立了相应的模型和文档。不妨回顾一下，在结构化系统分析中建立了以下模型：
- 事件表；
- 数据流程图；
- 实体-联系图。

在面向对象的系统分析中建立了以下模型。
- 事件表；
- 面向对象的描述模型（用例图、交互图、状态图等）。

不论是哪种分析方法，在设计阶段，它的输入都是系统分析阶段已经形成的一系列模型和文档。系统分析的任务是建立模型来表示真实的世界，以便理解业务过程以及这个过程中所用到信息。一般来说，系统分析首先是一个分解的过程，把一个具有复杂信息需求的综合问题分解成易于理解的多个小问题，然后通过建立需求模型来对问题领域进行组织、构造并编制文档。分析和建模的过程要求用户的参与，由用户来解释需求，并验证建立的模型是否正确。

接下来的系统设计也是一个建模的过程，它使用系统分析阶段得出的信息，即需求模型，并把这些信息转换为能够进行系统实施的模型，称为解决方案。在多数情况下，设计是一种技术工作，图 7.1 展示了从分析到设计的转变，以及每个阶段的主要目标。

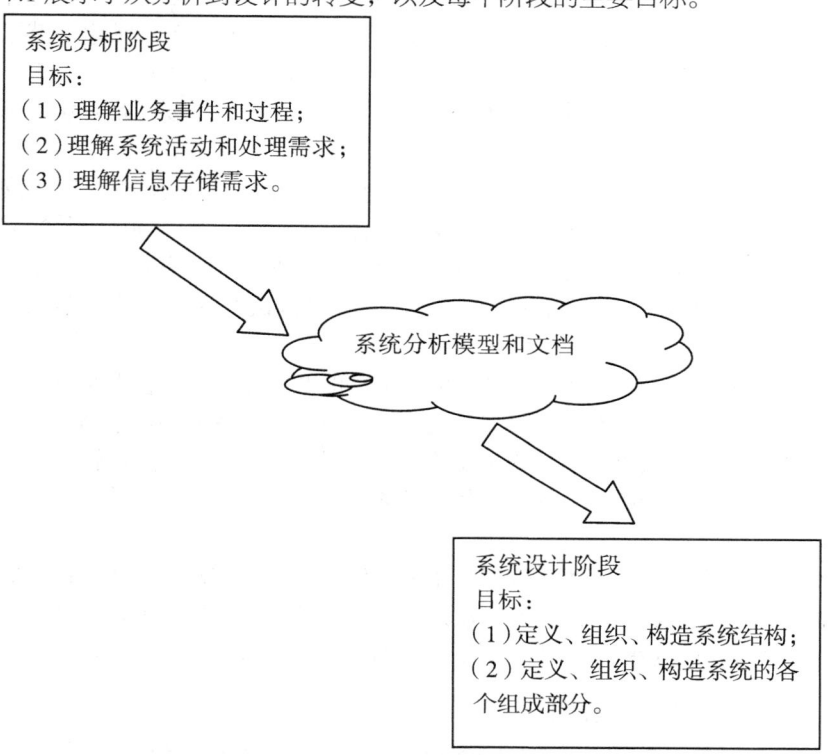

图 7.1 从系统分析到系统设计的转换

7.1.2 系统设计的主要组成部分和层次

要进行设计首先需要把整个系统分解成几个主要的部分，因为立即设计一个信息系统是很复杂的。系统的各个组成部分需要协调在一起才能使系统运作起来。任何一个管理信息系统都是由硬件和软件组成的，因此系统设计也就包括了硬件和软件相关的各个部分的设计。不但设计的每个部分必须集成起来，而且各部分设计的活动也必须同时展开。这些设计活动包括：

- 设计和集成计算机网络；
- 设计应用程序体系结构；
- 设计和集成数据库；
- 设计用户界面；
- 设计系统接口；
- 设计和集成系统控制；
- 建立设计细节的原型。

每项活动都要有详细的最终设计文档。如同一栋大楼的建筑图纸要有一套文档一样，一个完整的系统设计也要包括一套详细说明整个系统的文档。此外，就像设计图纸必须一致且完整地描述同一栋建筑一样，大量的设计文档也必须一致，且完整地提供一套人们容易理解的详细说明。

另一个重要概念是设计的不同层次。在系统分析阶段，通常在理解所有细节之前定义了问题的范围，即自顶向下的分析方法。正如我们曾经学过的，有两种分析方法：自顶向下方法(例如，先定义问题的范围，然后定义细节)和自底向上方法(例如，首先建立 DFD 片段，再到中间层流程图)。这些思想在设计阶段都适用。

接下来介绍一些系统设计中常用的概念，包括构架设计（总体设计、概念设计）和细节设计。其中构架设计属于高层设计，它首先决定了整个结构，并在设计细节之前就已给出了辅助文档，即细节设计；细节设计属于低层设计。区分什么是构架设计和什么是细节设计并不重要，把它的文档划分为是属于架构设计还是属于细节设计也不重要，重要的是要认识到设计应该以自顶向下的方式开始。

对于整个系统而言，系统分析员首先要确立完整的目标处理环境。对于基于网络的管理信息系统来说，在确定路由器、防火墙、工作站等具体细节之前，就应确认完整的体系结构需求和网络结构。第一步是确立不同的子系统及其与网络、数据库和用户界面的关系。早期设计的一项工作是确定系统的自动化边界。这一步的主要工作是确认哪些属于系统自动化处理的内容，哪些是需要人工处理的。

对于数据库部分，第一步是确定所使用的数据库的类型和数据库管理系统。一些关于记录结构和字段的细节可以确定下来，但最终的设计决定还需依靠系统的体系结构。

对于用户界面，分析员首先设计用于用户对话的通用表格和结构及其输入、输出。项目组还需要描述用户界面元素与应用软件、硬件设备的关系。最后，项目组就可以开发出详细的表单和报表格式。

系统设计的另一个决定性因素是开发队伍使用结构化方法和模型，还是使用面向对象的方法和模型。在绝大多数情况下，这两种方法是不能混合使用的。事实上，在系统分析阶段确定的开发方法将贯穿系统建设的整个生命周期。后面将讨论二者的区别。

7.1.3 系统设计的输出

设计活动的输出是一系列满足目标的图和文档。这些图就是系统解决方案各个方面的模型及其相应文档。结构化设计方法和面向对象设计方法的分析模型在有些部分是相似的，但也有些部分存在着极大的不同。图 7.2 把图 4.14 扩展成结构化设计模型和面向对象设计模型。可以看到在事件和事物模型之后，结构化的分析和面向对象的设计使用了大部分不同的模型，在设计阶段两种方法使用了某些相同的模型。例如，在数据库设计部分，结构化设计技术通常会使用关系型数据库模型，而面向对象设计技术既可以生成关系型数据库模型，也可以生成面向对象数据库模型。对于人机交互部分，包括用户界面、菜单、报表、表单等内容的设计方法和技巧，对于两种方法而言是一样的。总的来说，无论结构化设计方法还是面向对象的设计方法，上述两部分使用了很多相同的技术。

然而，在应用程序结构设计领域，传统的结构化设计技术和面向对象的设计技术有着本质的不同。

结构化设计技术包括分析和设计模型，使用"输入-处理-输出"的模型编写系统结构。这种设计技术沿用多年，这些模型适合描述业务应用软件的结构，它们中的大部分依靠数据库和文件，并且不需要复杂的实时处理。这些模型适用于诸如 Basic、C 和 Pascal 等面向过程的编程语言。

面向对象技术是一门较新的技术，在 20 世纪 80 年代后期才得到广泛的应用，适合具有实时、交互、事件驱动等特性的情形(如多任务的操作系统)。今天，许多商业软件也是交互和事件驱动的应用程序，所以面向对象的开发技术很快就成为应用软件、甚至是商业软件的开发标准。

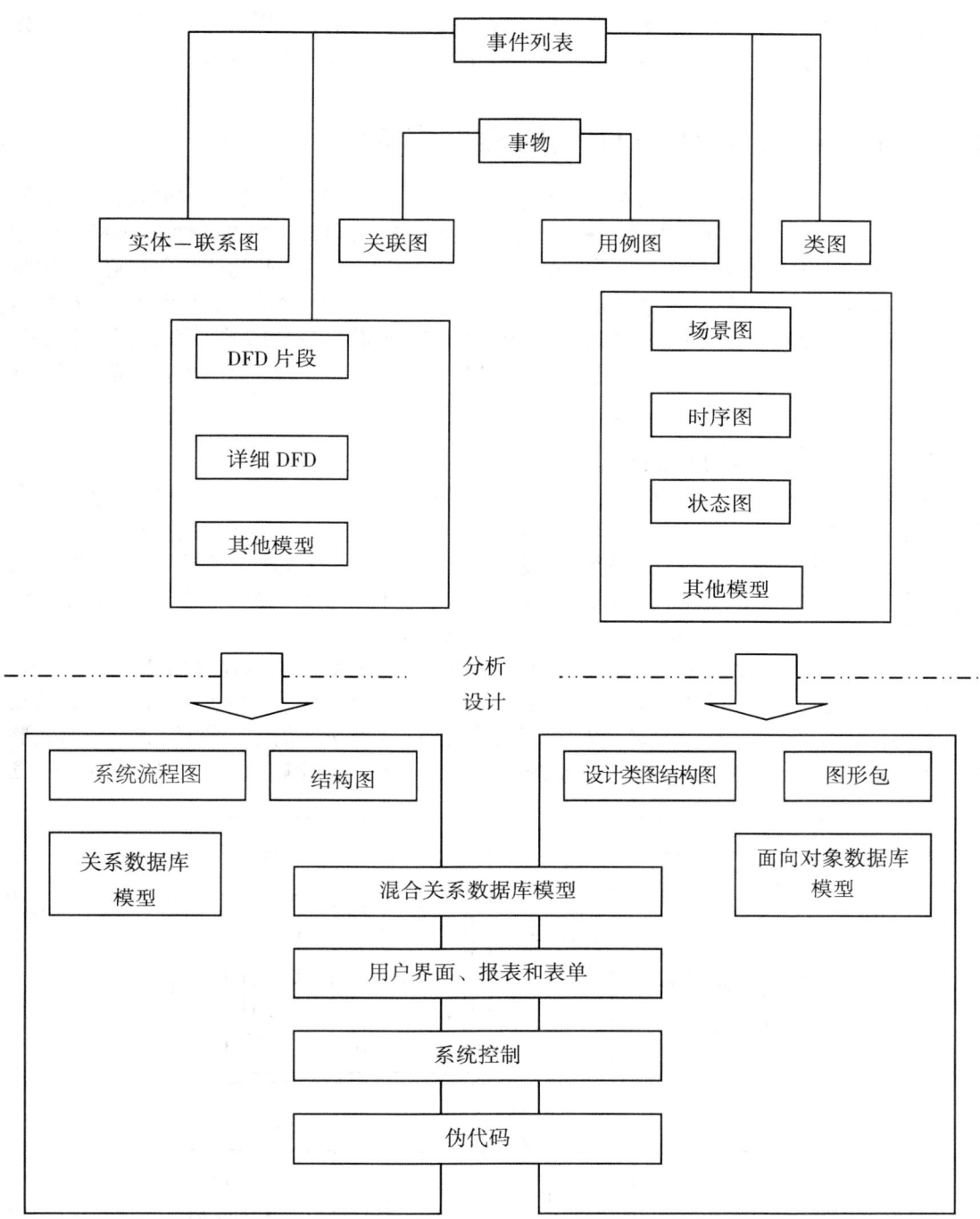

图 7.2 结构化模型和面向对象模型

结构化技术和面向对象技术能混合使用吗？是否能在分析阶段使用结构化分析，而在设计阶段使用面向对象方法呢?或者反过来是否可以？对于初学者来说，这是经常被困扰的一些问题。正如前面所说的，在绝大多数情况下两种方法是分开的，因为这两种设计技巧的基本原则是不同的。使用结构化方法进行应用程序设计提供的是基于系统功能的体系结构，而使用面向对象设计方法建立的是基于一系列交互对象的体系结构。但也不是绝对的，在某些时候两种方法可以混合使用，且能工作得很好，比如在进行了结构化分析后，可以用面向对象方法完成界面的设计。但一般来说，对于应用软件设计，这样的混和并不是理想的选择。

7.2 用结构化方法设计应用程序结构

应用程序结构由执行系统功能的若干个软件程序组成。应用程序的设计必须与数据库设计、用户界面设计相关联。为了便于读者理解，本章将只把注意力集中到应用程序结构设计本身上来。

如果读者具有使用诸如 VB、C、COBOL 和 Pascal 等语言编程经验的话，会发现一个软件中包含许多模块，这些模块在层次上的安排就像一棵树，最顶端的模块叫做总模块或主模块，中层模块叫控制模块，叶子模块(位于端点上的模块)是详细模块，它包括了程序的大多数算法和逻辑。一个模块是执行某个功能的一小段程序代码。而一个计算机程序是一个为了完成某个特定功能而组织起来的一系列模块。这也是结构化方法的实质所在。

7.2.1 结构化设计方法概述

在一个大系统里，一个单独的程序往往不能完成所要求的所有功能，它一般是由多个子系统构成的。在结构化系统设计中，用系统流程图记录整个系统和各个子系统的结构。

系统流程图标识了每一个程序及其所存取的数据。系统流程图也表明了不同程序、子系统、相关文件和数据库之间的关系。记录了整个系统的体系结构。最后，项目组必须设计每个模块的内部逻辑。包含模块逻辑的内算法通常用伪代码来描述。

图 7.3 显示了结构化设计的主要模型。结构化方法中将重点介绍系统流程图的设计。在设计模型和文档的开发中，输入的是数据流程图、相关文档以及详细的数据流定义。在设计阶段需要确定系统的自动化，即把系统设计中的手工部分从自动化处理的部分分离出来，这时就形成一种中间形式的数据流程图——具有自动化边界的 DFD，从而也就确定了哪些部分需要包含在设计中。

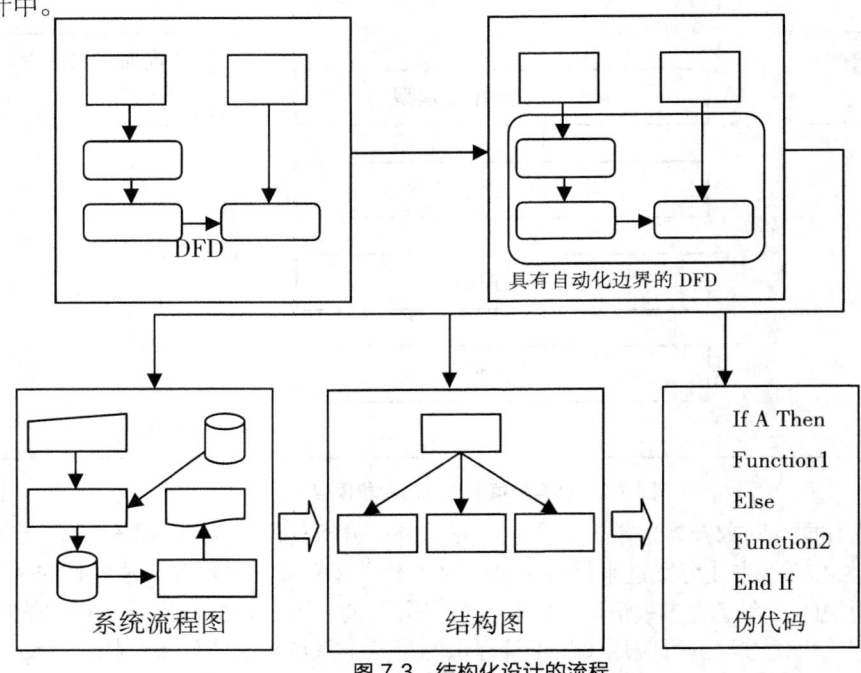

图 7.3 结构化设计的流程

这种增强的 DFD 正是设计模型的数据来源。接下来将开发系统流程图,系统流程图描述了各个模块及其相互联系,接着可以把各个模块实现的功能细化为结构图,最后使用伪代码描述详细的功能算法。以上就是使用结构化方法进行系统应用程序设计的基本流程。

7.2.2 确定系统的自动化边界

系统的自动化边界将数据流程图划分成手工处理部分和系统处理部分。在系统分析阶段,我们分析了这些业务事件和描述这些事件的过程。那时没有区分哪些是人工处理的,哪些是自动完成的。开发系统之前,必须确认哪些是要求系统自动完成的过程。

图 7.4 显示了包括自动化系统边界的课程管理系统的数据流图,既说明了系统界限,也说明了程序界限。前者标识了整个自动化系统,后者将 DFD 划分为独立的程序。本图是设计的第一步,它确认了程序是什么,及这些程序包含的处理过程是什么。

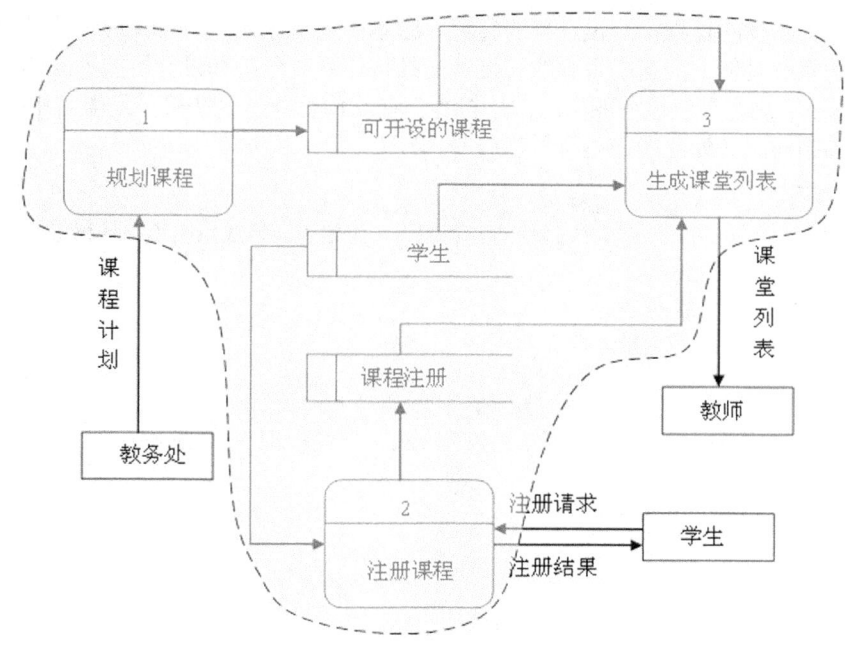

图 7.4 带自动化边界的 DFD

系统处理过程既可以在系统边界里,也可以在系统边界外。在系统边界外的处理是一些手工处理。例如,输入学生信息或课程信息。系统边界内的处理是由计算机完成的自动化处理,如实现课程信息的查询。

数据流可以在系统内部、外部或穿过系统边界和程序边界。穿过系统边界的数据流是非常重要的,它们代表了系统的输入和输出。换句话说,程序接口的设计(包括用户界面设计和与其他系统的接口设计)是由穿过边界的数据流定义的。在最终系统中,数据流将成为用户界面中的表单、报表,或者是与其他系统进行转换的文件或通信。穿过边界的数据流,表示了程序间的通信。在最终系统中,这些数据流可能是用于程序之间转换的文件或通信。

图 7.4 是一个高层数据流程图,展示了所有主要的过程。系统边界也可以画在每一个 DFD 片段中,用于表明哪些处理过程是系统内部的,哪些是系统外部的,以及哪些低层的数据流穿过系统边界等更进一步的细节。

7.2.3 设计系统流程图

系统流程图是对一些计算机程序、文件、数据库以及相关手工过程的计算机系统表达。程序和子系统正是因为这些数据流、控制流、永久存储数据间的交互变得相互依赖，而且这种依赖很复杂。在分析活动中，这类过程经常发生。例如，课程管理系统的子过程在分析阶段就已定义好了(见图 5.6 的 DFD)，分配给每个子过程的事件集构成了程序模块。

系统流程图用图形的方式描述了哪些子过程是系统自动完成的，哪些需要人工的参与，并显示了数据流和控制流。如果说数据流程图是对系统分析阶段提取的事件和事物所进行的一次从业务流程到数据流程的转化的话，那么从数据流程图到系统流程图的转化，就是要区分系统的自动化处理和人工处理，并使这些处理计算机化。在这部分的学习中，请读者用心体会系统建模与设计的过程：**理解客观世界的业务处理过程→提取事件和事物→设计数据流程图→设计系统流程图**，整个转化过程实际上是一个从客观世界的具体到数据的抽象，又从数据的抽象到可信息化处理的具体的过程。经过这样的转化，原本由人工完成的系统管理过程转化为可以由计算机实现的系统功能，而这一系列的转化就是结构化系统分析和设计所要完成的工作。

图 7.5 展示了用在系统流程图中的常用符号。在软件行业，这些符号是很常用的，可能在不同的规范当中对同一处理的描述符号略有差别。

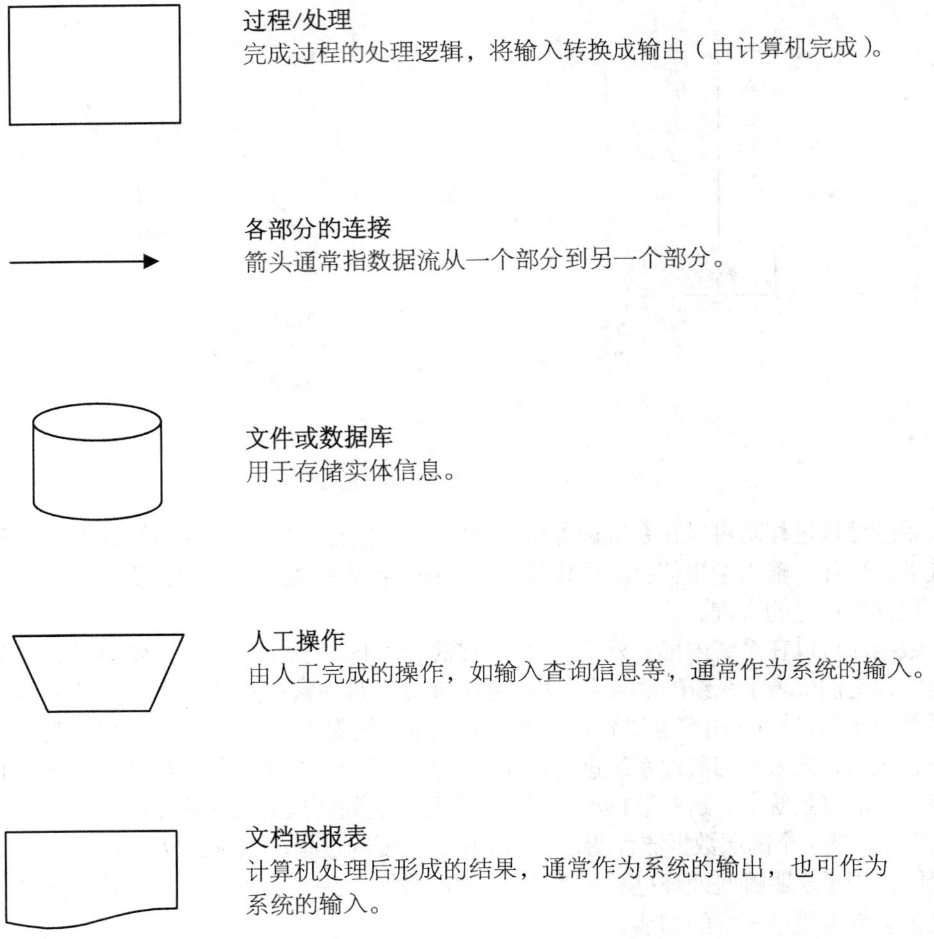

过程/处理
完成过程的处理逻辑，将输入转换成输出（由计算机完成）。

各部分的连接
箭头通常指数据流从一个部分到另一个部分。

文件或数据库
用于存储实体信息。

人工操作
由人工完成的操作，如输入查询信息等，通常作为系统的输入。

文档或报表
计算机处理后形成的结果，通常作为系统的输出，也可作为系统的输入。

图 7.5　系统流程图的常用符号

图 7.6 是课程管理系统的系统流程图，在图 7.4 中给出的是它的数据流程图。请注意系统流程图标出了整个系统的文件、程序以及人工处理部分。我们通过确认文件媒介(磁盘、磁带)来增加物理实施的描述。通常，还会包含附加的系统功能和文件(如备份文件和历史文件)。虽然图 7.6 和图 7.4 的信息很相似，但这两个图所强调的重点是不同的，系统流程图的重点在于物理构造和实施(如可执行程序、文件和文档等)，这是因为它将作为系统实施的依据。

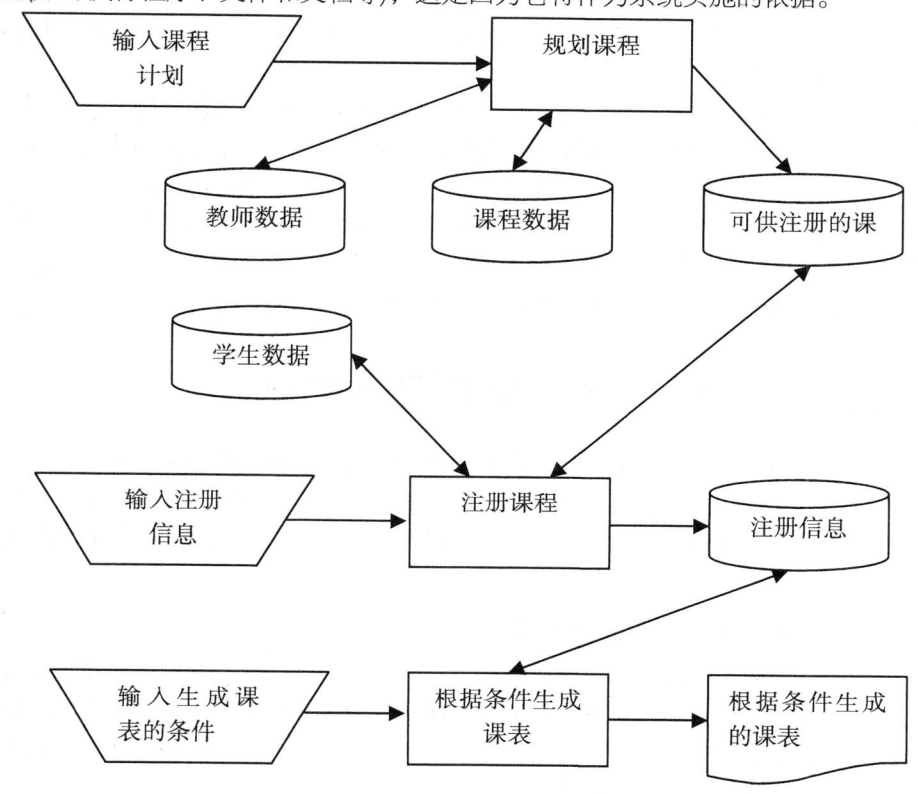

图 7.6　课程管理系统的系统流程图

从图 7.6 中可以看到课程管理系统有 3 个输入并产生 1 个输出。输入分别为课程计划、注册信息和生成课程表的条件，产生的输出是根据条件生成的课表。

7.2.4　使用伪代码设计模块算法

系统流程图提供了整个系统的结构和系统各模块之间的关联。设计的另一个需求是描述每个模块的内部逻辑。一般有 3 种方法来描述：流程图、结构化英语和伪代码。这 3 种方法在描述算法的逻辑上是相等的。流程图是通过使用一系列符号来描述程序逻辑的可视化方法。在计算机发展早期，只能使用流程图来进行描述。随着计算机技术的发展，各种版本的伪代码和结构化英语代替了流程图。我们在第 4 章已经学过了结构化英语。伪代码是更像程序设计语言的结构化语言的变体。通常用与目标语言相近的语句写伪代码。如果使用 Pascal 写程序，我们用类 Pascal 语法写伪代码；如果我们用 Visual Basic 或 C，就使用这些语言的语法写伪代码。

7.2.5　结构化应用程序与用户界面、数据库和网络设计的集成

在以上几部分中，已经学习了如何利用数据流程图中的信息建立系统流程图，其重点是扣住过程间的结构联系。系统设计是一个不断完善的过程。在设计系统流程图时，必须调整用户界面、数据库、网络设计的关系，使系统设计更加全面。

用户界面应包括一些输入表单、交互式的输入/输出表单，以及输出表单或报表。有时像学生信息、课程信息这样的输入，要求用户和系统间进行交互对话，其中包括多个输入表单。每个表单都需要显示数据，并且用到的数据都能从系统流程图中的某个模块检索到。

数据存储方面，通过前面的学习，我们已经知道实体——联系图(ERD)必须与数据流程图中的数据存储相一致。数据存储与数据库表不需要一一对应，但数据存储中的信息必须能在数据库中找到。此外，数据库的表和字段也要在数据存储中表示出来。在设计阶段，项目组要运用同一种分析方法对系统流程图进行适当的调整。

对数据库的评价有3个方面：模块、伪代码和数据耦合。如果正在使用一个数据库管理系统，那么需要提供一个通用接口，使得在调用数据库接口模块时，以及在伪代码中嵌入结构化查询语言（Structured Query Language,SQL）语句时，均可对数据库进行操作。

最后，对于基于网络的管理信息系统，为确保系统流程图与网络相结合，要对网络结点上所执行的功能进行评价。在确定系统边界的同时，程序段可以分配到各个节点上。系统设计活动最后要确认分配是正确的，而且系统流程图正确地反映了这种分配。

7.3 用面向对象方法设计应用程序结构

如果分析阶段用的是面向对象模型，那么设计阶段也应该用面向对象模型完成。面向对象设计模型在面向对象分析模型和面向对象程序之间架起了一座桥梁。下面将首先了解面向对象程序是如何工作的，然后将讨论如何设计模型，以及为了支持面向对象程序设计应该怎样构建模型。

7.3.1 面向对象设计方法概述

要理解面向对象程序设计，首先要理解一个面向对象程序是如何工作的。面向对象程序的基本概念是程序由一系列协同完成某一任务的一组程序对象组成。每个程序对象有程序逻辑和一些必要的属性，这些逻辑和属性封装在一个单元中。对象之间通过互相传递消息来协调工作，它们共同工作来完成所需要执行的功能。

图7.7描述了一个面向对象程序的工作机制。这个程序包括一个信息查询窗口对象，该窗口用来显示查询信息，如读者信息。当读者输入查询信息后，查询窗口对象会发消息给读者对象，告诉它需要查询的读者信息，然后由读者对象向数据库对象发送消息，提取要查询的信息，读者对象收到查询信息后向信息查询窗口发送查询到的结果。

对比结构化程序，人们会提出这样的问题：在面向对象的程序中到底是谁在控制这一切呢?在结构化程序中，哪个是主模块，哪个模块控制着计算任务，这都是很明显的。然而在面向对象程序中，这就不明显了。实际上在面向对象程序中没有哪个模块能进行控制，对象之间是通过相互之间传递消息来进行交互的。

一个面向对象系统由一系列计算对象所组成。每个对象都封装有它的数据和程序逻辑。通过一个类来定义程序逻辑的结构和数据字段。类定义描述了一个执行对象的结构或模板。只有当程序开始执行时，对象才能存在。这称之为类的实例化或生成一个实例。

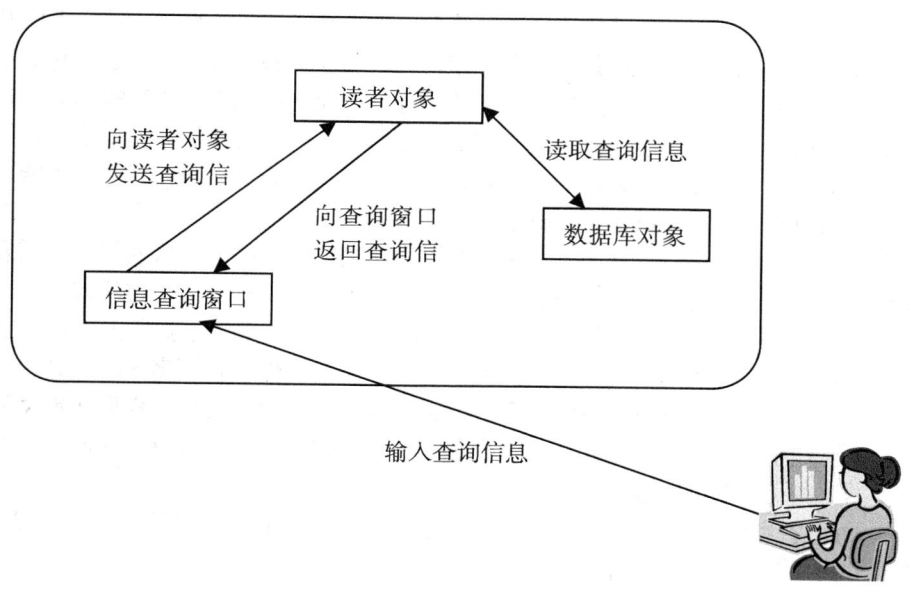

图 7.7 面向对象事件驱动的程序流

在第 4 章学习了类图。请记住每一个类定义都包括它定义的属性和作用在其上的方法、逻辑。例如，图 7.8 有许多与图书馆管理系统相关的类。读者类定义了读者对象的模板，其中包括读者编号、姓名、性别等属性，还为该类定义了方法。方法规定了基于属性的操作和计算。读者类的方法包括查询、续借和预约等。在面向对象程序设计中，方法包含了程序的逻辑。图书馆管理系统中有许多类的实例，因为所有读者都需要读者类，所有的图书都需要图书类。每个实例都有它自己的值，但是所有的实例拥有相同的方法逻辑，因为方法逻辑对所有实例都是一样的。

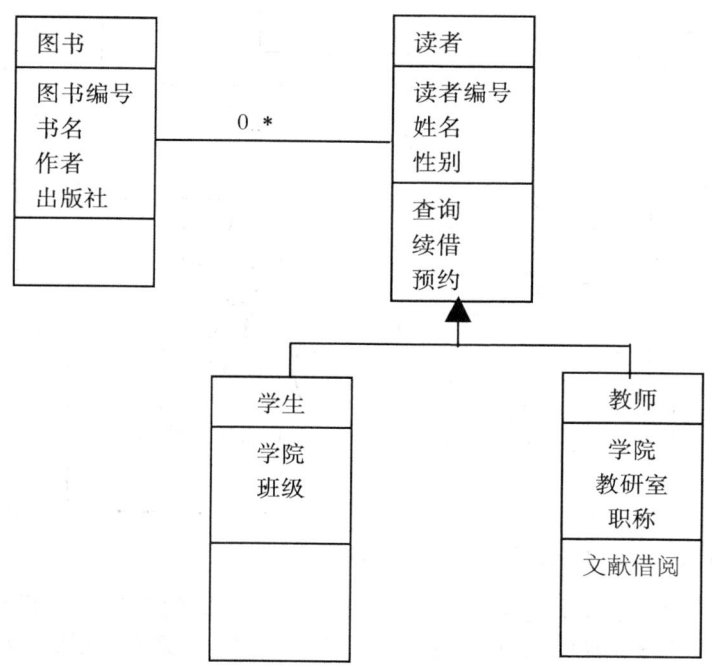

图 7.8 一个简化的图书馆类图

在面向对象程序设计中把握两条重要原则可以使系统变得健壮且易于维护。第一条原则称为封装,即对象实例化所需的数据与对象包含在一起,对象的逻辑和类包含在一起,它们组成了对象的模板。封装简化了调试,因为数据的任何变化都是由类中的代码所引起的。第二条原则称为信息隐藏。信息隐藏与封装是相关联的,它使一个系统中某一对象的数据域不为其他对象所见。如果另一个对象想得到某一数据值,例如,姓名属性,它必须请求读者对象才能取得该值。一般来说,在面向对象程序设计中,属性虽不为外界所见,但它的方法是可见的,即能通过一个外部消息来调用这些方法。要为一个读者查询实例编写一个面向对象的程序,需要知道一些类(查询信息窗口、读者类和数据库),还要知道每个类的属性、每个类的方法,以及类之间传递的消息。所有的消息包括在面向对象模块中,这些模块在设计阶段就已建立起来了。

程序中的许多对象对应于类图中定义的类,而消息非常像在协作图和顺序图中定义的交互作用。实际上,用面向对象方法进行开发的一个主要特点就是设计模型与分析模型非常类似,通常直接从分析模型建立设计模型。另外还有一个优点:最终程序与面向对象设计模型是非常相似的,可以根据这些设计模型直接进行程序设计。

回到图 7.2,可以看到如何从面向对象分析转到面向对象设计。图 7.9 总结了这个过程,并给出了输入(分析模型)和输出(设计模型)。

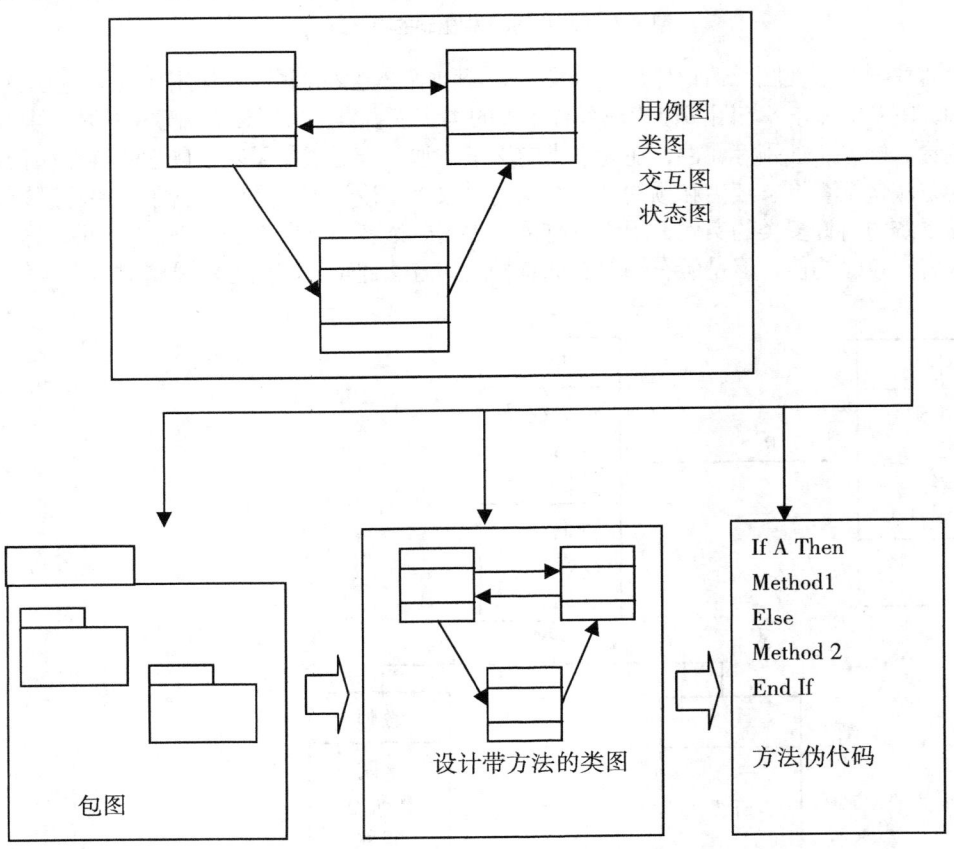

图 7.9 从面向对象的分析模型到面向对象的设计模型

在面向对象的系统设计中所用到的模型主要有包图、类图和设计类图。包图是一个高层图,它通过给出哪个类应该包括在哪个子系统中来记录子系统。包图的信息主要来源于用例图和类图。类图是运用面向对象方法,对问题域和系统责任进行分析和理解,对其中的事物以及事件产生正确的认识，找出描述问题域以及系统责任所需的类和对象，并定义这些对象的属性和操作以及它们之间的静态和动态关系的一种模型，它可以清晰地描述系统所涉及的事物及其属性和方法。设计类图是对类图的扩展，它增加了属性和方法等细节。设计类图的输入信息来源于类图、交互图以及状态图。

7.3.2 系统包图

包图是一个高层图，在概念上它与结构化方法的系统流程图很相似。包图的目标是标识一个完整系统的主要部分。在一个大的系统中，通常要把系统分成许多子系统，每个子系统的功能相互之间都是独立的。

图7.10是图书馆管理系统的一个简单的包图实例。3个子系统是在第6章的用例图基础上绘出的，在包图中只使用两个符号：一个标识框，一个虚线箭头。标识框表示主系统和子系统。将子系统包围在主系统中，表示它是主系统的一部分。子系统可以安排到任何一层，但不允许重叠。换句话说，一个子系统不能同时是两个高层系统的一部分。

虚线箭头表示依赖关系。箭头的尾部表示被依赖的包，而头部是独立的包。沿着箭头阅读包图是最简单的方法。例如在图7.10中，图书流通管理子系统就依赖于系统管理子系统。

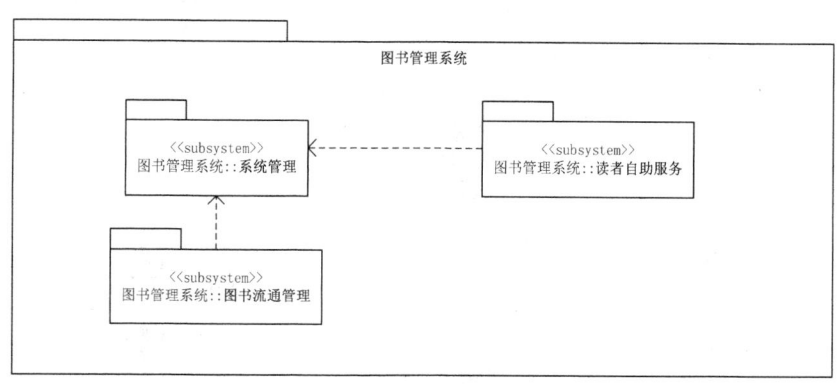

图7.10　图书馆管理系统的包图

7.3.3 类的类型以及类之间的关系

在面向对象的系统分析阶段，用例图描述系统参与者与系统之间的关系以及系统的功能，但它并没有反映系统的内部视图。在设计阶段需要进一步细化内部机制，这时需要用到类图，类图可以清晰地描述系统所涉及的事物及其属性和方法。

一个系统可以看成是由一些不同类型的对象所组成的，对象以及类之间的关系反映了系统内部各种成分之间的静态结构。类图主要用来描述系统中各种类之间的静态结构。

在面向对象的系统中，对象分为3类：实体类、边界类和控制类。通过这些对象的合作来实现用例。

- 实体类表示的是系统领域的实体，实体对象具有永久性并且存储在数据库中，如表、记录或字段等。第4章中介绍的图书类和读者类就属于实体类。一般来说，实体类对应于数据表记录的封装，即该类的一个实例对应于数据表中的一条记录。实体类通常只具有一些标准方法。
- 边界类是系统的用户界面，直接和系统的外部角色交互，与系统进行信息交流。对于边界类，分析阶段不必深究用户界面的每个窗口部件，只要能说明通过交互所实现的目标就可以了。

- 控制类用来控制系统中对象之间的交互，类似于用来实现一个完整用例的"控制器"，通常这样的对象仅存在于该用例执行期间。

类图不仅定义了系统中的类，还表示了类之间的关系。类之间具有关联、聚合、泛化和依赖等关系。

- 关联表示两个类之间存在某种语义上的联系。例如，书目和图书之间具有一对多的关联关系。
- 聚合表示类之间整体与部分的关系。如第 4 章中介绍的计算机类与键盘类、鼠标类等的关系。
- 泛化是指类之间的一般和特殊的关系。例如，用户类和读者类、图书管理员类、系统管理员类之间就存在泛化关系。
- 依赖表示两个或多个模型元素语义之间的关系，它表示一个类的变化影响到另一个类。例如，用户类和权限类之间就存在依赖关系。

7.3.4 图书馆管理系统的类图

对于图书馆管理系统，经过初步分析，应包含如下几个实体类：用户（包括系统管理员、图书管理员和读者）、书目、图书以及预约列表和借书列表。图 7.11 显示了这些类以及它们之间的关系。

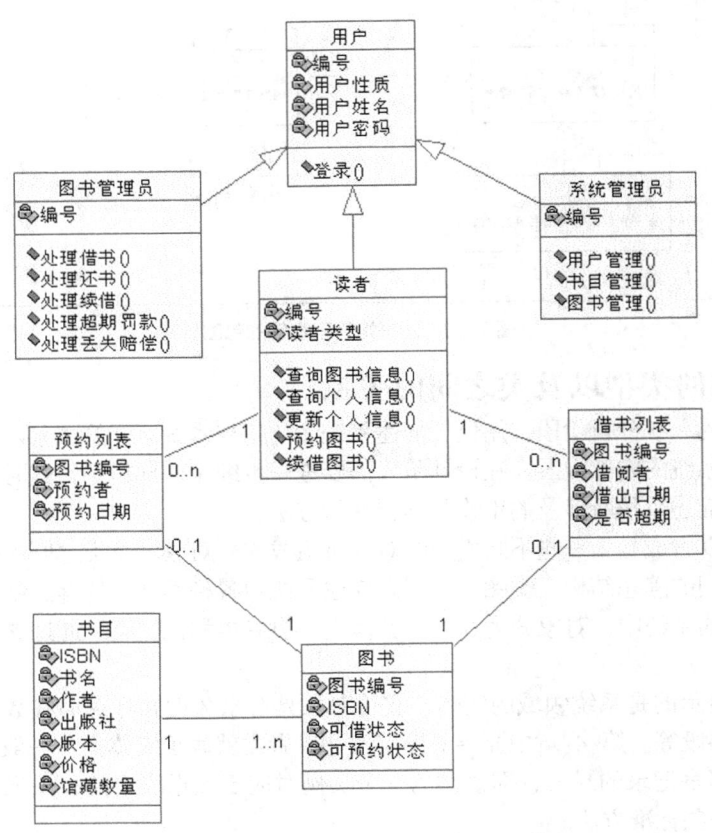

图 7.11 图书馆管理系统的类图

图 7.11 给出的只是功能相关的较为抽象的类及其之间的关系，随着系统设计的进一步细化，还需要进一步描述系统的功能需求，包括系统边界类图、用户界面以及与其他软件和硬件的接

口等。值得一提的是，图 7.11 只是给出了一般的图书馆管理所涉及的类及其相互关系，对于具体的图书馆运作管理，如高校图书馆，读者类可以进一步细化为两个子类，教师读者类和学生读者类，请参考图 4.13。此外，对于复杂的业务逻辑可以抽象为控制类，用控制类图加以描述。对于类的设计，在最初阶段需要重点把握的是关系系统全局的实体类的设计，对于边界类和控制类，尤其是它们的细节，不必过分深究，而且类的属性、方法以及类之间的关联也不是一成不变的，随着设计的深入将逐步修正。这个阶段的类抽象层次较高，主要用来描述系统要实现的功能。在设计的细化阶段将把类扩展为设计类，把类的属性、操作、参数以及类型与具体的实现环境相关联。

7.3.5 设计类图的开发

设计类图是类图的一个变体。类图表示一系列的类以及它们之间的关系。因为分析阶段是一个发现需求的过程，所以一般很少关心属性和方法的细节。在面向对象程序设计中，类的属性有一个特征叫可见性，它表示其他类是否可以访问该属性。每个属性都有类型定义，例如，字符型或数字型。在设计阶段将细化这些项，并且定义要传给方法的参数、方法的返回值，以及方法的内部逻辑。因此，虽然设计阶段和分析阶段的类图是很相似的，但设计阶段的更完备。通过把从状态图和顺序图中获得信息集成到类图中就完成了设计类图的设计。

接下来通过实例介绍设计类图的设计过程。

第一步是决定需要设计的类。这里不妨选择图书馆管理系统的读者类（Reader）作为要设计的设计类。为完成这一步，设计者还要建立属性列表，这里包括 ReaderID/UserID（读者编号）、ReaderName（读者姓名）、ReaderGender（读者性别）、ReaderEmail（读者电子邮件）、ReaderType（读者类型）等。

第二步是找到属于这个类的所有方法。一个类中的方法一般是通过传给该类的消息所调用的，因此，为识别该类的所有方法，只需考察所有顺序图，并找到所有要传入到 Reader 中的消息。用尽可能多的有用信息来详细描述设计类，包括消息名、传递的参数以及返回值。表 7.1 是搜索所有与读者有关的顺序图后找到的消息列表（参见 6.4.3 节中读者相关的顺序图），其中第一列中列出了相应的消息，第二列中列出了根据消息转化而来的方法，第三列对这些方法的功能做了简要解释。

表 7.1 读者类的消息和方法

消息	方法	功能
CreateQuery()	CreateQuery(query information)	查询图书信息
CheckBookStatus()	CheckBookStatus (book status)	检测图书状态（能否预约/续借）
CheckReaderStatus()	CheckReaderStatus(book status)	检测读者状态（是否超期超量）
RenewBook()	RenewBook(book information)	续借图书
EngageBook()	EngageBook(book information)	预约图书

第三步是详细描述带有逻辑的方法。为完成这一步必须从状态图中获取信息。记住，状态图中的状态转换都是由触发器引起的。触发器表示传给某个对象的一个消息。因此，所有顺序图中的消息都要对应一个对象状态图中的转换。如果没有转换，状态图就不可能定义如何处理输入消息。图 7.12 显示的是整合了顺序图和状态图信息的读者设计类图。

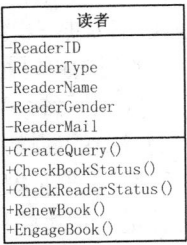

图 7.12　读者设计类

这时读者可以对比设计类图和类图之间的差异,正如上面提到的,设计类图是基于类图之上整合了顺序图和状态图的进一步丰富了设计细节的类图,此时的设计类的属性和方法不仅反映基于事物和事件的特征和交互行为,也更接近于系统实施的要求,因为属性和方法都被赋予了适合于编程的数据类型和逻辑功能。在 Rational Rose 中,完成设计类图之后,例如图 7.12 所示的读者设计类,可以使用正向工程生成基于选定开发平台——如 J2EE、VC 等——的框架代码,程序员根据系统设计人员提供的具体的算法逻辑实现来完成具体的编程工作。

7.3.6　面向对象的开发方法

面向对象语言具有使编程和维护变得简单的内置能力。面向对象开发具有的一些特性,如继承、覆盖和多态性使得基于面向对象方法的应用程序更为健壮可靠,并且易于维护。下面将学习这些特性。

我们知道类的继承可以表示一般化和特殊化。特殊类继承父类的属性和关系。在面向对象程序设计中,继承用来扩展属性和方法。如果设计类图中包括父类名,表示这个类是继承了父类属性和方法的特殊类。例如,图 7.8 包括读者类的两个特殊类,即学生读者类和教师读者类。教师读者类将继承诸如读者编号、姓名、性别等属性以及查询、续借、预约等方法。因此,代码得以重复使用。继承会自动发生,并且教师读者类会自动地指向这些方法。一个好的设计方案会在尽可能多的地方利用继承。继承也广泛运用于设计用户界面。

面向对象程序设计还为继承的方法提供了覆盖功能。通常,特殊类继承了父类的所有方法。但有些情况下,例如,应用程序要求教师读者类的续借时间可以和借书的时间一样长,因此,为教师读者类建立的续借方法要与为学生读者类建立的方法有所不同。通过在特殊类中定义一个具有相同名字的方法,继承的方法就被覆盖了。换句话说,父类的方法将不能被子类直接使用。

多态性是指不同类中方法的复用。多态性的思想来源于每个类都是独立的,因此,可以在不同的类中使用同名的方法。例如,为图书类定义了一个有效性检测的方法,这个方法可以读取某本图书的所有信息,并返回有效性检测的结果;还可以为读者类定义一个有效性检测的方法,用以返回某位读者的所有信息,并返回有效性检测的结果。多态性允许使用同名的方法而不会混淆它们。当然,要想调用它们,就必须在恰当的类中书写调用语句,可以通过给所希望的类发送消息来实现。

7.3.7　面向对象应用程序与用户界面、数据库和网络设计的集成

面向对象方法集中在应用程序的设计上,而不会考虑用户界面、数据库和网络是否会影响设计类。因为面向对象设计会建立一些独立的、交互的类,所以整个系统结构不会因为用户界面而改变。发生变化的是整个设计类图中加入了一系列设计好的用户界面类。有许多的工具和组件库能用来进行面向对象的用户界面设计。应用程序和用户界面的集成通常要使用一个工具

库，用给定的组件设计表单和报表，并在方法中插入逻辑，用以访问界面类中的方法。应用程序类的设计最好能与用户界面的设计结合起来，这样的话在设计阶段就可以知道哪些消息应传递给哪些用户界面方法。

在数据库访问方面，面向对象方法通常使用一系列的数据库类来实现数据库访问。由于许多面向对象语言会自动地对数据库进行读写，所以数据库访问有时会变得相当复杂，但其他语言会要求对数据库接口对象进行具体的调用。在设计阶段的关键一点是要确定目标语言和数据库系统，以便在设计阶段就可以适当地集成。

在网络设计方面，面向对象应用程序通常主要在分布式环境里运行，单个的对象（类）被分配到独立的节点上。为保证对象之间没有冲突，特别是访问数据库时没有冲突，还需要合适的中间件。

7.4 项目协调

在项目开发过程中，系统设计的早期非常关键，它决定了后期的设计和实施。当系统开发重点从分析阶段转入设计阶段时，项目的进程也发生了重要改变。在这些转变过程中项目协调就变得十分关键。项目协调就是要时刻了解工程的进展，需要对大量的细节和任务进行协调。

此外，作为项目组成员，包括用户，最好能理解新系统的潜在能力，他们可能希望通过调整业务规则来得到高水平的自动化支持。对于企业来说，这种调整将使企业从这个改进的系统中获益。但对于项目来说，由于系统需要扩展功能，因此可能会延误整个项目。这时用户和项目组之间的协调就非常重要。

设计活动还需要多方的合作。根据提交的设计任务的数目，项目将划分成块。通常，系统划分成子系统，而每个子系统都有自己的设计要求。项目组可以根据子系统以及其他设计任务也分成更小的小组。一些技术点，诸如网络配置、数据库设计、分布式处理以及通信能力，都可以作为子系统。其他问题，如反应时间、特殊输入配置等，也可以作为特殊的子系统。协调和集成所有子系统的技术以及中间件问题，对整个系统来说是最基本的。通常的情况是有一些小组需要共同工作来进行一些系统设计工作。为保证整个工程的顺利完成，要合理地协调大家的活动和结果。

最后，在实施阶段的一些活动，例如编码，也该开始了。实际上设计和编码通常是同时进行的。当设计任务确定下来后就可以开始编程了。因此，除了完成设计的工作小组外，程序员组和程序员/分析员组也要加入到开发组中来。

7.5 系统设计说明书

系统设计说明书是从系统总体的角度出发，对系统建设中各主要技术方面的设计进行说明，是系统设计阶段的产物，其重点在于阐述系统设计的指导思想以及所采用的技术路线和方法。编写系统设计说明书将为后续的系统开发工作从技术和指导思想上提供必要的保证。

对系统设计说明书的具体要求是：应全面、准确和清楚地阐述系统在实施过程中具体采用的手段、方法和技术标准，以及相应的环境要求。另外，系统建设的标准化问题也是系统设计说明书中应阐明的一项重要内容。

系统设计说明书的主要内容包括：系统开发项目概述、模块设计说明、代码设计说明、输入设计说明、输出设计说明、数据库设计说明、网络设计说明、安全保密说明、系统设计实施方案说明。

对于比较小的系统，可以将总体设计说明书与详细设计说明书合成一份系统设计说明书。

系统设计说明书包括以下十项内容。

（一）概述

1. 系统设计目标
2. 系统设计策略

（二）计算机系统的选择

1. 计算机系统的选择原则
2. 方案比较

（三）计算机系统配置

1. 硬件配置

（1）主机

（2）外存储器

（3）终端与外部设备配置

（4）其他辅助设备

（5）网络结构

2. 软件配置

（1）操作系统（OS）

（2）数据库管理系统（DBMS）

（3）服务程序

（4）语言

（5）通讯软件、网络软件

（6）软件开发工程

（7）汉字系统

3. 计算机系统的地理分布
4. 网络协议文本

（四）系统结构

1. 结构图（自顶向下，逐层扩展的层次化模块结构图）
2. 模块结构图

（五）数据库设计

1. 数据库总体结构
2. 数据库逻辑设计
3. 数据库物理设计
4. 数据库性能

安全性、保密性、完整性、一致性。

（六）编码设计

1. 编码设计原则
2. 编码设计方案

（七）系统故障对策

1. 故障防治措施
2. 系统恢复方法
（八）信息准备计划及实施方案
（九）系统投运计划及人员上岗培训计划
（十）系统测试方法与计划

本章小结

本章学习了系统设计的主要内容，重点介绍了应用程序件的设计。分别以课程管理系统和图书馆管理系统为实例展开应用程序的结构化设计过程和面向对象设计过程。使用 Visio 和 Rational Rose 完成设计建模的相关实验有利于强化对相应设计方法的理解和把握。

习题

一、填空题，请将正确的答案填在括号内

1. 系统设计的过程分为两个层次：一个是（   ），一个是（   ）。
2. 在系统设计中需要把握 3 个设计要素：（   ）、（   ）和（   ）。
3. 结构化设计技术，包括分析和设计模型，使用（   ）-（   ）-（   ）的模型编写系统结构。
4. 填空说明以下图例在系统流程图中所表示的含义：

　　过程/处理
　　（   ）

　　各部分的连接
　　（   ）

　　文件或数据库
　　（   ）

　　人工操作
　　（   ）

　　文档或报表
　　（   ）

5. 描述设计模块内部逻辑的方法一般有 3 种：(   )、(   )和(   )。
6. 有两条面向对象程序设计的重要原则使得系统健壮且易于维护，分别是(   )和(   )。
7. 在面向对象的系统设计中所用到的模型主要有(   )、(   )和(   )。
8. 包图的信息主要来源于(   )和(   )。
9. 设计类图的输入信息来源于(   )、(   )以及(   )。
10. 在面向对象的系统中，对象分为 3 类：(   )、(   )和(   )。通过这些对象的合作来实现用例。
11. 类图不仅定义了系统中的类，还表示了类之间的关系。类之间具有(   )、(   )、(   )和(   )等关系。

二、简答题

1. 简述使用结构化方法进行系统应用程序设计的基本流程。
2. 简述结构化应用程序与用户界面、数据库和网络设计的集成。
3. 简述设计类图的设计过程。
4. 如何理解结构化程序设计和面向对象程序设计在方法上的不同。

实验一　使用 Visio 2007 绘制系统流程图

1. 实验目的
（1）熟悉绘制系统流程图的各种图元及其含义。
（2）掌握使用 Visio 2007 绘制系统流程图的方法。

2. 实验内容
（1）使用 Visio 2007 绘制教学管理系统的系统流程图。
（2）完成实验报告。

3. 具体操作步骤
（1）执行"开始"→"程序"→"Microsoft Office"→"Microsoft Office Visio2007"命令启动 Visio 2007，然后执行"文件"→"新建"→"流程图"→"基本流程图"命令即可打开基本流程图形状的任务栏，操作菜单如图 7.13 所示。

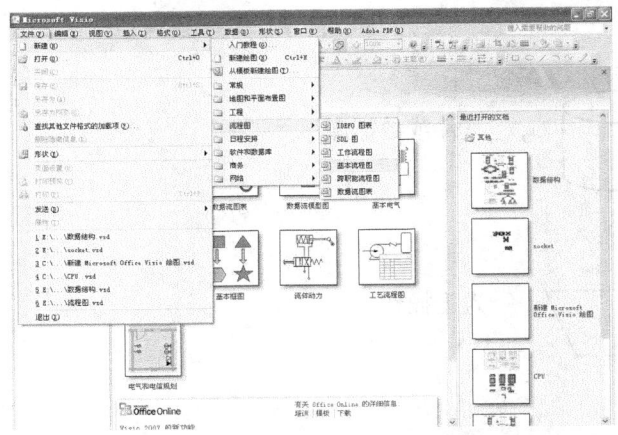

图 7.13　在 Visio 2007 中新建基本流程图

显示的基本流程图形状任务栏内容如图 7.14 所示，其中包括了用于绘制系统流程图的常用图元。

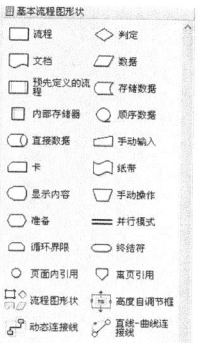

图 7.14　Visio 2007 提供的绘制系统流程图的图元

（2）拖动基本流程图任务栏中的"流程"图元到绘图区域，并调整大小及位置，调整显示比例为 100% 以方便进一步细致绘制，如图 7.15 所示。

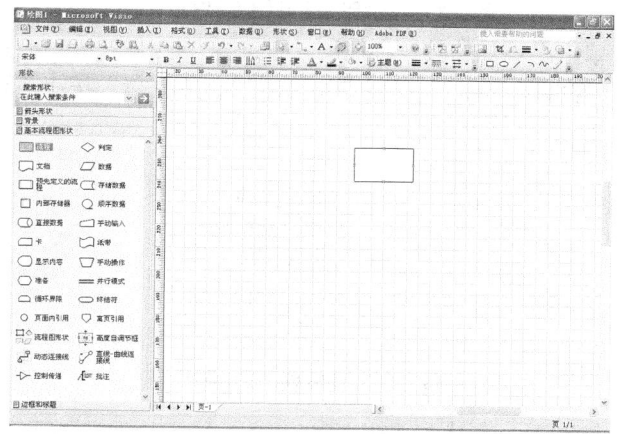

图 7.15　在绘图区域绘制进程

（3）双击新添加的进程图元，进入文字编辑状态，添加相应的文字，如图 7.16 所示。

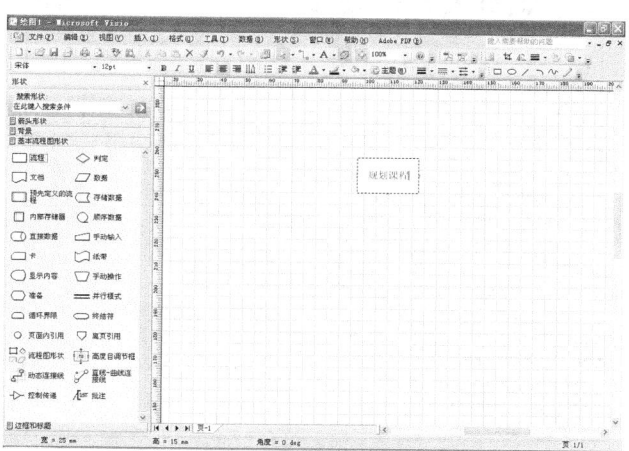

图 7.16　向图元中添加文字

（4）拖动基本流程图任务栏中的"直接数据"图元到绘图区域，并调整大小及位置，如图 7.17 所示。

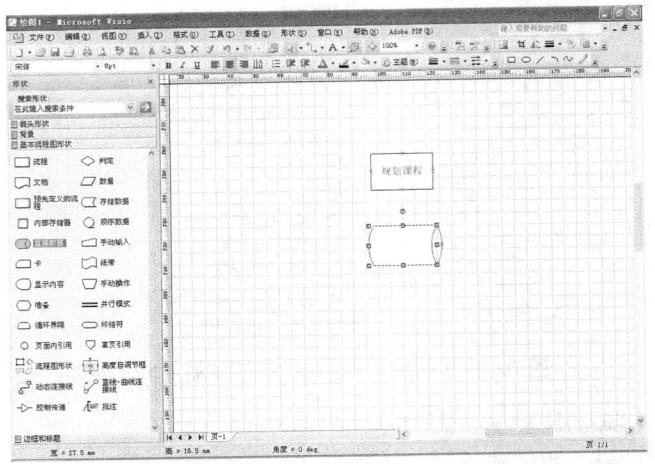

图 7.17 在绘图区域绘制数据存储

（5）用鼠标右键单击已添加的数据存储图元，选择"形状"→"向左旋转"命令，使图元旋转 90 度，以符合人们的阅读习惯，也可以直接点击"旋转形状"按钮并旋转，如图 7.18 所示。

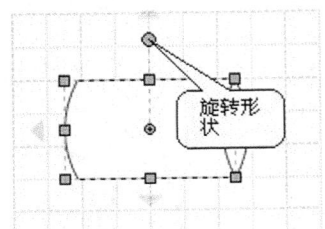

图 7.18 旋转数据存储图元

（6）双击数据存储图元，在其中添加文字，由于经过旋转，其文字如图 7.19 所示，为了符合人们的阅读习惯，需要更改文字的显示效果。

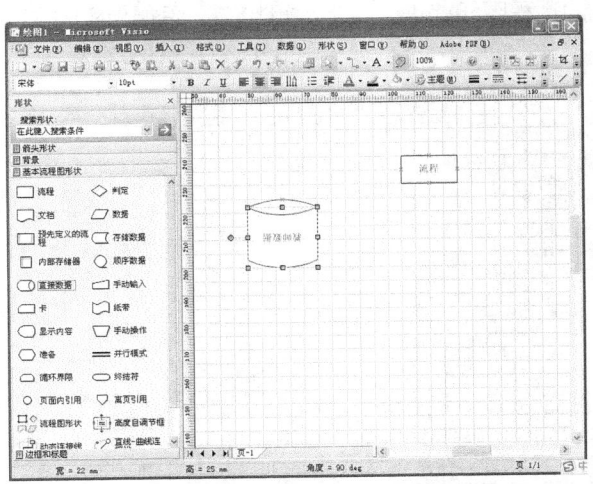

图 7.19 添加了文字的数据存储图元

（7）用鼠标右键单击数据存储图元，选择"形状"→"旋转文字"命令，如图 7.20 所示，使文字以 90 度旋转，多次调整直到水平显示为止。

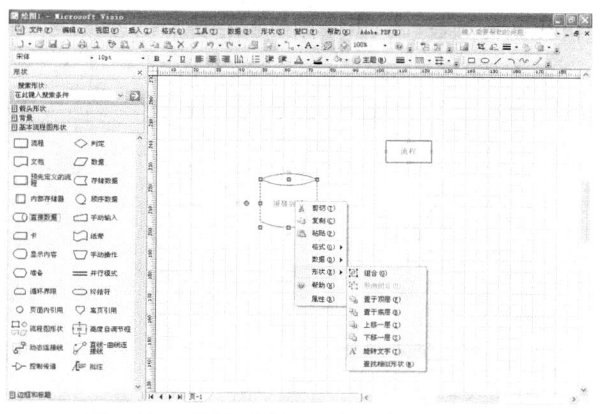

图 7.20　对数据存储图元中的文字进行旋转

（8）用相似的方法在绘图区添加手动操作、文档等图元。

（9）接下来需要在各图元之间添加连接线，单击工具栏上的 按钮，在下拉菜单中选择"其他 Visio 方案"→"连接符"命令，如图 7.21 所示，在左侧形状任务窗格中会显示连接线任务栏。

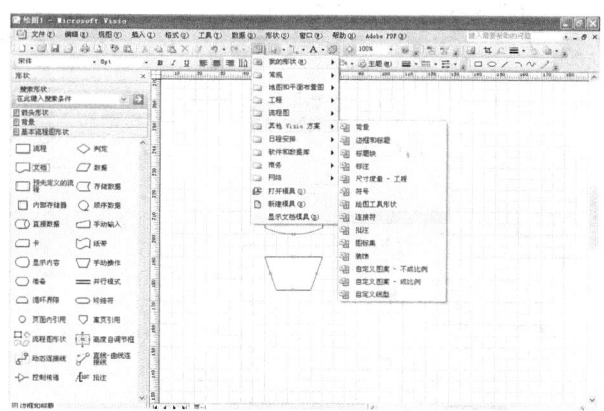

图 7.21　打开连接线任务栏

（10）选中连接线任务栏中的"动态连接线"图元，在需要连接的图元中间绘制一条连接线，如图 7.22 所示。

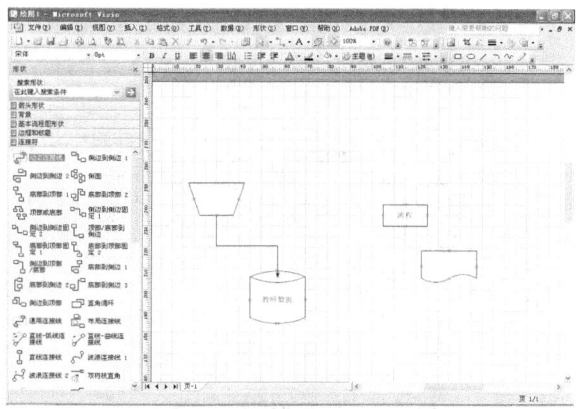

图 7.22　在图元之间绘制连接线

（11）如果需要把折线调整为直线，可以用鼠标右键点击连接线，在弹出的快捷菜单中选择"直接连接线"命令，如图 7.23 所示。

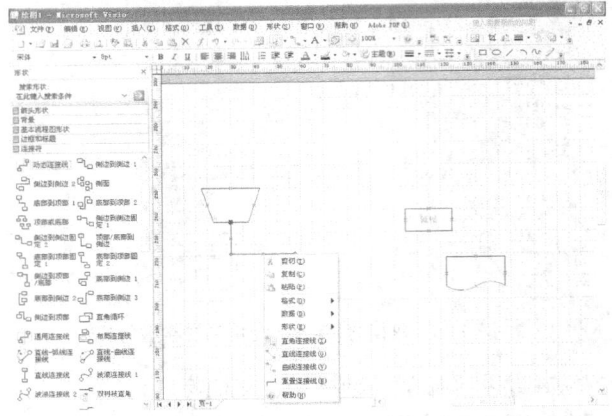

图 7.23　把折线连接线转化为直线连接线

（12）如果要把单箭头连接线变为双箭头连接线，可以用右键单击连接线，在弹出的快捷菜单中选择"格式"→"线条"命令，如图 7.24 所示。

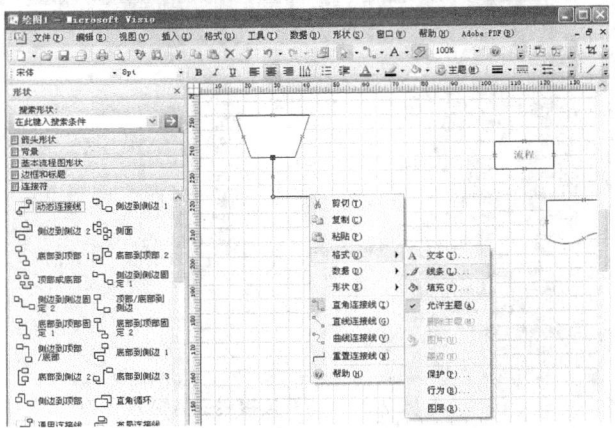

图 7.24　设置连接线的线条格式

（13）在弹出的对话框中，单击"起点（B）"旁边的下拉箭头，选择"04"样式，如图 7.25 所示。

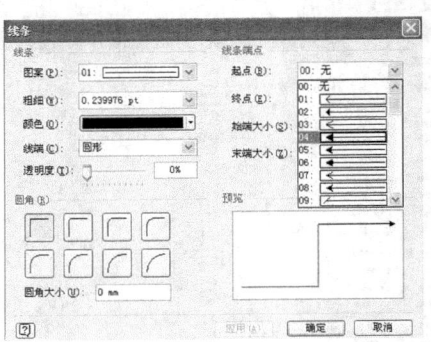

图 7.25　为连接线添加双箭头

（14）重复以上步骤，可以绘制出教学管理系统的系统流程图，如图 7.26 所示。

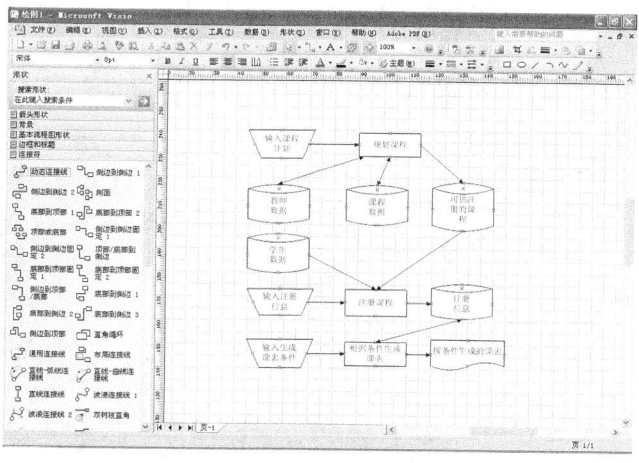

图 7.26　在 Visio 2007 中绘制的系统流程图

4．实验练习

（1）参照以上实验步骤，使用 Visio 2007 绘制课程管理系统的流程图（见图 7.6）。

（2）根据你所在大学的实际情况，设计学籍管理子系统、成绩管理子系统以及教学资源管理子系统的系统流程图，并使用 Visio 2007 绘制完成。

实验二　使用 Rational Rose 绘制图书馆管理系统的类图

1．实验目的

（1）掌握使用 Rational Rose 绘制类图的方法。

（2）熟悉类的设计方法。

2．实验内容

（1）绘制图书馆管理系统类图。

（2）完成实验报告。

3．具体操作步骤

新建类图及定制工具栏

（1）启动 Rational Rose，在 Browser 窗口内的树形列表中选中"Logical View"包，用右键单击，在弹出的快捷菜单中选择 New → Package 命令新建一个包，命名为"图书馆管理实体类"，如图 7.27 所示。

（2）用右键单击 Browser 窗口中新生成的包，在弹出的快捷菜单中选择 New →Class Diagram 命令，新建一个类图，命名为"图书馆管理实体类图"，如图 7.28 所示。

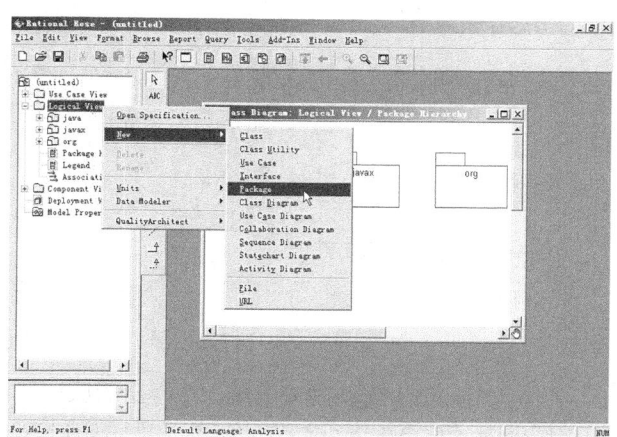

图 7.27　新建包

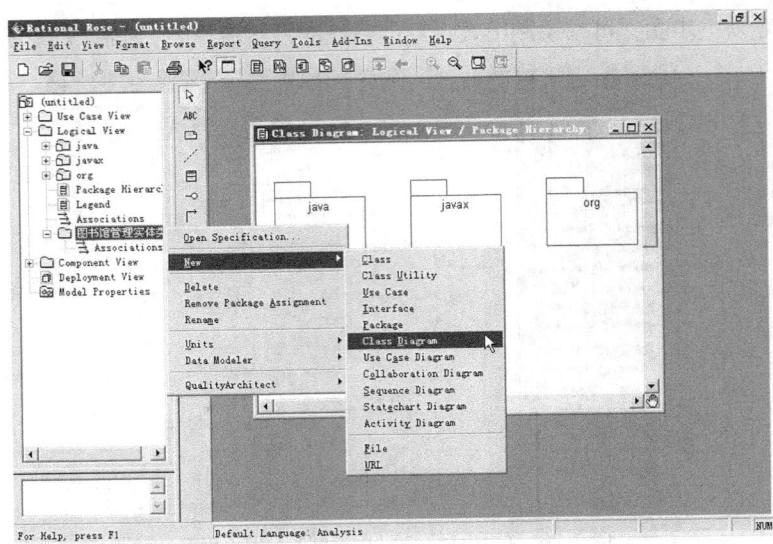

图 7.28 新建类图

（3）双击 Browser 窗口中新生成的"图书馆管理实体类"类图文件，在 Diagram 窗口中打开该文件，可在该窗口中绘制类图。

（4）定制工具栏的方法请参照"实验一"中的相关内容。

向类图中添加类

（5）点击工具栏中的 图标，在绘图区单击，即可建立一个名为 NewClass 的类，如图 7.29 所示。这里可以将新建的类重命名为"图书"。

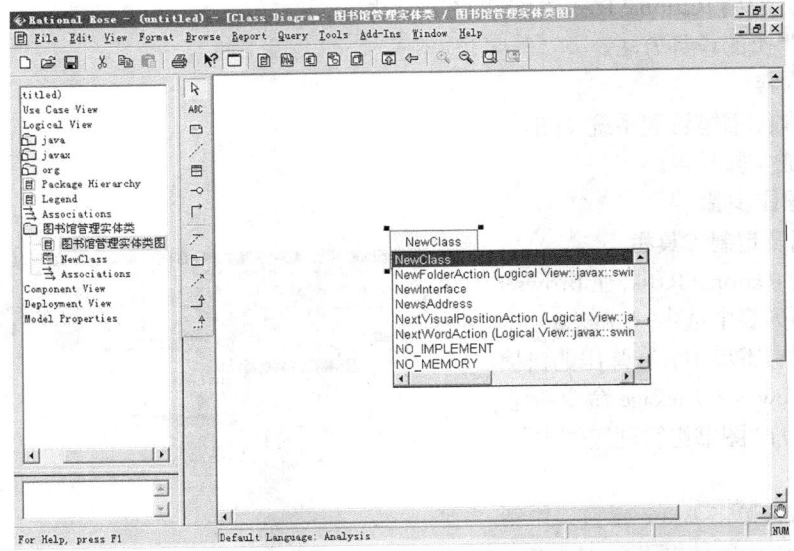

图 7.29 绘制一个类

（6）用右键单击新生成的类，在弹出的快捷菜单上选择 Open Specification…命令，在弹出的对话框中可对该类进行相关的细节设置，如图 7.30 所示。

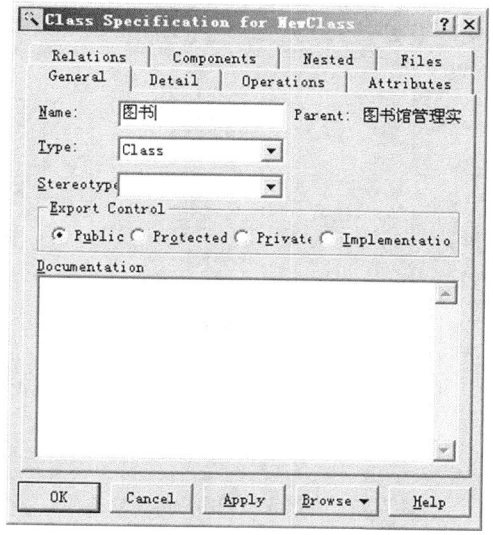

图 7.30 类的细节设置对话框

（7）单击 Attributes 标签，在窗口主体区域用右键单击，在弹出的快捷菜单中可设置当前类的属性，在这里可以添加"图书编号"等相关属性，如图 7.31 所示。

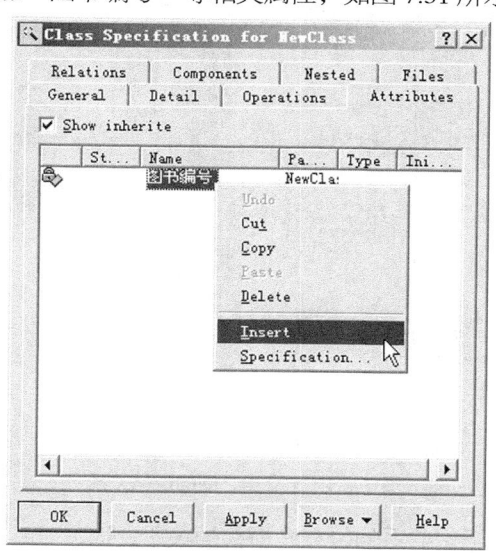

图 7.31 设置类的属性

类似的，单击其他几个标签可以进行相关内容的设置。

建立类之间的关系

绘制了相关的类之后，还要绘制有关类之间的关联。描述类之间的泛化关系，可以使用绘图工具栏上的 图标，具体操作步骤如下所述。

（8）选中 图标后，在绘图区从起始类"用户"画至终止类"读者"，如图 7.32 所示。

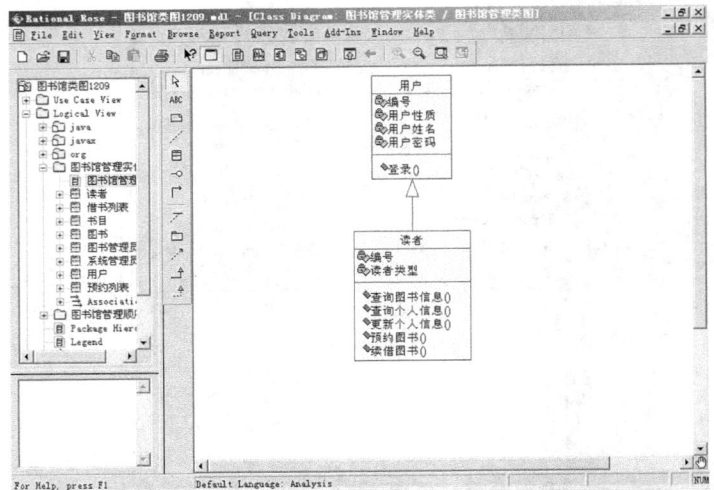

图 7.32　为读者类和用户类建立关系

同样的方法可以定义"用户"类和"系统管理员"类、"图书管理员"类之间的关系，如图 7.33 所示。

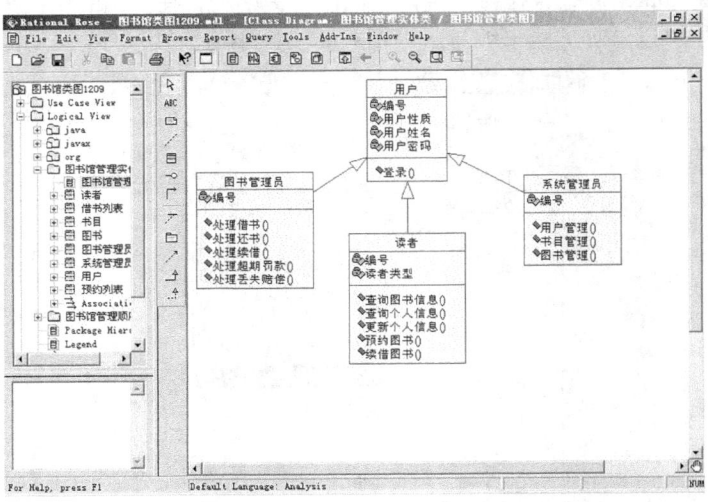

图 7.33　定义类之间的泛化关系

（9）用右键单击表示泛化关系的带三角箭头的线段，选择快捷菜单中的 Open Specification…命令，或直接用左键双击该三角箭头线段，在弹出的对话框中可对关系做进一步的细节设置，如图 7.34 所示。

（10）描述类之间的双向关联关系，可使用绘图工具栏上的 ↔ 图标，如果该图标未显示在绘图工具栏上，可定制工具栏以显示该图标。定制工具栏的操作方法请参考第 6 章实验一中定制工具栏操作的内容。

（11）双向关联按钮用来描述类实例之间的双向连接关系。同样地，双击该关系可在弹出的对话框中对该关系做进一步的设置，这部分内容不再赘述，请读者在实践中掌握。

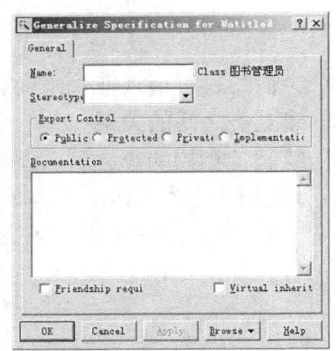

图 7.34　设置泛化关系的对话框

4. 实验练习

（1）按照以上方法绘制 7.3.4 节所给出的图书馆管理系统的类图（见图 7.11）。

（2）根据你所在大学图书馆的实际情况，设计图书馆管理系统所涉及的类，并使用 Rational Rose 2003 绘制相关类图。

实验三 使用 Visio 2007 绘制图书馆管理系统的类图

1. 实验目的

（1）掌握使用 Visio 2007 绘制类图的方法。

（2）熟悉类的设计方法。

2. 实验内容

（1）绘制图书馆管理系统类图。

（2）完成实验报告。

3. 具体操作步骤

新建类图

（1）启动 Visio 2007，执行"新建"→"软件和数据库"→"UML 模型图"命令，如图 7.35 所示。

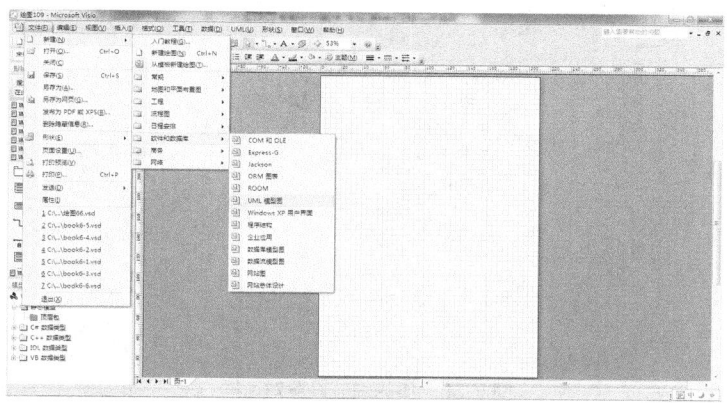

图 7.35 新建包

（2）用鼠标右键单击左下方模型资源管理器窗口中静态模型顶层包，在弹出的快捷菜单中选择"新建"→"静态结构图"命令，命名为"图书馆管理实体类图"，如图 7.36 所示。

图 7.36 新建静态结构图

向类图中添加类

（3）单击右侧工具栏中的 图标，拖至绘图区类，如图 7.37 所示。

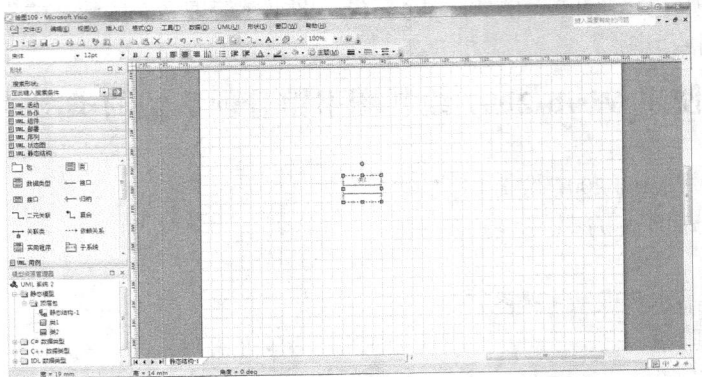

图 7.37　绘制一个类

（4）双击单击新生成的类，在弹出的对话框中将类重命名为"图书"，并进行相关的细节设置，如图 7.38 所示。

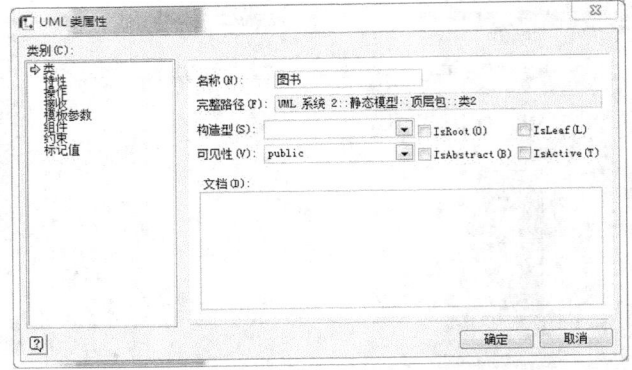

图 7.38　类的细节设置对话框

（5）单击"特性"选项，在弹出的快捷菜单中可以设置当前类的属性，在这里可以添加"图书编号"等相关属性，如图 7.39 所示。

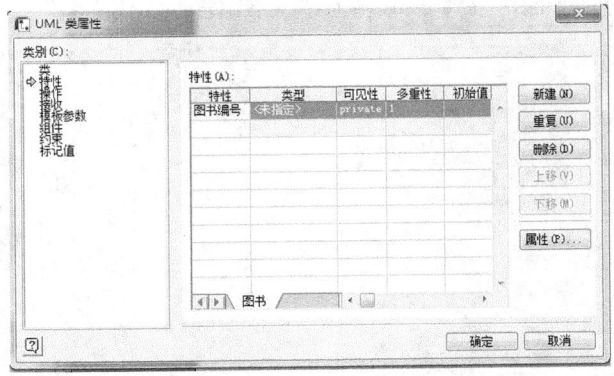

图 7.39　设置类的属性

类似地，单击其他几个标签可进行相关内容的设置。

建立类之间的关系

绘制了相关的类之后,还要绘制有关类之间的关联。描述类之间的泛化关系,可以使用绘图工具栏上的 ← 归纳 图标,具体操作步骤如下所述。

(6)选中 ← 归纳 图标后,在绘图区从起始类"用户"画至终止类"读者",如图7.40所示。

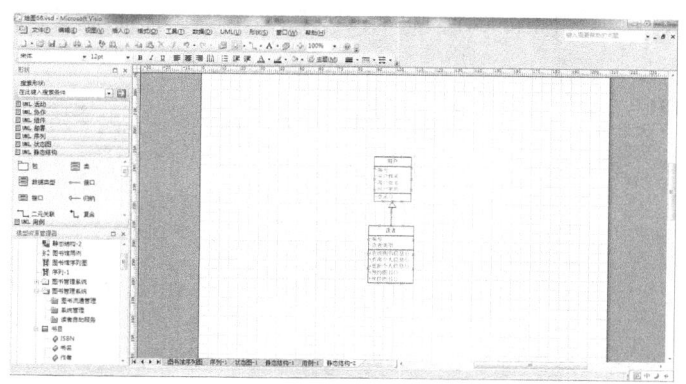

图 7.40 为读者类和用户类建立关系

同样的方法可以定义"用户"类和"系统管理员"类、"图书管理员"类之间的关系,如图7.41所示。

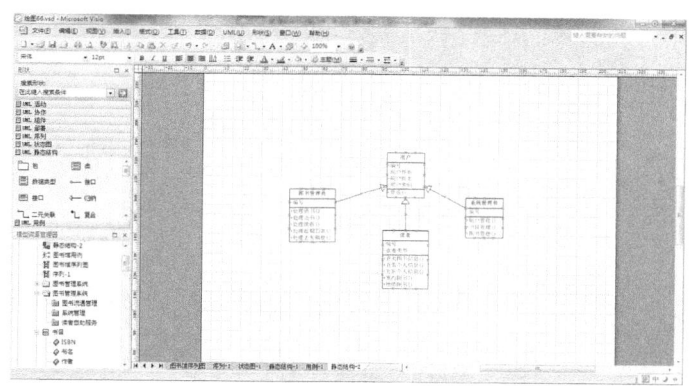

图 7.41 定义类之间的泛化关系

(7)用左键双击该三角箭头线段,在弹出的对话框中可对关系做进一步的细节设置,如图7.42所示。

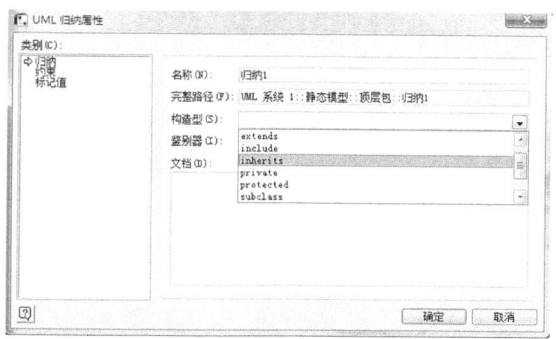

图 7.42 设置泛化关系的对话框

（8）描述类之间的双向关联关系，可使用绘图工具栏上的 ↰[二元关联] 图标。

（9）双向关联按钮用来描述类实例之间的双向连接关系。同样地，双击该关系，可在弹出的对话框中对该关系做进一步的设置，这部分内容不再赘述，请读者在实践中掌握。

4. 实验练习

（1）按照以上方法绘制 7.3.4 节所给出的图书馆管理系统的类图（见图 7.11）。

（2）根据你所在大学图书馆的实际情况，设计图书馆管理系统所涉及到的类，并使用 Visio 2007 绘制相关类图。

第 8 章 数据库设计

本章导读

数据库设计是管理信息系统设计的重要环节，其设计合理与否将直接影响系统未来的使用效率。本章将学习数据库设计，重点讨论关系数据库的设计。对面向对象数据库和分布式数据库等新技术也做了简要介绍。

8.1 数据库及数据库管理系统

数据库(Database)是被集中控制和管理的存储数据的完整集合。一个典型的数据库包括几十或几百个实体类型或类。存储的信息包括实体或类的属性（如姓名、价格、账户余额），以及实体或类之间的关系（如哪本书被哪位读者借出）。数据库中还存储描述性信息，例如字段名、对允许值的约束以及对敏感数据项的访问控制等。

数据库由数据库管理系统(DataBase Management System,DBMS)来管理和控制。DBMS 是一个通常与其他系统软件(如操作系统)分开购买和安装的系统软件。目前主流的现代数据库管理系统是关系数据库系统，应用比较广泛的有基于 Windows 平台的 Microsoft Access、Microsoft SQL Server，开放源代码的 MySql、PostgreSQL，以及大型商用数据库系统 Oracle、DB／2 等。

图 8.1 给出了一个典型数据库组件以及它与数据库管理系统、应用程序、用户和管理人员的交互关系。数据库由两部分相关的信息存储组成：物理数据存储和模型。

物理数据存储包含了信息系统生成并使用的原始比特和字节。

模型包含了关于物理数据存储中所存储数据的附加信息，包括：

- 访问和内容控制，包括特殊数据元素的允许值、多重数据元素之间的值依赖关系，以及允许读取和更新数据元素内容的用户列表；
- 数据元素和数据元素组之间的关系（例如，一个从描述读者的数据指向读者借阅的图书的指针）；
- 物理数据存储组织的细节包括数据元素的类型和长度、数据元素的位置、关键数据元素的索引，以及相关数据元素组的排序。

一个数据库管理系统(DBMS)包括 4 个关键的组成部分：应用程序接口(Application Program Interface, API)、查询接口、管理接口以及一组底层的数据访问程序和子程序。应用程序、用户和管理人员从来不会直接访问物理数据存储，如图 8.1 所示。

相反，他们用模型中定义的名字区分一个适当的 DBMS 接口，并通过接口访问他们需要读或写的数据。DBMS 通过访问模型来核实所请求的数据是否存在，以及该用户是否有适当的访问权限。如果请求是有效的，DBMS 从模型中提取出所请求数据的物理组织信息，并代表提出请求的程序或用户使用该信息访问物理数据存储。

数据库和数据库管理系统提供了一些重要的数据访问和管理功能，包括：
- 允许多个用户或应用程序同时访问；
- 无须编写应用程序来访问数据（即可通过查询语言）；
- 将信息系统或组织使用的所有数据作为一个整体进行管理（即使用相同且一致的访问和内容控制）。

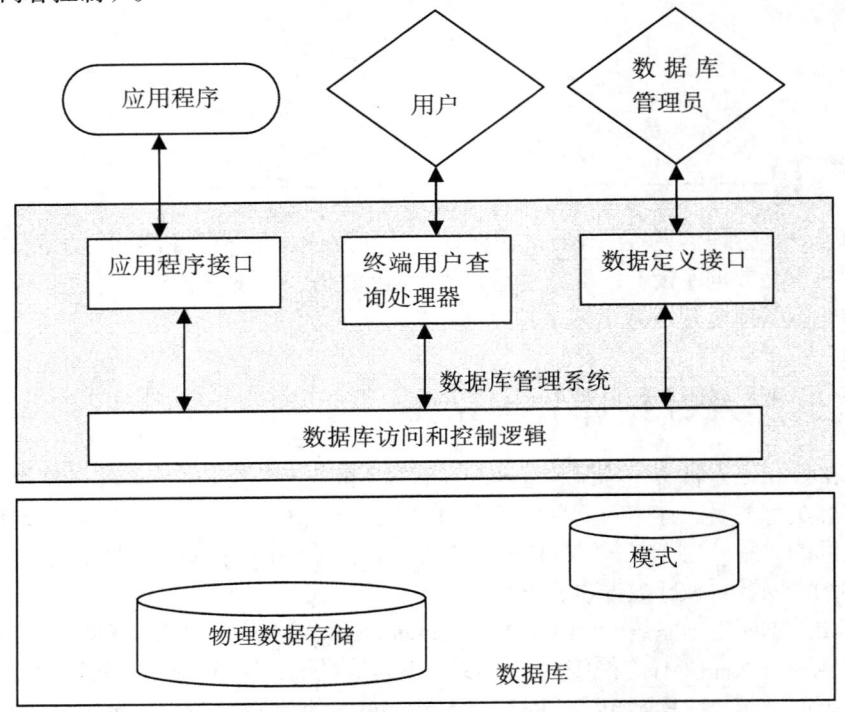

图 8.1　数据库管理系统与外界访问之间的关系

正是由于具有以上的一些特性以及历史的原因，数据库和数据库管理系统在现代信息系统中得到了广泛的应用。

DBMS 自从 20 世纪 60 年代出现后，经历了多个发展阶段。这些阶段是以不同的技术变化为主要特征的，其中最重要的变化则是用来表示和访问物理数据存储内容的模型类型。

在数据库技术的发展过程中，有如下 4 种模型类型得到了广泛地应用。
- 层次
- 网状
- 关系
- 面向对象

层次模型开发于 20 世纪 60 年代，它用一系列组织成层次的记录来表示数据。网状模型也把数据元素分组组成许多记录的集合，但允许把这些记录组成更灵活的网状结构。70 年代初以后，就很少有人用层次模型开发新数据库了。同样，80 年代初以后，很少有人用网状模型开发新数据库。目前数据库应用的主流模型是关系数据库模型。随着面向对象技术的进一步成熟，面向对象数据库模型也得到了长足的发展。然而，现在许多老的层次和网状数据库仍在使用，特别是在大规模的批量交易处理的应用当中。本章将详细讨论关系数据库的设计。

8.2 设计关系数据库

表对于数据库初学者而言更多的是感性认识。然而，当我们要设计数据库时，除了直观的感性认识以外，设计者还需要明晰以下问题。

- 什么内容可以放到表中？
- 如何确定数据库系统中应该有哪些表？
- 表和表之间是怎样的关系？
- 表之间的关系如何实现？

事实上，在进行具体的数据库设计时，还有许多细节需要考虑，如已经定义的字段使用什么数据类型？在已经定义的字段上是否要根据数据管理的需要附加一些规则？等等这些问题需要通过学习数据库设计的方法和规范来回答。

8.2.1 表、主键和实体关系图

关系数据库管理系统(Relational DataBase Management System, RDBMS)是一个将存储数据组织成表或关系的DBMS。关系数据库的表与日常生活中看到的数据统计表相似，即都是包含行和列的二维数据结构。然而，关系数据库管理系统的专业术语与传统表格和文件的专业术语不完全相同，甚至有很大差别。数据库表的结构是基于关系运算的，在数据库表中单独的一行称为行、元组或记录，单独的一列称为字段或属性。表中的单一单元称为字段值、属性值或数据元素。

图8.2是用Microsoft Access关系型数据库管理系统显示的一个产品表的内容。图中对数据库表的一些术语进行了图解。注意表的第一行包含一系列的字段名(列标题)，即属性；而余下的每行都包含了一个描述某个特定产品的字段值的集合，即一行中的所有数据用来描述一个特定的产品。

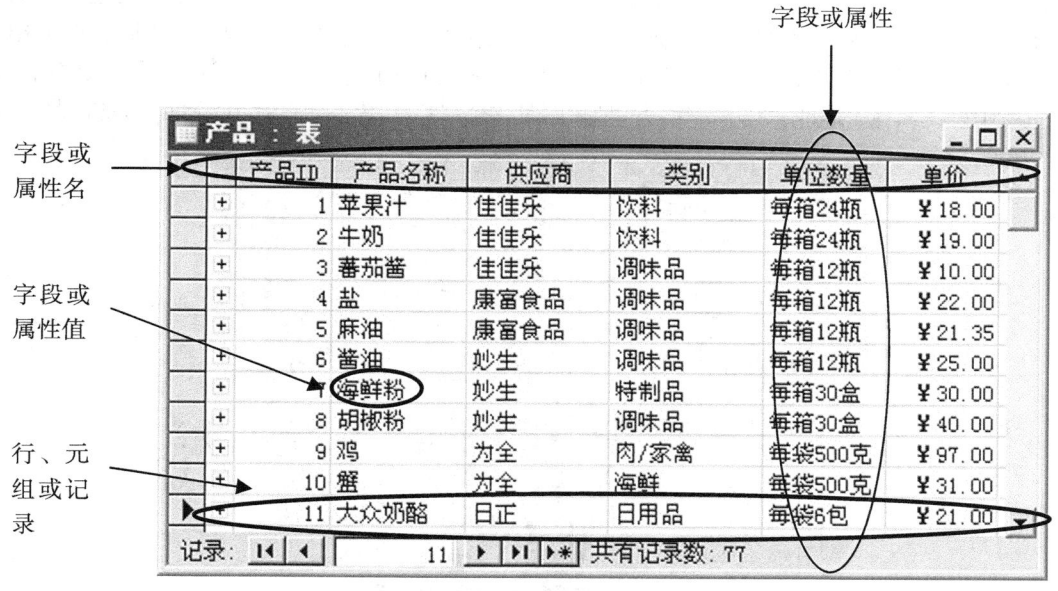

图 8.2 关系数据库表的结构

关系数据库的表有主键的概念。那么什么是主键呢？主键是一个字段或字段组合，它的值必须是唯一的，换句话说，就是不允许出现重复值。现在考虑一个问题，如果建立一个学生表，

学号和姓名哪个更适合做主键呢？显然学号更适合，因为每个学生的学号都是唯一的，但是姓名有可能出现重名的。那么主键是必须的吗？严格来说，构建表时可以不设置主键，但是作为关系数据库设计中的重要规则，建议为每个表设置主键，将来在建立表之间关系时需要用的主键。

在管理信息系统的业务存储中，基于关系数据库的设计中，大多数主键是定义产生的。生活汇总就有很多可用于定义主键的例子，除了上面提到的学号，还有身份证号码、驾驶证号、信用卡号等。定义的主键其值应该保证唯一性，因为用户、应用程序或 DBMS 指定了唯一的值作为新的行添加到表中。

首先还是回到主键的概念上来。主键是数据库表设计的决定性因素，因为它们是表示表间关系的基础。即主键是联结一个表和其他表的“纽带”。在数据库设计中，描述表以及表之间的关系一般使用实体关系图（Entity-Relationship Diagram，ERD），考虑图 8.3 所示的关于供应商和其所提供的产品的 ERD 片段。反映这种实体关系的表如图 8.4 所示。

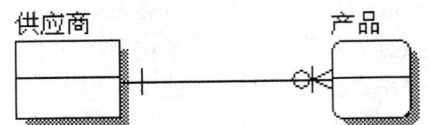

图 8.3　反映供应商和产品关系的 ERD

这个 ERD 片段给出的是实体“供应商”与“产品”之间可供选择的一对多关系。图 8.4 上端的表包括代表实体类型“供应商”的数据，下端的表包含代表实体类型“产品”的数据。

图 8.4 表示的是实体类型“供应商”和“产品”之间的关系，由它们各自表的公共字段值表示。“供应商 ID”字段（供应商表中的主键）的值也出现在产品表的“供应商”字段中。在产品表中，字段“供应商”也叫做外部码，更多地将其称为外键。外键是一个表的主键在另一个不同的（外部）表中该主键的复制字段，其字段名可以和主键相同，也可以不同，但数据类型一定是一致的。在图 8.4 中，“产品”表中作为一个外键值存在的“3”决定了“供应商”表第三行中公司名称、地址、城市等字段的值，同时这个“3”也描述了产品 ID 为 6~8 的出品公司。

供应商 ：表

供应商ID	公司名称	联系人姓名	联系人职务	地址	城市	地区
1	佳佳乐	陈小姐	采购经理	西直门大街 110 号	北京	华北
2	康富食品	黄小姐	订购主管	幸福大街 290 号	北京	华北
3	妙生	胡先生	销售代表	南京路 23 号	上海	华东
4	为全	王先生	市场经理	永定路 342 号	北京	华北
5	日正	李先生	出口主管	体育场东街 34 号	北京	华北
6	德昌	刘先生	市场代表	学院北路 67 号	北京	华北
7	正一	方先生	市场经理	高邮路 115 号	上海	华东
8	康堡	刘先生	销售代表	西城区灵镜胡同 310 号	北京	华北
9	菊花	谢小姐	销售代理	青年路 90 号	沈阳	东北
10	金美	王先生	市场经理	玉泉路 12 号	北京	华北

记录：10　共有记录数：29

产品 ：表

产品ID	产品名称	供应商	类别	单位数量	单价	库存量	订购量
3	蕃茄酱	1	调味品	每箱12瓶	¥10.00	13	70
4	盐	2	调味品	每箱12瓶	¥22.00	53	0
5	麻油	2	调味品	每箱12瓶	¥21.35	0	0
6	酱油	3	调味品	每箱12瓶	¥25.00	120	0
7	海鲜粉	3	特制品	每箱30盒	¥30.00	15	0
8	胡椒粉	3	调味品	每箱30盒	¥40.00	6	0
9	鸡	4	肉/家禽	每袋500克	¥97.00	29	0
10	蟹	4	海鲜	每袋500克	¥31.00	31	0
11	大众奶酪	5	日用品	每袋6包	¥21.00	22	30
12	德国奶酪	5	日用品	每箱12瓶	¥38.00	86	0

记录：11　共有记录数：77

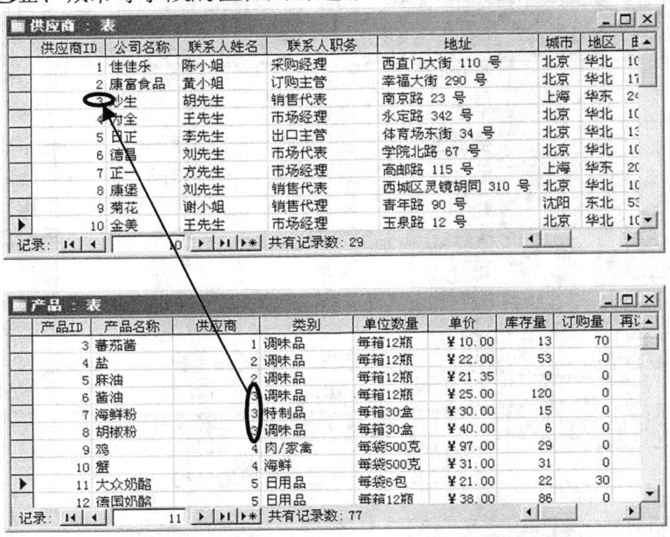

图 8.4　“供应商”表和“产品”表通过供应商 ID 键值进行关联

8.2.2 从实体关系图到数据库

前面讲过，为了设计数据库，先要构造数据库的概念模型，即实体关系图（ERD）表示的实体模型。再对它进行格式化，可以得到数据库的逻辑模型，这个过程把层次模型、网状模型都转化成关系数据模型。最后，根据关系数据模型可以设计出数据库的物理模型，即由若干张互相关联的二维表组成的数据库。图 8.5 表示从 ERD 到格式化数据模型，最后设计出数据库结构的过程。

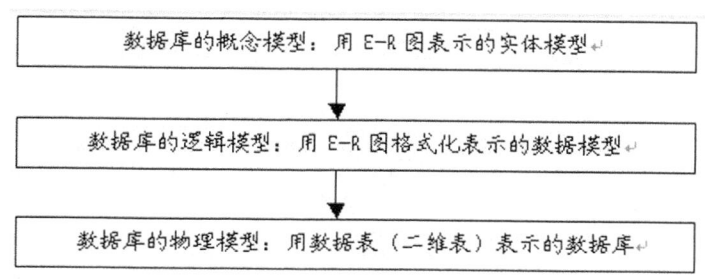

图 8.5　数据库的设计过程

实体间的关系有 3 种，图 8.6 到图 8.9 表示了常见的关系形式。表示实体关系的方式并不统一，图中 B 表示实体，L 表示关系，数据库的一个数据表对应一个实体，数据表的表名同实体或关系名，用 b 表示的数据项代表实体属性，带#形的为主键，带*(通常排在最后面)的为外键。下面通过实例列举这些关系。

（1）一对一关系

图 8.6 表示一对一关系的一个实例，左图为 E-R 图：1 位厂长管理着 1 个工厂，1 个工厂只有 1 位厂长。

数据库由两个数据表构成，工厂和厂长两个实体分别转换为一个数据表，实体的属性转换为数据表的字段，关系不用转换为数据表，两个实体对应的数据表依靠外键建立关系。可以用图 8.6 的中图表示逻辑模型：在工厂和厂长两个实体之间画一条连线。图 8.6 的右图则表示数据库的结构设计：数据库由两个数据表组成，在一个数据表中引入外键来建立关系。

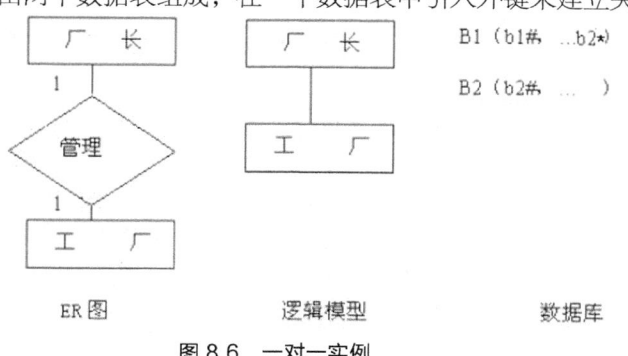

图 8.6　一对一实例

具体写出其关系模式为

厂长表（厂长 ID#，厂长姓名 ，年龄，性别，职称,学历，电话，传真，E-mail）
工厂表（工厂编码#，工厂全名，地址，固定资产总值，职工人数，企业性质，厂长 ID*）
其中带"#"的为主键，带"*"的为外键。

也可以设计为

厂长表（厂长 ID#，厂长姓名，年龄，性别，职称，学历，电话，E-mail，工厂编码*）

工厂表（工厂编码#，工厂全名，地址，固定资产总值，职工人数，企业性质）

从设计角度讲，工厂与厂长是一对一关系，两种设计都可以，它们通过一个外键建立关联。

（2）一对多关系

一对多关系与一对一关系有一点不同，外键必须包含在一对多关系中多的实体内，而在一对一关系中二者是平等的，例如图 8.7 的左图表示一对多关系的一张 ERD：1 位厂长管理着多名职工，1 位职工只能隶属于 1 位厂长的管理。

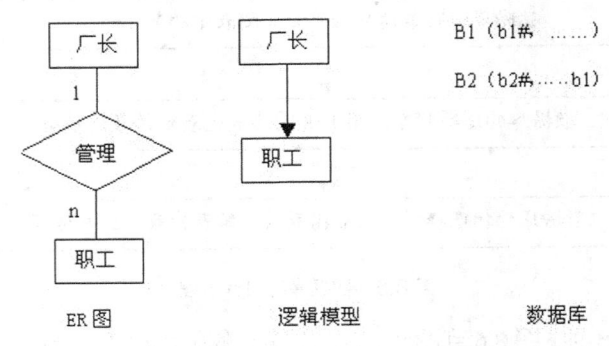

图 8.7 一对多实例

数据库由两个数据表构成，职工和厂长两个实体分别转换为一个数据表，实体的属性转换为数据表的字段，而关系不用转换为数据表，两个实体对应的数据表依靠外键建立关系。图 8.7 的中图表示逻辑模型，在厂长和职工两个实体之间画一条带箭头的连线，从"一"的一方（厂长）指向"多"的一方。图 8.7 的右图则表示数据库的结构设计：数据库由两个数据表组成，通过在"多"的一方的数据表中引入外键来建立关系。具体写出其关系模式为

厂长数据表(厂长 ID#，厂长姓名，年龄，职称，性别)

职工数据表(职工编码#，职工姓名，…厂长 ID *)

可以看出，虽然一对一、一对多的关系的数据库都由两个数据表组成，但是二者的逻辑模型不同，数据库设计也不同。

在实际应用中，一对一使用较少，一对多的关系比较多，而大量的是多对多关系。

（3）多对多关系

多对多关系体现为网状数据模型，关系数据库不能直接处理多对多关系，可以简化成两个一对多的关系来处理。

图 8.8 表示一般情况下的多对多关系。左图表示多对多关系的 ERD，中图表示逻辑模型，把关系 L 当作实体对待，从 B1、B2 两个实体各自画一条带箭头的线指向 L。这样就把多对多关系简化成为两个一对多的关系来处理。图 8.8 的右图则表示数据库的结构设计，数据库由 3 个数据表组成，具体写出其关系模式为

B1（b1#,……）

B2 (b2#,……)

L　（b1#,b2#,……）

B1 与 B2 两个数据表有各自的关键字 b1#、b2#，新增加一个数据表 L，它有复合主键 b1 与 b2，分别是两个实体的主键，使 3 个数据表之间建立了关联。

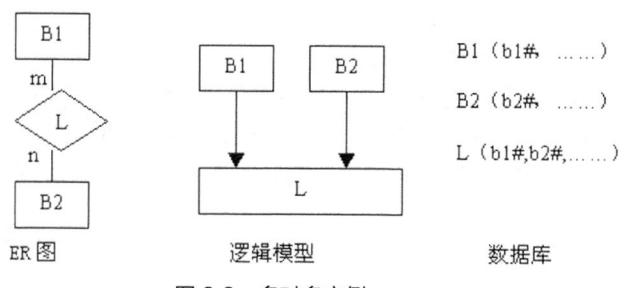

图 8.8 多对多实例

这里以学生学习课程为例说明,学生和课程是两个实体,学习是两个实体之间的关系。1 个学生要学习多门课程,1 门课程有多个学生来学习,关系自然是多对多的。按照上面的规则,可以绘制出 ERD,并得到逻辑模型图:从"学生"和"课程"分别画一条带箭头的直线指向"学习",如图 8.9(a)所示。

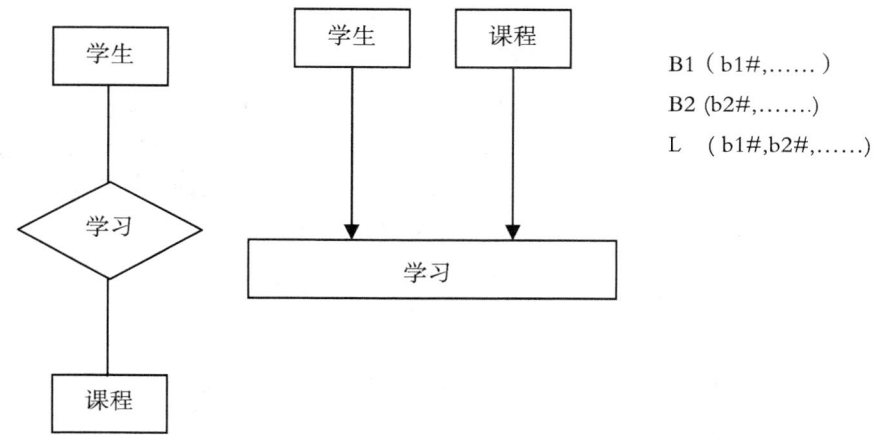

图 8.9(a) 学生和课程的多对多关系

由此得出,数据库由 3 个数据表组成,分别是:
学生(学号#,学生姓名,性别,年龄,籍贯,照片)
课程(课程编号#,课程名称,课时数,学分)
学习(学号#,课程编号#,成绩)
这样,从 ERD 就设计出了数据库。

(4)3 个实体多对多关系

简化为 3 个一对多关系,其示意如图 8.9(b)所示。

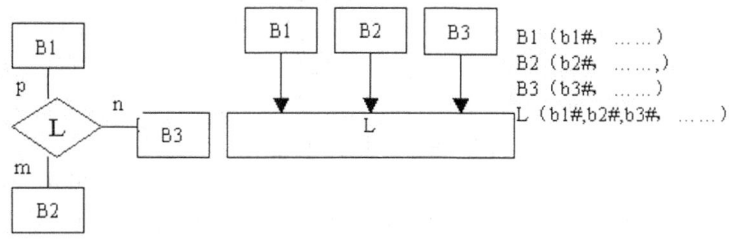

图 8.9(b) 3 个实体多对多关系

当 3 个或更多的实体之间有关系时，可以根据每两个实体之间的关系类型，用上面的 3 种方法格式化，并设计出相应的数据库表。

图 8.10 表示一个工厂生产管理的实体关系图，其中包含了多对多关系，按照前述的方法将这个 ERD 简化，得到图 8.11 所示的实体及其关系。图 8.10 中有 6 个方框，代表着 6 个实体——车间、零件、材料、产品、厂商、仓库，这些都必然保留到 ERD 中。

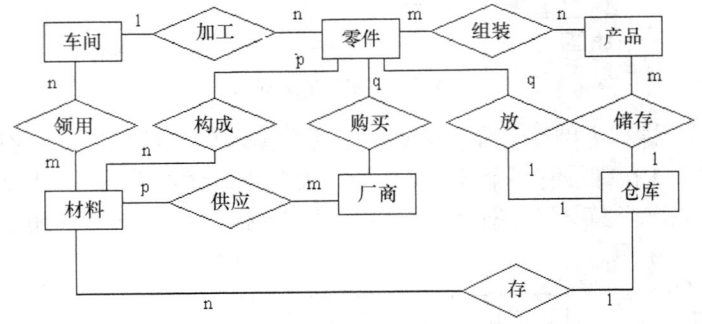

图 8.10　生产管理的 ERD

图 8.10 中的 9 个菱形框分别表示这 6 个实体之间的 9 个关系，按格式化规则，去掉一对多的关系（有 4 个），把其余的 5 个多对多关系改为方框，即得到了图 8.11 的 11 个方框，这就意味着生产管理数据库由 11 个数据表（或称为关系）组成。其读者根据前面讲解的 3 种实体关系处理的格式化操作，结合这个工程生产管理的例子加以理解和体会。

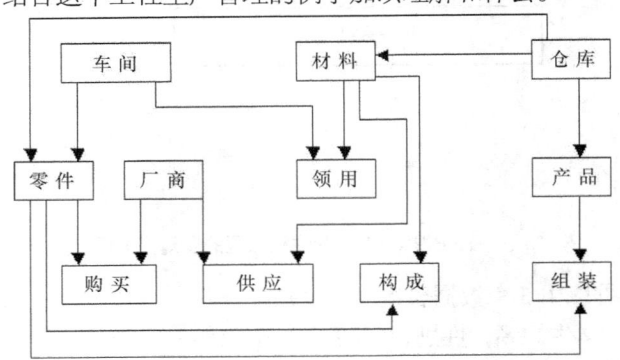

图 8.11　生产管理数据模型

从图 8.11 的数据模型中可以看出数据库由 11 个数据表（或库文件）组成，另外图中也显示了数据表之间的关系。

（1）仓库表：仓库名#、地点、电话、负责人。
（2）产品表：产品编号#、产品名称、规格型号、单价、存放仓库名*。
（3）车间表：车间编号#、车间名称、车间主任、职工人数、 隶属分厂、办公室电话。
（4）材料表：材料编码#、材料名称、计量单位、材质、单价、存放仓库名*。
（5）厂商表：厂商编码#、厂商名称、法人代表、邮编、银行账号、通信地址、E-mail。
（6）零件表：零件编码#、零件名称、规格型号、存放仓库名*、生产车间编号*。
（7）领用表：车间编号#、材料编码#、领用数量、领用日期、领用人。
（8）购买表：厂商编码#、零件编码#、购买单价、购买数量、购买日期、交货地点、购货人。
（9）供应表：厂商编码#、材料编码#、供应单价、供应数量、供应日期、供应人。

（10）构成表：零件编码#、材料编码#、材料数量。
（11）组装表：产品编码#、零件编码#、零件数量、组装日期、负责人。

接下来的工作是设计这 11 个数据表的结构，也就是进行数据库的物理设计。

以上介绍了从 ERD 到数据库表转化的基本原则和方法，下面介绍如何根据一个 ERD 来生成具体的数据库模型，即设计关系数据库的步骤。

从 ERD 建立一个关系数据库模型，可采取以下步骤：

（1）为每个实体建立一张表；
（2）为每个表选择一个主键(如果需要可以定义一个)；
（3）确定外键以表示一对多关系；
（4）建立新表来表示多对多关系；
（5）定义参照完整性约束；
（6）评价模型质量，并进行必要的改进；
（7）为每个字段选择适当的数据类型和取值范围(如果需要的话)。

在后续的小节当中将详细讨论上述每个步骤。

8.2.3 为实体建立表

如上所述，建立一个关系数据库模型的第一步是给 ERD 中的每个实体建立一张表。图 8.12 是包含课程管理系统中部分实体的 ERD，为了重点体现多对多关系，图中包括了 3 个实体，它们是教师、课程和学生，3 个实体之间分别建立了两个多对多关系。

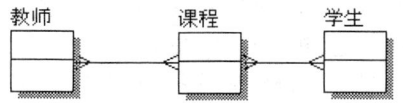

图 8.12　课程管理系统最初的 ERD

由于关系数据库无法直接表示多对多关系，这时需要借助一个新的实体连接多对多关系的两端，即把一个多对多关系转化为两个一对多关系，而这个新建的实体包含了多对多关系所连接实体的关键字段。经过转化的 ERD 如图 8.13 所示，其中有 5 个实体，为每个实体建立一张表。每张表中的数据域要与对应的实体定义相一致。为避免混淆，表和字段名称应该与 ERD 中实体的属性或数据字典中的名称相匹配。

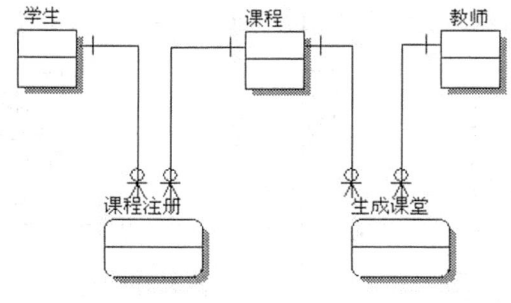

图 8.13　课程管理系统的 ERD

表 8.1 表示课程管理系统中实体对应的初始表的定义。

表 8.1 ERD 中实体初始表的定义

课程	课程名称、学时数、学分
教师	教师姓名、性别、职称
学生	学生姓名、性别、出生日期
课程注册	学生姓名、课程名称、成绩
生成课堂	教师姓名、课程名称、上课时间、上课地点

为每个实体创建表后,设计者必须为每个表确定一个主键。如果表格已有一个字段或字段组可以保证是唯一的,那么设计者可选择这些作为主键。如果设计者不能从已有字段或字段组中选择一个主键,也可以构造一个新键。它可以取任意名称但该名称应该能够表达这个字段是个取值唯一的字段。典型的名称包括"编号"、"标识"等,也可以与表名结合起来,如"教师编号"、"课程编号"。事实上,细心的读者会发现,这些初始表的定义还有待改进。

8.2.4 建立表间的关系

关系数据库的关系由外键表示,哪个外键应该放在哪张表中取决于所表示关系的类型。图 8.12 所示的 ERD 中包括两个多对多关系,图 8.13 所示的 ERD 中包括 4 个一对多关系。

每个关系类型的表示规则如下所述。
- 一对多关系——增加"一"端实体类型的主键字段到表示"多"端实体类型的表中。
- 多对多关系——建立一个包含一对相关实体类型主键字段的新表。

表 8.2 表示的是表 8.1 中所表示数据表的 4 个一对多关系的表示结果。每个外键表示了包括外键的表与用该字段作为主键的表之间的单个关系。例如,学号、课程编号字段作为外键加入到课程注册表中,表示学生与课程之间的一对多关系。同样地,外键教师编号和课程编号添加到生成课堂表中,表示教师和课程之间的一对多关系。注意,课程注册和生成课堂两个表分别用(学号+课程编号)和(教师编号+课程编号)做联合主键。

表 8.2 通过外键表示一对多关系

课程	课程编号、课程名称、学时数、学分
教师	教师编号、教师姓名、性别、职称
学生	学号、学生姓名、性别、出生日期
课程注册	学号、课程编号、成绩
生成课堂	教师编号、课程编号、上课时间、上课地点

确定了表之间关系的数据库模型见图 8.14,FK(Foreign Key)表示外键,也称外部码。

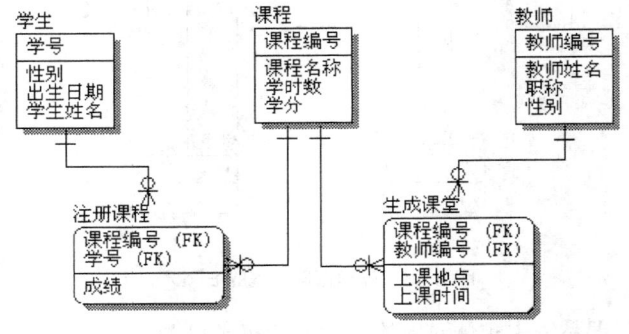

图 8.14 课程管理系统数据库模型

8.2.5 执行参照完整性

前面已经了解了外键是如何表示关系的，但在实际应用中还需要描述如何限制这些外键的取值。为什么要限制外键的取值呢？因为它涉及数据一致性的问题，即由外键关联建立起来的关系的准确性。关系数据库通过执行参照完整性来确保数据的一致性。参照完整性描述了外键值和主键值之间保持一致的状态。每一个外键是另一个表的主键的参照。在多数情况下，数据库设计者希望保证这些参照是一致的。也就是说，出现在一个表中的外键值也必须出现在相关表的主键值中。参照完整性表达了对数据库内容的约束，如，"一种产品必须来自于一个供应商"，同时"一个订单项必须是存储在库存中的某种产品"。

一旦模型设计者确定了主键和外键，当遇到以下情况时，DBMS会自动执行参照完整性规则。

- 当建立一个包含外键值的记录时，DBMS确保它在另一个相关表中以主键的形式出现。
- 当删除一个记录时，DBMS确保相关表中没有外键与被删记录的主键有相同值。
- 当改变一个主键值时，DBMS要求相关表中没有外键与它有相同值。

在第一种情况下，DBMS拒绝添加包含未知外键值的行。在后两种情况下，数据库设计人员通常对如何增加参照完整性进行一定的控制。当包含主键的行被删除时，DBMS会删除其他表中相应含有关键字的所有行。或者，DBMS会把所有相应的外键设为NULL。当改变一个主键值时，可以采取选择类似的操作。DBMS会将所有对应的外键值改为同样的值，或把外键置为NULL。

8.2.6 设计基于类图的关系数据库模型

目前关系数据库管理系统在数据库应用领域占据主流地位，众多管理信息系统的数据库模型都是建立在关系型数据库模型之上的，那么如何解决基于面向对象方法的类图到基于关系模型的数据库的转化呢？本节将以图书馆管理的类图为例展开这一设计转化过程。

图书馆管理系统的类图见图4.13和图7.11，这里对类图做了进一步的简化以便更清晰地描述从类到实体的转化过程，其中涉及的实体类有书目（对应于相同的图书属性，如书名、作者、出版社等）、图书（对应于具体的每一本图书）、用户（其子类为系统管理员、图书管理员和读者，对于高校图书馆而言，读者的子类还可以分为学生读者和教师读者两种）、借书列表（用来存储读者及其借阅图书的信息）。

对于各实体类所具有的属性列于表8.3中，由于关系数据库无法表示类的继承关系，为了表示用户及其子类的关系，引入用户类别关系，通过类别确定用户类中不同的子类。

表 8.3 图书馆管理系统的实体类集合

书目	ISBN、书名、作者、出版社、版本、价格、册数
图书	借出状态、预约状态
用户	用户类别、用户姓名、性别、联系方式
用户类别	类别名称
借书列表	图书、借阅者、借出日期、返还日期

接下来将每个实体类转化为数据库表时需要确定每个表的主键，其中对于书目可以直接使用出版发行的通用书号做主键，其他几个实体类可以指定各自的唯一编码做主键。

下一步是建立各表之间的关系，其中书目和图书是一对多关系，通过ISBN关联；用户类别和用户是一对多关系，通过类别编号关联；图书和用户之间是多对多关系，转化为两个一对多关系，通过借书列表实现。请注意各表之间主键、外键之间的关联，见表8.4。

表 8.4　图书馆管理系统的实体表集合

书目	ISBN、书名、作者、出版社、版本、价格、册数
图书	图书编号、ISBN、借出状态、预约状态
用户	用户编号、类别编号、姓名、性别、联系方式
用户类别	类别编号、类别名称
借书列表	图书编号、用户编号、借出日期、返还日期

各实体之间的关联关系见图 8.15，对于用户及其子类，在关系数据库模型中统一放在用户表中，每个对象都是一条记录，通过类别编号区别其所属的类，在类图中的继承关系变为平行的记录关系。注意，当实体之间是多对多关系时，外键（FK）在新增加的实体（或关系，即数据表）中通常是关键字；当实体之间是一对多关系时，外键（FK）不能作为关键字。

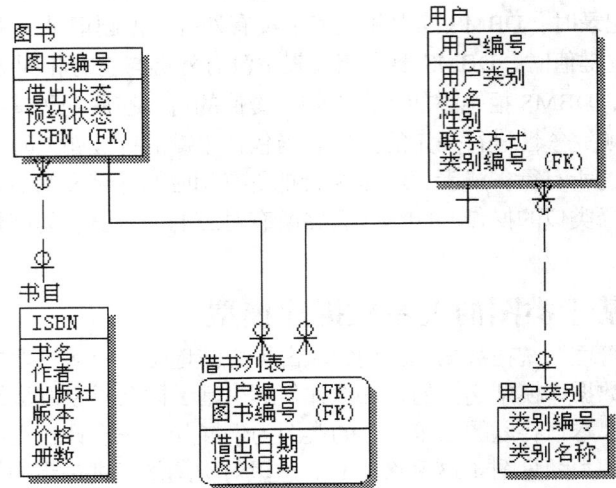

图 8.15　图书馆管理系统的关系数据库模型

8.3　评价模型质量

在建立了一整套表后，设计者应该检查整个模型的质量，消除模型中现在能够找出的所有问题，以免浪费后期所做的努力。一个高质量的数据模型具有以下特点。

- 表中每行以及主键都是唯一的。
- 冗余数据较少。
- 容易实现未来数据模型的改变。

然而，切实提高数据库模型质量的目标和量化方法很少。数据库设计是建模过程的最后一步，它在一定程度上依赖于设计者的经验和判断。本节将介绍一些正式或非正式的模型质量评价方法。需要说明的是，没有一种方法能够单独解决所有问题，结合使用多种方法有助于设计出高质量的数据库。

8.3.1　确保行和主键值的唯一性

所有关系数据模型都有一个基本的要求：主键值和表中的行都是唯一的。既然每个表必须有一个主键，那么如果主键值是唯一的，则显然表中的每一行也一定是唯一的。程序中的数据访问逻辑的基础是假设主键值是唯一的。例如，一个程序员编写一个查看读者记录的程序，通常的假设是对一个特定读者编号的数据库查询仅会返回唯一一行,如果该读者的记录不在数据库中,则没有结果。程序将围绕这个假设进行设计,如果 DBMS 返回两条记录,那么该设计就失败了。

设计者通过考查主键的内容、可能的键值等法来评价主键的唯一性。在这一点上,内部定义的主键由于是系统自动产生的,所以相对来说比较容易评价。换句话说,使用自定义主键的信息系统可以通过执行适当的程序为新建的行指定主键的值,这样就保证了主键的唯一性。例如,在 Microsoft Access 中可以定义主键类型为自动编号。

某个信息系统中的几个不同的程序能在数据库中产生新行是很普遍的。因此,每个这样的程序都应能给数据库中新建立的行指定主键。然而,主键唯一性要求这些功能能够一致地应用于整个信息系统之中。

主键的发布和管理在数据库管理中非常重要,许多 DBMS 提供主键的发布服务,通常是通过自动为已定义的主键产生一个特定的数据类型,如 Microsoft Access 的自动编号类型。DBMS 为新生成的行自动分配一个主键值,并将该值传递给应用程序以备后续的数据库操作之用。DBMS 中这一功能的嵌入使得信息系统开发人员省去了设计和实现自定义主键的工作。

对于不是由 DBMS 指定的自定义主键,必须对它在整个过程的唯一性和有效性进行仔细审查。例如,身份证号码常常用作人员相关的数据库表的主键。这是因为政府在身份证号码管理上要求它具有唯一性,所以在数据库设计中使用身份证号码作为主键通常是安全的。但是这个假设还不够完整。例如,是否数据库存储中的所有人员都有身份证号码?如果数据库中的人员来自中国大陆以外的地区,那么在数据库设计中以身份证号码为主键是否仍然有效呢?这些都是数据库设计人员在具体的设计中要充分考虑的。

对由非政府指定的自定义主键需要进行更仔细的检查。例如,图书馆中每本书都应该有一个唯一的图书编号。为了保证编号的唯一性,应该如何设计编码格式呢?对于未来图书的扩充,是否仍然能满足编号是规范的和唯一的?

在多数情况下,这些不确定性使得内部定义主键成为保证安全性的长期策略。虽然这些内部定义的主键最初可能需要额外的设计和开发,但一旦数据库安装后,它们可以防止可能的资源剧变。对于一个 GB 甚至 TB 级别的数据存储容量的数据库来说,中途对主键设置的改变可能是灾难性的。

8.3.2 数据库规范化

数据库规范化是一个用来评价关系数据库模型质量的有效技术。它确定一个数据库模型是否包含了任何错误的冗余,并且定义特定的方法来减少这些冗余。规范化基于函数相关和一系列范式的概念。所谓规范化是指通过最小化数据冗余来保证数据库模型质量的过程。

数据库规范化通常通过范式来实现,下面介绍数据库设计中常用的 3 种范式。3 种范式的严格程度是逐级递增的,即满足高一级范式的前提是它必须首先满足低一级范式。

第 1 范式(1 NF):如果一个表没有重复字段或字段组,那么它是第 1 范式。这是最基本的关系数据库的要求,所有存储在数据库中的数据都是满足第 1 范式的。

在介绍第 2 范式和第 3 范式之前,先理解什么是函数相关。函数相关是指两个字段值之间的一一对应关系。用语言描述就是如果对于任意字段 B 的值有且只有一个字段 A 的值与之对应,则称 A 函数相关于 B。例如,物品的总价是单价和数量的乘积,则物品的总价分别和单价、数量函数相关,后面会再次提到这个例子。

第 2 范式(2NF):如果一个表是第 1 范式,且每个非关键元素均函数相关于整个主键,则称它是第 2 范式。

第 3 范式(3NF)：如果一个表是第 2 范式，且没有非关键字段函数相关于任何其他非关键字段，则称它为第 3 范式。

为了更好地理解这些概念，下面通过一些实例进行具体的解释。

第1范式是对表格的行定义一个结构限制。在关系数据库中，表 8.5 中像联系电话这样的重复字段，在关系数据库的表中是不允许的，重复的字段组也是禁止的。因为关系型 DBMS 不允许设计人员定义一个包含重复字段的表，所以第1范式是不难实现的。

表 8.5 带有重复字段的教师表

教师编号	姓名	性别	联系电话
10675	张为	女	88573641 88974578
10668	李宾	男	64587789 66854711

纠正的办法是设计不同的联系电话字段以存储不同的电话，如表 8.6 所示。

表 8.6 符合 1NF 的教师表

教师编号	姓名	性别	联系电话 1	联系电话 2
10675	张为	女	88573641	88974578
10668	李宾	男	64587789	66854711

函数相关是一个很难描述和应用的概念。判断一个函数相关的最精确的方法是在表中选两个字段，并把它们插入前面定义的 A 和 B。例如，考查图 8.16 中的供应商表中的“供应商 ID”和“地址”字段。这里“供应商 ID”是一个内部定义的主键，在表中一定是唯一的。为了判断“地址”是否函数相关于“供应商 ID”，在函数相关定义中用“地址”替换 A，用“供应商 ID”替换 B：如果对于每个“供应商 ID”值有且只有一个“地址”值与之对应，则“地址”函数相关于“供应商 ID”。

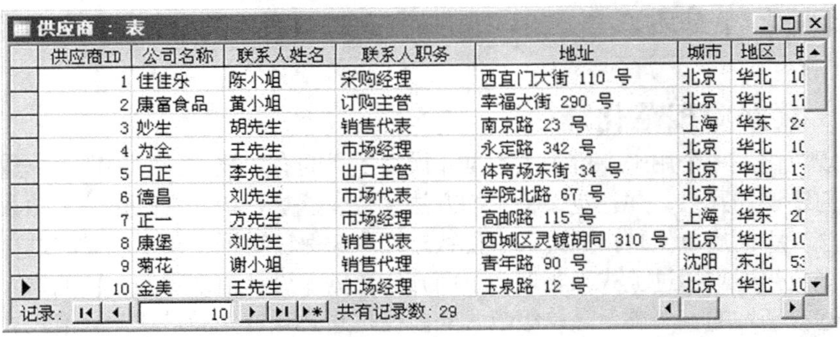

供应商 ： 表

供应商ID	公司名称	联系人姓名	联系人职务	地址	城市	地区	由
1	佳佳乐	陈小姐	采购经理	西直门大街 110 号	北京	华北	10
2	康富食品	黄小姐	订购主管	幸福大街 290 号	北京	华北	17
3	妙生	胡先生	销售代表	南京路 23 号	上海	华东	24
4	为全	王先生	市场经理	永定路 342 号	北京	华北	10
5	日正	李先生	出口主管	体育场东街 34 号	北京	华北	13
6	德昌	刘先生	市场代表	学院北路 67 号	北京	华北	10
7	正一	方先生	市场经理	高邮路 115 号	上海	华东	20
8	康堡	刘先生	销售代表	西城区灵镜胡同 310 号	北京	华北	10
9	菊花	谢小姐	销售代理	青年路 90 号	沈阳	东北	53
10	金美	王先生	市场经理	玉泉路 12 号	北京	华北	10

记录: 10 共有记录数: 29

图 8.16 供应商表

接下来我们继续思考，对于供应商表中的所有可能存在的行，这个陈述是否是正确的?如果正确，那么“地址”函数相关于“供应商 ID”。只要能保证自定义关键字“供应商 ID”在供应商表中是唯一的，那么前面的陈述也是正确的。因此，“地址”函数相关于“供应商 ID”。针对这个例子，可以采用另一个更为实用的分析函数相关性的方法：首先供应商表中的一条记录表示一个供应商相关属性的集合，即一个具体的供应商。如果数据库中某供应商仅有唯一的一个地址，那么“地址”函数相关于表中代表供应商的关键字“供应商 ID”。如果每个供应商可能有多个地址，那么“地址”字段函数不相关于“供应商 ID”字段。

一个表是否符合第 2 范式的前提是它必须符合第 1 范式。接着要判断是否每个非关键字段都函数相关于关键字段，即在函数相关定义中依次用各个字段替换 A。如果所有的非关键字段都函数相关于关键字段，那么该表就符合 2NF。如果一个或多个非关键字段函数不相关于关键字段，那么这个表不是 2NF。

当主键由两个或多个字段组成时，要判断一个表是否是 2NF，就更复杂了。例如，考虑图 8.17 所示的订单明细表。这个表显示了订单和产品之间的一个多对多关系。因此，表达这个关系的表的主键由订单的主键"订单 ID"和产品的主键"产品 ID"（图中该字段直接使用"产品"命名）组成。这个表还包含"单价"、"数量"、"折扣"等非关键字段。

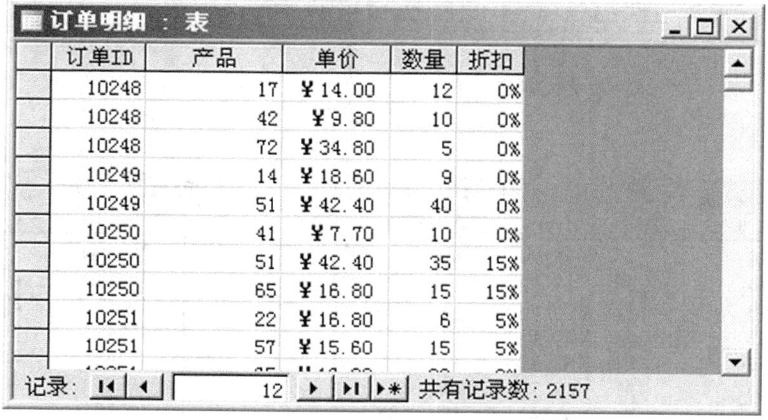

订单ID	产品	单价	数量	折扣
10248	17	￥14.00	12	0%
10248	42	￥9.80	10	0%
10248	72	￥34.80	5	0%
10249	14	￥18.60	9	0%
10249	51	￥42.40	40	0%
10250	41	￥7.70	10	0%
10250	51	￥42.40	35	15%
10250	65	￥16.80	15	15%
10251	22	￥16.80	6	5%
10251	57	￥15.60	15	5%

图 8.17 订单明细表

如果表属于 2NF，那么非主关键字段"单价"必定函数相关于"订单 ID"和"产品 ID"的组合。仍然通过替换函数相关定义中的词语来验证函数相关性：如果对于"订单 ID"和"产品 ID"的任一组合值有且只有一个"单价"的值与之对应，那么称"单价"函数相关于"订单 ID"和"产品 ID"的组合。

一个较简单的判断方法是考虑表中出现的基本实体。一个"单价"可能在多个不同的订单明细记录中出现。如果在不同的记录中它的值不同，那么上述的陈述是正确的。如果不论"单价"出现在哪条记录中，它的值总是一样的，那么这个陈述就是错误的，这个表不满足 2NF。

如果非关键字段只函数相关于主键的一部分，那么非关键字段必须从当前所在表中移出并放在另一个表中。考虑图 8.18 上半部分所示的另一个版本的订单明细表。

非关键字段"下单日期"只函数相关于"订单 ID"，而不相关于"订单 ID"和"产品 ID"的组合。因此，这个表不符合 2NF。为修正这个错误，必须将"下单日期"从订单明细表中移出，并把它放到"订单 ID"单独作为关键字的表中。因为图 8.16 中的订单时间表使用"订单 ID"作为主键，"下单日期"应该加入到这个表中。如果订单时间表并不存在，那么需要创建一个包含"下单日期"的表，如图 8.18 所示。

图 8.18 将一个 1NF 的表分解为两个 2NF 的表

验证一个表是否满足 3NF，必须考虑是否每一个非关键元素均函数相关于另一个非关键元素。这对于一个大型表来讲是很麻烦的，因为随着非关键字段的增加，要考查的数字对也快速地增加。当非关键字段数是 N 时，要考查的函数相关数目是 $N\times(N-1)$。要注意的是，对函数相关的考查是两方面的，即 A 相关于 B，B 相关于 A。

考虑图 8.19 所给出的学生表。假设"学号"是主键。因为有 3 个非关键字段，所以需要考查 6 个函数相关：

- 姓名是否函数相关于学院编号？
- 学院编号是否函数相关于姓名？
- 姓名是否函数相关于学院名称？
- 学院名称是否函数相关于姓名？
- 学院编号是否函数相关于学院名称？
- 学院名称是否函数相关于学院编号？

事实上只有最后一对问题相关性判断的答案是肯定的。因为每个学院编号对应唯一的学院名称。例如，编号为 1011 的是信息学院。将这两个字段都包含到学生表中就造成冗余。例如，如果表中存在 100 个信息学院的学生的话，1011 所对应的"信息学院"这个值就被冗余地存储了 100 次。因为"学院名称"是函数相关于"学院编号"的，所以这个表不符合 3NF。

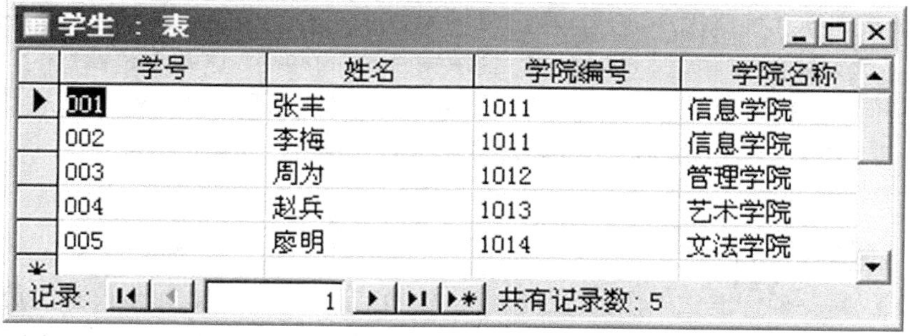

图 8.19 学生表

为纠正这个问题，必须把"学院名称"从表中移出。但如果需要产生详细的学生信息，则还要在数据库其他地方保留"学院名称"和"学院编号"的对应关系。解决的办法是建立一个只包含"学院名称"和"学院编号"的新表，如图 8.20 所示。在这个新表中，"学院编号"是主键，"学院名称"是唯一的非关键字段。需要打印或显示一条完整的学生记录时，必须使用学生表中的"学院编号"值在新建立的表中查找对应的"学院名称"值。

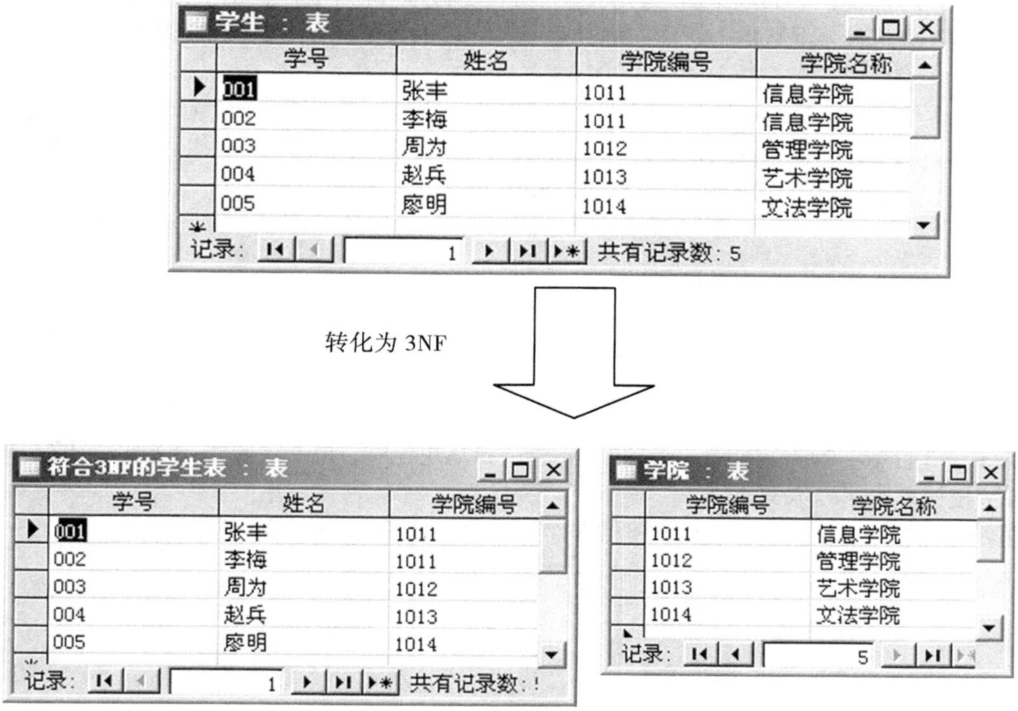

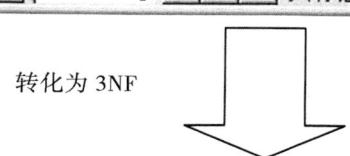

转化为 3NF

图 8.20 把一个 2NF 转化为两个 3NF 表

如果一个字段的值能从一个或多个字段的值中计算出来，那么这也违背了 3NF 原则。例如，有一个带有"单价"、"数量"和"总价"字段的定货表，如果总价可以用下式计算：总价 = 单价×数量，那么，"总价"函数相关于"单价"、"数量"字段的结合。这种计算性相关也会造成冗余，因为对公式中的任何一个变量的改变（如单价）都会导致最后的计算结果（如总价）的改变。

解决这类 3NF 冲突的方法很简单：将被计算的字段从数据库中移出。这样就有效地消除了数据库中的冗余，带来的代价是要通过计算得出被计算字段的值。

实体-关系建模和规范化是关系数据库设计的补充技术。注意到课程管理系统的 ERD 所产生的表(参见表 8.2)中并不包含任何 1NF、2NF 或 3NF 的冲突。这并不是偶然的。实体的字段函数相关于任何唯一的标识符，即主键。多对多关系的字段函数相关于对应双方实体的唯一标识符。因此，当生成一张 ERD 时，分析员在决定哪个字段属于哪个实体或关系时，必须直接或间接考虑函数相关问题。

8.3.3 编码管理

计算机编码是一项标准化工作，也是组织机构的基础工作，应当由专门部门负责。对于企业来说，不同的内容可以由各业务部门组织，如产品编码由计划或销售部门，物资编码由供应部门，职工编码由人事部门，财务编码由财务部门等。所有的编码由一个部门负责组织安排、审定、公布执行，并负责编码的解释和维护，包括编码及时进行增删改，保证编码与实物同步更新。编码影响面很大，一旦批准通过，必须严格执行。管理信息系统试运行或投用后，在信息交换与共享环节上容易出现问题，查来查去，原因大多出在编码上。企业指定一个权威部门负责编码的执行和维护，对保证 MIS 应用是非常重要的。而在数据库设计中，数据编码占有十分重要的位置，可以说良好的数据编码基础是数据库设计成功的保证。前面关于数据冗余的处理是针对数据库管理技术而言的，这里的编码管理主要是指数据与应用组织的直接相关性。

下面举几个编码的实例。

例 1 单位编码。某企业机关有 12 个处室，每个处下设 3~7 个科。单位编码方案为 2 位，第 1 位是字母，表示处，第 2 位用数字，表示所属科，0 表示各科汇总（通常约定 C 可为 26 个英文字母之一，N 为数字 0~9 之一）。参见图 8.21。

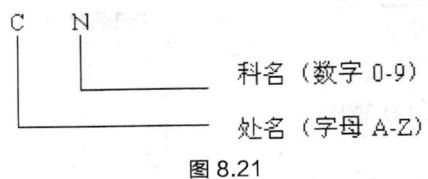

图 8.21

有的采用 3 位数字编码 NNN，前 2 位表示处，虽然也可以，但冗余太大，且不好记忆。

例 2 机械零件编码示例。

参见图 8.22，用 8 位编码分别代表机械零件加工的 8 个不同参数，均用数字表示。

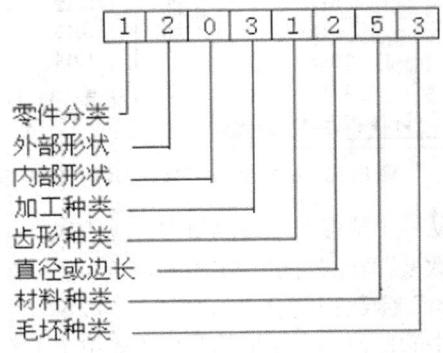

图 8.22 机械零件编码示例

例 3 某企业对所有单位进行编码，二级单位有 30 多个，各二级处级单位下属三级科级单位差别大，少则 3/5 个，多则 20 多个，故编码方案设计为 4 位数字：前 2 位数字表示二级单位，后 2 位数字表示三级单位，00 表示汇总。此方案冗余大，为单位自己编码留有余地。例如有的单位科级单位少，用1位数字足够，可用第3位表示所属科级单位，用第4位表示该科级单位下属的班组或岗位，也纳入全公司编码方案中。

通过以上实例可以看出，数据编码管理不仅体现了应用组织的管理规则，也为数据库设计中字段属性设置提供了依据。

8.4 数据库新技术

数据库技术自20世纪70年代以来有了长足的发展，进入90年代后，随着面向对象技术和网络技术的发展，面向对象数据库技术和分布式数据库技术进入了实际应用阶段，本节将介绍这些新技术。

8.4.1 面向对象数据库

对象数据库管理系统(Object DataBase Management System, ODBMS)是面向对象设计和编程范例的直接扩展，是为了存储对象，并与面向对象程序设计语言交互而专门设计的。正如在图书馆管理系统的数据库设计中提到的，可以将对象存储在文件或关系数据库中，但如果使用专门为对象设计的DBMS将带来更多的优点。这些优点包括对方法存储继承、对象嵌套、目标链接，以及程序员定义的数据类型的直接支持。

作为研究原型，ODBMS最早出现在20世纪80年代，在90年代初期出现了它的商业雏型。ODBMS很快地成长起来，目前已经有不少商业化的ODBMS产品出现在市场上。面向对象技术逐渐成为系统开发的主流技术，此外人们开发出紧密联系对象和关系数据库的更好的工具，这些使得ODBMS有望在今后的若干年中在很多传统商业应用中逐步替代RDBMS。

由于ODBMS相对来说比较新，所以对于指定的对象数据库模型，很少有广泛接受的标准。现在由对象数据库管理组提出的一些对象数据库标准正逐渐得到广泛的接受。其中一个标准是对象定义语言(Object Definition Language, ODL)，它是一种描述对象数据库结构和内容的语言。

从数据管理的角度，对象可以分成两大广义类型。暂存对象仅存在于一个程序或过程的生命周期中，用来实现用户接口部分的对象就是一个暂存对象的例子。暂存对象在程序或过程每次执行时产生，当程序或过程结束时，暂存对象也就消失了。

当创建持久对象的程序或过程终止执行时，持久对象不会消失。相反，它独立于任何其他程序或过程而继续存在。将对象状态存储在持久存储器，如磁盘或光盘中，以保证对象在执行过程中一直存在。对象可以持久存储在文件或数据库管理系统中。

对象数据库模式包括每个需要持久存储的类的定义。ODL类定义可以从相应的UML类图中得到。因此，在UML中已定义的类可重新用于数据库模式定义。

从一个类图建立一个对象数据库模型，应依照下面步骤：
- 确定哪些类需要持久存储；
- 定义持久类；
- 表示持久类之间的关系；
- 为每个字段选择合适的数据类型和值域(如果有必要的话)。

8.4.2 分布式数据库

如今网络应用已经广泛渗透到各个行业，很少有组织将全部数据存储在一个数据库中。相反，数据通常存储在多个不同数据库中，通常由多个不同的DBMS控制。

大多数组织的信息系统的数据库不是一次设计并安装的。实际情况是不同大小和功能的信息系统需要几十年的时间进行开发。这些系统通常使用不同的工具和支持环境并在组织中不同部门的指导和控制下开发的。结果，一个大型组织的数据常常跨越许多硬件、软件、组织和地域界线而分成片段。

本章小结

本章介绍了数据库设计的内容，重点讨论了关系数据库的设计，并以课程管理系统为实例展示了关系数据库的设计过程。对于面向对象数据库和分布式数据库等新技术也做了简要介绍。

习题

一、填空题，请将正确的答案填在括号内

1. 数据库是被集中控制和管理的存储数据的（　　　　）。数据库由（　　　　）来管理和控制。

2. 一个数据库管理系统包括4个关键的组成部分：（　　　　）、（　　　　）、（　　　　）以及一组底层的（　　　　）。

3. 在数据库技术的发展过程中，有4种模型类型得到了广泛的应用：（　　　　）、（　　　　）、（　　　　）和（　　　　）模型。

4. 关系数据库的每个表都必须有一个唯一的（　　　　），它的值在表的各行中只能出现一次。如果只有一个字段或字段组是唯一的，那么这个关键字也称为表的（　　　　）。

5. 参照完整性描述了（　　　　）和（　　　　）之间保持一致的状态。

6. 如果一个表没有重复字段或字段组，那么它是第（　　　　）范式；如果一个表是第1范式，且每个非关键元素均函数相关于整个主键，则称它是第（　　　　）范式；如果一个表是第2范式且没有非关键字段函数相关于任何其他非关键字段，则称它为第（　　　　）范式。

7. 对象数据库（　　　　）为标准，它是一种描述对象数据库结构和内容的语言。

二、简答题

1. 简述设计关系数据库的步骤。
2. 在关系数据库中如何处理多对多关系？

三、设计题

第16届亚运会在广州召开，请熟悉本届亚运会的赛程设置（可以结合赛程表 http://info.2010.163.com），设计赛程查询系统的数据库，完成 E-R 模型设计，构建数据库及表，并结合（3）中的查询要求填充部分数据，实现赛程查询的功能。请完成以下内容：

（1）实体及关系设计，实现为表。完成 E-R 图，构建数据库及相应的表。

（2）在各表中填充数据，数据请参考（3）中查询后的数据结果，建议填写真实的亚运会赛程信息，以利于后续查询功能的检验。

（3）基于所完成的表实现以下查询：

① 中国男子篮球的比赛信息（预赛）；

② 女子10跳台预决赛信息；

③ 男子 4×100 米混合泳接力预决赛信息；

④ 佛山世纪莲游泳跳水馆的赛事信息；

⑤ 在天河游泳馆有中国队参加的赛事信息；
⑥ 查询 11 月 07 日举行的所有赛事。

思考：

1. 根据你得到的信息，该数据库需要几个实体？
2. 各个实体间的关系是怎样的？哪些实体反映为实体间的关系？

该题是一个提供了基础数据的实用设计，完成设计时，请重点关注如何提取实体以及如何进行数据库规范化。建议在 ERwin 中完成设计过程并导出为表。该设计题的重点在数据库设计，对于用户界面可以暂不考虑。未来可将该系统开发为基于网络的赛程查询系统或单机版查询系统。

实验一　使用 ERwin 设计数据库逻辑模型

1. 实验目的

掌握在 ERwin 环境下进行数据库模型设计的方法和技术。

2. 实验内容

（1）使用 ERwin 设计教学管理系统的数据库模型。
（2）完成实验报告。

3. 具体操作步骤

ERwin 是 CA 公司 AllFusion 品牌下的建模套件之一，它是菜单驱动式的应用程序，可以通过工具栏使用其常用工具。Erwin 的下载与安装见第 2 章实验。

启动 ERwin 并创建模型文件

（1）选择"开始"→"程序"→"Computer Associates"→"AllFusion"→"ERwin Data Modeler r7"→"Erwin Data Modeler r7"命令，弹出图 8.23 所示对话框。执行"File"→"New"命令，该对话框提供了两个选项，"Create a new model"表示创建一个新模型文件，"Open an existing file"表示打开一个已存在的模型文件，其下的文本框中显示的是已存在的模型文件。

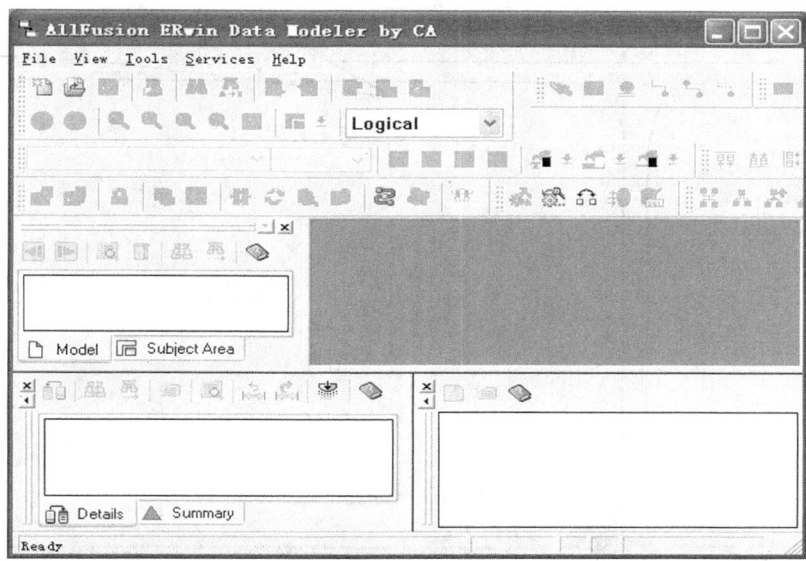

图 8.23　ERwin 启动对话框

（2）选择"File"→"New"命令，弹出图 8.24 所示的对话框，在 New Model Type 区域提供了 3 种模型类型，分别是 Logical（逻辑型）、Physical（物理型）和 Logical/Phycial（逻辑/物理型）。Blank Logical Model 区域提供了创建模型可以用到的模板。

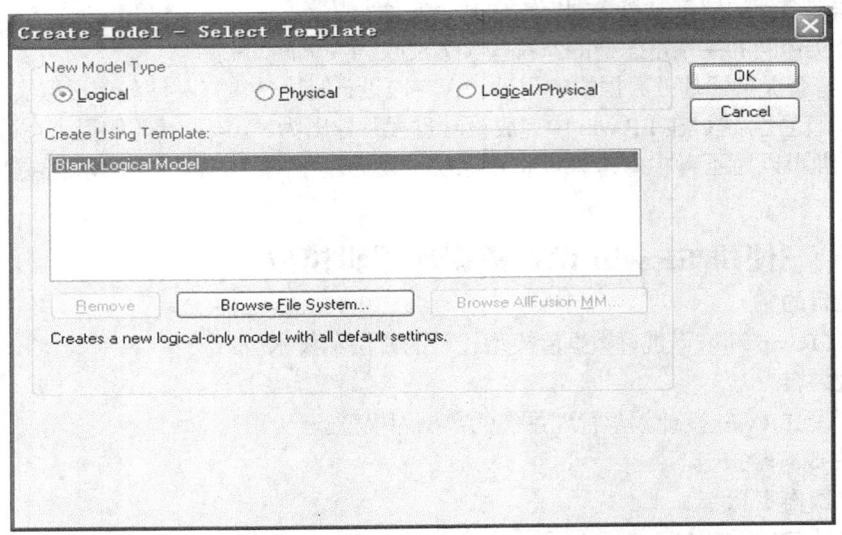

图 8.24　选择模板对话框

（3）单击 OK 按钮，显示图 8.25 所示的界面。ERwin 主界面由标题栏、菜单栏、工具栏、工作区和模型导航区组成。默认的工作区分两个部分，分别是绘图区和存储显示标签。

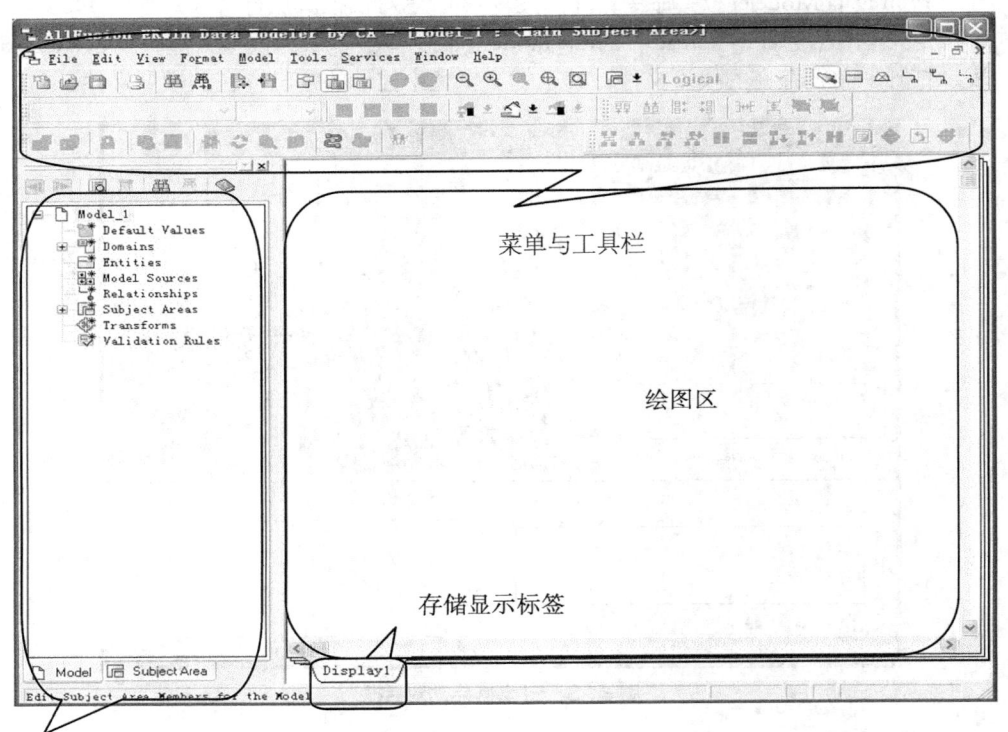

图 8.25　ERwin 的工作界面

设置模型属性

（4）在工作界面的菜单栏选择"Model"→"Model Properties…"命令，弹出图 8.26 所示的对话框，在 General 选项卡下可以设置模型的名称和作者。也可通过右键点击左侧模型导航区的"Model_1"→"Properties…"选项实现同样的操作。

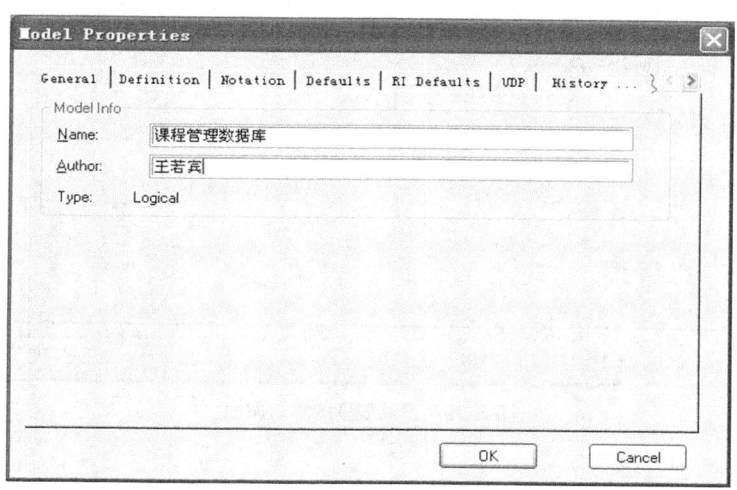

图 8.26　设置模型的名称和作者

（5）进入"Notation"选项卡，设置描述逻辑模型的符号，如图 8.27 所示。

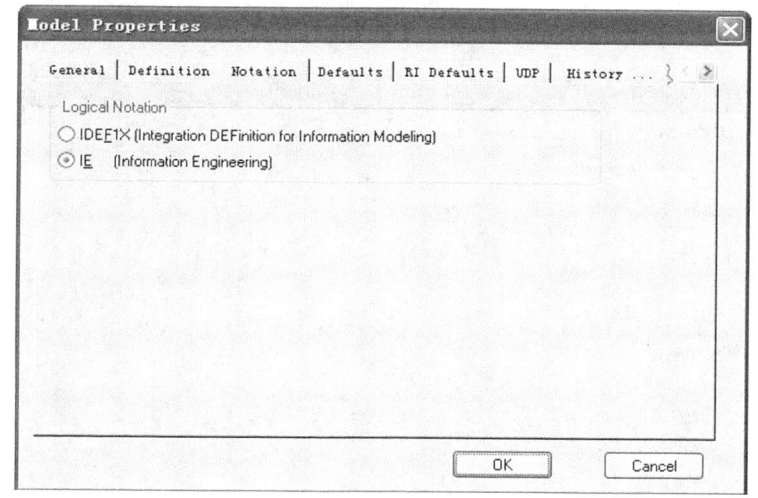

图 8.27　设置模型的逻辑描述符号

IDEF1X 和 IE 使用不同的符号描述实体以及实体之间的关系，如图 8.28 所示。读者可根据使用习惯或项目规范的要求进行选择，这里建议选择 IE 方法，生成的图例可以与教材图例保持一致，便于学习。

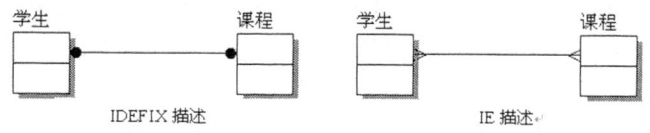

图 8.28　IDEF1X 和 IE 逻辑描述符号的区别

（6）进入"Defaults"选项卡，设置模型的默认属性，如图8.29所示。

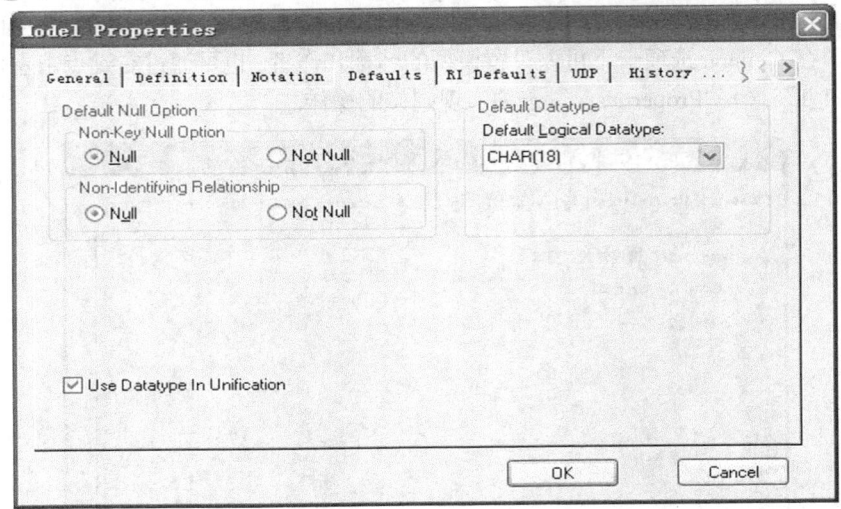

图8.29 设置模型的默认属性

保存ERwin模型文件

ERwin模型文件的保存类似于其他应用程序，可以通过菜单和工具栏实现。

（7）选择菜单"File"→"Save"命令（或者点击工具栏上的"Save"按钮），在弹出的对话框中输入需要保存文件的名称，本例中将文件命名为"课程管理数据库.erwin"，如图8.30所示。

图8.30 保存文件

新建模型文件并设置模型属性

（1）新建一个模型文件并设置模型属性，其中对于模板属性的设置参照图8.31所示的内容，模型类型选择"Logical/Physical"，目标数据库选择"Access"，版本选择"2000/2002/2003"。

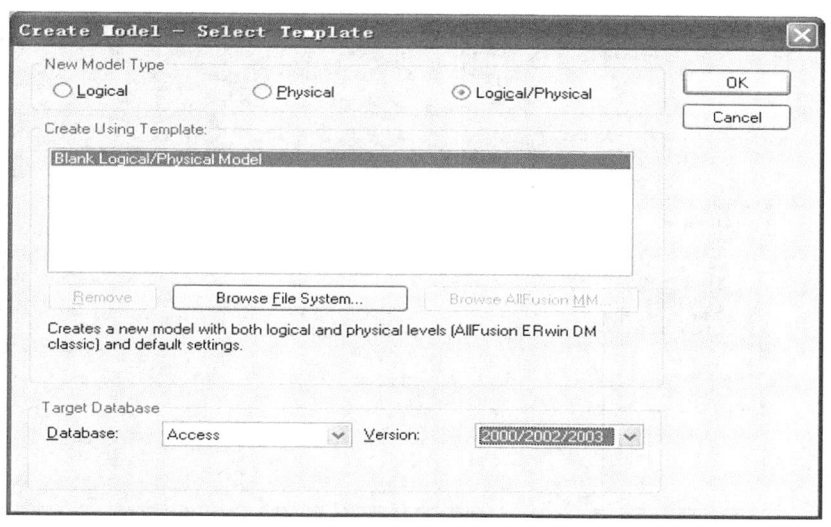

图 8.31　设置模型模板的属性

（2）将文件保存在默认或指定目录下，命名为"课程管理数据库"。

建立实体

教学管理系统的 ERD 中包含 5 个实体。首先在绘图区建立实体，步骤如下。

（3）在模型导航区用右键点击"Entities"选项，在弹出的快捷菜单中选择"New"命令，可以在绘图区绘制一个实体，如图 8.32 所示。

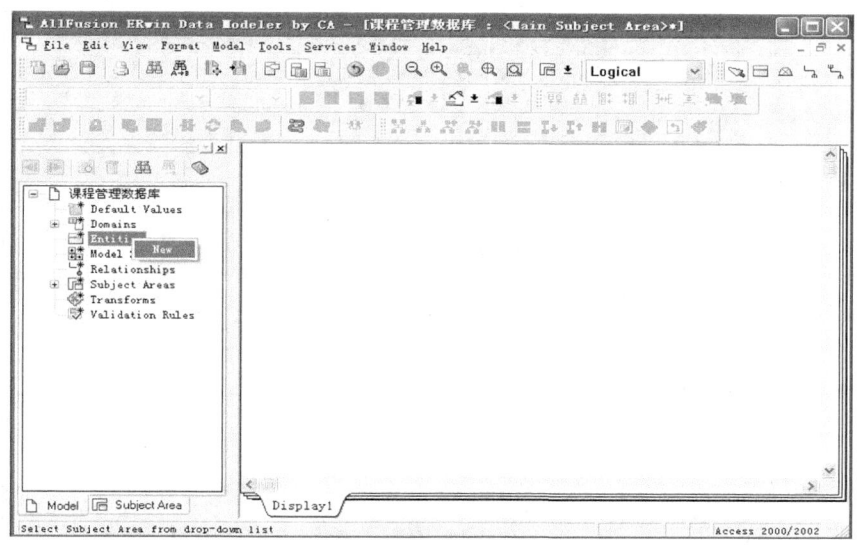

图 8.32　新建实体

添加属性

（4）在模型导航区用右键点击"学生"实体下的"Attributes"选项，在弹出的快捷菜单中选择"New"命令，可以为实体添加属性，如图 8.33 所示。

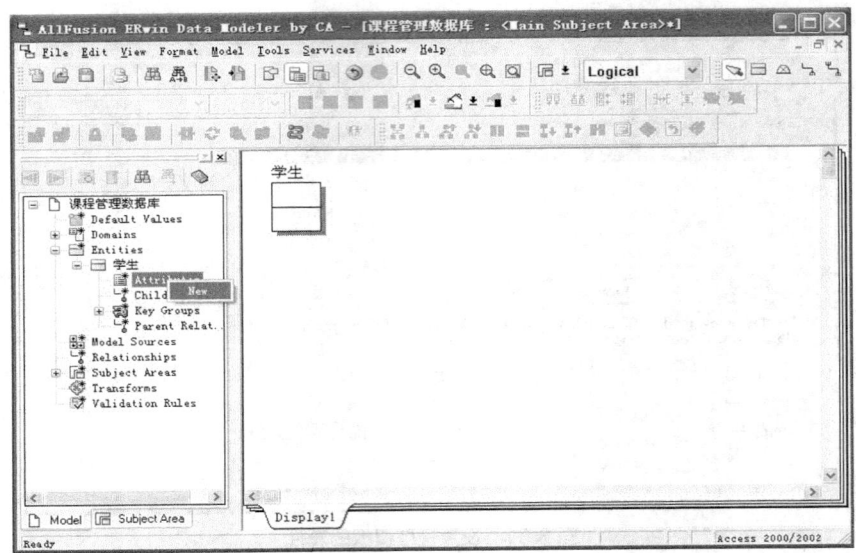

图 8.33 为实体添加属性

按照上述方法为"学生"实体添加学号、学生姓名、性别、出生日期等属性。

设置主键

（5）指定"学号"为"学生"实体的主键，方法是在模型导航区选中"学生"实体，在它的 Attributes 中选中要设置为主键的属性，这里是"学号"，如图 8.34 所示。

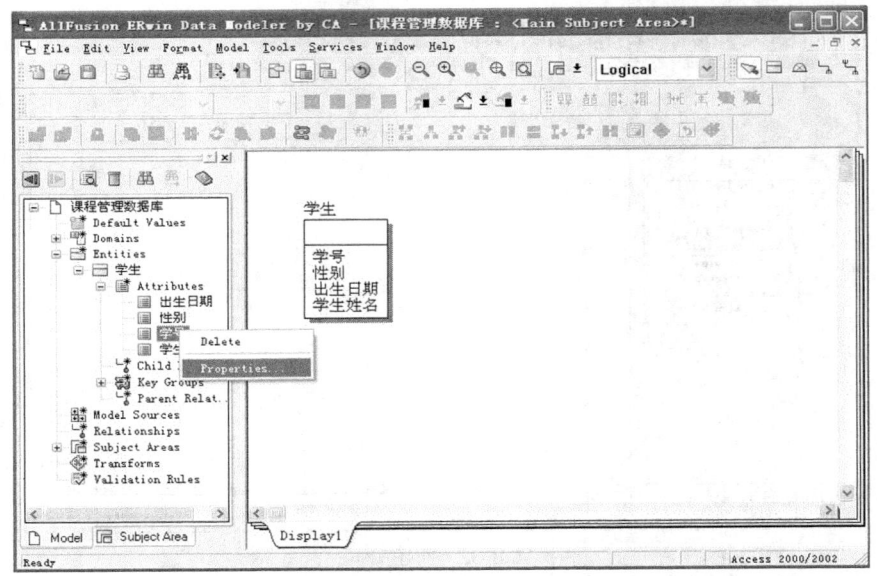

图 8.34 定位到要设置的主键

（6）用右键单击"学号"选项，在弹出的快捷菜单中选择"Properties"命令，弹出图 8.35 所示的对话框，选中"Primary Key"选项，如图中方框所示。

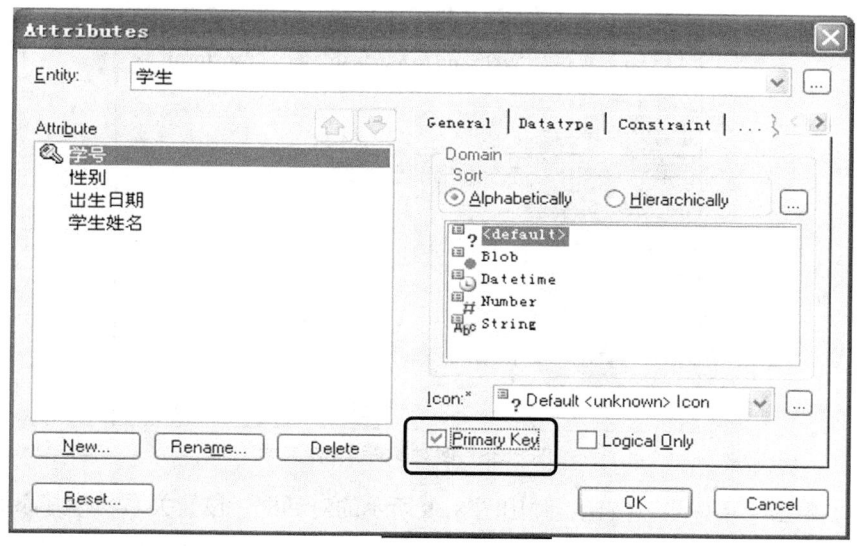

图 8.35 设置主键对话框

（7）参照 3～6 步，在绘图区建立"教师"和"课程"实体，其属性可参考表 8.2 的内容，实体如图 8.36 所示。

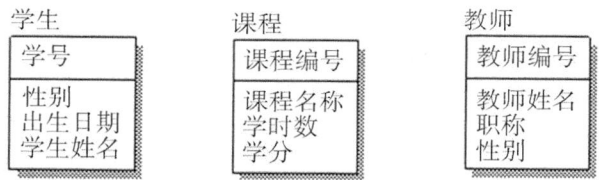

图 8.36 建立的实体及其属性

建立实体间的关系

（8）点击工具栏上的 按钮，在绘图区分别点击需要建立连接关系的两个实体，两个实体间会显示图 8.37 所示的两端有鸟抓型符号的连线，表明二者之间已经建立关系。图 8.37 显示 3 个实体建立了两个多对多关系。

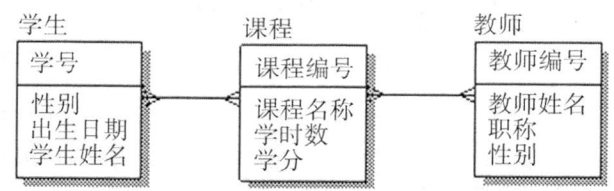

图 8.37 学生、课程、教师三者建立了多对多关系

自动转变多对多关系

ERwin 虽然提供了在模型中建立多对多关系的功能，但关系数据库不能直接处理多对多关系，需要将一个多对多关系转变为两个一对多关系，ERwin 提供了自动转换的功能。

（9）选中一个多对多关系，点击工具栏上的 按钮，弹出关系转换设置向导，如图 8.38 所示。

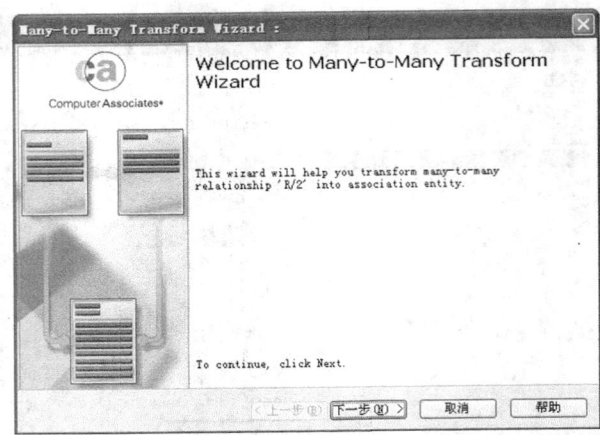

图 8.38 多对多关系转换向导

（10）单击"下一步"按钮，弹出图 8.39 所示的对话框，设置关系名称并添加注释。

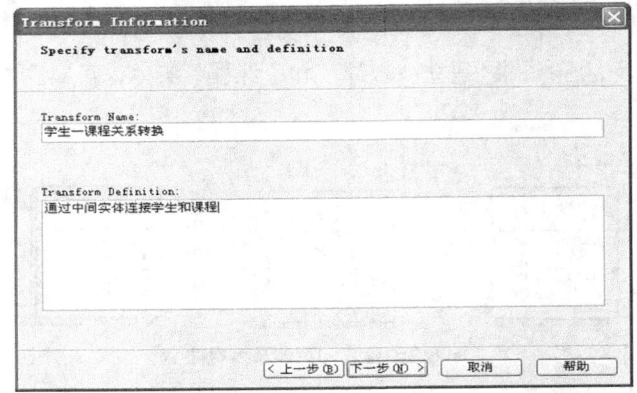

图 8.39 设置关系名称

（11）单击"下一步"按钮，弹出图 8.40 所示的对话框，在其中设置连接两个实体的名称和相关注释。

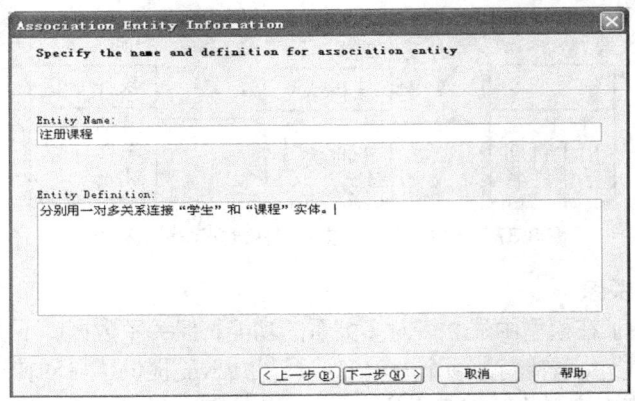

图 8.40 为实体命名并添加注释

（12）单击"下一步"按钮，弹出图 8.41 所示的对话框，显示了向导设置过程中所设置的参数，单击"完成"按钮结束向导设置。

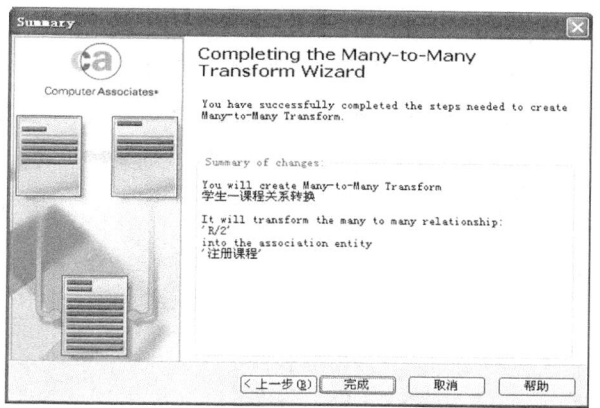

图 8.41　显示设置的参数

（13）重复 9~12 步，把"教师"和"课程"实体间的多对多关系转化为两个一对多关系。完成转换后的实体间关系如图 8.42 所示。

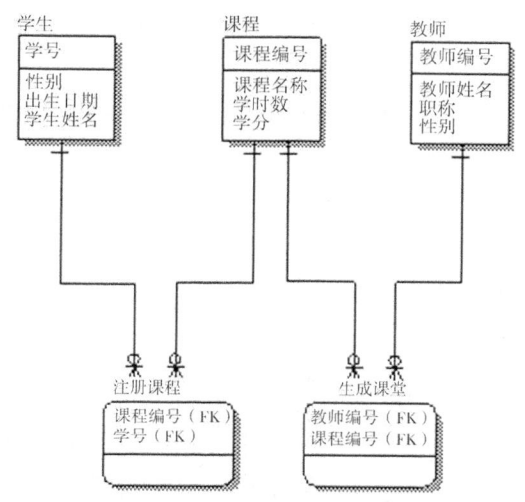

图 8.42　完成转换后的实体间关系

设置目标数据库

（14）从逻辑模型的设计到物理模型的设计需要转换，在工具栏上的模型转换下拉列表中选择"Physical"选项，如图 8.43 所示，切换到物理模型的工作环境。

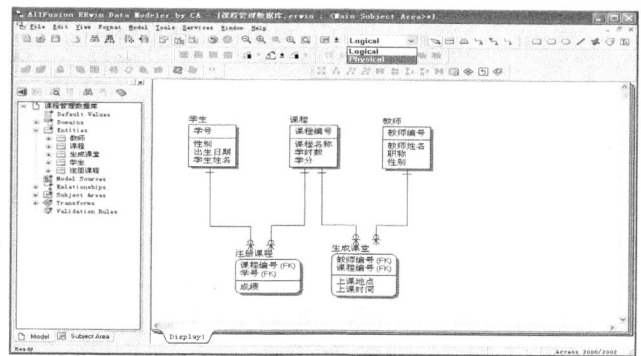

图 8.43　切换到物理模型

（15）切换后的工作界面与逻辑模型下的界面有较大的不同，模型导航区的 Entities 转变为 Tables，绘图区的图例包含了默认的字段属性，如图 8.44 所示。

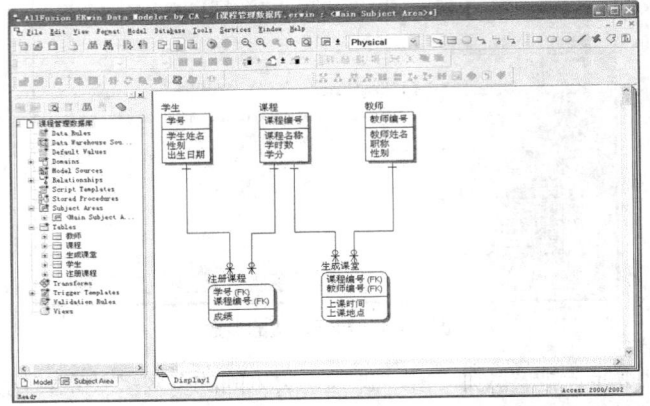

图 8.44　物理模型设计的工作界面

（16）如果需要指定目标数据库，并设置默认的字段数值类型，可以进入"Database"菜单，选择"Choose Database…"命令，如图 8.45 所示。

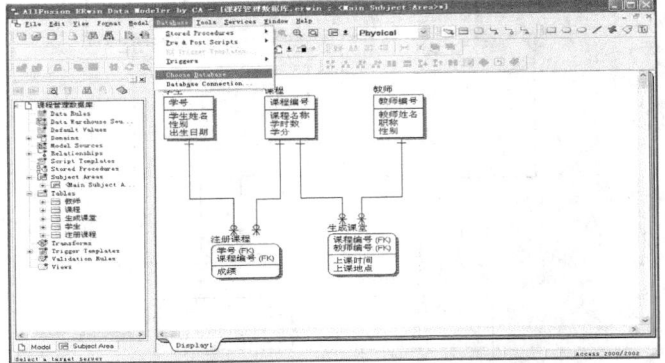

图 8.45　指定目标数据库的操作

（17）弹出的对话框如图 8.46 所示，可根据项目需要进行设置。

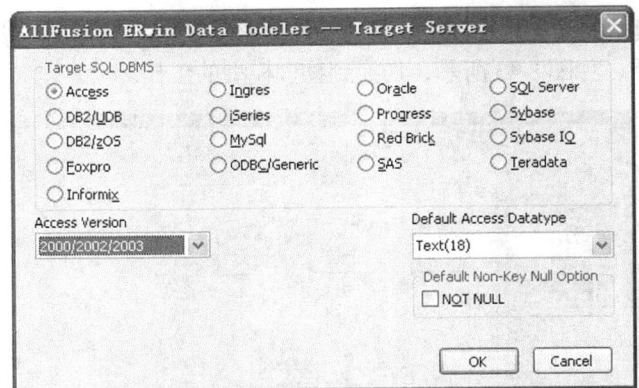

图 8.46　指定目标数据库对话框

在物理模型设计中，除了指定目标数据库外，还要进一步设置字段的名称、类型和长度，定义有效性规则和默认值。为了满足复杂的应用需求，还要进一步完成视图的设计。模型设计的最后阶段是进行正向工程，在目标数据库中生成可用的数据库。

4．实验练习

（1）熟悉在 ERwin 环境下进行逻辑模型和物理模型设计的方法。

（2）完成教学管理系统数据库逻辑模型和物理模型的设计，其逻辑模型可参考图 8.42。

（3）选作内容：根据 7.3.4 节中图书馆管理系统的类图设计图书馆管理数据库的逻辑模型和物理模型。

实验二　使用 ERwin 导出为可实现的数据库模型（Access2003）

1．实验目的

掌握在 ERwin 环境下将逻辑模型转化为物理模型的方法和技术。

2．实验内容

（1）在 ERwin 设计教学管理系统的数据库逻辑模型的基础上将其转化为 Access2003 物理数据库模型。

（2）完成实验报告。

3．具体操作步骤

启动 Access2003 并创建数据库

（1）选择"开始"→"程序"→"Microsoft Office 2003"→"Microsoft Office Access 2003"命令，再执行"文件"→"打开"命令，可以打开一个已经建立的数据库文件，选择"新建"命令，弹出图 8.47 所示对话框。

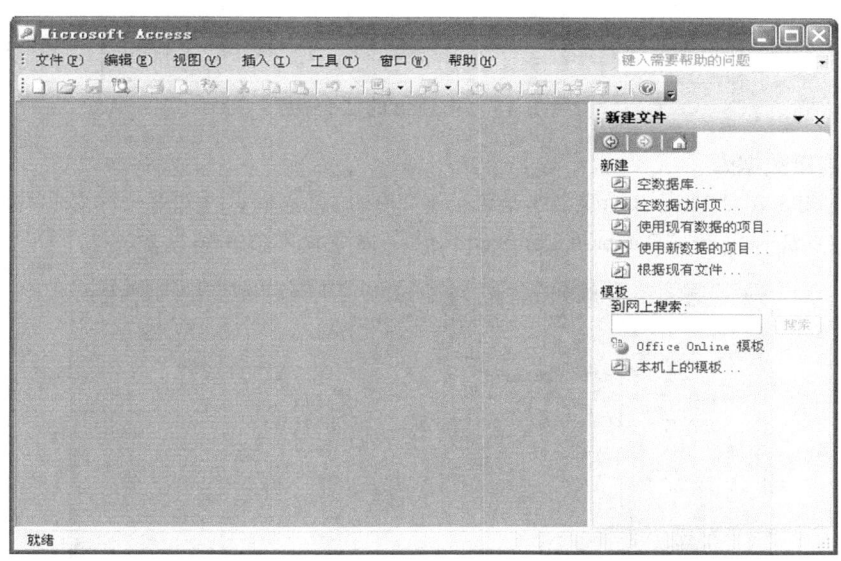

图 8.47　新建空数据库的操作

（2）在新建文件区域提供了 5 种类型的数据库，在这里选择新建一个空数据库。选择"新建"→"空数据库"命令，在弹出的对话框中可以选择要保存的数据库的位置，并输入需要保存文件的名称，本例中将文件命名为"课程管理数据库"，对话框如图 8.48 所示。

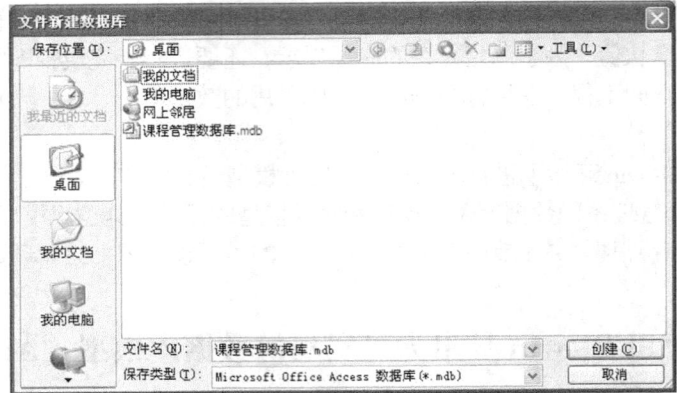

图 8.48 保存文件

(3) 单击"创建"按钮,显示图 8.49 所示的界面。

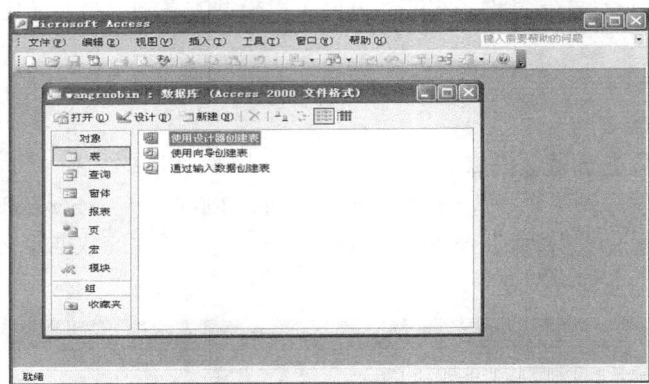

图 8.49 Access 的工作界面

ERwin 连接数据库

(4) 在图 8.46 中指定目标数据库是 Access 2003 后,需要选择对某一个数据库进行连接。可以执行"Database"→"Database Connection…"命令,如图 8.50 所示。

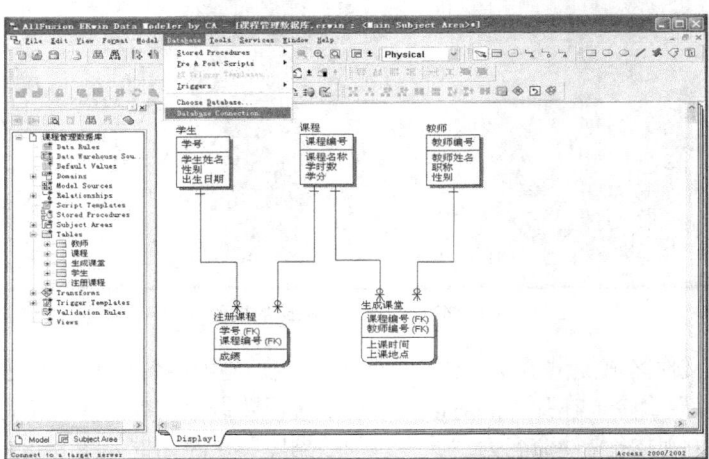

图 8.50 连接数据库的操作

（5）弹出的对话框如图 8.51 所示，输入 Access 数据库默认的用户名为 admin，密码是空，数据库 vlaue 值为新建的"课程管理数据库"的位置，可以单击右端的白色小方块选择目标数据库的位置，然后单击"Connect"按钮进行数据库连接。

图 8.51　连接数据库对话框

（6）执行"Tools"→"Forward Engineer"→"Schema Generation…"命令，可以生成正向工程，如下图 8.52 所示。

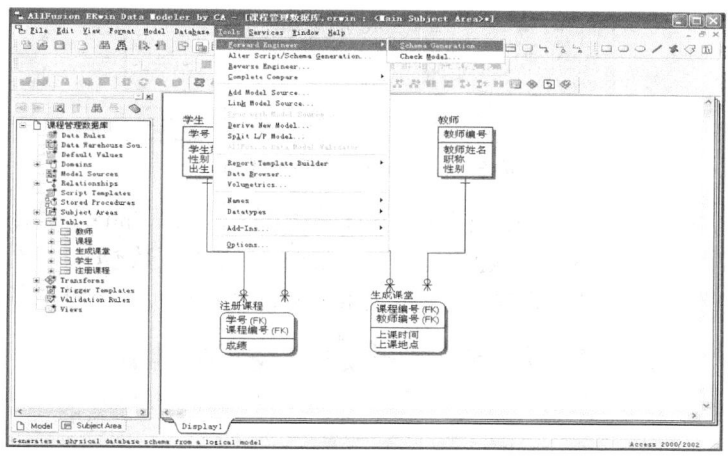

图 8.52　生成正向工程的操作

（7）在弹出的"Forward Engineer Schema Generation"对话框中，已经选择了默认的生成数据库的模式，也可以根据自己的需求对生成模式进行修改、保存和新建。确定要生成的数据库模式，如图 8.53 所示。

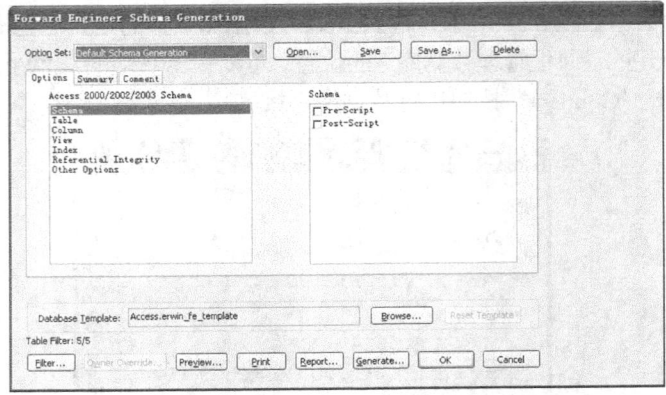

图 8.53 设置要生成的数据库的模式

（8）执行"Preview…"命令，弹出图 8.54 所示的界面，可以看到 ERwin 生成的 Access 数据库中的代码。

图 8.54 生成的数据库中代码

（9）单击"Generate…"按钮，在弹出的对话框中选中"Continue"选项后，直到出现图 8.55，显示生成数据库成功。在生成数据库之前，请确保已经连接了数据库，另外如果重复单击"Generate…"按钮，将会出现错误提示，原因是第一次执行的时候，已经生成了目标数据库表。

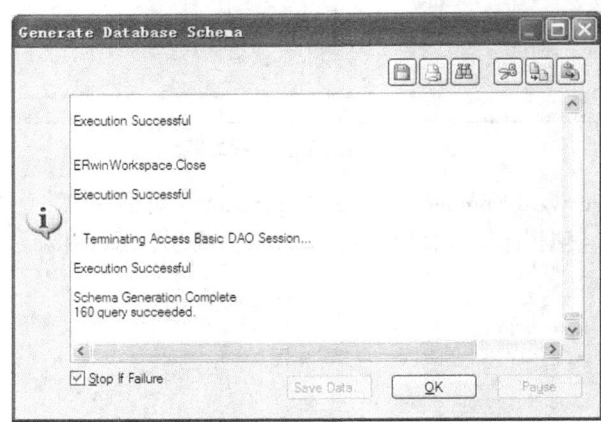

图 8.55 显示生成数据库成功

（10）单击"OK"按钮后，打开"课程管理数据库"文件，如果生成过程没有发生错误，可以看到新生成的 5 个表，它们分别对应了 ERWIN 中逻辑模型的 5 个实体，如图 8.56 所示。在实际应用中，ERWIN 能起到辅助设计的作用，生成数据库框架后，往往需要根据项目实际情况进行一些调整，包括字段属性设置等。

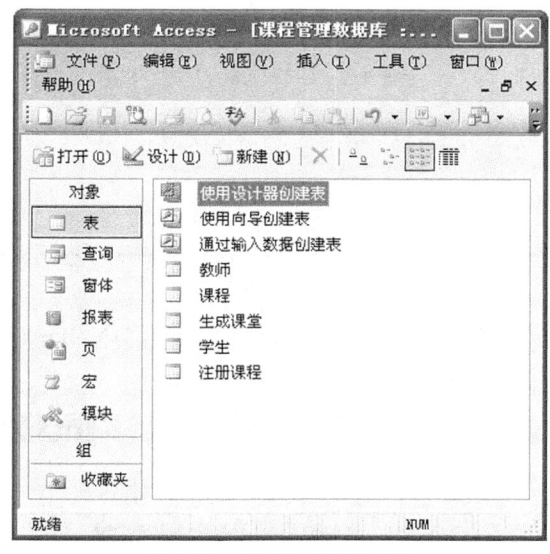

图 8.56　查看生成的数据表

4. 实验练习

（1）在 ERwin 环境下完成逻辑模型到物理模型的转化。

（2）了解 Access2003 的基本操作，完成教学管理系统数据库的物理设计。

（3）选作内容：根据个人掌握的数据库应用系统的知识，将本实验中的逻辑模型转化为对应的物理模型。

实验三　将数据库（Access2003）表结构导入到 ERwin 中

1. 实验目的

掌握在 ERwin 环境下将物理模型转化为逻辑模型的方法和技术。

2. 实验内容

（1）在 Access2003 物理数据库模型基础上逆向完成 ERwin 教学管理系统的转化。

（2）完成实验报告。

3. 具体操作步骤

启动 ERwin 并创建模型文件

（1）选择"开始"→"程序"→"Computer Associates"→"AllFusion" →"ERwin Data Modeler r7"→ "Erwin Data Modeler r7"命令，在弹出的对话框中选择"File"→"New"命令，弹出图 8.57 所示对话框，供对创建的模型类型进行选择。

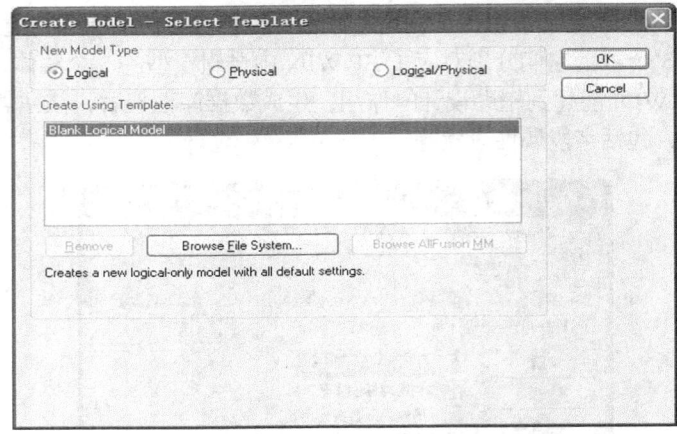

图 8.57 选择模块对话框

（2）其中对于模板属性的设置参照图 8.58，模型类型选择"Logical/Physical"，目标数据库选择"Access"，版本选择"2000/2002/2003"。

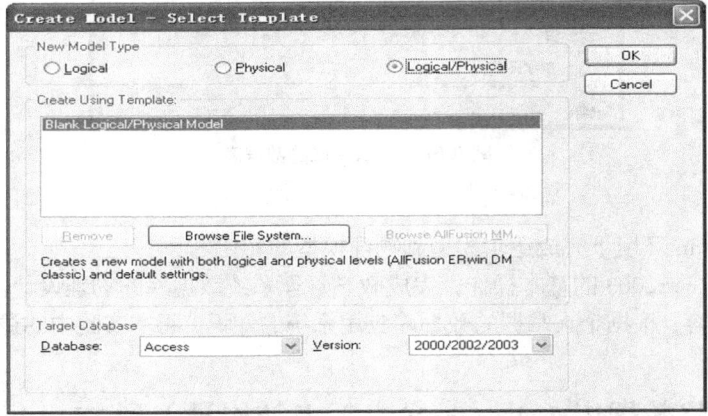

图 8.58 模块的属性设置

（3）单击"OK"按钮后，如图 8.59 所示，显示 ERwin 主界面。

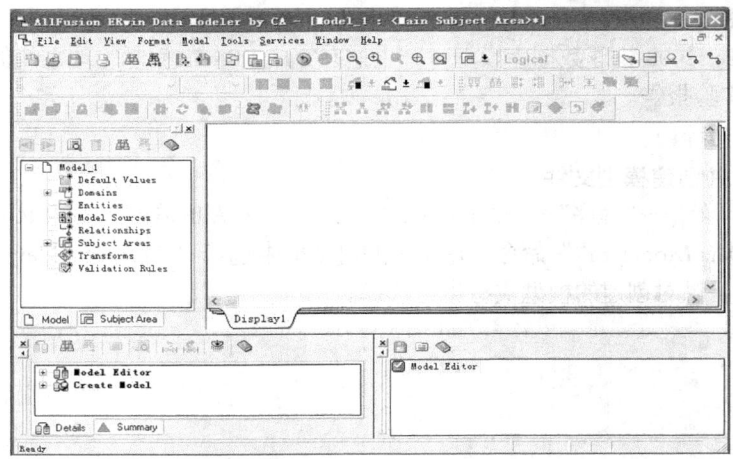

图 8.59 ERwin 的工作界面

将数据库表转换为 Erwin 模型

（4）在工作界面的菜单栏选择"Tools"→"Reverse Engineer"命令，弹出图 8.60 所示的对话框，可以在这里设计新建 ERwin 模型的类型，及要连接的目标数据库类型，实验中可参照图 8.60 的设置。

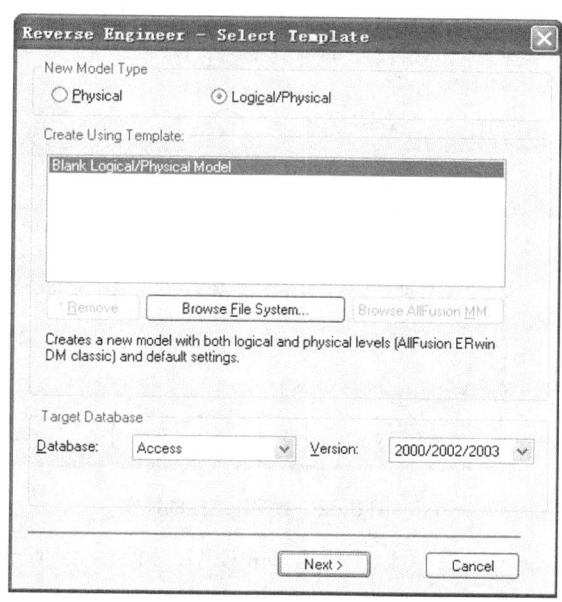

图 8.60　模型类型的选择

（5）单击"Next"按钮，弹出图 8.61 所示的逆向工程的设置界面，选中"Primary Keys"和"Relations"复选项，使得物理数据库中的主键即关系设置能够反映到将要生成的逻辑模型中。

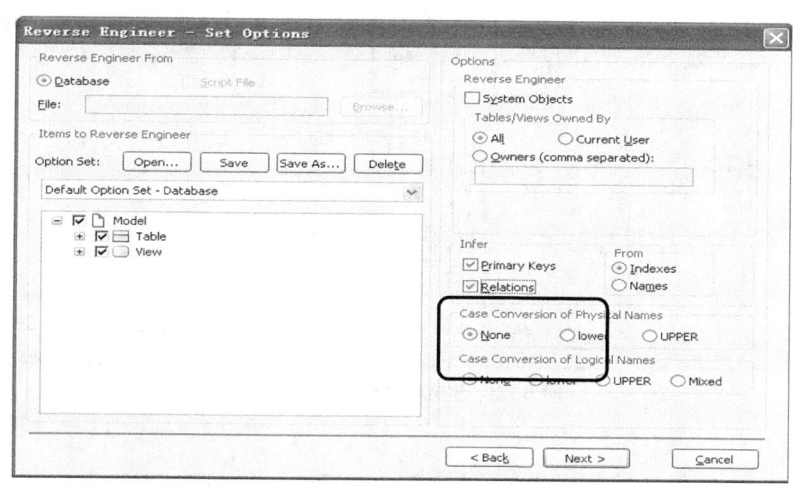

图 8.61　逆向工程的设置界面

（6）单击"Next"按钮，在弹出的数据库连接界面中，输入用户名为"admin"，密码为空，数据库 Value 值为实验 2 中生成的"课程管理数据库"的保存位置，如图 8.62 所示。

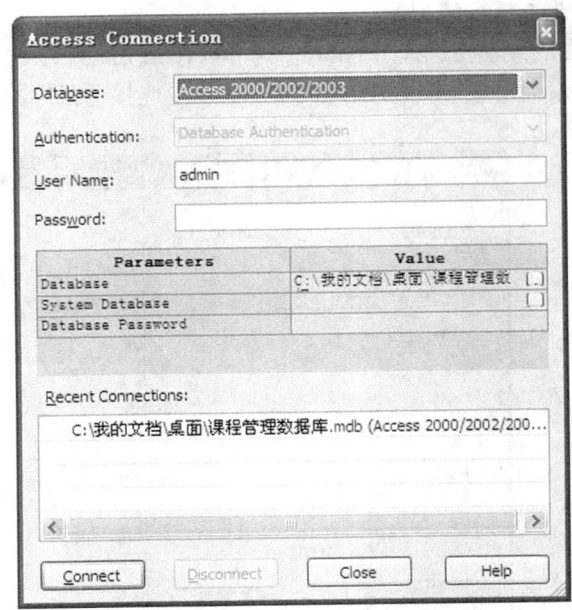

图 8.62 数据库连接的操作

(7) 单击 "Connect" 按钮，可以生成 Erwin 模型，如图 8.63 所示，和实验 1 建立的 ERwin 逻辑模型一样。

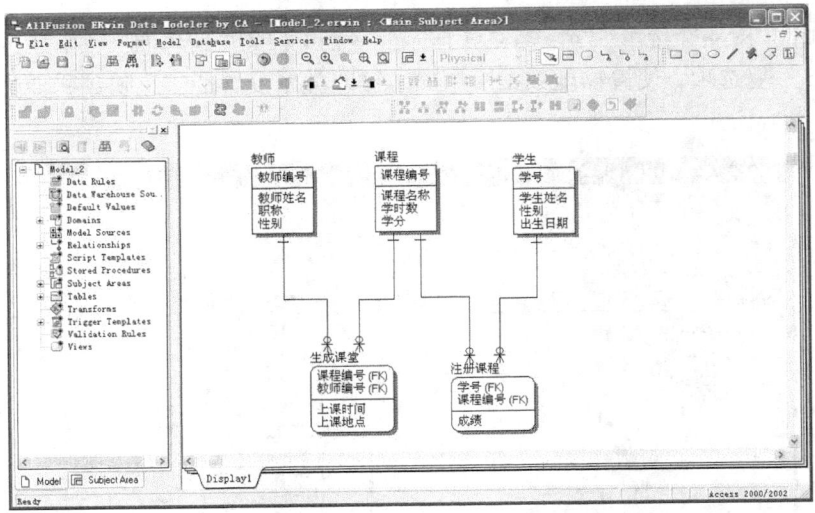

图 8.63 生成 ERwin 模型的界面

4. 实验练习

（1）在 Access 下设计一个数据库，表之间的关系可根据实际情况设定。

（2）可参考实验 3 的步骤完成 Access 数据库物理模型到 ERwin 逻辑模型的转化。

总结：以上 3 个实验演示了 ERWIN 的基本操作，在实际的系统开发中，ERWin 和数据库系统相结合可实现强大的功能，其中正向工程和逆向工程是应用广泛的两个功能，便于数据库设计者通过 CASE 工具方便地实现逻辑模型和物理模型的转化，同时也有利于提高效率，规范数据库开发过程。

实验四 使用 Power Designer 设计数据库逻辑模型

1. 实验目的
掌握在 PowerDesigner 环境下进行数据库模型设计的方法和技术。

2. 实验内容
（1）使用 PowerDesigner 设计教学管理系统的数据库模型。
（2）完成实验报告。

3. 具体操作步骤

PowerDesigner 是 Sybase 公司下的建模套件之一，它是菜单驱动式的应用程序，可以通过工具栏使用其常用工具。Power Designer 的下载与安装见第 2 章实验。

启动 PowerDesigner 并创建模型文件

（1）选择"开始"→"程序"→"Sybase"→"Power Designer 15"→"Power Designer"命令，点击后弹如图 8.64 所示的对话框。

图 8.64 PowerDesigner 启动对话框

（2）选择"文件"→"新建模型"命令，弹出图 8.65 所示的对话框，选择"Model Types"命令，它提供了 PowerDesigner 所能建立的常见模型。在分析阶段，我们选择"Logic Data Model"，为其命名后单击 OK 按钮。

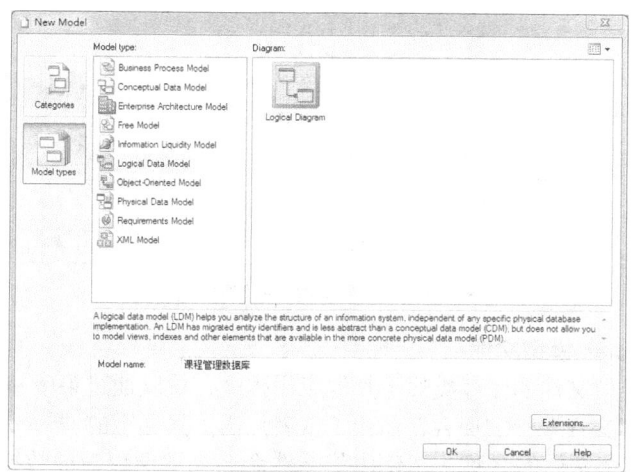

图 8.65 选择模板对话框

（3）单击 OK 按钮后，显示图 8.66 所示的界面。PowerDesigner 主界面由标题栏、菜单栏、工具栏、工作区和模型导航区组成。默认的工作区分为两个部分，分别是绘图区和存储显示标签。

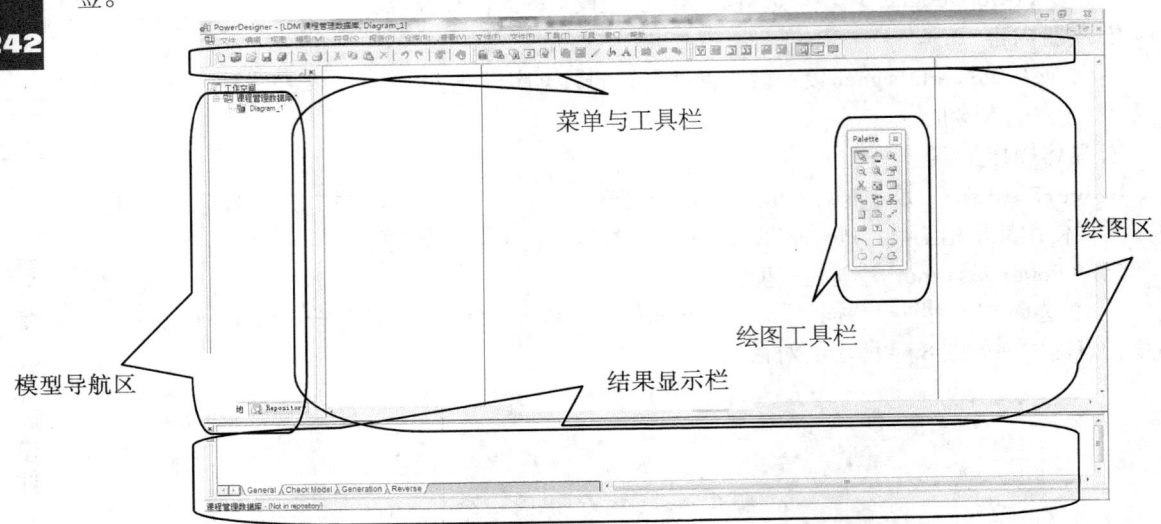

图 8.66 PowerDesigner 的工作界面

设置模型属性

（4）在工作界面的菜单栏选择"模型"→"Model Properties…"命令，弹出图 8.67 所示的对话框，在 General 选项卡中可以设置模型的名称和作者。也可通过鼠标右键点击左侧模型导航区的"课程管理数据库"→"属性"命令实现同样的操作。

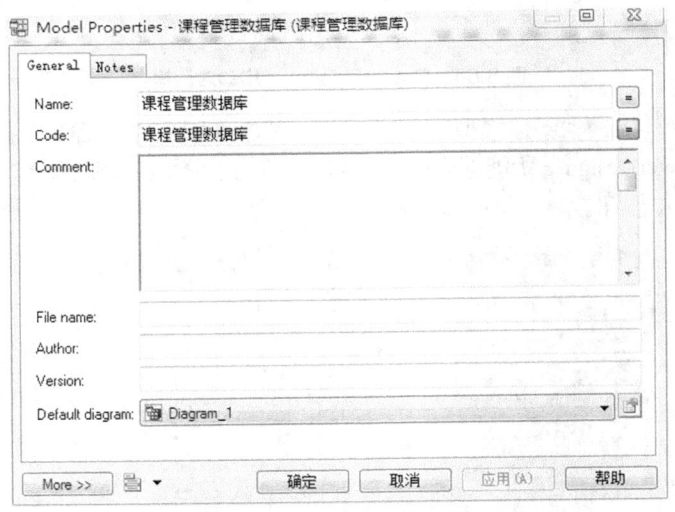

图 8.67 设置模型的名称和作者

保存 PowerDesigner 模型文件

PowerDesigner 模型文件的保存类似于其他应用程序，可以通过菜单和工具栏实现。

（5）选择菜单"文件"→"保存"命令（或者点击工具栏上的"Save"按钮），在弹出的对话框中输入需要保存文件的名称，本例中将文件命名为"课程管理数据库.ldm"，如图 8.68 所示。

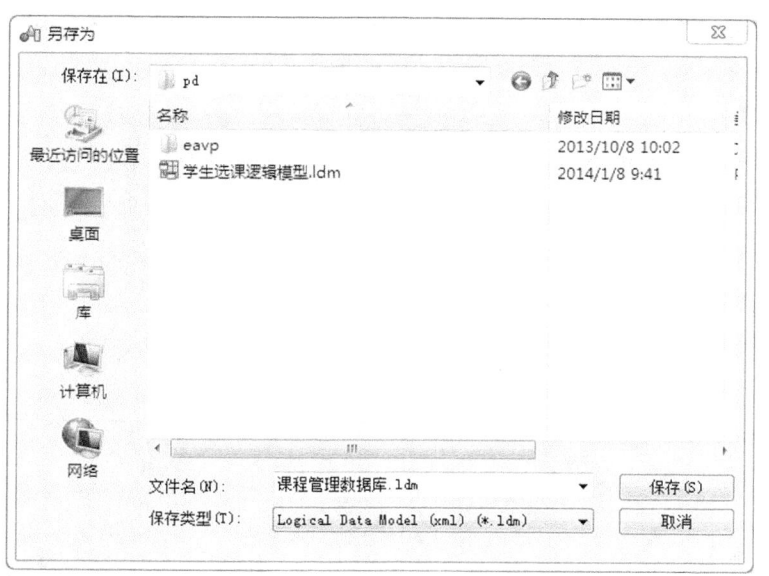

图 8.68 保存文件

修改模型图属性

（6）在右键模型导航区 "Diagram_1"，单击属性，设置模型图的名称为 "课程管理数据库逻辑模型图"，如图 8.69 所示。

图 8.69 设置模型模板的属性

建立实体

教学管理系统的 ldm 中包含 5 个实体。首先在绘图区建立实体，步骤如下所述。

（7）单击绘图工具栏中的 按钮，在绘图区用左键单击，单击绘图工具栏的 按钮，切换至 "选择" 模式，可以在绘图区绘制一个实体，如图 8.70 所示。

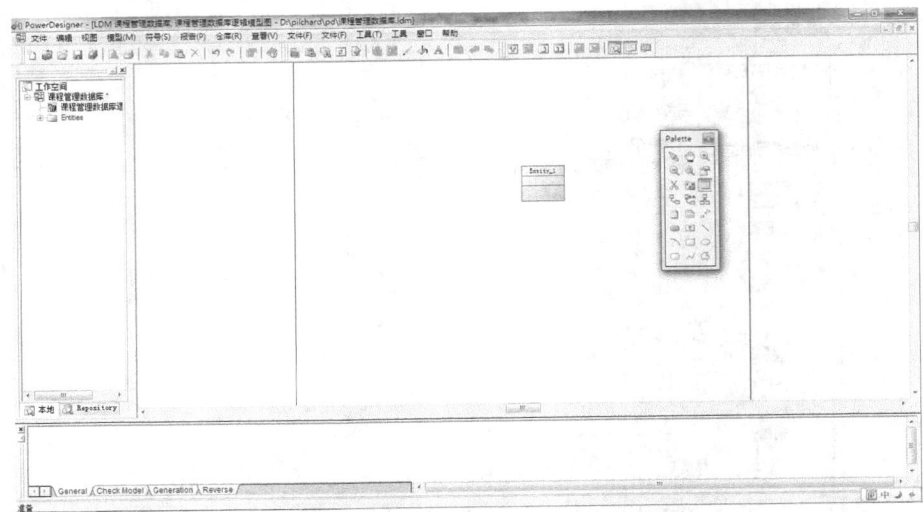

图 8.70 新建实体

(8)在模型导航区用右键单击"Entities"下的"Entity_1"选项,在弹出的快捷菜单中选择属性,或在选择模式下直接双击绘布中的实体对象,修改实体名称为"学生",如图 8.71 所示。

图 8.71 修改实体属性

添加属性

(9)在模型导航区用右键单击"学生"实体下的"新增"选项,在弹出的快捷菜单中选择"Entity Attribute"命令,可以为实体添加属性,如图 8.72 所示。

图 8.72 为实体添加属性

根据实际需要选择"Data Type",即数据类型,在这里我们用整型,如果该属性是整型,则需要在"Primary identitfier"选项前打勾。按照上述方法为"学生"实体添加学号、学生姓名、性别、出生日期等属性。

(10) 参照 3~6 步,在绘图区建立"教师"和"课程"实体,其属性可参考表 8.2 的内容,实体如图 8.73 所示。

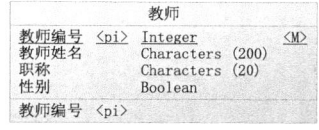

图 8.73 建立的实体及其属性

建立实体间的关系

(11) 点击工具栏上的 按钮,在绘图区分别点击需要建立连接关系的两个实体,多对多的关系建立多对多的关系时,PowerDesigner 会自动生成中间的实体,将一个多对多的关系转换为两个一对多的关系。图 8.74 显示 3 个实体建立了两个多对多关系。

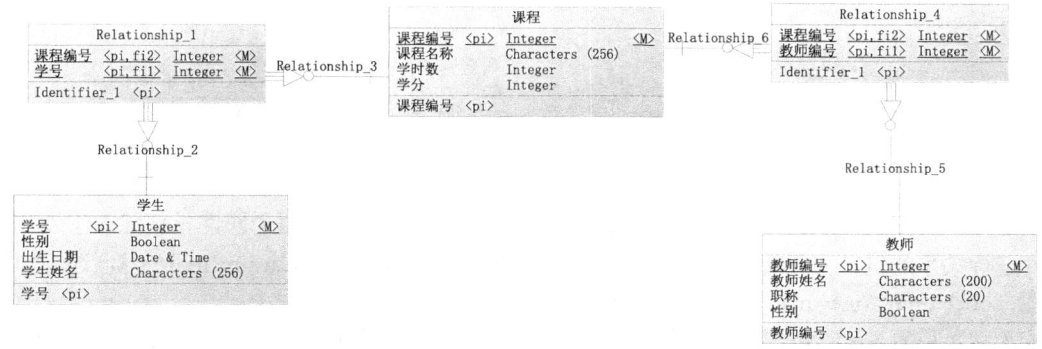

图 8.74 学生、课程、教师三者建立了多对多关系

(12)双击自动生成的实体,在Gerneral选项卡对其进行进一步的设置,修改其实体名称,如图8.75所示。

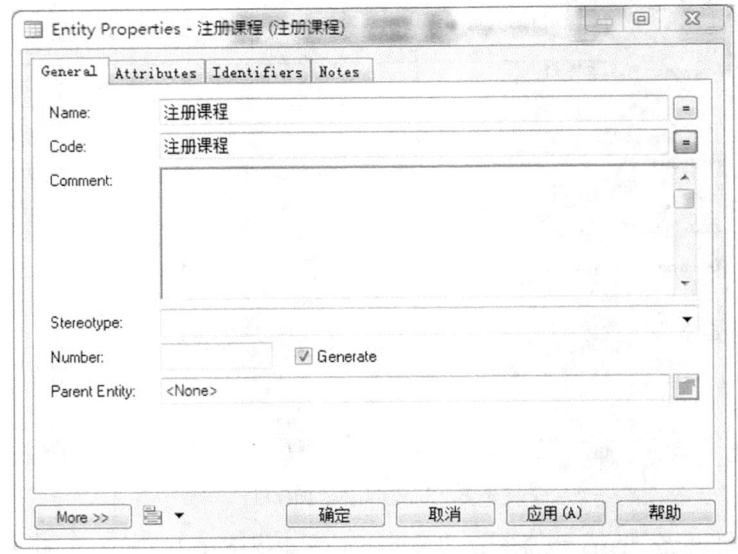

图 8.75 修改关系实体名称

(13)在图8.75中进入Identifiers选项卡,修改主键名称,如图8.76所示,设置完成后单击"应用"按钮,再单击"确定"按钮即可。

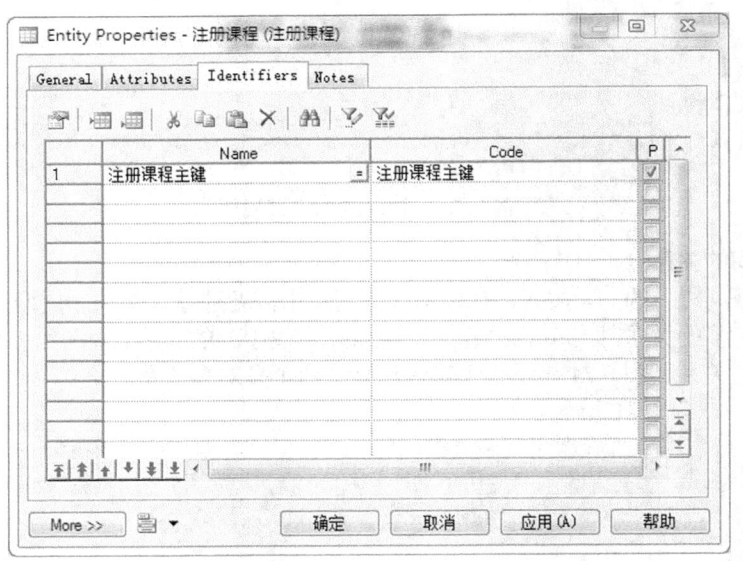

图 8.76 修改关系实体主键名称

如果是一对一或一对多的关系,单击工具栏上的 按钮连接两个属性,在绘布上双击关系,进行关系的进一步设置,在Gerneral选项卡设置关系名称,在Cardinalities选项卡设置关系类型,one-one、one-many、many-one。

(14)重复6~8步,建立"教师"和"课程"实体间的多对多关系转,完成后的实体间关系如图8.77所示。

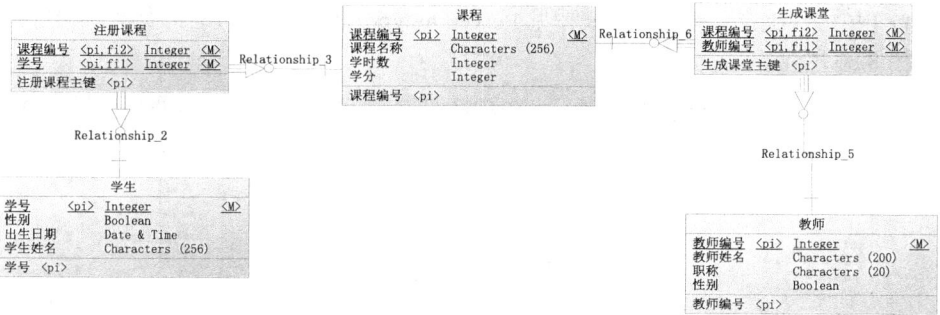

图 8.77 完成转换后的实体间关系

转换为物理模型

（15）从逻辑模型的设计到物理模型的设计需要转换，选择菜单栏中的"工具"→"Generate Physical Data Model…"命令，如图 8.78 所示。

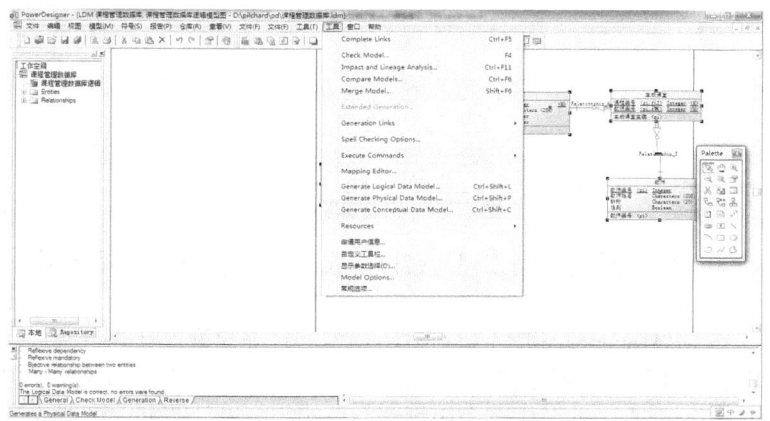

图 8.78 转换为物理模型

（16）在弹出框指定目标数据库，如图 8.79 所示。

图 8.79 指定目标数据库的操作

（17）单击"确定"按钮，可以看见 PowerDesigner 根据建立的逻辑模型自动生成了物理模型，如图 8.80 所示。

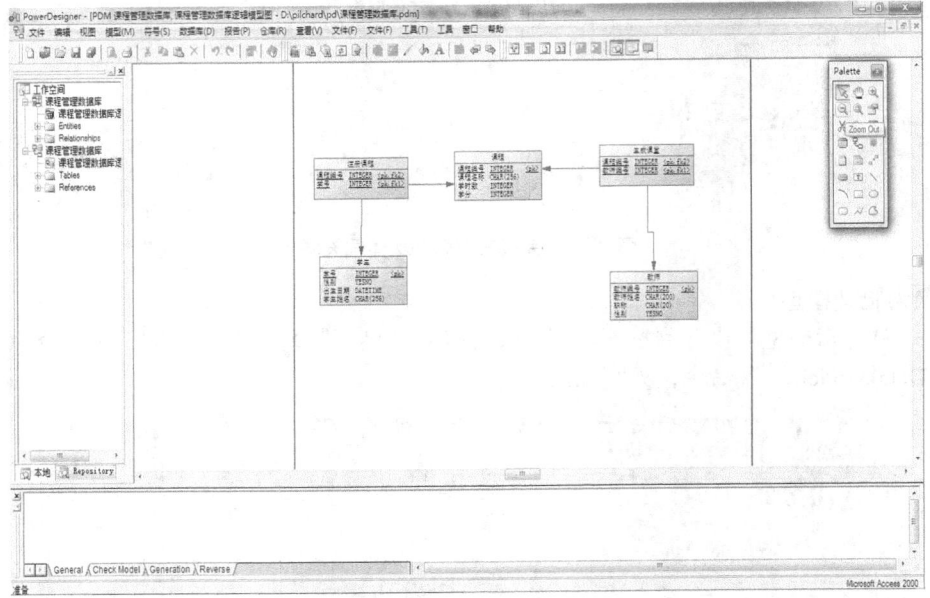

图 8.80 生成物理模型

模型设计的最后阶段是进行正向工程，在目标数据库中生成可用的数据库。

4. 实验练习

（1）熟悉在 PowerDesigner 环境下进行逻辑模型和物理模型设计的方法。

（2）完成教学管理系统数据库逻辑模型和物理模型的设计，其逻辑模型可参考图 8.36。

（3）选作内容：根据 7.3.4 节中图书馆管理系统的类图设计图书馆管理数据库的逻辑模型和物理模型。

实验五 使用 PowerDesigner 导出为可实现的数据库模型（Access2003）

1. 实验目的

掌握在 PowerDesigner 环境下将逻辑模型转化为物理模型的方法和技术。

2. 实验内容

（1）在 PowerDesigner 设计教学管理系统的数据库逻辑模型的基础上，将其转化为 Access2003 物理数据库模型。

（2）完成实验报告。

3. 具体操作步骤

启动 Access2003 并创建数据库

（1）选择"开始"→"程序"→"Microsoft Office 2003"→"Microsoft Office Access 2003"命令，选择"文件"→"打开"命令，可以打开一个已经建立的数据库文件，选择"新建"命令，弹出图 8.81 所示的对话框。

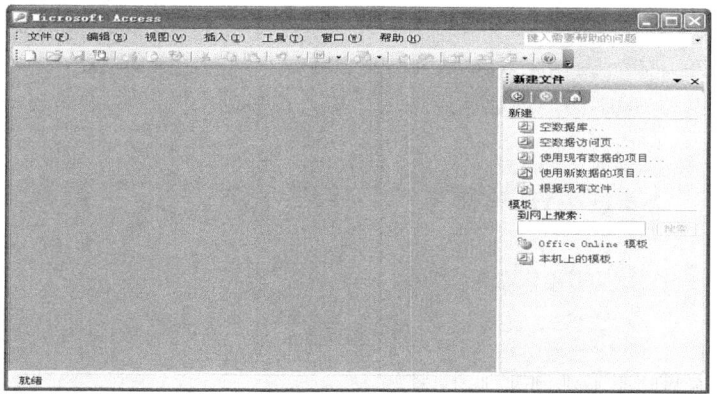

图 8.81　新建空数据库的操作

（2）在新建文件区域提供了 5 种类型的数据库，在这里选择新建一个空数据库。选择"新建"→"空数据库"命令，在弹出的对话框中可以选择要保存的数据库的位置，并输入需要保存文件的名称，本例中将文件命名为"课程管理数据库"，对话框如图 8.82 所示。

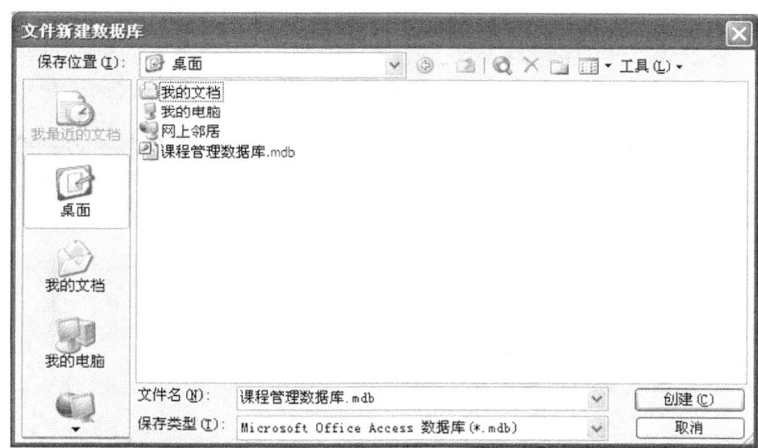

图 8.82　保存文件

（3）单击"创建"按钮，显示图 8.83 所示的界面。

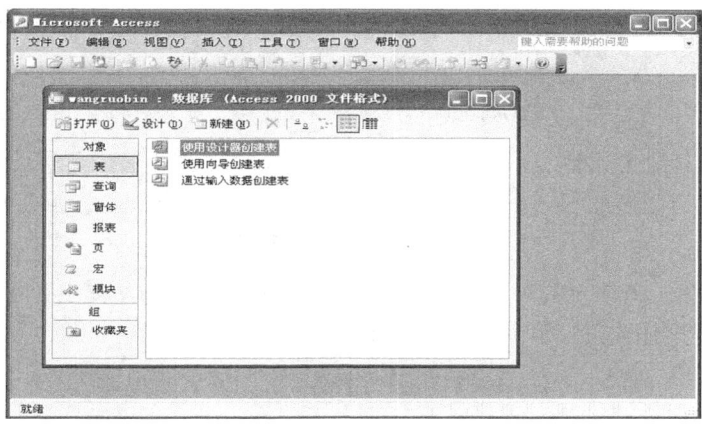

图 8.83　Access 的工作界面

PowerDesigner 连接数据库

（4）在图 8.79 中指定目标数据库是 Access 2003 后，需要选择对某一个数据库进行连接。在生成物理视图后，菜单中会出现数据库选项，执行"数据库"→"Connection…"命令，如图 8.84 所示。

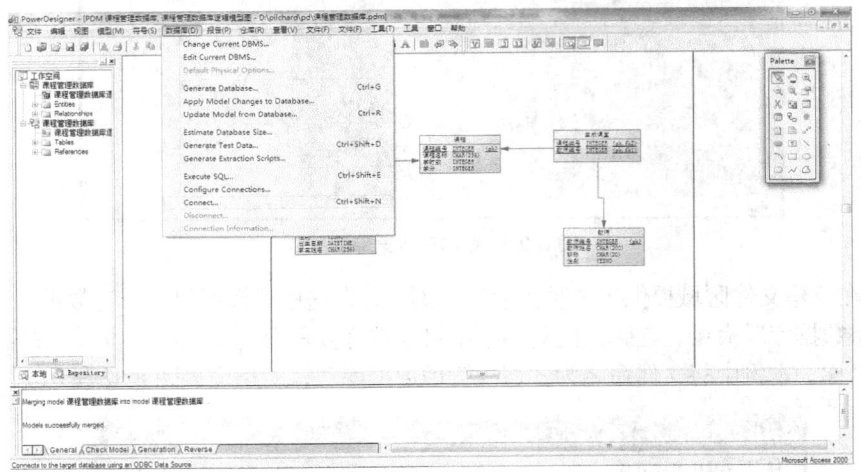

图 8.84 连接数据库的操作

（5）弹出的对话框如图 8.85 所示，输入 Access 数据库默认的用户名为 admin，密码是空，从下拉列表框中选择"MS Access Database（Microsoft Access Driver（*.mdb,*.accdb））"，然后单击"Modify"按钮。

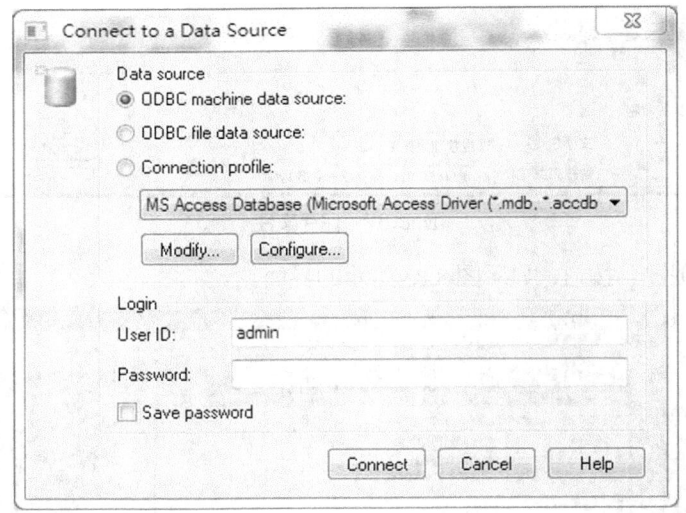

图 8.85 连接数据库对话框

（6）弹出图 8.86 所示的对话框，单击"选择"按钮，然后从弹出的路径框选择刚才建立的 Access 数据库文件位置，单击"确定"按钮。

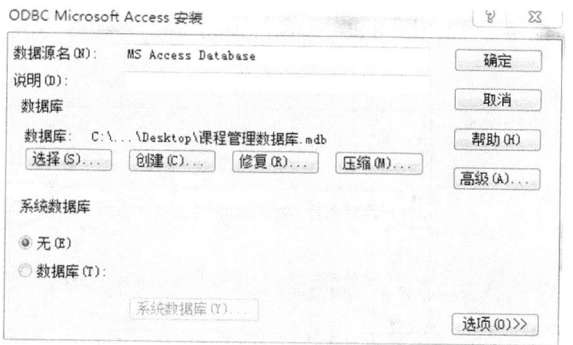

图 8.86 选择数据库文件位置

(7) 执行"数据库"→"Gernerate Database…"命令,可以生成正向工程,如图 8.87 所示。

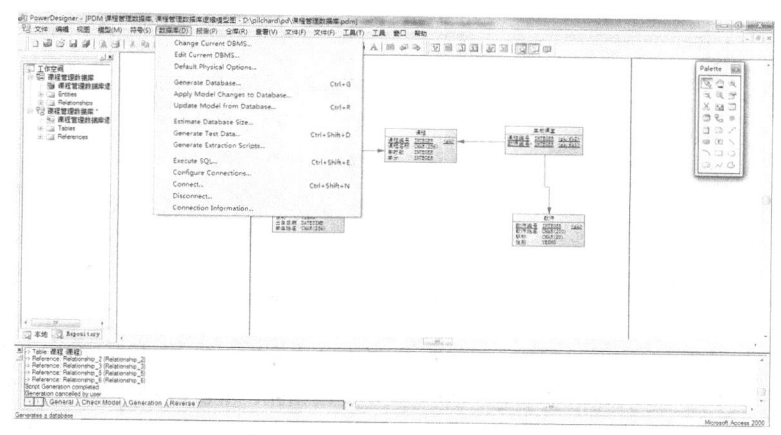

图 8.87 生成正向工程的操作

(8) 在弹出的"Database Generation"界面中,已经选择了默认的生成数据库的模式,也可以根据自己的需求对生成模式进行修改、保存和新建。确定要生成的数据库模式,如图 8.88 所示。

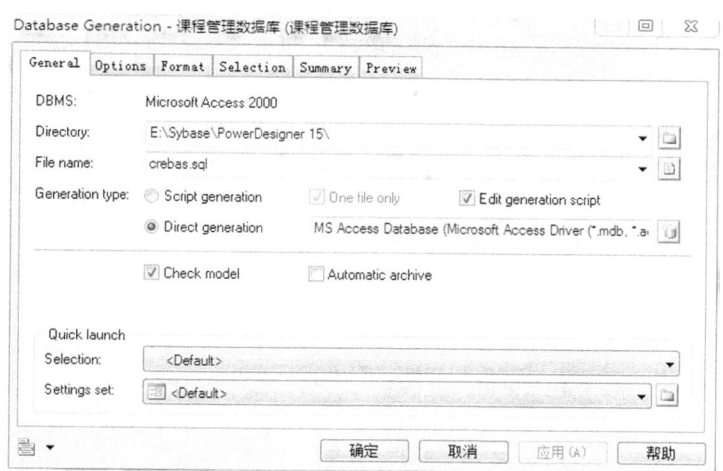

图 8.88 设置要生成的数据库的模式

(9）单击"确定"命令，弹出图 8.89 所示的界面，可以看到 PowerDesigner 生成的 Access 数据库中的代码。

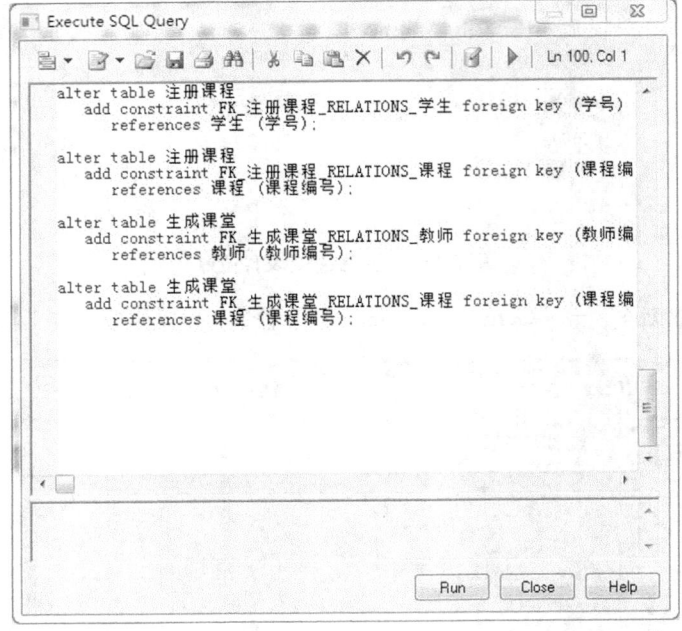

图 8.89　生成的数据库中代码

(10）单击代码窗口中的 ▷ 按钮，或直接单击"Run"按钮，即可生成对应的数据库，执行成功，在代码窗口的提示框中会显示"*** SQL statement successfully executed."，如图 8.90 所示。

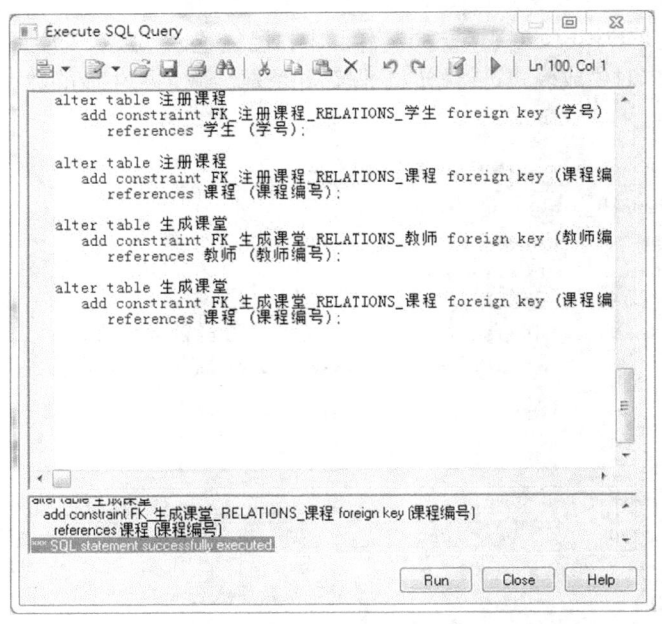

图 8.90　显示生成数据库成功

（11）单击"OK"按钮后，打开"课程管理数据库"文件，如果生成过程没有发生错误，可以看到新生成的 5 个表，它们分别对应了 ERWIN 中逻辑模型的 5 个实体，如图 8.91 所示。在实际应用中，PowerDesigner 能起到辅助设计的功能，生成数据库框架后，往往需要根据项目实际情况进行一些调整，包括字段属性设置等。

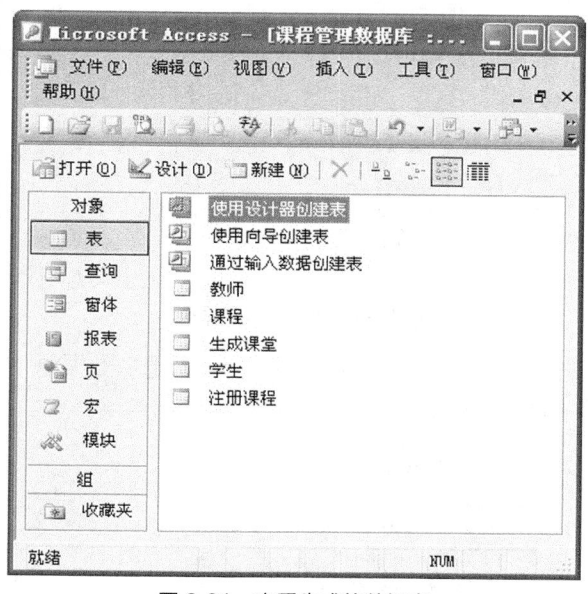

图 8.91　查看生成的数据表

4. 实验练习

（1）在 PowerDesigner 环境下完成逻辑模型到物理模型的转化。

（2）了解 Access2003 的基本操作，完成教学管理系统数据库的物理设计。

（3）选作内容：根据个人掌握的数据库应用系统的知识，将本实验中的逻辑模型转化为对应的物理模型。

实验六　将数据库（Access2003）表结构导入 PowerDesigner 中

1. 实验目的

掌握在 PowerDesigner 环境下将物理模型转化为逻辑模型的方法和技术。

2. 实验内容

（1）在 Access2003 物理数据库模型基础上逆向完成 PowerDesigner 教学管理系统的转化。

（2）完成实验报告。

3. 具体操作步骤

启动 PowerDesigner 并创建模型文件

（1）选择"开始"→"程序"→"Sybase"→"Power Designer 15"→"Power Designer"命令，再执行菜单栏中的"文件"→"新建"命令，在弹出的对话框中选择"Physical Data Model…"选项，如图 8.92 所示。

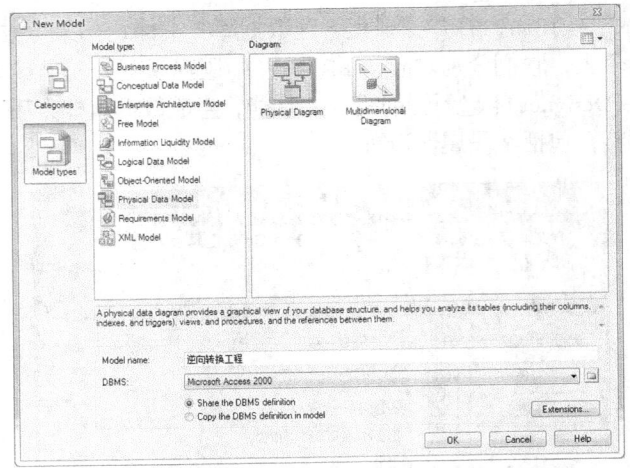

图 8.92 选择模块对话框

（2）在菜单中选择"数据库"→"Connect.."命令，选择数据源，输入"User ID"，如图 8.93 所示，单击"Modify..."按钮。

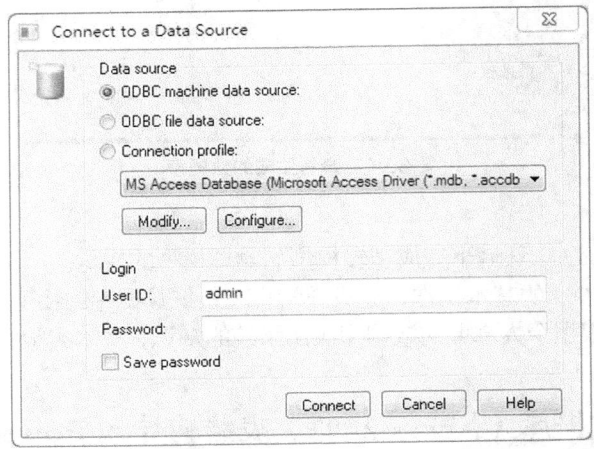

图 8.93 数据库配置

（3）在弹出的对话框中选择 Access 数据库，单击"确定"按钮，连接数据源如图 8.94 所示。

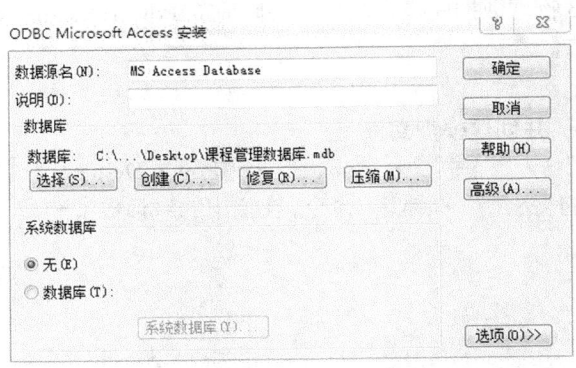

图 8.94 数据库文件选择

将数据库表转换为 PowerDesigner 模型

（4）在工作界面的菜单栏选择"数据库"→"Update Model from Database"命令，弹出图 8.95 所示的对话框，选中数据库连接，然后进入 Options 选项卡。

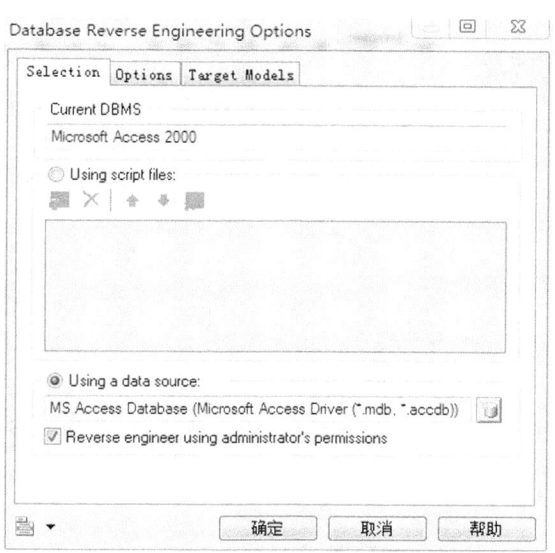

图 8.95　模型类型的选择

（5）在 Options 选项卡中将自动生成主键和关系勾选上，如图 8.96 所示逆向工程的设置界面，然后单击"确定"按钮。

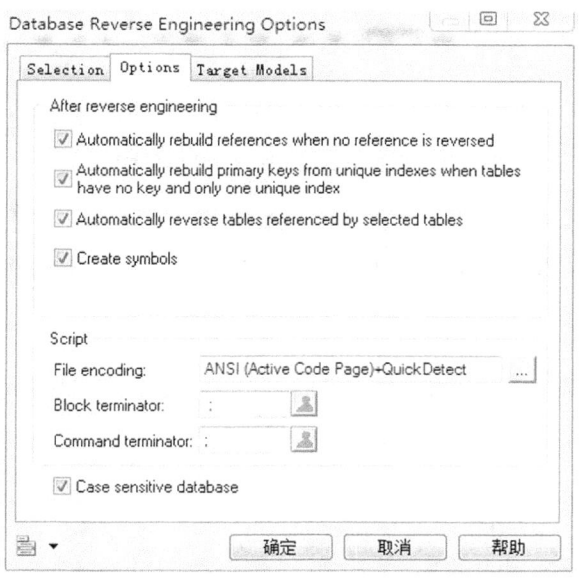

图 8.96　逆向工程的设置界面

（6）选中要导出的表和关系，如图 8.97 所示。

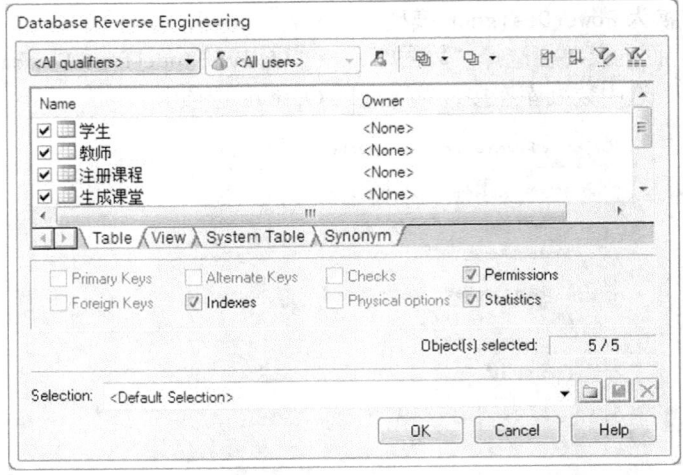

图 8.97　导出的表和关系的选择

（7）单击"OK"按钮，可以生成 PowerDesigner 模型，如图 8.98 所示，和实验四建立的 PowerDesigner 物理模型一样。

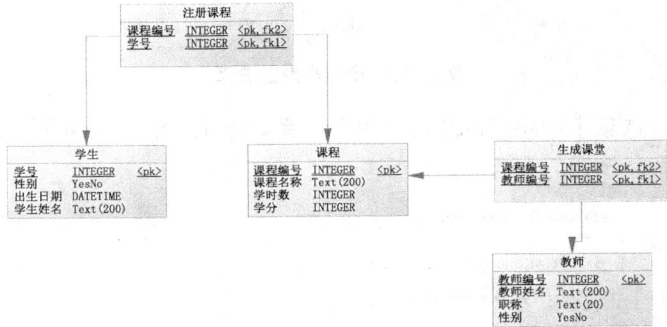

图 8.98　生成 PowerDesigner 模型的界面

（8）在菜单栏中选择"工具"→"Generate Logic Data Model…"命令，如图 8.99 所示。

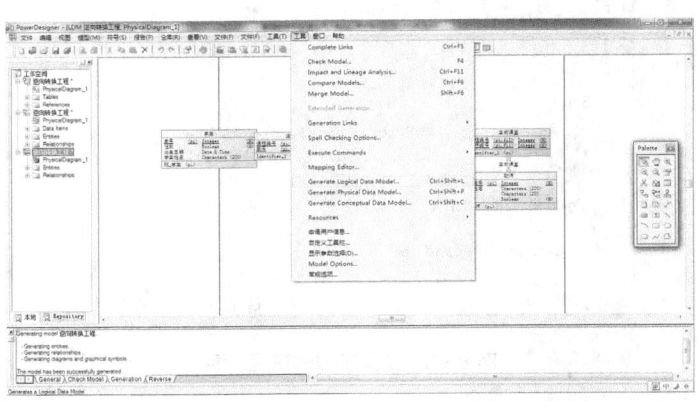

图 8.99　从物理模型转换为逻辑模型

（9）在弹出框进行详细设置后，如图 8.100 所示，单击"确定"按钮，即可生成 PowerDesigner 逻辑模型，和实验四的逻辑模型一致。

图 8.100　从物理模型转换为逻辑模型的详细设置

（10）生成的最终逻辑模型如图 8.101 所示。

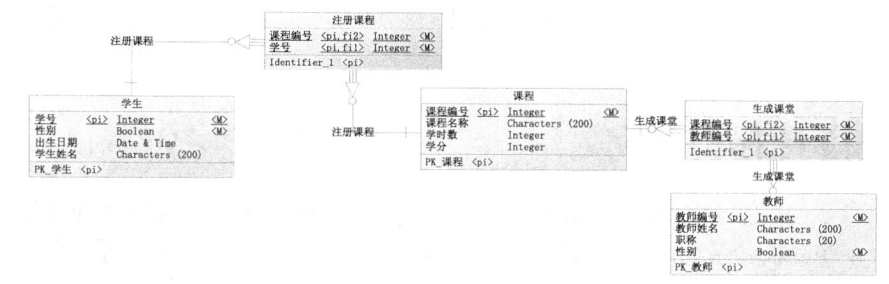

图 8.101　最终逻辑模型

4. 实验练习

（1）在 Access 下设计一个数据库，表之间的关系可根据实际情况设定。

（2）可参考实验六的步骤，完成 Access 数据库物理模型到 PowerDesigner 逻辑模型的转化。

总结：以上 3 个实验演示了 PowerDesigner 的基本操作，在实际的系统开发中，PowerDesigner 和数据库系统相结合可实现强大的功能，其中正向工程和逆向工程是应用广泛的两个功能，便于数据库设计者通过 CASE 工具方便地实现逻辑模型和物理模型的转化，同时也有利于提高效率，规范数据库开发过程。

第 9 章 系统实施与测试

本章导读

系统实施与测试是以系统设计的成果为基础,进行系统程序的编写、调试和集成,使之能够达到应用的目的。系统分析解决管理信息系统"干什么"的问题,描述了管理信息系统的目标与功能;系统设计解决管理信息系统"怎么干"的问题,对管理信息系统进行总体设计和详细设计;而系统实施与测试则是管理信息系统进行物理实现,即建设一个可在计算机上运行的系统。

9.1 阶段目标与任务

管理信息系统实施与测试阶段的目标是把前一个阶段设计的新系统物理模型加以实现,建成一个符合系统分析和系统设计要求的可以实际运行的新系统,并完成对新系统的各种测试工作,最后交给用户使用。

具体任务包括:
- 建立新系统的开发与运行环境;
- 建立数据库系统,录入数据;
- 编制与调试程序;
- 新系统的测试;
- 交工验收。

9.2 前期准备

"工欲善其事必先利其器",进行系统实施与测试之前,先完成前期准备是十分必要的,这些准备工作包括建立系统的开发与运行环境、录入并整理基础数据等。

9.2.1 建立开发与运行环境

所谓"开发环境"是指系统开发人员进行开发所需要的工作环境,与新系统的运行环境不是一回事,但建立开发环境要考虑与新系统运行环境的匹配问题。对于团队开发来说,开发环境一般应是一个相对独立且固定的小型局域网,其中硬件部分包括服务器、工作站及一些外设等;软件部分产品众多,下面对目前比较流行的部分产品,包括操作系统、数据库系统、中间件服务器产品、编程工具等几方面做一下简单介绍。

1. 操作系统类

- Windows 系统：由美国 Microsoft 公司开发的图形化操作系统，目前流行的主要包括 Windows XP、Windows Server 2008、Windows 8 等操作系统。
- UNIX：一个通用的、交互式的分时系统，适用于小型机和微型机。它由美国贝尔实验室于 1969 年研制，其特点是结构紧凑、功能强大、使用方便、易于扩充、修改、维护和移植。
- Linux：一种开放型的操作系统，它是 Unix 操作系统的一个分支，采用 Unix 技术，但其源代码是公开的。目前我国在此方面投入了开发，主要产品包括红旗 Linux 等。

2. 数据库系统类

- 桌面数据库：如 Access。该类数据库在数据容量方面等有所限制，但它能满足业务量比较小的系统的要求，容易掌握。
- 大型数据库：能完成多客户请求的运行在专用服务器的数据库服务器产品，包括 Oracle、MS SQL Server、MySQL 等。该类数据库常作为 Client/Server 结构或分布式多层应用系统的后台数据库。

3. 中间件服务器产品

该类产品主要是为了适用于当前多层分布式应用系统和电子商务平台而建立的一种中间服务器产品，目标是为了响应多客户同时请求。这些产品提高了系统的负载能力、容错能力等，确保系统 24 小时全天候服务，目前已经十分广泛地用于多种行业的信息系统中。

4. 编程工具类

编程工具的发展经历了从非可视化到可视化、面向过程到面向对象的过程。面向过程的开发工具主要有 Basic、PASCAL、C 等，面向对象的开发工具比较多，目前主要包括 Microsoft 公司的 Visual Studio 产品系列（如 VC、VB 等）、Borland 公司的 Delphi、C++ Builder、Java Builder 等产品。

5. 移动开发环境

近年来移动开发势头强劲，由于移动设备上运行的信息系统与传统的运行于 PC 等计算设备上的信息系统有很大不同，因此出现了专门用于移动开发的平台环境，目前主流的是基于 Android 和 ISO 的开发平台。

6. 其他辅助型工具软件

如各种办公软件、通讯软件以及杀毒软件等。

9.2.2 基础数据的整理与录入

基础数据的准备工作在系统实现阶段是十分重要且不能滞后的。这项工作量大而繁琐，要求广泛收集、规范整理、及时录入、认真检验。否则，若只注重编程序、上设备，而忽略了数据的准备，轻则影响新系统的调试，延误工期，重则导致系统失败，故有"三分技术，七分管理，十二分数据"的说法。数据的准备还包括测试数据的准备，为测试人员在测试阶段提供测试数据。

9.3 程序设计

程序设计是系统实现阶段的重头戏，也可认为是系统设计的延续。程序设计的质量将对软件的质量产生重要影响。因此，在保证源程序没有语法错误，并能通过编译系统语法检查的基础上，程序设计还必须明确质量要求、设计方法、编程风格以及编程工具的选择等。

9.3.1 质量要求

1. 可靠性

包括程序或系统安全的可靠性,如数据安全、系统安全等;程序运行的可靠性、容错能力、纠错能力,即程序能够正常平稳地运行,或在程序运行期间其失效的可能性很低。

2. 可读性

编程时应考虑到所编程序能够很容易地被他人读懂。程序的可读性是衡量其质量的标准之一。这就要求编程人员在开发过程中遵循编码规范,以使他人能读懂自己的代码及设计思路。

3. 可维护性

系统交付使用后,使用过程中的问题或错误会逐渐暴露,实际上,程序的可靠性、可读性和可维护性是相辅相承的。

9.3.2 程序设计风格

所谓"程序设计风格",不是追求某编程者个人的风格,而是要求编程者遵守被大家公认的编程规范约定。这些约定是在实践中不断总结、提炼而成的。一些改善程序设计风格的建议如下。

首先,要重视内部文档。所谓"内部文档"是指在源程序内起一定注释作用的代码或文字。如:使用有一定意义的标识符,使读者"见名知义";增加程序中的注释行,对每个模块和每个关键性语句或处理用语言加以注释,以帮助读者理解;源程序清单采用缩格书写形式,以使其层次清晰明了。

其次,数据类型和标识符等定义的次序要规范。如:常量说明→简单变量类型说明→数组类型说明→共用数据块说明→文件类型说明,整形变量说明→实型变量说明→字符变量说明→逻辑变量说明,等等。

另外,程序语句应力求"言简意赅"。虽然在系统设计阶段就确定了软件的逻辑结构,但构造单个语句还是编程阶段的任务。

9.4 系统测试

系统测试是管理信息系统开发中的一个重要环节,关乎管理信息系统开发的成功与否,在信息系统开发中占有相当重要的地位。测试的目的是发现系统中的错误和缺陷而执行程序的过程。从这个意义上讲,查出了新错误的测试是成功的测试。

9.4.1 系统测试方法

测试应该以最少的时间和人力去找出系统中潜在的各种错误和缺陷。通过测试也能证明管理信息系统的功能和性能是否与需求说明相符。

根据系统测试的目标,必须了解的几条原则有:

- 应当把"尽早地和不断地进行测试"作为开发者的座右铭;
- 测试计划应该在需求分析一完成后就开始,与系统分析与设计同步进行;
- 测试应该从小规模开始,逐步转向大规模,从单元测试转向集成测试;
- 穷举测试是不可能的,应该采用适当的方法;
- 应该由开发与用户之外的第三方来完成测试;
- 妥善保存测试计划、测试用例、出错统计和最终分析报告,为维护提供方便。

测试的基本方法有两种,黑盒测试和白盒测试,如下所述。

1. 黑盒测试

这种方法是把测试对象看成一个黑盒子，测试人员只针对输入与输出的关系，对被测试程序的功能及外部特性进行测试，看其是否满足需求分析中的功能说明，而不考虑其内部逻辑和内部特性。因此，黑盒测试又叫功能测试法或数据驱动测试法，主要是为了发现以下几类错误：

- 是否有不正确的或遗漏了的功能？
- 在接口上，输入能否被正确地接受？能否输出正确的结果？
- 是否有数据结构错误或外部信息访问错误？
- 性能上是否能够满足要求？
- 是否有初始化或终止性错误？

所以，用黑盒法测试，必须在所有可能的输入条件和输出条件中确定测试数据，来检查程序是否都能产生正确的输出。

2. 白盒测试

与黑盒测试相反，白盒测试法是对系统的内部过程性细节做细致的检查，把被测试的程序看成是透明的盒子。测试人员利用程序内部的逻辑结构及相关信息来设计或选择测试用例，对被测试程序的所有逻辑路径进行覆盖测试。通过在不同点检查程序的状态，来确定实际的状态是否与预期的状态一致。因此，白盒测试法又称结构测试法或逻辑驱动测试法。

系统测试常用的手段有两种：一种是不依赖计算机的人工测试，它能相当有效地查找程序中的错误，对每一个信息系统的测试都应用一种或几种人工测试技术进行测试，如程序审查、人工运行、复查等；另一种是计算机辅助测试，即准备一些测试程序在计算机上运行，以查找程序中的错误。

管理信息系统是由计算机硬件系统、网络系统和软件系统构成的，则系统测试应包括对上述各部分的测试。但因本书的侧重点在应用软件系统的开发上，故而本章主要介绍对软件系统的测试。

软件测试一般分成 4 个层次按顺序进行：单元测试、组装测试、确认测试和系统测试。首先是单元测试，对源程序中的每一个程序单元进行测试，验证每个模块是否满足系统设计说明书的要求。组装测试是将已测试过的模块组合成子系统，重点测试各模块之间的接口和联系。确认测试是对整个软件进行验收，根据系统分析说明书来考察软件是否满足要求。系统测试是将计算机软件、硬件、网络等系统的各个部分连接起来，对整个系统进行总的功能、性能等方面的测试。

下面分别对单元测试、组装测试、确认测试和系统测试的内容和要求加以说明。

9.4.2 单元测试 (unit testing)

单元测试也称为模块测试。在模块编写完成且无编译错误后就可以进行。可以选用人工测试或上机测试，当在计算机上进行测试时，一般采用白盒测试法，多个模块可以同时进行。

在单元测试中，主要从模块的 5 个特征进行检查：模块接口、局部数据结构、重要的执行路径、出错处理和边界条件。

如果所测模块的数据流不能正确地输入、输出，则根本就无法进行其他测试。所以模块接口测试应该在任何其他测试开始前进行。

在单元测试中，对路径的测试是最基本的任务。由于不能进行穷举测试，需要精心设计测试用例来发现是否有计算、比较或控制流等方面的错误。

好的设计应该能预测到出错的条件，并且有对出错处理的路径。虽然计算机可以显示出错信息的内容，但仍需要程序员对出错进行处理，保证其逻辑的正确性，便于用户维护。对出错的测试应该着重考虑这些常见错误：错误的描述难于理解；错误提示与实际错误不相符；出错的提示信息不足以确定错误或确定造成错误的原因；在对错误进行处理之前，系统已经对错误条件干预等。

模块测试通常由程序员本人来完成。但项目负责人应该注意测试结果，将这些测试资料妥善保存，为后续的测试工作打下良好的基础。

单元测试的方法通常由测试人员使用或开发专门的模块进行。由于模块不是独立运行的程序，各模块之间存在联系，即存在调用与被调用的关系。在对每个模块进行测试时，需要开发以下两种模块。

（1）驱动模块(driver)：相当于一个主程序，接收测试用例的数据，将这些数据送到被测模块，输出测试结果。

（2）桩模块(stub)：也称为存根模块，桩模块用来代替被测模块中所调用的子模块，其内可进行少量的数据处理，目的是为了检验入口，输出调用和返回的信息。

驱动模块和桩模块是测试用的软件，不是要交给用户的软件组成部分，但需要花费一定的开发费用。为了降低成本，对于一些不能用简单的测试软件进行充分测试的模块，可以用下节介绍的增量式测试方法，在组装测试的同时完成对模块的详细测试。

提高模块的内聚度可以简化单元测试。如果每个模块只完成一种功能，对于具体模块来讲，所需的测试方案数目就会显著减少，而且更容易发现和预测模块中的错误。

9.4.3 组装测试 (integration testing)

组装测试也称为集成测试。通常有两种方法：一种是分别测试各个模块，再把这些模块组合起来进行整体测试，这种方法称为非增量式集成测试。另一种是把下一个要测试的模块组合到已测试好的模块中，测试完后再将下一个需测试的模块组合进来测试，逐步把所有模块组合在一起，并完成测试，该方法称为增量式集成测试。非增量式集成测试可以对模块进行并行测试，能充分利用人力，加快工程进度。但这种方法容易混乱，出现错误不容易查找和定位。增量式集成测试的范围是一步步扩大的，所以错误容易定位，而且已测试的模块可在新的条件下进行测试，程序测试得更彻底。

增量式测试技术有自顶向下的增量方式和自底向上的增量方式两种测试方法。

1. 自顶向下的增量方式

自顶向下的增量方式是模块按程序的控制结构，从上到下的组合方式。再增加测试模块时有先深度后宽度和先宽度后深度两种次序。图 9.1 所示的自顶向下组合示例中，先深度后宽度的方法是把程序结构中的一条主路径上的模块相组合，测试顺序可以是 M1、M2、M5、M6、M3、M7、M4。先宽度后深度的方法是把模块按层进行组合，测试顺序是 M1、M2、M3、M4、M5、M6、M7。组装过程可分成以下步骤。

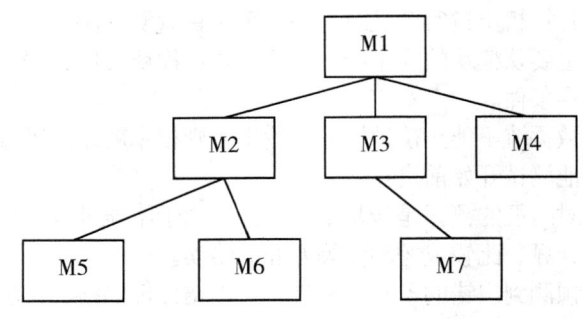

图 9.1　自顶向下的组合示例示意图

（1）用主模块作为驱动模块，与之直接相连的模块用桩模块代替。

（2）根据所选的测试次序，用下一个模块替换所用的桩模块；而新引入模块的直接下属模块用桩模块代替，构成新的测试对象。

（3）为了避免引入新模块，产生新问题，需要进行必要的重复测试，即重复部分或全部已经进行过的测试。

（4）所有模块是否已经组合到系统中，并完成测试？如果没有，则返回到(2)，重复进行；是则停止测试。

自顶向下的增量方式可以较早地发现问题，如果出现问题能够及时纠正。在测试时不需要编写驱动模块，但需桩模块。另外，如果高层模块对下层模块依赖性很大，需要返回大量信息，在用桩模块代替时，桩模块的编写比较复杂，必然会增加开销。这时可以用下面介绍的自底向上的增量方式。

2. 自底向上的增量方式

自底向上的增量方式是从最底层的功能模块开始，边组合边测试，从下向上地完成整个程序结构的测试。其步骤可以概括为以下所述。

（1）将最底层的模块组合成能完成某种特定功能的模块组，为每个模块组设计驱动程序，用驱动程序来控制并进行测试。

（2）按从下向上的方向，用实际模块替换相对应的驱动程序，组成新的模块组，再为该模块组设计驱动程序，用新的驱动程序进行控制和测试。

（3）所有模块是否已经组合到系统中，并完成测试，如果没有，则返回到(2)，重复进行；是则停止测试。

自底向上的增量方式可以较早地发现底层关键性模块出现的错误。在测试时不需要编写桩模块，但需要驱动模块。另外，对程序中的主要控制错误发现较晚。

组装测试的方法选择取决于软件的特点和进度安排。在工程中，通常将这两种方法结合起来使用，即对位于软件结构中较上层的使用自顶向下的方法，而对于较底层的使用自底向上的方法。

9.4.4 确认测试 (validation testing)

经过组装测试之后，软件就被集成起来，接口方面的问题已排除，就可以进入软件测试的最后一个环节——确认测试。确认测试的任务是进一步验证软件的有效性，即检查软件的功能和性能是否与用户的要求一样。系统分析说明书描述了用户对软件的要求，所以是软件有效性验证的标准，也是确认测试的基础。

首先要进行有效性测试以及软件配置审查，然后进行验收测试和安装测试，经过管理部门的认可和专家的鉴定后，软件即可以交给用户使用。

1．有效性测试

有效性测试就是在模拟环境下，通过黑盒测试检验所开发的软件是否与需求规格说明书一致。为此，需要制定测试计划，规定要做的测试类型，设计测试用例，组织测试人员对已集成的软件进行测试。在设计测试用例时，除了检测软件的功能和性能之外，还需要对软件的容错性、维护性等其他方面进行检测。测试人员可由开发商的内部人员组成，但最好是没有参加该项目的有经验的软件设计人员。在所有测试用例完成之后，测试结果有两种情况，如下所述。

（1）功能和性能等都满足需求，可以接受。

（2）发现测试结果与预期的不符，这时要列出缺陷清单。在这个阶段才发现的严重错误一般很难在预定的时间内纠正，需要与用户协商，寻找妥善解决问题的办法。

2．软件配置审查

确认测试的另一个环节是软件配置的审查，主要是检查软件(源程序、目标程序)和文档(包括面向开发和用户)是否齐全以及分类是否有序。确保文档、资料的正确和完善，以便维护阶段使用。

3．验收测试

在经过软件的有效性测试和软件配置复查后，就应该开始软件系统的验收测试。验收测试是以用户为主的测试。软件开发人员和质量保证人员也应参加。在验收测试之前，需要对用户进行培训，以便熟悉该系统。验收测试的测试用例由用户参与设计，主要验证软件的功能、性能、可移植性、兼容性、容错性等，测试时一般采用实际数据。

9.4.5 系统测试 (system testing)

系统测试是将已经确认的软件、计算机硬件、外设、网络等其他元素结合在一起，进行信息系统的各种组装测试和确认测试，其目的是通过与系统的需求相比较，发现所开发的系统与用户需求不符或矛盾的地方。系统测试是根据系统分析说明书来设计测试用例的，常见的系统测试主要有以下内容。

1．恢复测试（recovery testing）

恢复测试是检测系统的容错能力。检测方法是采用各种方法让系统出现故障，检验系统是否按照要求能从故障中恢复过来，并在预定的时间内开始事务处理，而且不对系统造成任何损害。如果系统的恢复是自动的(由系统自动完成)，需要验证重新初始化、检查点、数据恢复等是否正确。如果恢复需要人工干预，就要对恢复的平均时间进行评估，并判断它是否在允许的范围内。

2．安全性测试（security testing）

系统的安全性测试是检测系统的安全机制、保密措施是否完善且没有漏洞。主要是为了验证系统的防范能力。测试的方法是测试人员模拟非法入侵者，采用各种方法冲破防线。例如，以系统的输入作为突破口，利用输入的容错性进行正面攻击；故意使系统出错，利用系统恢复的过程，窃取口令或其他有用的信息；想方设法截取或破译口令；利用浏览非保密数据，获取所需信息，等等。从理论上说，只要时间和资源允许，没有进入不了的系统。所以，系统安全性设计准则是使非法入侵者所花费的代价比进入系统后所得到的好处要大，此时非法入侵已无利可图。

3．强度测试（stress testing）

强度测试是对系统在异常情况下的承受能力的测试，是检查系统在极限状态下运行，性能下降的幅度是否在允许的范围内。因此，强度测试要求系统在非正常数量、频率或容量的情况下运行，例如，运行使系统处理超过设计能力的最大允许值的测试用例；设计测试用例，使系统传输超过设计最大能力的数据，包括内存的写入和读出、外部设备等；对磁盘保留的数据，设计产生过渡搜索的测试用例；等等。强度测试主要是为了发现在有效的输入数据中可能引起不稳定或不正确的数据组合。

4．性能测试（performance testing）

性能测试是检查系统是否满足系统分析说明书对性能的要求。特别是实时系统或嵌入式系统，即使软件的功能满足需求，但性能达不到要求也是不行的。性能测试覆盖了软件测试的各阶段，而不是等到系统的各部分所有都组装之后，才确定系统的真正性能。通常与强度测试结合起来进行，并同时对软件、硬件进行测试。软件方面主要从响应时间、处理速度、吞吐量、处理精度等方面来检测。

5．可靠性测试(reliability testing)

对于系统分析说明书中提出了可靠性要求时，要对系统的可靠性进行测试。通常使用以下几个指标来衡量系统的可靠性：

（1）平均失效间隔时间 MTBF(mean time between failures)是否超过了规定的时限；

（2）因故障而停机时间 MTTR(mean time to repairs)在一年中应不超过多少时间。

6．安装测试(installation testing)

在安装软件系统时，会有多种选择。安装测试就是为了检测在安装过程中是否有误、是否易操作等。主要检测：系统的每一个部分是否齐全；硬件的配置是否合理；安装中需要产生的文件和数据库是否已产生，其内容是否正确；等等。

最后，再强调一下，信息系统的开发过程通常为系统分析、设计、编码实现等阶段。而每个阶段都有可能出现错误，测试过程正好与开发过程相反。单元测试主要是发现实施阶段的错误。组装测试主要发现设计阶段产生的错误，以此类推。如果在确认测试中发现系统分析有错误，这就需要重新修改系统分析、设计和程序。这说明越早犯的错误要到最后才能发现，因此要重视开发的前期工作。

9.5 系统调试

系统测试的目的是为了发现尽可能多的错误，而对于所暴露的错误最终需要改正。系统调试的任务就是根据测试时所发现的错误，找出原因和具体的位置，并进行改正。

9.5.1 系统调试的过程

正如前面所讲的单元测试通常由程序开发人员来进行，对于组装测试、确认测试可以由开发商组织的测试人员或第三方测试中心来进行，在系统测试时需要用户参与共同完成。其原则是除单元测试以外，测试工作应避免由原开发人员或小组来承担。但调试工作主要由程序开发人员来进行，也就是说，谁开发的程序由谁来进行调试。

首先执行设计的测试用例，对测试结果进行分析，如果有错误，需要运用调试技术，找出错误原因和具体的位置。调试结果有两个：一是能确定错误原因并进行了纠正，为了保证错误已排除，需要重新执行暴露该错误的原测试用例以及某些回归测试（即重复一些以前做过的测试）；另一种是未找出错误原因，那么只能对错误原因进行假设，根据假设设计新的测试用例证实这种推测，若推测失败，需进行新的推测，直至找到错误并纠正。通常确定错误原因和具体的位置所需的工作量在调试过程中是非常大的，大约占调试总工作量的95%，而且花费的时间也不确定。

9.5.2 系统调试的方法

无论哪种调试方法，其目的都是为了对错误进行定位。目前，常用的调试方法有如下几种。

1．试探法

调试人员分析错误的症状，猜测问题所在的位置，利用在程序中设置输出语句、分析存储内容等手段来获得错误的线索，一步步地试探和分析找到错误所在。这种方法效率很低且缓慢，适合于结构比较简单的程序。

2．回溯法

调试人员从发现错误症状的位置开始，人工沿着程序的控制流程往回跟踪程序代码，直到找出错误根源为止。这种方法适合于小型程序，对于大规模程序，由于其需要回溯的路径太多而变得不可操作。

3. 对分查找法

这种方法主要用来缩小错误的范围。如果已经知道程序中的变量在若干位置的预期正确取值，可以在这些位置上用赋值语句或输入语句，给这些变量以正确值，运行程序观察输出结果，如果没有发现问题，则说明从给的变量的正确值开始到输出结果之间的程序没有出错，问题可能在除此之外的程序中，否则错误就在所考察的这部分程序中。对含有错误的程序段再使用这种方法，直到把故障范围缩小到比较容易诊断为止。

4. 归纳法

归纳法就是从测试所暴露的错误出发，收集所有正确或不正确的数据，分析它们之间的关系，提出假想的错误原因，用这些数据来证明或反驳，从而查出错误所在。

5. 演绎法

根据测试结果，列出所有可能的错误原因。分析已有的数据，排除不可能和彼此矛盾的原因。对余下的原因，选择可能性最大的，利用已有的数据完善该假设，使假设更具体。运用归纳法的第四步来证明假设的正确性。

以上这些方法均可辅以调试工具。随着测试技术和软件开发环境的发展，可以提供功能越来越强的自动测试和调试工具，支持断点设置、单步运行和各种跟踪技术，为软件的调试提供了很大的方便。但无论哪种工具都代替不了开发人员对整个文档和程序代码的仔细研究和认真审查所起的作用。

本章小结

实施的过程就是把设计蓝图转化为实际可用的管理信息系统，测试能够保证投入运行的系统的稳定性和可靠性。本章介绍了系统实施与测试的基本原则和方法，包括数据准备、程序设计和测试调试几个方面。

习题

一、填空题，请将正确的答案填在括号内

1. 管理信息系统实施与测试阶段的目标是把前一个阶段设计的新系统（   ）加以实现，建成一个符合系统分析和系统设计要求的可以实际运行的新系统，并完成对新系统的（   ），最后交给用户使用。

2. Windows 系统是由美国（   ）公司开发的图形化操作系统，目前流行的主要包括（   ）、（   ）、（   ）、（   ）等操作系统。

3. 常用的桌面数据库系统包括（   ）、（   ）、（   ）、（   ）等，大型数据库能完成多客户请求的运行在专用服务器的数据库服务器产品，常用的有（   ）、（   ）、（   ）等。

4. 测试的基本方法有两种：（   ）和（   ）。

5. 软件测试一般分成 4 个层次按顺序进行：（   ）、（   ）、（   ）和（   ）。

二、简答题

1. 简述系统实施的任务。
2. 简述程序设计的质量要求。

3. 简述程序设计风格的基本内容。
4. 简述系统测试的基本原则。
5. 白盒测试和黑盒测试有什么不同?
6. 简述单元测试、组装测试、确认测试和系统测试的作用。
7. 列举系统调试的方法。
8. 人员培训的目的是什么?有什么主要内容?

三、实践题

调查你所在学校对图书馆管理系统运作的基本要求,构建一个系统开发环境。可以从操作系统、数据库系统、中间件服务器产品、编程工具等几方面来考虑。

实验 用 Access 实现学生课程管理信息系统

1.实验目的
复习第 8 章数据库设计知识,掌握管理信息系统实施的方法。

2.实验内容
(1)能够使用 Access 实现课程管理系统数据库。
(2)完成实验报告。

3.操作步骤

前期工作

(1)首先要设置合适的开发环境,学生课程管理信息系统的开发在 Windows XP 操作系统平台下进行,选择的数据库系统是微软的 Office 套装软件 Access,应用的编程工具是 Access VBA。

(2)准备必须的数据。学生课程管理信息系统需要建立课程表、教师表、学生表、课程注册表、课堂表 5 张表,给每个表准备输入 20 条记录。

数据库系统的建立

(3)在 Access 2000 中新建一个数据库文件,命名为"学生课程管理信息系统.mdb"。依照系统设计,参看数据库设计表 8.2,在这个数据库中通过表设计器建立 5 个数据表,如表 9.1 所示。

表中粗体字表示关键字字段(主键)。为每个数据表录入 20 条记录。

表 9.1 数据表

课程	课程编号、课程名称、学时数、学分
教师	教师编号、教师姓名、性别、职称
学生	学号、学生姓名、性别、出生日期
课程注册	学号、课程编号、成绩
生成课堂	教师编号、课程编号、上课时间、上课地点

建立 5 个数据表的上机操作结果见图 9.2。

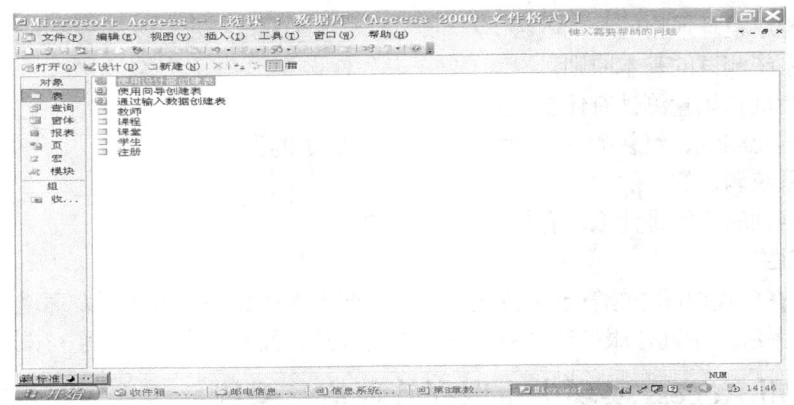

图 9.2 在 Access 下建立 5 个数据表

（4）为每个数据表输入记录，其中学生数据表必须有本人的真实数据。通过编辑，为每个数据表设置主键（关键字），通过关系建立 5 个表之间的关联图，如图 9.3 所示，从图中可以清楚地看出关键字（主键）之间的一对多关系。

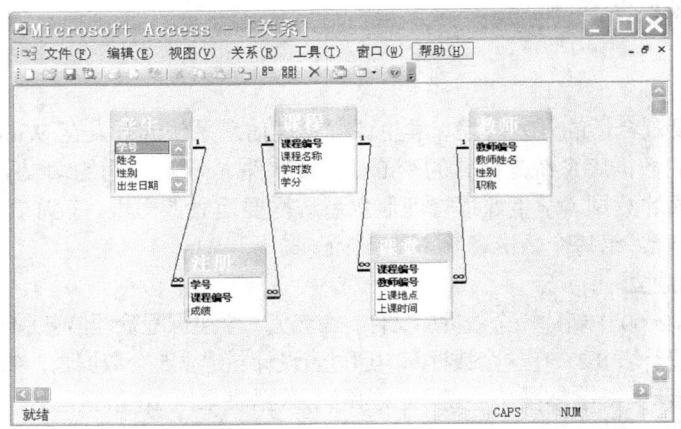

图 9.3 表之间的关联

（5）应用查询设计器建立各种查询，包括统计与计算，例如通过学生的出生日期计算年龄，统计不及格课程门数超过 3 的学生，学生姓名与课程名称的交叉成绩等。

使用窗体设计人机界面

通过 Access 2000 中的窗体设计功能来实现学生课程管理信息系统。

（6）打开数据库文件"学生课程管理信息系统.mdb"，在对象栏中选择窗体，再按"新建"按钮，在弹出的新建窗体对话框中选择设计视图，最后单击"确定"按钮，进入到设计视图窗体，窗体的左侧是工具箱。

（7）从工具箱中选择标签控件，放置到窗体的上方，标签控件的 Caption 属性设为"学生课程管理信息系统"，然后在标签控件下方放置 5 个命令按钮控件，分别命名为"输入数据"、"编辑数据"、"查看数据"、"打印报表" 和"退出"。

（8）完成设计后，在 Access 工具栏里单击"保存"按钮，将窗体命名为"主窗体"后，单击"确定"按钮。这样，我们就将系统中的第一个窗体设计好了，见图 9.4。

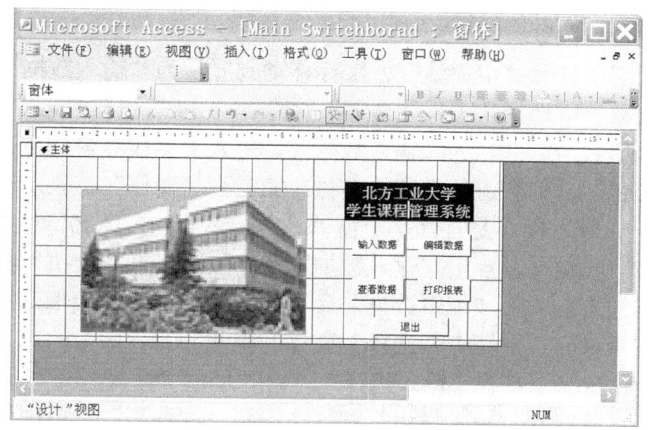

图 9.4　主窗体设计

（9）接着再建立一个新的窗体，仍然使用设计视图。这次我们在新的窗体中放置一个选项组控件，该控件的 Caption 属性设为"选择表格"。在选项组控件内放置 3 个选项按钮控件，分别命名为"学生表"、"课程表"和"注册表"。再在选项组控件的右边放置两个命令按钮控件，分别命名为"确定"和"取消"。最后，将新的窗体命名为"编辑选择"。再建立两个与"编辑选择"窗体完全相同的窗体，分别命名为"查看选择"和"输入选择"。

（10）接着来建立查看学生信息、课程信息和成绩信息的 3 个窗体，选择设计向导方式完成。我们首先来建立窗体"查看学生信息"。点击"使用向导设计窗体"选项，先在表/查询选择栏下选择表：学生，可用字段选择全部字段，再为窗体命名为"查看学生信息"。然后将窗体转为设计状态。在窗体上放置一个标签控件，标题设为"按学号查询"。标签控件下放置一个组合框控件，打开组合框控件的属性窗口，选择数据标签，行来源属性设置为"SELECT DISTINCTROW [学生].[学号] FROM [学生];"，这表示组合框控件的下拉选项是上面查询语句的结果，再选择事件标签，把"更新后"设置为"查找.学号"，这表示在选择了组合框控件的一项后，将以该项为关键字进行查询，并更新窗体中各文本框中的内容。依照此方法，再在窗体上放置一个标签控件，标题设为"按姓名查询"，标签控件下也放置一个组合框控件，它的行来源类型属性设置为"表/查询"，行来源属性设置为"SELECT DISTINCTROW [学生].[姓名] FROM [学生];"，在事件标签下把"更新后"设置为"查找.姓名"。如图 9.5 所示。类似地，我们可以完成"查看课程信息"窗体和"查看成绩信息"窗体的设计。

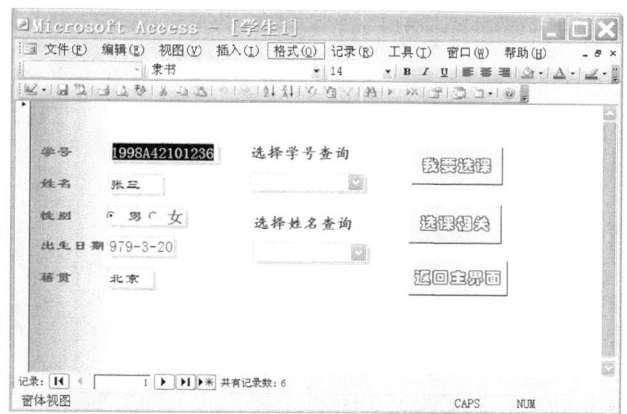

图 9.5　窗体设计

建立窗体之间的事件关联

（11）在设计状态下打开"主窗体",鼠标移动到显示为"输入数据"的命令按钮上,单击鼠标右键,在弹出菜单中选择"事件生成器"命令,弹出"选择生成器"窗口,这里选择中间的"宏生成器",然后给宏命名为"输入数据"。进入宏生成器窗口后,可以看到有一个表格,表格第一列"宏名",列出窗体中宏的名称,第二列"操作",表示对应着宏的操作,这里选择"OpenForm",表示操作是打开一个窗体,再在下面的窗体名称栏中填写上要打开的窗体名称:"输入选择"。这样,点击"输入数据"命令按钮后,就会执行打开"输入选择"窗体的操作。依照同样的方法,使"编辑数据"命令按钮对应打开"编辑选择"窗体的操作,使"查看数据"命令按钮对应打开"查看选择"窗体的操作。

（12）接着在设计状态下打开"输入选择"。目的是在"输入选择"窗体中选择"学生表"后单击"确定"按钮,就打开"输入学生"窗体,选择"课程表"后单击"确定"按钮,就打开"输入课程"窗体,选择"成绩表"后单击"确定"按钮,就打开"输入成绩"窗体。打开命名为"学生表"的选项按钮的属性表窗口,将它的选项值设为"1",将"课程表"的选项值设为"2",将"成绩表"的选项值设为"3"。

（13）接下来在"确定"按钮上单击鼠标右键,选择事件生成器,这次选择的生成器是表达式生成器。在事件生成器窗口中,当条件为"[frame0]=1"时,表示选择了"学生表",因此选择操作为 OpenForm,填写打开的窗体名称是"输入学生";当条件为"[frame0]=2"时,表示选择了"课程表",因此选择操作为 OpenForm,填写打开的窗体名称是"输入课程";当条件为"[frame0]=3"时,表示选择了"成绩表",因此选择操作为 OpenForm,填写打开的窗体名称是"输入成绩"。依照以上步骤,再将"编辑选择"窗体和"查看选择"窗体中的"确定"按钮的事件生成器设置好。

以上给出了使用 Access 完成课程管理系统的主要步骤,限于篇幅,对于 Access 操作的具体细节没有一一展开,关于 Access 的使用读者可以参考相关资料。

第 10 章 管理信息系统的运维与管理

本章导读

系统运维的目标是保证管理信息系统正常而可靠地运行,并能使系统不断得到改善和提高,以充分发挥作用。新系统的建立花费了大量的资金、人力和物力,系统性能对用户和系统开发人员来说都很重要。因此有必要对系统进行评价,通过对新系统质量进行全面考核来发现问题,解决问题,进行必要的修改与运维。管理信息系统是另外一个重要内容,它涉及人与信息系统的关系,体现信息系统所具有的社会系统工程特点。只有管理者包括各级领导进入角色,在信息系统建设和使用中发挥主导作用,信息系统才会成功。

10.1 系统运维的目标与作用

管理信息系统开发成功后,要投入运行。作为复杂的大系统,系统内、外环境的变化,各种人为的、技术的、设备的影响,要求系统能够适应这种变化,不断地完善,这就要进行系统的运维。一般信息系统的使用寿命,短则 1~2 年,长则 5~6 年,甚至更长。在系统的整个使用寿命中,都将伴随着系统运维工作的进行。

系统运维的目标是保证管理信息系统正常而可靠地运行,并能使系统不断得到改善和提高,以充分发挥作用。因此,系统运维就是为了保证系统中的各个要素随着环境的变化,始终处于最新的、正确的工作状态。

系统的运维阶段是系统生命周期的最后一个阶段,但也是很重要的一个阶段,新系统是否有生命力取决于此阶段的工作。该阶段的目标是:保证新系统的正常、可靠、安全地运行,并不断完善系统,以增强系统的生命力,延长系统的生命周期,提高系统的管理水平和经济效益。在管理信息系统建设中,系统开发固然重要,系统运维更为重要。不少人认为系统开发完成,交给用户使用了,管理信息系统建设任务就圆满完成了。实则不然。在管理信息系统交付使用之后,仍然有大量工作要做。软件开发得再好,如果软件运维工作跟不上,管理信息系统依然会失败。

随着管理信息系统应用的深入,以及使用寿命的延长,系统运维的工作量将越来越大。系统运维的费用往往占整个系统生命周期费用的 60%以上,然而系统运维工作在整个系统生命周期中常常被忽视。另外,相对具有"开创性"的系统开发来讲,系统运维工作属于"继承性"工作,挑战性不强、成绩不显著,使很多技术人员不安心于系统运维工作,这也是造成人们重视开发而轻视运维的原因。但系统运维是信息系统可靠运行的重要技术保障,应给与足够的重视。

10.2 系统运维的内容

新系统在试运行成功之后,进行系统转换,进入系统运维阶段,这标志着新的管理信息系统已经建成。在系统验收之前,也可以把这一阶段作为开发阶段的延续。运维阶段的主要任务是做好系统的正常管理和运维工作,使系统经常处于良好状态,在系统运行中根据环境变化和用户要求不断修改、扩充软件,使目标系统更加完善。

10.2.1 系统切换与系统运行

经过调试与测试的软件可以投入运行,这时需要由原有的老系统切换到新建立的管理信息系统,老系统可以是人工系统,也可以是计算机系统,通常有以下 3 种切换方法。

1. 直接切换

图 10.1 显示了直接切换的过程。规定某一时刻为切换时刻,在这一时刻,停止使用老系统,全面启用新系统。这种切换方法简单,费用省,但风险大,企业通常不采用。

2. 并行切换

图 10.2 显示了并行切换的过程。规定一段时间新老系统并行,考验并验证新系统。这是企业常用的切换方法,安全,但费用大。根据实际经验,并行时间 1~3 个月为宜,太短看不出问题,太长浪费人力物力。不少企业对新系统不放心,长期并行考验,结果往往是新系统长期不能投用,挫伤了各方积极性,导致系统失败。

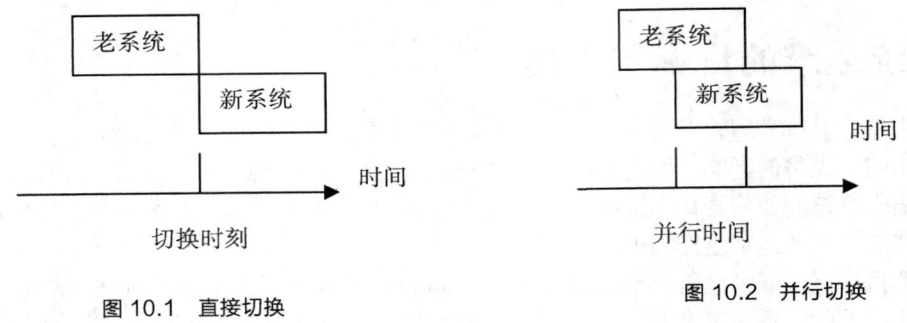

图 10.1 直接切换　　　　　图 10.2 并行切换

3. 分段切换

图 10.3 显示了分段切换的过程。

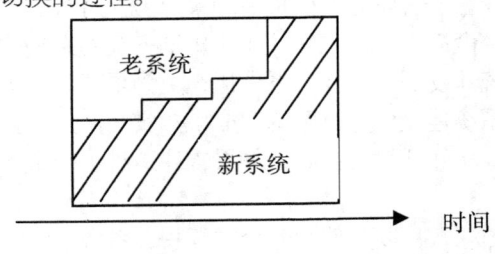

图 10.3 分段切换

确定时间范围,先投用一个子系统,成功后再投用第二个子系统,依此类推,逐步用新系统替代老系统。这也是企业管理信息系统常用的方法,适用于比较庞大复杂的系统。

10.2.2 系统运维的任务

为了清除系统运行中发生的故障和错误，软、硬件运维人员要对系统进行必要的修改与完善；为了使系统适应用户环境的变化，满足新提出的需要，也要对原系统做些局部的更新，这些工作称为系统运维。系统运维是为了应付管理信息系统的环境和其他因素的各种变化，保证系统正常工作而进行的一切活动，它包括系统功能的改进和解决在系统运行期间发生的一切问题和错误。无论在新系统交付使用前，还是在交付使用后，系统运维工作始终需要进行，这是管理信息系统运行管理的重要内容。

10.2.3 系统运维的要求与内容

系统运维的要求主要起因于以下几个方面：
- 来自上级的命令、要求；
- 管理方式、方法及策略的改变；
- 随着用户对信息系统的了解，其要求也会不断提高；
- 先进技术的出现，如硬、软件产品的更新换代。

据统计，世界上 90%的软件人员在运维现存的系统，因此，管理信息系统是在不断的运维活动中得以生存的。

系统运维是管理信息系统生命周期内的一个重要阶段，工作量大，需要人员和资金保证。系统运维工作的内容大致如下所述。

（1）程序的运维。

管理信息系统的业务处理是以计算机为主的。因此，如果处理的业务、数据或业务量等稍有变化，则会引起程序的变化。尤其是一些新的业务规定，对程序的影响最大，有时会需要重新编制程序。一般来说，信息系统的主要运维工作是及时完成对程序的修改，以保证系统的正常、准确地运行。程序运维还包括一些程序运行所需要的系统参数文件的更新和修改。

（2）数据库的运维。

系统的业务处理对数据的需求是不断变化的，要经常对文件或数据库进行修改（不包括正常更新），增加数据库的新内容和建立新的文件等。

（3）编码的运维。

随着系统的变化，旧的编码不能适合新的要求，需要进行改革。编码的变更包括制订新的或修改旧的编码系统，但是，更重要的工作还在于如何使新编码系统得到贯彻。

（4）设备的运维。

主要工作内容包括定期地对硬件系统做全面测试，对主机、硬盘及打印机、绘图机等机械设备做常规的保养等。一旦发生硬件和系统方面的故障，要有专门人员进行修理。有时，随着业务的发展，需要对原有的硬件配置进行增加和调整。

（5）适应机构和人员的变动。

管理信息系统是人机系统，人工处理也占有重要地位。为了使信息系统的流程更加合理，有时涉及到机构和人员的变动。

10.2.4 系统运维工作的类型

在系统已经交付使用之后，为了改正错误或满足新的需求而修改系统的过程，称为系统运维。系统运维的重点是系统应用软件的运维工作，按照系统运维的不同性质，可以分为下面 4 种类型。

- 纠错性运维：诊断和改正错误，约占 21%。

- 适应性运维：软硬件升级，　　约占25%。
- 完善性运维：满足用户新需求，约占50%。
- 其它运维：　预防性运维等，　约占4%。

纠错型运维：由于系统测试不可能揭露系统存在的所有错误，因此在系统投入运行后的实际应用过程中，就有可能暴露出系统内隐藏的错误。诊断和修正系统中遗留的错误，就是纠错性运维。纠错性运维是在系统运行中发生异常或故障时进行的，这种错误往往是遇到了从未用过的输入数据组合，或是在其他部分接口处产生的，因此只是在某些特定的情况下，有些系统运行多年后才遇到这种情况，暴露出在系统开发中遗留的问题，这是不足为奇的。

适应性运维：适应性运维是为了使系统适应环境的变化而进行的运维工作。一方面计算机科学技术的迅速发展，硬件的更新周期越来越短，新的操作系统和原来操作系统的新版本不断推出，外部设备和其他系统部件经常有所增加和修改，这就必然要求管理信息系统能够适应新的软硬件环境，以提高系统的性能和运行效率；另一方面，应用对象也在不断发生变化，机构的调整、管理体制的改变、数据与信息需求的变更等，都将导致系统不能适应新的应用环境。如编码改变、数据结构变化、数据格式以及输入输出方式的变化、数据存储介质的变化等，都将直接影响系统的正常工作。因此有必要对系统进行调整，使之适应应用对象的变化，以满足用户的要求。

完善性运维：在系统的使用过程中用户往往要求扩充原有的功能、提高其性能，如增加数据输出的图形方式、增加联机在线帮助功能、调整用户界面等，尽管这些要求在原来系统开发的需求规格说明书中并没有，但用户要求在原有系统的基础上进一步改善和提高；并且随着用户对系统的使用和熟悉，这种要求不断提出。为了满足这些要求而进行的系统运维工作就是完善性运维。这种类型的运维是系统运维的主要形式，工作量最大。

预防性运维：系统运维工作不应总是被动地等待用户提出要求后才进行，应进行主动的预防性运维，即选择那些还有较常使用寿命、目前尚能正常运行、但可能将要发生变化或调整的系统进行运维，目的是通过预防性运维为未来的修改与调整奠定更好的基础。例如将目前尚能应用的报表功能改成通用报表生成功能，以应付今后报表内容和格式可能的变化。

10.2.5　如何搞好系统运维

搞好软件运维有两个要点。第一个要点是软件开发的质量高，可运维性好。这是软件运维的基础和保证。第二个要点是有一支胜任工作的系统运维队伍。很多企事业单位的管理信息系统是委托协作单位开发的，系统运维工作依靠他们可能是远水不解近渴，应该尽可能培养本单位的人担负起系统运维的工作。

10.3　管理信息系统的管理

管理信息系统的成功，三分靠技术，七分靠管理，意思是说计算机软硬件的开发调试，计算机网络与数据库的设计与实施，对信息系统的成功仅起30%的作用，而管理、组织协调工作要起到70%的作用。

10.3.1　诺兰的发展阶段理论

美国学者诺兰一篇著名论文中提出了信息系统的发展阶段理论。诺兰在调查了大量企业以后得出了一种推测性结论或假说，他认为无论从微观（一个企业）或宏观（整个国家）上看，管理信息系统的建设均经过了6个阶段，即初装、扩展、控制、一体化、数据管理、成熟阶段。这6个阶段可以进一步概括为以下4个阶段。

（1）开始阶段：部门中只有少数人使用计算机，计算机是分散使用的，没有统一的计划。

（2）扩散阶段：大家都学会了计算机使用方法，应用面迅速扩大，建成了一个个"信息孤岛"，造成低水平重复，以至于在对信息系统的管理和费用方面都产生了危机。

（3）控制阶段：部门开始制定管理方法，控制对计算机的随意使用，使得计算机使用正规化、制度化，推行成本-效益分析方法，但可能会影响到一些潜在效益的实现。

（4）综合阶段：对各种应用加以综合，建立良好的控制方法，使得信息系统的工作与部门的目标一致，信息系统的应用逐渐成熟。

诺兰模型在管理信息系统的发展过程中得到人们的认可，成为一个被广泛接受的模型，西方发达国家和我国进行信息系统建设的实践过程说明，管理对管理信息系统的成功起着举足轻重的作用。

10.3.2 管理信息系统失败的原因

管理信息系统的失败有多种情况：它们或者是明显地不能按约定方式使用或者根本就不能用；或者是产生出的各种报告对决策者没有帮助，根本就没有人去看；或者是因为系统内所用的数据不准确，使人们感到系统不可靠；或者是系统不够"健壮"，经常"死机"，需要重新启动，使系统维护人员天天忙于处理和应付日常操作当中发生的各种意外，修补程序和数据的问题。

引起管理信息系统失败的原因有两类，一类与技术有关，另一类是非技术原因。比较明显的技术问题是功能问题。由于设计上的缺陷，系统功能不能满足用户的基本需求。比如，响应速度慢，达不到用户要求；提供的信息不明确，不便于理解和使用；系统不能提高部门的运转效率，也不能改进管理的质量。有些用户界面设计得过于复杂，屏幕排列混乱，容易误操作；还有的菜单嵌套层次太深，排列不合理，操作顺序烦琐，造成用户不便于使用，甚至不愿意使用。数据库设计不良是更为严重的技术问题，存在有害的数据冗余、缺少数据完整性控制、代码设计不周全等都会成为系统潜在的危险。

非技术性的设计问题与管理和组织有关。管理信息系统是部门的密不可分的一个组成部分。如果新的管理信息系统不能与部门中的其他要素相容，这个系统被视作是失败的。人们总是倾向于对系统设计中的技术问题特别给予较多的关注，后果是会产生一些技术上先进但与部门的机构、文化和目标却不相容的系统。这种系统没有能给部门带来协调和高效，而是产生了紧张、不安、抵触和冲突。

此外，还有数据问题。数据问题容易被开发人员忽略，到正式运行以后才越来越严重，最后可能导致系统失败。系统中数据的不准确（含有错误）、不确切（有二义性）、输入不完整、不一致等，都会导致系统不能正常工作。这些问题如果不能及时地得到解决，用户会丧失对系统的信任，最终将放弃使用。首次开发的新系统和新录入的数据更容易发生数据问题。

还有费用问题。有些系统开发得很好，运行得也很好，但是运行成本过高，超过了原来的预算；还有些系统在开发时就产生了超支现象，最后因为财务经费不堪重负而下马。这两种情况都不能算作成功。

最后，运行问题也值得关注，当然，运行问题说到底还是技术问题。经常性的死机、重启动会导致用户使用不方便，不能及时获得信息。在线联机系统如果响应时间过长，也会有类似的后果。尽管这些系统功能的设计可能是正确的、完美的，最后也会被这些运行问题拖垮。

10.3.3 管理信息系统获得成功的要素

计算机网络和数据库构成了管理信息系统技术方面的两大支柱。进入21世纪，计算机网络已经进入了各个企业、政府部门和事业单位，基于网络的管理信息系统已经成为主流。而集中统一规划的数据库则是管理信息系统成熟的重要标志，它象征着管理信息系统是经过周密设计才建立起来的统一管理信息的收集、储存、传送和加工的系统，成熟的信息系统规定了每项信息的存取权限，使信息为多种用途服务，成为企业各部门共享的资源。图10.4显示的是管理信息系统的两大技术支柱及所属内容。

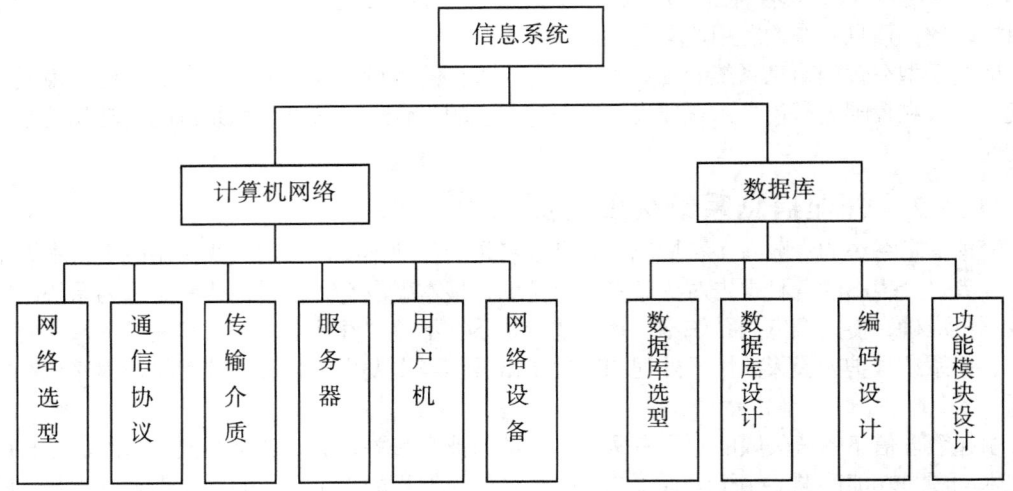

图 10.4 管理信息系统的技术支柱

管理信息系统在80代初首先引入我国企业界，之后经历过由高潮到低潮的几度起伏，有时被拔高为"企业现代化的主要标志"，"可取得极大的社会经济效益"，有时又被贬低为"只能代替打字机"，"白扔钱，毫无实际价值"。据统计，80%以上的管理信息系统都以失败告终。但在同时，国内也确实有一些企业取得了成功，至今仍在发挥作用。一项在国外有效的技术为什么在中国不够理想呢？根据我们对管理信息系统发展和应用过程的理解，将经验教训浓缩为一个公式：

成功的管理信息系统＝可靠的硬件＋实用的软件＋强有力的组织协调，如图10.5所示。

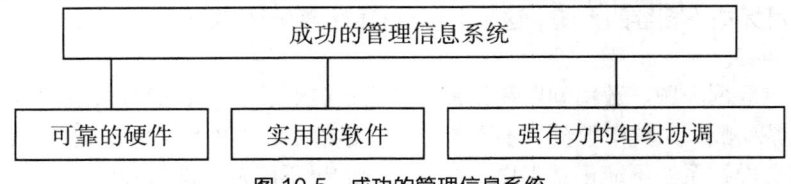

图 10.5 成功的管理信息系统

10.3.4 选择合适的管理信息系统建设之路

针对自己的情况，选择合适的管理信息系统建设之路，是成功的关键问题。取得成功的管理信息系统大致有以下几种模式。

1. 自上而下全面开发的模式

这种方式一般是列入上级规划，得到上级立项支持，采用内外结合或者以本单位的技术力量开发为主的方式。这是一种较为传统的方式在信息系统发展的早期实力雄厚的大型企业往往采用这种方式。

2. 全面引进的方式

在引进信息系统的时候不仅引进硬件和软件，而且引进全部管理系统和管理方式。全面引进不仅能提高设备水平，而且能大大提高我国的管理水平，这种方式效果好，但实现难度大，外部条件、内部人员素质以及资金要求均较高，这也许是可以跨越阶段的方式。

3. 建立全新的工厂，全新的系统

建立全新的管理系统。当新厂运行时就将老厂关闭，甚至新老厂分设两地。这种生产更新的方式效果比较好，干扰较少，但投资要求高，多数企业难以办到。

4. 依托互联网专门为行业提供信息系统支持

这是一种全新的模式，在最近几年刚刚发展起来。如国内著名的电子商务运营商天猫，它就是为各个商务企业提供信息系统支持。这种依托互联网的强大力量扶持企业进行信息化建设的模式与传统模式有显著不同，在这种模式之下也诞生了一大批不同于传统企业的互联网企业。

10.3.5　信息标准

从管理的角度看信息编码，要解决的不是编码的技术问题，而是编码的管理问题，而这恰恰才是编码问题的关键。编码码位的长短、编码对象的分类方法这些技术问题，只会影响使用效率与寿命，而编码管理问题却往往决定着编码系统能否使用。

编码的管理主要指谁负责这项工作，应负哪些责任。编码系统正式使用后，最重要的是维护。编码负责单位的职责，不仅在于制订出一套合理的编码方案和实际编码，更重要的是保证这套编码的长期使用，为此要搞好维护工作。

要做好编码系统的维护，编码负责单位必须有权威性，任何编码的更新必须通过负责单位的批准，并保证与物码同步更新，即当管理对象发生变化时，相应的信息编码要同时改变。

另外，建立管理信息系统需要有一定的管理基础。管理基础是指企业要有合理的管理体制、完善的规章制度、科学的管理方法和完善、准确的基础数据。这样才能形成管理工作程序化、管理业务标准化、报表文件格式规范化、数据资料完整化、编码统一化。

10.3.6　管理制度

管理信息系统的管理制度，目的在于分清每个部门的职责范围，保证原始数据的正确、及时、完整，保证系统及时得到维护，使信息系统能够长期可靠运行。管理制度应包括以下几个方面：

- 信息系统的运行维护管理制度；
- 信息系统的数据管理制度；
- 信息系统的考核制度；
- 计算机机房管理制度。

为了保证进入信息系统的原始数据正确、完整、及时，应采取必要的措施，建立相应的数据管理制度。

本章小结

系统运维的目标是保证管理信息系统正常而可靠地运行，并能使系统不断得到改善和提高。系统运维的重点是系统应用软件的运维工作，按照系统运维的不同性质，系统运维工作分为纠错性运维、适应性运维、完善性运维和其他运维。本章结合国内外大量管理信息系统案例和自

已承担的管理信息系统建设项目实践，阐释了信息系统管理的重要性，从管理角度说明管理信息系统成功的方法。

习题

一、填空题，请将正确的答案填在括号内

1. 系统运维的目标是（　　　　　），并能使系统不断得到（　　　　　），以充分发挥作用。
2. 系统切换的3种方法是（　　　　）、（　　　　）和（　　　　）。
3. 系统运维的重点是系统应用软件的运维工作，按照系统运维的不同性质，系统运维工作分为4种类型：（　　　　）、（　　　　）、（　　　　）和其他运维。
4. 系统运维不要考虑3方面的因素：（　　　　）、（　　　　）和（　　　　）。
5. 诺兰认为，管理信息系统的建设均经过了6个阶段，即（　　　　）、（　　　　）、（　　　　）、（　　　　）、（　　　　）和（　　　　）阶段。
6. 管理信息系统的两大技术支柱是（　　　　）和（　　　　）。
7. 信息系统需要有统一的信息标准，包括（　　　　）和（　　　　）两个主要内容。
8. 建立信息系统，数据是系统的基础，必须保证数据收集（　　　　）、（　　　　）、（　　　　），三者缺一不可。

二、简答题

1. 简述系统运维的内容。
2. 如何搞好系统运维？
3. 简述系统运维的特点。
4. 管理信息系统对企业有何影响？
5. 导致管理信息系统失败的原因有哪些？
6. 判断管理信息系统成功的标准是什么？
7. 管理制度应该包括哪几个方面的内容？

第 11 章 课程设计实习

本章导读

经过前面各章的学习，读者应该已经掌握了根据用户需求进行管理信息系统分析、设计和实施的基本理论和方法，各章的实验使读者能够在教材指导下完成相应方法的实践。然而，要正握和灵活运用这些理论和方法，特别是使用 CASE 工具完成系统分析设计的过程，还需要更多的项目实践。本章将提供若干课程设计项目，对这些课题项目的实践可以巩固、提高所学理论方法，有利于在未来的学习和工作中融会贯通、灵活应用。附录 II 中提供了课程设计模板，供布置实习任务参考。

11.1 课程设计要求

知识准备：
（1）熟练掌握管理信息系统分析设计的理论和方法；
（2）熟练掌握使用 CASE 工具完成管理信息系统分析设计的方法；
（3）能够使用 Internet 下载并安装工具软件，包括 CASE 工具。
（4）熟练掌握至少一种数据库管理软件的使用，如 Access 或 SQL Server 等。
（5）最好能够熟悉一门编程语言，如 VB、Java 等。
（6）熟练掌握本教材中课程管理和图书馆管理两个实例的设计和开发方法。

11.1.1 组织与选题

课程实习以小组为单位，3~5 名学生组成一个课题小组，小组成员之间要合理分工，推举其中 1 人为小组长，负责总体协调控制，小组成员共同完成系统分析、设计并形成规划和设计文档。

课题来源：
- 社会调查、社会实践中得到；
- 自己讨论产生；
- 对已有系统的改造或改进；
- 教师指定；
- 本章提供的参考。

本章提供的课程设计选题提供了管理信息系统的基本需求。课题小组可以根据要求，应用所学知识，发挥自己的创造性，完成系统分析与设计，并形成规划和设计文档，并实现具有基本功能的管理信息系统。

有些课题比较小，可独立完成。我们建议选择的课题范围稍大一些，需要几个人合作完成，经过讨论，统一进行系统的分析与设计，统一设计数据库和用户界面。合理协调分工，共同完成系统需求分析、系统结构设计、数据库设计以及用户界面设计。这样安排比较接近项目开发的实际情况，有利于培养小组成员的团队协作精神。

11.1.2 提取系统需求

选定课题后，有必要可针对选题特点进行实地考察和访谈，小组成员与用户以及小组成员之间进行讨论，并进行分工，辨析系统的利益相关者和系统边界，结合实际情况完成系统运行相关的事件和事物的提取，完成初步的建模。

11.1.3 系统分析与系统设计

了解并提取了系统需求以后，根据讨论的结果决定采用哪种开发方法，如结构化开发方法还是面向对象方法，建议根据课题的大小以及实际需求来确定，不要盲目跟随潮流。小组成员共同完成系统分析与建模，包括结构化分析方法的数据流程图，或者面向对象的 UML 模型以及功能模块划分，此外对于数据库设计、编码设计等要加以重视和完善。如果是合作项目，建议小组成员应有不同的侧重与分工。

11.1.4 形成整体规划和文档

管理信息系统的分析与设计重在整体性的考虑，用全局观点进行系统分析并形成整体规划十分必要。

根据研究讨论的结果，分工编写符合规范的开发报告。

文档的分工办法建议采用如下 3 种。

- 每人负责不同的子系统，分别写出系统开发报告，允许有三分之一内容相同。
- 分别执笔系统分析报告、系统设计报告，系统实施报告为选做内容，需要结合自己掌握的编程语言和数据库系统，合成一份完整的报告。
- 各人独立完成全部文档。

建议熟悉与系统设计和开发相关的 CASE 工具来辅助完成工作内容。

11.1.5 中期检查

系统分析和设计工作完成后，以小组为单位提交系统文档及建模方案，由小组组长进行系统功能分析设计的讲解及演示，指导教师进行评判验收。

11.1.6 上机验收

重点考核数据库设计和实现过程、用户界面设计和实现过程，以小组为单位提交可供实施部署的信息系统文件或安装包，由小组成员完成系统安装和部署，进行系统功能演示及讲解，指导教师进行评判验收。

11.1.7 评分

评分规则如下所述。

- 系统文档、计算机演示各占 50%。
- 文档要求条理清楚，格式规范，表述准确。
- 数据库的设计实现要求满足范式设计的基本要求，数据表之间关联正确有效。
- 用户界面操作能够完成需要的功能，并具有一定的易用性。
- 系统运行体现一定的健壮性。

11.2 课程设计选题参考

本节提供了若干课程设计题目，建议在进行系统规划和设计时，重点考虑基于网络的实现方式。其中对于教学管理信息系统和图书馆管理系统给出了完成完整分析设计项要求，具体实施时可与教材对应章节相结合，教师布置课题时也可酌情增减，以达到实践教学的目的。其他课题只提供了较为宏观的或局部的需求，建议课题小组与实验教师反复讨论，如有可能，以某行业需求为依托，深入实践，以达到学以致用。

11.2.1 教学管理信息系统

根据你所在学校的实际情况，开发一个教学管理信息系统，包括专业、学生、课程、成绩、教师、课堂、学分等管理内容，通过计算机网络和数据库实现各个教学环节的数据录入、查询、统计等功能，为不同级别的用户设置不同的访问权限，设计用户界面，实现与后台数据库的连接。

具体要求如下所述：

（1）完成可行性分析报告，可以从技术可行性和经济可行性进行分析，建议重点放在技术分析和定型上，形成可行性分析报告；

（2）分析教学管理系统中的事件，可通过列表的形式说明；

（3）完成数据流程图，细化各 DFD 片段，建议使用 Visio 绘制 DFD；

（4）完成实体-联系图，说明各实体间的关系，建议以 Erwin 实现数据库的逻辑设计；

（5）选择你熟悉的数据库系统，实现该系统的数据库设计；

（6）选择你熟悉的编程环境，完成界面设计及数据库连接；

（7）调试运行，完成系统实施。

以上各步建议实现为文档或相关文件，也可参考附录的格式，以实验报告的形式提交。

11.2.2 图书馆管理信息系统

某图书馆需要实现信息化管理，请你和你的课题小组完成信息系统的设计开发，要求实现图书编目管理、图书借阅管理、系统用户管理这 3 个主要模块的功能。对于系统的访问和使用，要求能够通过互联网实现用户的查询借阅功能。对于系统的后台管理，要求能在局域网环境下完成，并提供部分功能的互联网访问。由于系统涉及相关各方较多，本课题建议避免使用单机版方案，请尝试使用面向对象的设计方法。具体的功能实现可结合你所在的学校或社区的图书馆的实际运作情况，也可以如下所列系统需求为基础。一些具体功能需求如下所述。

（1）教职员工最多可借 20 本书，最长借书期限为 120 天，研究生最多可借 15 本书，最长借书期限为 120 天，本科生最多可借 10 本书，最长借书期限为 90 天。此外，该图书馆面对社区居民开放，最多可借 3 本书，最长借书期限为 30 天。

（2）用户可通过互联网搜索图书，如果所搜到的书其状态为不可借，可在线预订该书，预订需求列入预订队列，当预订到达队列顶端，即可以借阅时，系统通过 E-mail 向预订该书的读者发出通知，预约权限保留时间为 48 小时。另外，随着手机的普及，需要实现通过短信方式发出被预约图书可借的通知，预约权限保留时间为 48 小时。

（3）当借阅图书超期时，从超期之日起，超期时间以天计算，滞纳金的比例由系统管理员指定。教职员工和学生使用同一滞纳金比例，该比例是社区居民的 2 倍。提醒超期的通知以邮件和短信的形式发送给用户。

（4）读者可在线续借图书，每本在借图书可续借 3 次，3 次后按超期计算，已经超期的图书则不可续借。对于已超期图书，如果没有其他人预约，读者可携带该书到借阅前台由图书管理员处理完超期罚款后完成续借。

(5)现刊的期刊和杂志不提供外接功能,过刊单本及合订本允许外借,借阅要求同普通图书。

(6)每年图书馆将制定未来一年的图书及期刊杂志的采购预算。教职员工和学生可推荐需要购买的图书,提交的信息包括图书名称、作者、出版社、ISBN 等。根据读者提交的信息,图书馆将确定向出版社购买图书的数量,每一图书的购买数量为从 5 本至 50 本。如果某些图书的需求量大,可根据实际情况追加购买数量,具体的购买数量由采编人员设定。期刊杂志只接受教职员工的推荐。所有推荐将形成列表通过网络发送给高级馆员及图书审核委员会成员,由他们在线完成读者推荐的评审。

课程设计需要完成的任务如下:

(1)完成可行性分析报告,可以从技术可行性和经济可行性进行分析,建议重点放在技术分析和定型上,形成可行性分析报告;

(2)分析图书馆管理系统中的事件,可通过列表的形式说明;

(3)完成用例图、顺序图和状态图,细化各 UML 图片段,建议使用 Rational Rose 或 Visio 完成设计;

(4)完成实体-联系图,说明各实体间的关系,特别是面向对象的类与实体的转换如何处理,建议以 Erwin 实现数据库的逻辑设计;

(5)选择你熟悉的数据库系统,实现该系统的数据库设计;

(6)选择你熟悉的编程环境,完成界面设计及数据库连接;

(7)调试运行,完成系统实施。

这个课题范围比较大,建议多人合作完成,经过讨论,统一进行系统分析与设计和数据库设计。

11.2.3 图书馆管理信息系统 App

移动应用技术日趋成熟,读者希望能在手机上使用图书馆管理系统。为此请你和你的课题小组在 11.2.3 节的基础上开发一个 App,让用户能通过移动终端使用图书馆管理系统。

具体需求如下:

1. App 具有 11.2.2 节的所有功能;

2. App 和电脑端数据保持同步;

3. 当移动终端接入互联网时,用户能够及时收到图书馆管理信息系统的消息,例如预约到书、图书到期归还通知等。

课程设计需要完成的任务如下:

1. 完成可行性分析报告,可以从技术可行性和经济可行性进行分析,建议在 11.2.2 的基础上着重分析移动应用的技术和实现,形成可行性分析报告;

2. 根据新增的功能,完善 11.2.2 图书馆管理系统中的事件,可通过列表的形式说明;

3. 完成新增功能的用例图、顺序图和状态图,建议使用 Rational Rose 或 Visio 完成设计;

4. 完成新增功能的实体-联系图,说明各实体间的关系,实现数据库的逻辑设计;

5. 在 11.2.2 数据库系统基础上,完善该系统的数据库设计;

6. 添加新增功能的业务逻辑和数据访问逻辑、完成 App 与图书馆管理信息系统数据接口设计;

7. 选择 Android 或 IOS 平台,完成移动终端的界面设计;

8. 调试运行,完成系统实施。

该课题涉及内容较多，建议多人合作完成，基于实际应用考虑，不允许移动 App 直连数据库，建议在 11.2.2 的基础之上完成。可将 11.2.2 的业务逻辑发布为 Web Service，通过 Web Service 访问数据库将数据推送至 App。

11.2.4 餐饮管理 App 系统

移动应用是目前兴起的一种系统应用，系统可选择基于 Android 或 ios 平台开发。以下是部分需求。

菜单功能，包括：
- 菜单列表；
- 菜品详情；
- 菜品评论；
- 购物车；
- 在线支付。

营销活动功能，包括：
- 优惠券；
- 在线团购；
- 限时促销。

个人中心功能，包括：
- 账号管理；
- 我的短消息；
- 互动分享；
- 在线留言。

以上需求相对粗泛，如有条件，请实地调查某餐饮企业的点餐及预订需求，以明晰系统需求。课程设计需要完成的任务如下：

（1）完成可行性分析报告，可以从技术可行性和营销推广意义进行分析，建议重点关注平台选型及营销方案设计和定型上，形成可行性分析报告；

（2）分析餐饮管理 App 的事件，可通过列表的形式说明；

（3）完成用例图、顺序图和状态图，细化各 UML 图片段，也可使用结构化分析方法；

（4）完成实体–联系图，说明各实体间的关系，特别要重视订餐过程在实体关系中的体现；

（5）完成 App 数据访问的逻辑接口设计；

（6）了解并熟悉 App 的开发平台，尝试移动开发环境下的系统实现；

（7）调试运行，完成系统实施。

11.2.5 医院管理系统

医院信息系统涉及多个方面，本课题将集中于收费管理和患者监护管理两个模块的信息化。

（1）医院收费管理子系统

请实地调查某医院的收费管理流程，为医院和患者提供信息化服务。

系统主要功能模块采用 C/S 模式，部署在局域网上。

最低要求：系统实现管理一个相对简单的流程，只包含划价、收费和取药环节。

实用要求：为达到实用目的，要求支持完整流程，包括挂号、开方、划价、收费、取药的各个环节。其中病人挂号前需办理就诊卡并预存部分现金，后续的支付将从该卡汇总扣除，完成所有治疗过程后，病人可选择退卡，其中的余额将以现金返还病人。

建议：

根据医院的实际运营情况确定收费流程，系统的设计要考虑如何提高各环节的效率，减少排队时间。系统要求能够在局域网实现主要功能，部分功能实现 B/S 模式，如挂号预约提供网上预订的服务，方便用户通过 Internet 实现预约挂号。此外，对于挂号预约提供短信或邮件通知的服务。

课程设计需要完成的任务如下：
- 分析医院收费系统中的事件，可通过列表的形式说明；
- 完成数据流程图，细化各 DFD 片段，建议使用 Visio 绘制 DFD；
- 完成实体-联系图，说明各实体间的关系，建议以 Erwin 实现数据库的逻辑设计；
- 选择熟悉的数据库系统，实现该系统的数据库设计；
- 选择熟悉的编程环境，完成界面设计及数据库连接；
- 调试运行，完成系统实施。

本课题相对较小，流程简单，建议尝试极限编程的方法或使用原型法开发。

（2）医院患者监护管理子系统

目前住院患者主要由护士、护工进行护理，这样做不仅需要大量的护理人员，由于难以完全做到随时观察危重病人的病情变化，还可能延误抢救时机。某医院打算开发一个患者监护管理系统，医院对患者监护管理的基本要求如下：
- 随时接收每个病人的生理信号（脉搏、体温、血压、心电图等）；
- 定时汇总患者生理数据以形成患者日志共诊治分析参考；
- 当患者的生理信号超出规定的医疗安全范围时，向值班医护人员发出警告信息；
- 系统根据需要打印出某个病人、某个时间段的病情报告；
- 对患有同类疾病的病号数据汇总后进行数据挖掘，以发现病情发展的前后关联及有价值的治疗方案。

课程设计需要完成的任务如下：
- 分析医疗监护过程中的主要事件，可通过列表的形式说明；
- 完成数据流程图，细化各 DFD 片段，建议使用 Visio 绘制 DFD；
- 完成实体-联系图，说明各实体间的关系，建议以 Erwin 实现数据库的逻辑设计，重点关注与病人生理数据相关的实体及其关系的设计；
- 选择熟悉的数据库系统，实现该系统的数据库设计；
- 选择熟悉的编程环境，完成界面设计及数据库连接；
- 调试运行，完成系统实施。

该课题涉及领域具有较强的专业性，特别是生理数据的采集传送与医疗设备的功能和特性直接相关，建议与医疗机构合作完成。

11.2.6　B2B 模式的药品购销系统

电子商务系统已经得到广泛应用，12.2.6~12.2.8 节连续 4 个课题针对电子商务需求设计。为医药公司及医院实现 B2B 模式的药品购销服务，主要功能如下：
- 网上药品展示；
- 网上谈判；
- 签订网络合同；
- 药品备货、发货；
- 用户管理；
- 其他主要功能。

此外，要求系统能够支持网上支付和网下支付两种方式。支持与第三方物流公司的数据对接。

课程设计需要完成的任务如下：

（1）完成可行性分析报告，可以从技术可行性和经济可行性进行分析，建议重点放在技术分析和定型上，形成可行性分析报告；

（2）分析药品购销系统中的事件，可通过列表的形式说明；

（3）完成用例图、顺序图和状态图，细化各 UML 图片段，建议使用 Rational Rose 完成设计；

（4）完成实体-联系图，说明各实体间的关系，特别是面向对象的类与实体的转换如何处理，建议以 ERwin 实现数据库的逻辑设计；

（5）选择熟悉的数据库系统，实现该系统的数据库设计；

（6）选择熟悉的编程环境，完成界面设计及数据库连接；

（7）调试运行，完成系统实施。

11.2.7　B2C 模式的网上书城系统

为某书店设计 B2C 模式的网上书城系统，要求能够实现网上图书订购，付款方式要求能够支持货到付款和在线支付。网上下单要求支持注册用户和非注册用户。注册用户可支持多种支付方式，消费积分累计。非注册用户只支持货到付款，无消费积分累计。如果对系统功能不够了解，可参考一些大型的 B2C 交易网站，如卓越亚马逊、当当等。

课程设计需要完成的任务如下：

（1）完成可行性分析报告，可以从技术可行性和经济可行性进行分析，建议重点放在技术分析和定型上，形成可行性分析报告；

（2）分析网上书城系统的事件，可通过列表的形式说明；

（3）完成用例图、顺序图和状态图，细化各 UML 图片段，建议使用 Rational Rose 完成设计，也可使用结构化分析方法；

（4）完成实体-联系图，说明各实体间的关系，特别要重视购买过程在实体关系中的体现，建议以 ERwin 实现数据库的逻辑设计；

（5）选择熟悉的数据库系统，实现该系统的数据库设计；

（6）选择熟悉的编程环境，完成界面设计及数据库连接；

（7）调试运行，完成系统实施。

11.2.8　B2C 模式的网上订餐系统

为便利店、快餐店等开发 B2C 模式的网上订餐系统，实现用户网上点餐、预约订座、预约外卖、网上支付等功能。对于成功实现的订单提供短信通知的功能。下单功能要能够支持注册客户和非注册客户，注册用户可支持多种支付方式，消费积分累计。非注册用户只支持货到付款，无消费积分累计。支付方式要求能够支持货到付款、在线支付。如果对系统功能不够了解，可参考一些大型的快餐零售商的官方网站，如肯德基。

课程设计需要完成的任务如下：

（1）完成可行性分析报告，可以从技术可行性和经济可行性进行分析，建议重点放在技术分析和定型上，形成可行性分析报告；

（2）分析网上订餐系统的事件，可通过列表的形式说明；

（3）完成用例图、顺序图和状态图，细化各 UML 图片段，建议使用 Rational Rose 完成设计，也可使用结构化分析方法；

（4）完成实体-联系图，说明各实体间的关系，特别要重视订餐过程在实体关系中的体现，建议以 ERwin 实现数据库的逻辑设计；

（5）选择熟悉的数据库系统，实现该系统的数据库设计；

（6）选择熟悉的编程环境，完成界面设计及数据库连接；

（7）调试运行，完成系统实施。

11.2.9　C2C 模式的校园跳蚤市场管理系统

为方便学生，特别是毕业生处理生活用品和书籍，为业已存在的校园跳蚤市场设计 C2C 模式的管理系统，一方面为学生交易提供交易平台，另一方面也有利于校园环境的管理。为保障交易双方的信息真实性，用户账号与学校教务管理系统共享数据，要求只能以学生学号为用户账号，密码可自行更改，以实现为学校学生这一特定人群服务的功能，除发布消息外，支持用户在网上开店。作为交易联络型平台，系统仅支持买卖双方展示商品及在线洽谈，不支持在线支付，支付过程将在线下或以其他第三方支付手段完成，这部分功能不在系统范围之内。如果对系统功能不够了解，可参考一些大型的同城交友型网站，如赶集网、58 同城网等。

课程设计需要完成的任务如下：

（1）完成可行性分析报告，重点放在技术分析和定型上，形成可行性分析报告；

（2）分析网上跳蚤市场交易过程的事件，可通过列表的形式说明；

（3）完成用例图、顺序图和状态图，细化各 UML 图片段，建议使用 Rational Rose 完成设计，也可使用结构化分析方法；

（4）完成实体-联系图，说明各实体间的关系，特别要重视交易过程在实体关系中的体现，建议以 ERwin 实现数据库的逻辑设计；

（5）选择熟悉的数据库系统，实现该系统的数据库设计；

（6）选择熟悉的编程环境，完成界面设计及数据库连接；

（7）调试运行，完成系统实施。

11.2.10　快递管理系统

快递的发展十分迅速，人们除了要求能够提供发达的运输网络，还希望能够对货物的发送过程进行实时了解。以下课题针对快递公司的管理需要设计。

请调查某快递公司的业务流程，建议以某真实的快递公司为对象展开调查，形成流程分析及设计规划。系统要能实现快递运输的流程管理。

主要功能结构包括：

- 上门取件、或窗口接收货物；
- 投递过程各关键环节交接登记；
- 妥投登记（即收件人接到货物，业务成功完成）；
- 客户网上追踪查询。

课程设计需要完成的任务如下：

（1）完成可行性分析报告，重点放在技术分析和定型上，形成可行性分析报告；

（2）分析快递管理系统的事件，可通过列表的形式说明；

（3）完成用例图、顺序图和状态图，细化各 UML 图片段，建议使用 Rational Rose 完成设计，也可使用结构化分析方法；

（4）完成实体-联系图，说明各实体间的关系，特别要重视订单生成、订单查询过程在实体关系中的体现，建议以 ERwin 实现数据库的逻辑设计；

（5）选择熟悉的数据库系统，实现该系统的数据库设计；
（6）选择熟悉的编程环境，完成界面设计及数据库连接；
（7）调试运行，完成系统实施。

11.2.11 航空订票系统

为方便旅客，航空订票系统实现的主要功能如下：
- 接受旅行社代理预订，批量处理旅客预订信息；
- 接受旅客个人预订，为旅客提供航班查询，取票通知和账单查询的服务；
- 订票状态实时查询；
- 网上支付功能；
- 快递送票预约。

课程设计需要完成的任务如下：
（1）完成可行性分析报告，重点放在技术分析和定型上，形成可行性分析报告；
（2）分析航空订票系统的事件，可通过列表的形式说明；
（3）完成用例图、顺序图和状态图，细化各 UML 图片段，建议使用 Rational Rose 完成设计，也可使用结构化分析方法；
（4）完成实体-联系图，说明各实体间的关系，特别要重视交易过程在实体关系中的体现，建议以 Erwin 实现数据库的逻辑设计；
（5）选择熟悉的数据库系统，实现该系统的数据库设计；
（6）选择熟悉的编程环境，完成界面设计及数据库连接；
（7）调试运行，完成系统实施。

本章小结

本章基于不同行业管理信息系统应用需求，提供了规范的课程设计要求及若干实用的课程设计题目。每个题目提供了基本的设计要求，课题小组可以以此为基础进行进一步的扩充和完善。

附录 I
实验报告模板

（这里填写实验名称）
实验报告

指导教师：_____

班　　级：_____

学　　号：_____

姓　　名：_____

日　　期：_____

实验目的：
（可参照实验指导）
实验步骤：
（可参照实验指导，简述其过程，必要时可抓图显示关键步骤的界面。）
实验体会：
（包括故障排除、实验心得等，可选做。）

说明：以上（ ）内的文字为要求学员填写的内容，上交的正式实验报告中由学员填写的内容代替。

上交日期：建议一周之内完成。

附录 II
课程实习报告模板

（这里填写课题名称）
实习报告

指导教师：_____

班　　级：_____

学　　号：_____

姓　　名：_____

日　　期：_____

1. 选题分析：（可包含以下几方面，仅供参考。）
1.1 课题背景及意义
1.2 课题来源
1.3 分析设计方法选型及论证
1.4 拟采用开发工具简介
2. ×××系统可行性研究：（可参考第3章的内容。）
2.1 业务需求及预期目标
2.2 技术可行性分析
2.3 经济可行性分析
2.4 其他
3. ×××系统需求分析及建模：（可参考第4章的内容。）
3.1 功能和性能的规定
3.2 运行环境设定
3.3 可能涉及的事件（可列表）
3.4 可能用到的建模图
4. ×××系统分析：（可参考第5章、第6章的内容。）
4.1 系统流程分析
4.2 对应的建模图
5. ×××系统设计：（可参考第7章的内容。）
5.1 总体功能设计
5.2 数据流程设计
5.3 各部分的集成
6. 数据库设计（可参考第8章的内容。）
6.1 数据库选型
6.2 实体-联系设计
6.3 表设计
7. 系统实施及集成、部署
7.1 系统编程语言选型
7.2 用户界面设计
7.3 数据访问及存储设计
7.4 系统安全设计
8. 系统设计开发总结

说明：实习报告的主要目的，是基于所选课题对系统设计开发过程进行总结梳理，最终成果建议包括设计文档、实现基本功能的系统。以上框架仅供参考，根据所选分析设计方法的不同，报告的主体部分，特别是系统分析和设计部分会有较大不同，请任课教师和课题组成员根据实际情况安排。另外，课程设计实习报告也可作为系统设计开发类毕业设计的预演练。

附录 III 建议学时分配表

一、建议学时下的课时分配表

学时 教学环节	64 学时			48 学时			32 学时		
	讲授	实验	总学时	讲授	实验	总学时	讲授	实验	总学时
第 1 章	2	0	2	1	0	1	1	0	1
第 2 章	2	0	2	1	0	1	1	0	1
第 3 章	2	2	4	2	2	4	1	0	1
第 4 章	4	2	6	4	2	6	4	0	4
第 5 章	4	2	6	4	2	6	2	0	2
第 6 章	6	6	12	4	4	8	4	4	8
第 7 章	4	4	8	4	2	6	4	2	6
第 8 章	6	6	12	4	4	8	4	2	6
第 9 章	2	2	4	1	2	3	1	2	3
第 10 章	1	0	1	1	0	1	0	0	0
第 11 章	3	4	7	2	2	4	0	0	0
总计	36	28	64	28	20	48	22	10	32

二、详细的各章学时分配表

章节	64 学时		48 学时		32 学时		备注
	讲授	实验	讲授	实验	讲授	实验	
第 1 章　管理信息系统概述	2	0	1	0	1	0	
1.1 管理	2	0	1	0	1	0	
1.2 信息与信息技术							
1.3　系统和系统工程							
1.4. 管理信息系统							
第 2 章　管理信息系统开发综述	2	0	1	0	1	0	
2.1 软件工程	2	0	1	0	1	0	
2.2 系统开发生命周期和项目管理							
2.3 管理信息系统的开发模式							
2.4 管理信息系统的开发方法							
2.5 管理信息系统的开发工具							
2.6 管理信息系统的开发方式							

续表

章节	64学时		48学时		32学时		备注
	讲授	实验	讲授	实验	讲授	实验	
实验一.安装 Rational Rose 2007	0	课外选作	0	课外选作	0	课外选作	任课教师可酌情选择实验软件，其中 Vision 和 Rational Rose 可任选其一，ERwin 和 Powerdesigner 可任选其一
实验二.安装 Microsoft Office Visio 2007							
实验三.安装 ERwin							
实验四.安装 PowerDesigner							
第3章 系统规划与可行性分析	2	2	2	2	1	0	
3.1 系统规划概述	2	0	2	0	1	0	
3.2 可行性分析							
3.3 可行性分析报告							
实验一.图书馆管理系统的可行性分析报告	0	1	0	1	0	课外选作	
实验二.校园一卡通管理系统的可行性分析报告		1		1			
第4章 系统需求建模	4	2	4	2	4	0	
4.1 调查系统需求	4	0	4	0	4	0	
4.2 模型							
4.3 事件							
4.4 事物							
4.5 实体-联系图							
4.6 类图							
4.7 建模的目标							
4.8 需求分析说明书编写提纲							
实验一.Microsoft Office Visio 2007 的基础操作	0	1	0	1	0	课外选作	
实验二. Rational Rose 2007 的基础操作		1		1			
第5章 结构化系统分析	4	2	4	2	2	0	
5.1 两种方法看待系统响应事件的区别	4	0	4	0	2	0	
5.2 数据流程图							
5.3 描述过程的工具							
5.4 数据字典							
实验 使用 Visio 2007 绘制 DFD	0	2	0	2	0	课外选作	
第6章 面向对象的系统分析	6	6	4	4	4	4	

续表

章节	64 学时		48 学时		32 学时		备注
	讲授	实验	讲授	实验	讲授	实验	
6.1 UML 概览	6	0	4	0	4	0	
6.2 Rational 统一过程--Rational Unified Process							
6.3 系统行为：面向对象的用例图							
6.4 对象交互：顺序图与协作图							
6.5 对象行为：状态、状态转换和状态图							
实验一.使用 Rational Rose 绘制图书馆管理系统的用例图		1.5		1.5		1.5	实验一至四和实验六至九可由任课教师决定任选其中一种完成
实验二.使用 Rational Rose 绘制图书馆管理系统的顺序图		1.5		1.5		1.5	
实验三.使用 Rational Rose 绘制图书馆管理系统的协作图		1.5		1		1	
实验四.使用 Rational Rose 绘制图书馆管理系统的状态图		1.5		课外选作		课外选作	
实验五.生成代码框架	0	课外选作	0	课外选作	0	课外选作	
实验六.使用 Visio 绘制图书馆管理系统的用例图		1.5		1.5		1.5	
实验七.使用 Visio 绘制图书馆管理系统的顺序图		1.5		1.5		1.5	
实验八.使用 Visio 绘制图书馆管理系统的协作图		1.5		1		1	
实验九.使用 Visio 绘制图书馆管理系统的状态图		1.5		课外选作		课外选作	
第 7 章 系统设计	4	4	4	2	4	2	
7.1 设计要素	4	0	4	0	4	0	
7.2 用结构化方法设计应用程序结构							
7.3 用面向对象方法设计应用程序结构							
7.4 项目协调							
7.5 系统设计说明书							
实验一.使用 Visio 2007 绘制系统流程图		2		课外选作		课外选作	
实验二.使用 Rational Rose 绘制图书馆管理系统的类图	0	2	0	2	0	2	实验二和实验三可任选其一
实验三.使用 Visio 绘制图书馆管理系统的类图		2		2		2	
第 8 章 数据库设计	6	6	4	4	4	2	

续表

章节	64学时		48学时		32学时		备注
	讲授	实验	讲授	实验	讲授	实验	
8.1 数据库及数据库管理系统	6	0	4	0	4	0	
8.2 设计关系数据库							
8.3 评价模型质量							
8.4 数据库新技术							
实验一.使用ERwin设计数据库逻辑模型		2		2		2	实验一至三和实验四至六为两个系列，可任选一个
实验二.使用ERwin导出为可实现的数据库模型（Access2003）		2		2		课外选作	
实验三.将数据库（Access2003）表结构导入到ERwin中		2		课外选作		课外选作	
实验四.使用Powerdesigner设计数据库逻辑模型		2		2		2	
实验五.使用Powerdesigner导出为可实现的数据库模型（Access2003）		2		2		课外选作	
实验六.将数据库（Access2003）表结构导入到Powerdesigner中		2		课外选作		课外选作	
第9章 系统实施与测试	2	2	1	2	1	2	
9.1 阶段目标与任务	2	0	1	0	1	0	
9.2 前期准备工作							
9.3 程序设计							
9.4 系统测试							
9.5 系统调试							
实验.用ACCESS实现学生课程管理信息系统	0	2	0	2	0	2	
第10章 系统运维与管理	1	0	1	0	0	0	
10.1 系统运维的目标与作用	1	0	1	0	0	0	
10.2 系统运维的内容							
10.3 管理信息系统的管理							
第11章 课程设计实习	3	4	2	2	0	0	
11.1 课程设计要求	3	0	2	0	0	0	
11.2 课程设计选题参考	0	4	0	2	0	课外选作	

参考文献

[1] 王恩波　王若宾. 管理信息系统实用教程（第二版）.北京：人民邮电出版社，2012.

[2] 王恩波，王若宾. 管理信息系统实用教程. 北京：人民邮电出版社，2007.

[3] John W. Satzinger, Robert B. Jackson, Stephen D.Burd. 系统分析与设计. 北京：机械工业出版社，2002

[4] Grady Booch，James Rumbaugh，Ivar Jacobson. UML用户指南. 北京：机械工业出版社，2006

[5] 刘科成. 信息系统工程中的符号学（影印版）. 北京：清华大学出版社，2005.

[6] 甘仞初，颜志军. 信息系统原理与应用. 北京：高等教育出版社，2004.

[7] 甘仞初，颜志军，杜晖，龙虹. 信息系统分析与设计. 北京：高等教育出版社，2003.

[8] 甘仞初. 管理信息系统. 北京：机械工业出版社，2002.

[9] Gerald V. Post, David L. Anderson. Management Information Systems-Solving Business Problems with Information Technology (Third Edition). 北京：清华大学出版社，2005.

[10] http://www-306.ibm.com/software/rational.

[11] http://office.microsoft.com/zh-cn/visio/default.aspx.

[12] http://www.ca.com.

[13] http://www.sybase.com/products/modelingdevelopment/powerdesigner.

[14] Huang, W., K.K. Wei, R. Watson. 管理信息系统（MIS）：背景，核心课程，学术流派及主要国际学术会议与刊物评介. 管理科学学报，2003. 6(6): 84-91.

[15] 何永刚，黄丽华. 信息管理与信息系统专业课程体系研究综述. 情报杂志，2007.8: 128-131.

[16] 卢向华，冯骏，黄丽华. 中国信息系统的国际研究分析及对比. 信息系统学报，2009. 3(1): 75-84.